गैर–सरकारी संगठनों का प्रबन्धन

गैर–सरकारी संगठनों का प्रबन्धन

देवेन्द्र प्रसाद पाण्डेय

GenNext Publication

गैर–सरकारी संगठनों का प्रबन्धन

ISBN: 978-93-8022-349-0

भारत सन् 2019 में प्रकाशित

जेन्नेकस्ट पब्लिकेशन

5, अंसारी रोड, दरियागंज,

नई दिल्ली–110002

Phone: 9811692060

ई–मेल: gennextpublication@hotmail.com

मुद्रित: जी. प्रिंट प्रोसेस, दिल्ली

अनुक्रमणिका

प्राक्कथन

1953 में केन्द्रीय समाज कल्याण बोर्ड स्थापना समारोह में तत्कालीन प्रधानमंत्री जवाहरलाल नेहरू ने स्वैच्छिक संगठनों को लोकतंत्र की तीसरी आँख के रूप में सम्बोधित करते हुए उनकी भूमिका को रेखांकित किया था।

गैर–सरकारी संगठनों की भूमिका के बारे में विद्वानों में विभेद है। एक ओर जहाँ पेत्रास और वेल्तमेयर (2006), आम्बरी (1998), मीनाक्षी (2004), प्रसाद (1998) इत्यादि ने गैर–सरकारी संगठनों के गैर–सरकारी कार्य, उनकी ताकत के प्रभाव का वर्णन किया तो दूसरी तरफ ओ.ई.सी.डी. (1988), इलियट (1987), फर्नाण्डीज (1987) तथा मिश्र (2006) ने गैर–सरकारी संगठनों द्वारा किये जा रहे सेवा कार्य को गरीब तबके के हित में बताया तथा ऐसे संगठनों को प्रोत्साहित करने की आवश्यकता पर बल दिया।

वर्ष 2013 के केन्द्रीय अन्वेषण ब्यूरो के एक प्रतिवेदन के अनुसार ''कुछ विदेशी सहायता प्राप्त संगठन भारत के आर्थिक विकास को नकारात्मक रूप से प्रभावित कर रहे हैं। कुछ इसी तरह का वक्तव्य पूर्व प्रधानमंत्री डॉ.मनमोहन सिंह ने विज्ञान पत्रिका को दिये गये साक्षात्कार में दिया जब उन्होंने कहा कि ''गैर सरकारी संगठन विदेश से पैसा लेते हैं तथा भारत में कृषि, बिजलीघर एवं अन्य परियोजनाओं का विरोध कर रुकवाते हैं।''

विभिन्न पंचवर्षीय योजनाओं में स्वैच्छिक संस्थाओं की महती भूमिका का वर्णन मिलता है। देश के दूर–दराज, आदिवासी क्षेत्रों में गैर–सरकारी संगठनों के कार्यकर्ता पूरे मनोयोग से सेवा कार्य में लगे हैं।

इस पुस्तक को तैयार करने में लेखक ने बहुत सी अध्ययन सामग्री का उपयोग किया है, उन सभी संदर्भित एवं असंदर्भित स्रोतों के प्रति आभार। लेखक प्रकाशक का आभारी है कि उन्होंने पुस्तक का प्रकाशन करके पाठकों को उपलब्ध कराया।

– देवेन्द्र प्रसाद पाण्डेय

विभागाध्यक्ष, ग्रामीण प्रबन्धन विभाग
महात्मा गाँधी चित्रकूट ग्रामोदय विश्वविद्यालय,
चित्रकूट, सतना (म.प्र.)

इकाई – 1

गैर–सरकारी संगठनों का अर्थ, दर्शन, भूमिका, विजन एवं मिशन

1.1 गैर–सरकारी संगठनों का अर्थ

गैर–सरकारी संगठन से तात्पर्य लोगों के एक ऐसे समूह से है जो संगठित हो, गैर–सरकारी हो, औपचारिक हो एवं स्व–संचालित हो अर्थात् संगठन के सदस्य इसे संचालित करने के लिए नियम व नीतियाँ बनाते हों। ऐसे संगठन समुदाय में कल्याणकारी एवं विकासात्मक कार्य करते हैं। ये अपने लक्ष्य एवं उद्देश्य निर्धारित करके स्वप्रेरणा से समुदाय में सकारात्मक बदलाव के लिए कार्य करते हैं। ऐसे संगठनों के अपने आदर्श एवं मूल्य होते हैं तथा ये सकारात्मक बदलाव से होने वाले लाभ को समुदाय के बीच बाँटते हैं।

भारत में गैर–सरकारी संगठनों को स्वैच्छिक संस्था, स्वैच्छिक संगठन, अलाभकारी संगठन, परोपकारी संगठन, परमार्थ संगठन, नागर समाज संगठन के नाम से जाना जाता है। गैर–सरकारी संगठनों का पंजीकरण विभिन्न अधिनियम यथा सोसाइटीज रजिस्ट्रेशन एक्ट 1860, इण्डियन ट्रस्ट एक्ट, 1882, पब्लिक ट्रस्ट एक्ट 1950, कम्पनी अधिनियम 2013 की धारा 8, रिलिजियस इन्डोमेंट एक्ट 1863, चैरिटेबुल एण्ड रिलिजियस ट्रस्ट एक्ट 1920, मुसलमान वक्फ एक्ट 1923, वक्फ एक्ट 1954, पब्लिक वक्फ एक्ट 1959 इत्यादि के अंतर्गत किया जा सकता है।

बहुत सी संस्थाओं जैसे संयुक्त राष्ट्र संगठन को गैर–सरकारी संगठन शब्द की आवश्यकता इसलिए महसूस हुई क्योंकि वह सरकारी एवं गैर–सरकारी

संगठनों में अंतर करना चाहते थे। ऐसी संस्थाओं ने ऐसे संगठन को गैर–सरकारी संगठन माना जो लोगों के द्वारा बनाये गये और स्वतंत्रता पूर्व कार्य कर–रहे थे। गैर–सरकारी संगठनों को मान्यता प्रदान करते हुए संयुक्त राष्ट्र संघ की सामान्य सभा ने अपने 52 वें अधिवेशन में वर्ष 2001 को अंतर्राष्ट्रीय स्वयंसेवक वर्ष घोषित किया। गैर–सरकारी संगठन वे सभी संगठन हैं जो सीधे सरकारी विभाग या उसकी कोई इकाई नही है (वेस्ग्राड 2007)।

विश्व बैंक के अनुसार–ऐसे सभी समूह एवं संस्थायें जो पूर्णतः स्वतंत्रतापूर्वक अपने कार्यों, कार्यक्रमों एवं वित्त का संचालन स्वयं करते हैं एवं जिनका प्राथमिक उद्देश्य आर्थिक लाभ प्राप्त करना न होकर सामुदायिक परोपकार होता है स्वैच्छिक संस्था कहलाती हैं। इसके अन्तर्गत वे सभी परोपकारी एवं धार्मिक संस्थायें भी आती हैं जो किसी पूँजी के द्वारा विकास के लिये अपनी सेवायें प्रदान कर सामुदायिक संगठन को प्रोत्साहित करती हैं।''

सामान्यतः गैर–सरकारी संगठनों का अर्थ निम्न रूप से रेखांकित किया जा सकता है,

- ''अलाभकारी स्वयंसेवी प्रदाता, विकासोन्मुखी संगठन जो अपने सदस्यों या कार्यक्षेत्र की जनता के लिये स्वयंसेवी स्वरूप में सेवा प्रदाता का कार्य अलाभकारी दृष्टिकोण से करता है, गैर–सरकारी संगठन कहलाता है।''
- यह कुछ लोगों का ऐसा संगठन है जो मूलभूत सामाजिक सिद्धान्तों पर विश्वास करता है और समुदाय के विकास के लिये गतिविधियों का निर्धारण कर उसे क्रियान्वित कर सेवा प्रदान करता है।
- लोगों का ऐसा संगठित समूह जो बिना किसी बाहरी नियंत्रण के स्वतंत्रापूर्वक अपने लक्ष्य एवं उद्देश्यों की पूर्ति के लिये कार्य करता है ताकि निर्दिष्ट क्षेत्र के जनसमूह में वांछित परिवर्तन सुनिश्चित हो सके, स्वैच्छिक संगठन कहलाता है।
- लोगों का ऐसा स्वतंत्र प्रजातांत्रिक समूह, जो आर्थिक एवं सामाजिक रूप से पिछड़े वर्ग को मजबूती प्रदान करने के लिये कार्य करता है, स्वैच्छिक संगठन कहलाता है।
- ऐसे संगठन जो राजनैतिक दलों से सम्बद्धता न रखते हुए समुदाय के विकास कल्याण एवं सेवा का कार्य करते हैं स्वैच्छिक संगठन कहलाते हैं।

- सामान्य जन समुदाय को बिना किसी स्वार्थ/ लाभ के सेवायें प्रदान करने वाले प्रजातांत्रिक व अपेक्षाकृत सरल समूह को स्वैच्छिक संगठन कहते हैं।
- ऐसी संस्था जो समुदाय और व्यक्तियों के बीच बदलाव की पहल और विशिष्ट मुद्दों के प्रत्यक्ष कार्यान्वयन के जरिये कार्य करती है स्वयं सेवी संस्था या स्वैच्छिक संस्था कहलाती है।

गैर–सरकारी संगठनों की क्षमता

गैर–सरकारी संगठनों ने देश में कई रूप में कल्याण और विकास का कार्य किया है। चाहे शिक्षा, प्रशिक्षण, रोजगार का क्षेत्र हो या फिर स्वास्थ्य, कृषि या अन्य क्षेत्र। दसवीं पंचवर्षीय योजना की स्टीयरिंग समिति ने स्वैच्छिक संगठनों की भूमिका पर लिखा, ''सामाजिक मोबिलाइनेशन और समुदाय के द्वारा शुरू किये गये कार्य का विकास बिना स्वैच्छिक संगठनों के सक्रिय सहयोग के नहीं प्राप्त किया जा सकता है। यह देखने में आ रहा है कि स्वैच्छिक क्षेत्र की क्षमता वृद्धि की आवश्यकता है जिससे वे राज्य और बाजार संस्थाओं के बीच सामंजस्य बनाने का कार्य कर सकें। स्वैच्छिक संगठनों, निजी संस्थाओं एवं पंचायतीराज संस्थाओं के बीच ज्यादा साझेदारी की आवश्यकता है। गैर–सरकारी संगठनों के योगदान को सुनिश्चित करने के लिए मंत्रालयों के दिशा निर्देश एवं विधि को और सरलीकृत किया जाय जिससे अच्छे संगठन ज्यादा योगदान दे सकें।''

भारत के राष्ट्रपति, प्रधानमंत्री समेत कई गणमान्य लोग गैर–सरकारी संगठनों में जाते रहे हैं जैसे प्रधानमंत्री नरेन्द्र मोदी रामकृष्ण मिशन गये। देश के कई उद्योग घरानों एवं कम्पनियों ने गैर–सरकारी संगठनों का कल्याण और विकास कार्यक्रमों के क्रियान्वयन में सहयोग लिया है।

देश में गैर–सरकारी संगठन अपनी क्षमता के अनुसार प्रशिक्षण, शिक्षा, सामाजिक सुधार, महिला एवं बाल कल्याण, ग्रामीण विकास, जल संरक्षण, आजीविका संवर्धन, स्वच्छता, साक्षरता, इत्यादि कार्यों में संलग्न हैं तथा राष्ट्र निर्माण में अपना योगदान दे रहे हैं।

स्वैच्छिक क्षेत्र : लोक तंत्र का मजबूत स्तम्भ

स्वैच्छिक कार्य को बढ़ावा देने तथा गैर–सरकारी संगठनों को सुदृढ़ करने के उद्देश्य से 1953 में केन्द्रीय समाज कल्याण बोर्ड की स्थापना हुई और डा0 दुर्गाबाई देशमुख को इसका प्रथम अध्यक्ष बनाया गया। वे योजना आयोग की भी सदस्य थीं। दुर्गाबाई देशमुख का स्वैच्छिक प्रयास से भी सरोकार था। वे आंध्र

प्रदेश में चलने वाली एक संस्था की अध्यक्ष थीं। 1953 में बोर्ड की घोषणा करते हुए तत्कालीन प्रधानमंत्री स्व. जवाहर लाल नेहरू ने अपेक्षा व्यक्त की थी कि यह संस्था कल्याणकारी सरकार की तीसरी आँख होगी (सिन्हा 2011)

'लोकतंत्र' लोक के स्वैच्छिक प्रयास से उत्पन्न होता है विधायिका, कार्यपालिका न्यायपालिका और प्रेस तो लोकतंत्र के 4 स्तम्भ हैं। स्वैच्छिक क्षेत्र लोकतंत्र के पाँचवें स्तम्भ या मध्य स्तम्भ के रूप में है जो चारों स्तम्भों का अवलम्ब है।

स्वैच्छिक गतिविधि

भारत के आजादी पाने के बाद राष्ट्रपिता महात्मा गांधी जमीन से जुड़े अनेक संगठनों के प्रेरणा स्रोत बन गए। तब उन्हें गांधीवादी संगठन कहा जाता था। आजादी मिलने के बाद महात्मा गांधी ने आह्वान किया कि हमें सिर्फ राजनीतिक आजादी मिली है और भूख, गरीबी एवं वंचना से आजादी पाना अभी बाकी है। इसीलिए उन्होंने अनेक स्वतंत्रता सेनानियों को, जो राजनीतिक साधनों के जरिये उपलब्धियां प्राप्त करना चाहते थे, सलाह दी कि वे चुनावी राजनीति में चले जाएं। उन्होंने अन्य लोगों को सामाजिक सेवा में शामिल होने की सलाह दी। स्वतंत्रता प्राप्ति के बाद भारत ने देश के दूर–दराज के इलाकों तक बुनियादी सेवाओं को उपलब्ध कराने का एक बहुत बड़ा काम शुरू किया। इसके अंतर्गत विनाशकारी अकाल और देश विभाजन की त्रासदी से राहत दिलाने के प्रयास किए गये। वह एक जटिल काम था और इसके लिए जरूरी वित्तीय और मानवीय संसाधनों तथा राजकीय सहायता का अभाव था। समय की आवश्यकता को देखते हुए गैर–सरकारी संगठनों ने देश के दुर्गम इलाकों तक फैलकर अपना कामकाज ही नहीं किया बल्कि नये–नये तरीके भी निकाले जिनके जरिये वे वंचित और गरीब लोगों तक अपनी सेवाएं पहुँचा पाते थे। इनमें से अनेक सरकार के संसाधनों को आगे बढ़ाने वाले साधन बन गए। जैसे– जैसे स्थिति बदलती गई इन गैर–सरकारी संगठनों की प्रकृति, स्वरूप और कार्य भी बदलते गए। अगर हम आज की स्थिति का विश्लेषण करें तो पाएंगे कि गैर–सरकारी संगठनों के सामने नये अवसर ही नहीं बल्कि बहुत बड़ी और गंभीर चुनौतियां भी मौजूद हैं।

अधिकार बनाम सेवा

आज हमारा देश आत्मनिर्भरता के रास्ते पर तेजी से प्रगति कर रहा है। लोकतंत्र मजबूत है और लगातार आर्थिक विकास ने इसमें बहुत बड़ा योगदान किया है। दुर्भाग्य की बात है कि इस आर्थिक प्रगति का लाभ आबादी के उस

बड़े हिस्से तक नहीं पहुँच पा रहा है जो अब भी गरीबी के चंगुल में फंसी हुई है। इनमें शहरी गरीब ही शामिल नहीं है बल्कि जनजातीय, दलित और महिला वर्ग के लोग भी हैं। समाज के इन वर्गों के लाभ के लिए भारत सरकार ने अनेक महत्वपूर्ण योजनाएं शुरू की हैं। इनमें से अनेक परियोजनायें गैर–सरकारी संगठनों द्वारा चलाई जा रही हैं। अनेक गैर–सरकारी संगठनों की पैठ देश के दुर्गम इलाकों तक है और स्थानीय समुदाय में उनकी पहुंच की मान्यता है। इसीलिए वे राष्ट्रीय, राज्य और जिला स्तरों पर सरकार के बहुत प्रभावशाली भागीदार बने हुए हैं। सेवा प्रदाता के रूप में काम आसान बनाने का उनका प्रारम्भिक दायित्व है। इसके अलावा वे लोगों की इन योजनाओं के तहत लाभार्थी बनने की पात्रता तय करने में भी महत्वपूर्ण भूमिका निभाते हैं।

इस तरह से इन गैर–सरकारी संगठनों की भूमिका सेवा और पात्रता प्राप्त करने के प्रयास के साथ–साथ लोगों को भूख, बीमारी से मुक्ति दिलाने में महत्वपूर्ण होती है। यह भी हकीकत है कि सार्वजनिक धन का पूरा मूल्य तभी प्राप्त किया जा सकता है जब उसका सही उपयोग हो। स्वैच्छिक संगठन इस प्रकार से राष्ट्र निर्माण के इस महत्वपूर्ण कार्य में कारगर भूमिका निभा रहे हैं।

सरकार के सहयोगी

कुछ ऐसे गैर–सरकारी संगठन हैं जो पैरोकारी और लोगों तक पहुँच बनाने में सक्रिय भूमिका निभाते हैं। वे देश को प्रभावित करने वाले महत्वपूर्ण शोध करते हैं। इन मुद्दों का सरकारी नीतियों से सीधा सम्बंध होता है। अनेक बार ये संगठन केन्द्र और राज्य सरकार की विकास परियोजनाओं की समीक्षा करते हैं इन समीक्षाओं से कार्यान्वयन में संशोधन करने और परियोजनाओं के लक्ष्यों को पुनः परिभाषित करने में सहायता मिलती है। गैर–सरकारी संगठनों को स्थानीय जनता तक पहुँच का लाभ मिलता है और दूसरी ओर उन्हें तकनीकी ज्ञान भी होता है। ये गैर–सरकारी संगठन योजना आयोग को पंचवर्षीय योजनाएं बनाने में भी मदद देते रहे हैं। 11वीं योजना की समीक्षा गैर–सरकारी संगठनों के एक समूह ने की थी। इससे पहले उन्होंने राज्य और विषय के स्तर पर सलाह मशविरे का काम संभाला था। अब नीति आयोग ने विभिन्न उपसमूह गठित किये हैं जिनके जरिये सरकार अपने नीति–निर्धारण की महत्वपूर्ण भूमिका पर विचार करती है। पिछले दो वर्षो से चुनिंदा गैर–सरकारी संगठनों को वित्त मंत्रालय भी बजट से पहले हर साल सलाह मशविरे के लिए बुलाता है। अनेक मंत्रालयों ने सम्बद्ध क्षेत्र से सूचनाएं प्राप्त करने के लिए सलाहकार समितियां गठित कर रखे हैं।

स्वैच्छिक क्षेत्र नीति–निर्धारकों को अपने तंत्र के जरिये महत्वपूर्ण सूचनाएं देने के काम में भी लगा हुआ है। ये संगठन जलवायु, परिवर्तन कृषि, उद्योग, वित्तीय सुधार आदि विषयों पर स्थिति रिपोर्ट तैयार करते हैं उन्हें नियमित रूप से प्रकाशित करते हैं और सरकार को प्रस्तुत करते हैं। ये संगठन सांसदों और विधायकों को भी सूचनाएं देते हैं। अनेक बार ऐसा होता हैं कि इस प्रकार की प्राप्त सूचनाएं सरकार न तो स्वीकार करती है और न ही उन्हें आमंत्रित करती है। ऐसी स्थिति में ये संगठन मीडिया के जरिये अपने पैरोकारी अभियान चलाते हैं और ऐसा करने में वे लोकप्रिय प्रकाशनों का भी इस्तेमाल करते हैं जिनके जरिये सार्वजनिक चेतना बढ़ती है और जनसमर्थन प्राप्त होता है।

संगठनों के वित्तीय संसाधन

वित्तीय संसाधन इस क्षेत्र के बने रहने के लिए महत्वपूर्ण हैं क्योंकि इस क्षेत्र की सेवाओं के बदले लाभार्थी भुगतान नहीं कर पाते। उदाहरण के लिए अगर कोई गैर–सरकारी संस्था गरीबों और सामाजिक रूप से वंचित समूहों के लिए स्वच्छता की सुविधाएं प्रदान कर रहा है तो इसके लिए कुल खर्च किसी अन्य पक्ष को देना होता है। यह तीसरा पक्ष सरकारी, निजी क्षेत्र अथवा अंतर्राष्ट्रीय एजेंसी हो सकता है। लेकिन पिछले कुछ वर्षो में विकास के लिए अंतर्राष्ट्रीय निधियों का आना कम हो गया है और भारत के मामले में ऐसा खासतौर से देखा जा रहा है। आंशिक रूप से इसका कारण देश के सकल घरेलू उत्पाद में वृद्धि और सरकार द्वारा द्विपक्षीय वित्तीय सहायता न लेना है। अब ज्यादा जोर सामाजिक आर्थिक विकास के लिए अंतर्राष्ट्रीय एजेंसियों से तकनीकी सहायता प्राप्त करने पर है। इसके साथ ही पिछले कुछ वर्षों में सरकार की सहायता से चलाई जा रही परियोजनाओं की प्रकृति और स्वरूप में बहुत बदलाव आया है। निजी क्षेत्र ने भी निगमित सामाजिक दायित्व परियोजनायें शुरू की है। दुर्भाग्य की बात है कि वर्तमान परिदृश्य में भारत में चेतना और जागरूकता फैलाने के लिए बहुत कम सहायता मिल रही है। सरकार और निजी क्षेत्र का मुख्य ध्यान सेवायें प्रदान करने पर और खासतौर से उस प्रकार की सेवायें प्रदान करने पर है जिनमें निवेश की कम जरूरत है। साथ ही स्वतंत्र नीतियों की स्वतंत्र समीक्षा कम होती है। इन दोनों महत्वपूर्ण पक्षों पर भारत के गैर–सरकारी संगठन पिछड़ रहे हैं। (जैतू 211)

स्वैच्छिक क्षेत्र के बारे में राष्ट्रीय नीति

सरकार और गैर–सरकारी संगठन के बीच हमेशा मिले–जुले सम्बंध रहे हैं। कभी –कभी सेवाओं और परियोजनाओं का उद्देश्य पूरा करने में गैर–सरकारी

संगठन सरकार के विस्तारित हाथ का काम करते हैं तो कभी–कभी उनके आलोचक बन जाते हैं। इस तरह से सरकार और गैर–सरकारी संगठनों के बीच जटिल वास्तविकताओं को ध्यान में रखते हुए स्वैच्छिक क्षेत्र के लिए राष्ट्रीय नीति आशा की किरण बनकर आई। वर्ष 2007 में यह नीति प्रकाशित की गई और इसमें योजना आयोग के नेतृत्व का बहुत बड़ा हाथ था। वास्तविकता यह थी कि यह नीति राष्ट्र निर्माण के दोनों चालकों के बीच सम्बंधों को फिर से परिभाषित करने का एक प्रयास था। इस नीति के जरिये दीर्घ अवधि का सतत और संस्थागत सहयोग सरकार और स्वैच्छिक क्षेत्र के बीच विकसित करने की बात कही गई जो सरकार और गैर–सरकारी संगठनों के बीच सम्बन्ध ही परिभाषित नहीं करती बल्कि स्वैच्छिक क्षेत्र को सुदृढ़ बनाने के उपाय भी करती है। क्षमता निर्माण प्रक्रियाओं और दिशा निर्देश को चुस्त–दुरुस्त बनाने तथा सरकार और स्वैच्छिक क्षेत्र के बीच की सहभागिता का सदुपयोग करने के तरीके इस नीति में स्पष्ट किए गए हैं। भले ही इन प्रयासों की उत्पति 1988 में देखी जाए लेकिन योजना आयोग ने 1994 में इस दिशा में पहला ठोस कदम तब उठाया जब उसी वर्ष 7–8 मार्च को एक राष्ट्रीय सम्मेलन आयोजित किया। सम्मेलन में दो दिन चले विचार–विमर्श के दौरान योजना आयोग ने स्वैच्छिक क्षेत्र और सरकार के बीच सकारात्मक सहयोग बनाने के उद्देश्य से एक कार्ययोजना स्वीकार की। ध्यान देने की बात है कि दसवीं पंचवर्षीय योजना बनाते समय योजना आयोग ने गैर–सरकारी संगठनों का सहयोग प्राप्त करने के लिए एक संचालन समिति गठित की। 11वीं योजना के दृष्टिपत्र में कहा गया कि केन्द्र सरकार जल्दी ही स्वैच्छिक क्षेत्र के लिए अपनी नीति घोषित करेगी। 17 मई 2007 को भारत सरकार ने इस सम्बंध में राष्ट्रीय नीति का अनुमोदन किया। राष्ट्रीय नीति घोषित की गई तो स्वैच्छिक क्षेत्र ने इसका खुले दिल से स्वागत किया जिससे सरकार ने एक सक्षम, सशक्तिकृत, स्वतंत्र, सकारात्मक और प्रभावशाली स्वैच्छिक क्षेत्र विकसित करने पर गंभीर रवैया अपनाया। सरकार ने स्वैच्छिक संगठनों को अपना भागीदार मानना शुरू किया उप–ठेकेदार नहीं। मोटे तौर पर इस नीति में चार प्रमुख उद्देश्य रखे गए।

- स्वैच्छिक क्षेत्र के लिए सक्षम वातावरण का निर्माण करना जो उन्हें प्रभावशीलता सुरक्षा और स्वायत्तता प्रदान करे।
- स्वैच्छिक क्षेत्र को देश–विदेश से जरूरी वित्तीय संसाधन जुटाने के लिए सक्षम बनाना।

- ऐसे संचालन तंत्र को चिन्हित करना जिसके जरिये सरकार स्वैच्छिक संगठनों के साथ परस्पर विश्वास और सम्मान के आधार पर उत्तरदायित्व साझा कर सके।
- स्वैच्छिक संगठनों को ऐसा पारदर्शी तंत्र अपनाने के लिए प्रोत्साहित करना जो सुशासन और प्रबंधन के लिए जवाबदेह हो सके।

1.2 पंचवर्षीय योजनाओं में गैर–सरकारी संगठन

प्रथम पंचवर्षीय योजना में गैर–सरकारी संगठनों का उल्लेख है कि इन संगठनों के द्वारा किये जा रहे कार्य के फलस्वरूप किसी भी योजना मे आर्थिक एवं सामाजिक पुनरूत्थान के लिए इन संगठनों की सहायता ली जाय तथा इनके प्रयास को मजबूत करने में राज्य अत्यधिक सहयोग करेंगे। प्रथम, द्वितीय एवं तृतीय पंचवर्षीय योजनाओं में जन सहयोग पर बल दिया गया।

1953 में केन्द्रीय समाज कल्याण बोर्ड की स्थापना के अवसर पर तत्कालीन प्रधानमंत्री पं. जवाहर लाल नेहरू ने गैर सरकारी संगठनों को ''लोकतंत्र की तीसरी आँख'' से सम्बोधित किया। बोर्ड की तत्कालीन सदस्या इंदिरा गाँधी ने बोर्ड की बैठक में कहा ''वर्तमान सामाजिक कल्याण संस्थाओं की वित्तीय स्थिति में सुधार लाने, नयी संस्थाएं खोलने और इन सभी संस्थाओं को एक दूसरे से जोड़ने के लिए बोर्ड ने एक विशेष कार्यक्रम बनाया है। इन संस्थाओं को आर्थिक रूप से मजबूत करने के लिए करीब 28 लाख रू. की मदद जारी की गयी है। वर्तमान और नयी संस्थाओं को एक दूसरे से जोड़कर बोर्ड के विभिन्न कार्यक्रम सुचारू ढंग से चलाये जायेगें।'' (दैनिक जागरण, 13 नवम्बर, 1954)

प्रथम पंचवर्षीय योजना में ''स्वैच्छिक संगठनों के लिए सहायता'' हेतु रू. 4.00 करोड़ की व्यवस्था की गयी क्योंकि इन्हें सामाजिक समस्या के समाधान हेतु सक्षम माना गया जिसे राज्य नहीं कर सकते थे।

तृतीय पंचवर्षीय योजना के सफल क्रियान्वयन में स्वैच्छिक संगठनों को लोकतांत्रिक मूल्यों के उद्देश्य को प्राप्त करने में रचनात्मक भूमिका निभाने के लिए जन सहभागिता आधारित कार्यक्रम लागू करने में महत्वपूर्ण भूमिका निभाने का उत्तरदायित्व दिया गया। गैर–सरकारी संगठनों को जन–सहयोग हेतु वृहद् रूप से संगठनात्मक जिम्मेदारी निभाने पर बल दिया गया।

पाँचवी पंचवर्षीय योजना (1975–80) में गैर–सरकारी संगठनों को गरीबी निवारण हेतु संचालित योजनाओं जैसे एकीकृत ग्रामीण विकास कार्यक्रम के

क्रियान्वयन में संलग्न किया गया और यह माना गया कि ये संगठन जमीनी स्तर पर कार्यक्रम का सफल क्रियान्वयन कर सकते हैं।

छठी पंचवर्षीय योजना में जन संगठनों की सहभागिता के परिणामों का उल्लेख करते हुए सेवा, बाएफ (भारत एग्रो इण्डस्ट्रीज फाउण्डेशन) के पशु चिकित्सा कार्य का वर्णन किया गया और यह उम्मीद की गयी कि देश में स्वैच्छिक कार्य के और उदाहरण प्रस्तुत होंगे।

सातवीं पंचवर्षीय योजना में विकास कार्यों में गैर–सरकारी संगठनों को शासकीय प्रयास में सहयोगी के रूप में स्वीकार किया गया जिससे गरीब को विकास के अवसर प्राप्त हो सकें।

नौवीं पंचवर्षीय योजना में गैर–सरकारी संगठनों को पंचायतीराज संस्थाओं, स्वयं सहायता समूह इत्यादि के गठन प्रशिक्षण का उत्तरदायित्व सौंपा गया। गैर–सरकारी संगठनों को देश में सहभागी विकास में सहयोगी बनने का वर्णन इस योजना में है।

ग्यारहवीं पंचवर्षीय योजना में देश में गैर–सरकारी संगठनों के लिए राष्ट्रीय नीति बननी शुरू हुई। इस नीति के माध्यम से सृजनात्मक स्वतंत्र एवं प्रभावी स्वैच्छिक क्षेत्र का प्रोत्साहन एवं उत्थान करना था।

1958 में 'ग्रामीण विकास के लिए स्वैच्छिक संस्थाओं का संगठन' स्थापित किया गया। 1969 में राष्ट्रीय सेवा योजना का प्रारम्भ हुआ। 1973 में पैडी तथा 1983 में 'कार्ट' का गठन हुआ। 1986 में पैडी तथा कार्ट को मिलाकर 'कपार्ट' का गठन किया गया। कपार्ट को गैर–सरकारी संगठनों को वित्तीय सहायता प्रदान करने वाली एजेंसी बनाया गया।

भारत में स्वैच्छिक कार्य का ऐतिहासिक विकास

तमाम विषमताओं के बावजूद भारत सबसे तेजी से बढ़ने वाली अर्थव्यवस्था का देश है। गरीबी, अशिक्षा, कुपोषण जैसी सामाजिक–आर्थिक समस्याएं अभी भी प्रायः सभी क्षेत्रों में विद्यमान हैं। इन समस्याओं के समाधान हेतु स्वैच्छिक संगठन वर्षों से सक्रिय रूप से कार्य कर रहे हैं। गैर–सरकारी संगठन क्षेत्र के सामाजिक उन्नयन और आर्थिक विकास में योगदान देने वाली शक्ति के रूप में स्थापित हो रहे हैं। भारत में लगभग 33 लाख पंजीकृत गैर–सरकारी संगठन हैं (योजना, नवम्बर 2011)। वे सहभागी लोकतंत्र के क्रियान्वयन और उसको ठोस रूप प्रदान करने में महत्वपूर्ण भूमिका निभा रहे हैं। उनकी भूमिका समाज में उनके रचनात्मक और उत्तरदायी कार्य पर निर्भर है। वे दूर–दराज के क्षेत्रों में

जमीनी स्तर पर जन साधारण के लिए कार्य करते हैं तथा उनकी पहुँच व्यापक होती है।

अगर हम भारत के लिखित इतिहास पर ध्यान दें तो पायेगें कि मानव जीवन को गरिमा प्रदान करने की जिम्मेदारी राज्य और जनता के अनौपचारिक समूहों मे हमेशा बँटी रही। मंदिर एवं अन्य धर्म स्थल हमेशा शिक्षा, स्वास्थ्य और अन्य बुनियादी सुविधायें प्रदान करने के काम में राज्य संगठनों के साथ महत्वपूर्ण भूमिका निभाते रहे। स्वैच्छिक संस्थाओं का सुसंगठित रूप तब अस्तित्व में आया जब 1860 में सोसाइटीज रजिस्ट्रेशन एक्ट बनाया गया।

स्वैच्छिक संगठनों का उदय मानव सभ्यता के विकसित होने के साथ–साथ हुआ। भोजन के इकट्ठा करने, शारीरिक और मनोवैज्ञानिक आवश्यकता को पूरी करने हेतु मानव समूह या संगठन विकसित हुए। जैसे–जैसे यह समूह भोजन, आवास इत्यादि के लिए घूमता था वैसे–वैसे इनमें अपनी रूचि के लोग एक होते गये। जब आदिम समूह एक जगह स्थिर हुए तो समाज का निर्माण हुआ। सामाजिक सम्बद्धता इन समूहों का प्रमुख आधार थी। राजनैतिक अर्थव्यवस्था ने स्व–समूहों को आगे बढ़ने का अवसर प्रदान किया। धीरे–धीरे अपने वर्ग के लोगों तथा राज्य की सीमा के प्रति लोग ज्यादा सतर्क हुए। उस समय मानव सेवा आर्थिक गतिविधि तथा सामाजिक सुरक्षा के ज्यादा समीप थी।

जैसे–जैसे आर्थिक संसाधनों पर राज्य का नियंत्रण बढ़ने लगा मानव सेवा राज्य के प्रति उत्तरदायी होने लगी। संसाधन की प्रतिस्पर्धा में "सभी के प्रति सभी का युद्ध" शुरू हुआ जिसके परिणामस्वरूप ताकतवर का आकार बढ़ा जबकि कमजोर अपने अस्तित्व की लड़ाई लड़ने लगे। चाणक्य के 'अर्थशास्त्र' में राज्य के कल्याणकारी होने के प्रमाण मिलते हैं। चाणक्य ने राजा द्वारा अपनी जनता के प्रति किये जाने वाले कल्याणकारी कार्यों का विस्तृत वर्णन किया। हिन्दू धर्म के विभिन्न वेद, वेदांग, श्रुति, महाभारत, रामायण इत्यादि में राज्य के कल्याणकारी कार्य का उल्लेख मिलता है। बौद्ध एवं जैन धर्म में भी मानव सेवा तथा कमजोर एवं कष्ट मे रह रहे लोगों को सेवा के प्रति नैतिक दायित्व का वर्णन मिलता है। धर्म को सेवा का माध्यम बताया गया। अशोक के समय वृक्षारोपण, कुँए, बावली का निर्माण जन–सहयोग से किया गया।

स्वैच्छिक कार्य की आधारशिला आजादीपूर्ण रखी गयी जो प्रमुखतः समाज सुधार, शैक्षणिक और सांस्कृतिक गतिविधियों से सम्बंधित थी। इसाई मिशनरियों ने अस्पताल, विद्यालय और कल्याणकारी संस्थाएँ बनायीं। आजादी–पूर्व पूरे देश में ग्रामीण विकास के विभिन्न प्रयोग किये गये। महान कवि रविन्द्रनाथ टैगोर ने

ग्रामीण पुनर्रचना का कार्य 1908 में सिलाईडहा में तथा 1921 में श्रीनिकेतन में प्रारम्भ किया। स्पेंसर हैव ने निर्धन विकास परियोजना की शुरूआत वाई. एम. सी. ए. के तत्वावधान में मार्तण्डम के आस–पास की। महात्मा गाँधी ने सामाजिक–आर्थिक जीवन में बदलाव के लिए अपने सत्य और अहिंसा के सिद्धांत पर आधारित उद्देश्यों की प्राप्ति के लिए वर्ष 1931 में स्वनात्मक कार्य की शुरुआत वर्धा से की। जुगतराम दवे ने ग्रामीण पुनर्रचना का कार्य स्वराज्य आश्रम वेडची में 1922 से शुरू किया।

अंतर्राष्ट्रीय स्वैच्छिक संगठनों के कार्य का इतिहास 1839 से प्रारंभ होता है। अनुमान है कि 1914 तक विश्वभर में 1,083 स्वैच्छिक संगठन थे जो दासता, महिलाओं के मताधिकार, निरस्त्रीकरण आदि क्षेत्रों में काम कर रहे थे। परंतु 1945 में संयुक्त राष्ट्र संगठन (यूएनओ) के अस्तित्व में आने के बाद विश्वभर में स्वैच्छिक संगठनों की संख्या में बाढ़–सी आ गई। स्वैच्छिक संगठनों की संख्या में हुई वृद्धि के प्रमुख कारण थे आर्थिक मंदी, शीतयुद्ध की समाप्ति, निजीकरण, बढ़ती मांग आदि। बीसवीं शती में वैश्वीकरण के प्रादुर्भाव के कारण भी गैर–सरकारी संगठनों की संख्या में तेजी से वृद्धि हुई है।

भारत में दान और सेवा की धारणा पर आधारित नागर समाज (सिविल सोसाइटी) का लंबा इतिहास रहा है। मध्यकालीन युग में ही सांस्कृतिक संवर्द्धन शिक्षा, स्वास्थ्य और प्राकृतिक आपदाओं के दौरान राहत पहुँचाने वाले अनेक स्वयंसेवी संगठन सक्रिय थे। उन्नीसवीं शती के उत्तरार्द्ध में राष्ट्रीय चेतना का विस्तार भारत के कोने–कोने में जा पहुँचा और सामाजिक–राजनीतिक आंदोलनों ने स्वयं सेवा के माध्यम से अपने को स्थापित करने का रास्ता अपनाया। इस प्रकार के प्रयासों के कुछ प्रमुख उदाहरण हैं –फ्रेंड इन नीड सोसाइटी (1858), प्रार्थना समाज (1864), सत्यशोधन समाज (1873), आर्य समाज (1864), नेशनल काउंसिल फॉर वीमेन काफेंस (1887) आदि। स्वैच्छिक संगठनों की बढ़ती संख्या को देखते हुए उन्हें वैधानिक स्थिति प्रदान करने के लिए 1860 में समिति पंजीकरण विधेयक को अनुमोदित किया गया। 1980 के दशक में स्वैच्छिक संस्थाओं के स्वरूप में काफी विशिष्टता आने लगी और स्वैच्छिक सेवा का आंदोलन तीन प्रमुख समूहों में विभाजित हो गया।

पहले समूह में वे पारंपरिक विकासमूलक स्वैच्छिक संगठन आते हैं जो किसी एक गाँव या गाँव के समूह में जाकर साक्षरता कार्यक्रम चलाते हैं, किसानों को उन्नत फसलों के प्रयोग हेतु प्रोत्साहित करते हैं, पशुधन की उन प्रजातियों को पालने के लिए ग्रामीणों को तैयार करते हैं जो अधिक लाभ दे सकती हैं,

बुनकरों और अन्य ग्रामीण शिल्पकारों को अपना उत्पाद बाजार में बेचने के लिए ले जाने को प्रेरित करने जैसे अन्य कार्य करते हैं। वास्तव में यदि देखा जाए तो ये संगठन अपने चुनिंदा क्षेत्रों में उसी समुदाय का हिस्सा बन जाते हैं। मध्य भारत में बाबा आम्टे द्वारा कुष्ठ रोगियों के लिए शुरू किया गया संगठन इस प्रकार के स्वैच्छिक संगठनों का उत्तम उदाहरण है।

स्वैच्छिक संगठनों का दूसरा समूह उन संगठनों को कहा जा सकता है जिन्होंने किसी विषय विशेष में गहन अनुसंधान किया और फिर सरकार पर प्रभाव डालकर अथवा न्यायालयों में याचिका दायर कर लोगों के जीवन में सुधार लाने का काम किया। सेंटर फॉर साइंस एंड एनवायरनमेंट इस प्रकार के स्वैच्छिक संगठनों का उत्तम उदाहरण है।

तीसरा समूह उन स्वयंसेवकों का है जो अपने–आप को अन्य स्वैच्छिक संगठनों की अपेक्षा सामाजिक कार्यकर्ता के रूप में देखते हैं। स्पष्ट है कि इस वर्ग के स्वैच्छिक संगठन कुछ सीमा तक आंदोलन जैसी गतिविधियों मे सक्रिय रहते हैं।

भारत ही विश्व का एक ऐसा देश है जहां गैर–सरकारी और लाभ के लिए काम नहीं करने वाले सक्रिय संगठनों की संख्या सबसे अधिक है। पिछले दशक में भारत में नये गैर–सरकारी संगठनों की संख्या में तेजी से वृद्धि हुई है। सरकारी आंकड़ों के अनुसार 1970 तक देश में केवल 1.44 लाख समितियां पंजीकृत थीं। पंजीकरण की संख्या में अधिकतम वृद्धि वर्ष 2000 के बाद हुई। सरकार द्वारा कराए गए एक अध्ययन के अनुसार भारत में 2009 के अंत तक लगभग 30 लाख 30 हजार गैर–सरकारी संगठन थे। इसका अर्थ हुआ कि औसतन लगभग 400 भारतीयों के पीछे एक गैर–सरकारी संगठन। यह विशाल संख्या भी वास्तविकता में देश में सक्रिय स्वैच्छिक संगठनों की संख्या से कम ही होगी। ऐसा इसलिए कि 2008 में कराए गए अध्ययन में केवल उन संगठनों की गिनती की गई थी जो 1860 के सोसाइटीज रजिस्ट्रेशन कानून अथवा मुंबई सार्वजनिक ट्रस्ट या अन्य राज्यों में उसके समकक्ष कानूनों के अंतर्गत पंजीकृत थे।

सरकारी आंकड़ों के अनुसार सबसे अधिक गैर–सरकारी संगठन महाराष्ट्र में पंजीकृत हैं। उसके बाद आंध्र प्रदेश और उत्तर प्रदेश का स्थान आता है। भारत में राज्यवार 1 लाख से अधिक स्वैच्छिक संगठनों की संख्या निम्नानुसार हैः

- महाराष्ट्र (4.8 लाख)
- आंध्र प्रदेश (4.6 लाख)

- उत्तर प्रदेश (4.3 लाख)
- केरल (3.3 लाख)
- गुजरात (1.9 लाख)
- पं. बंगाल (1.7 लाख)
- तमिलनाडु (1.4 लाख)
- ओडिसा (1.3 लाख)
- राजस्थान (1 लाख)

इन आंकड़ों से पता चलता है कि केवल 10 राज्यों में ही 80 प्रतिशत से अधिक संगठनों का पंजीकरण हुआ है इसी प्रकार वित्तपोषण के मामले में सरकार का योगदान सबसे अधिक रहा है। ग्यारहवीं योजना में सामाजिक क्षेत्र के लिए 1 खरब 80 अरब रूपये अलग से निर्धारित किए गए थे। इसके बाद विदेशों से प्राप्त होने वाली सहायता का स्थान आता है। व्यक्तिगत दानदाता गैर–सरकारी संगठनों के लिए सबसे बड़े और महत्वपूर्ण स्रोत के रूप में उभर रहे हैं (मैथ्यू एवं वर्गीज 2011)। अधिकांश गैर–सरकारी संगठन छोटे संगठन हैं। सभी गैर–सरकारी संगठनों की तीन–चौथाई संख्या को समग्र रूप से केवल कार्यकर्ता ही चला रहे हैं। लगभग 13 प्रतिशत गैर–सरकारी संगठनों में 2 से 5 कर्मचारी हैं, लगभग 5 प्रतिशत गैर–सरकारी संगठनों में 6 से 10 कर्मचारी हैं और केवल 8.5 प्रतिशत संगठनों में ही 10 से अधिक कर्मचारी काम करते हैं। सोसाइटी फॉर पार्टिसिपेटरी रिसर्च इन एशिया (पी.आर.आई.ए.) द्वारा किए गए एक अध्ययन के अनुसार 73.4 प्रतिशत गैर–सरकारी संगठनों में केवल एक या एक भी वैतनिक कर्मचारी नहीं हैं यद्यपि देशभर में 1 करोड़ 90 लाख से अधिक लोग गैर–सरकारी संगठनों में या तो स्वयंसेवक या वेतनभोगी कर्मचारी के रूप में काम करते हैं। गैर–सरकारी संगठनों का पंजीकरण भारतीय कंपनी अधिनियम 2013 की धारा 8 के तहत कम्पनी ट्रस्ट, सोसाइटी (समिति) अथवा लाभ के लिए काम नहीं करने वाली निजी कंपनी के रूप भी में होता है। उन्हें आयकर में छूट का लाभ भी मिलता है। संयुक्त राष्ट्र संघ की 40 वीं आम सभा 1985 में 5 दिसम्बर को स्वैच्छिक दिवस (वालण्टरी डे) घोषित किया गया।

1.3 गैर–सरकारी संगठनों की आवश्यकता

अनुभव बताता है कि विकास कार्यों में सरकारी तंत्र की भूमिका आशानुरूप परिवर्तन नहीं ला सकी है। यद्यपि ग्रामीण पुनर्निर्माण के कार्यक्रमों का सूत्रपात और क्रियान्वयन नौकरशाही ही करती है फिर भी गाँवों में अनेक गतिविधियों के

लिए वे उपयुक्त नहीं हैं जिसके कारण सरकार को इन कार्यक्रमों को चलाने में सफलता नहीं मिलती है। यदि ये कार्यक्रम स्वयंसेवी संगठनों द्वारा चलाए जाते हैं तो सृजनशीलता, तात्कालिकता और नवीनता के गुणों से वे कुशलतापूर्वक समन्वय कर सकते हैं।

विकास कार्यक्रमों को जनभागीदारी के बिना सफल नहीं बनाया जा सकता है। जनभागीदारी प्राप्त करने के लिए स्वयंसेवी संगठन काफी सहायक हैं।

गैर–सरकारी संगठनों की भूमिका को अंतर्राष्ट्रीय और राष्ट्रीय स्तर पर भी व्यापक मान्यता प्राप्त हुई है। ये संगठन बहुत हद तक लोगों को सहायता प्रदान करने में सफल हुए हैं। यह एक महत्वपूर्ण तथ्य है कि कोई भी विकास कार्यक्रम तब तक सफल नहीं हो सकता जब तक उनमें वे लोग शामिल न हों जिसके लिए वे चलाए जा रहे हैं। ऐसे कार्यो को गैर–सरकारी संगठन अच्छी तरह से अंजाम दे रहे हैं।

प्रभावी व्यूह रचना

सफल रहने वाली गैर–सरकारी संस्थाओं की प्रमुख विशेषता होती है–उनकी कार्यशैली एवं प्रभावी व्यूहरचना। ये लोग संस्था के कार्यकर्ताओं के चयन में पहली शर्त यही रखते हैं कि उन्हें गाँव में कार्य करना होगा। उन्हें लोगों की बोलचाल की भाषा जानना जरूरी है और उन्हें स्थानीय रीति–रिवाज व संस्कृति में घुल–मिल कर कार्य करना पड़ता है। यहां समानता का व्यवहार रखकर कार्य किया जाता है।

स्वैच्छिक संस्था में सभी का उठना–बैठना, खाना–पीना एक समान रहता है। समय–समय पर बैठकें आयोजित कर अपनी सफलताओं पर कम परंतु असफलताओं पर ज्यादा बातचीत करते हैं। बातचीत के आधार पर नये रास्ते तलाश करके उसकी कार्यप्रणाली विकसित करते हैं। नयी पद्धति पर कुछ कार्य कर लेने के बाद पुनः विचार करके उनमें आवश्यक संशोधन करते हैं। इतना लचीलापन शासकीय संस्थाओं में नहीं होता है यद्यपि उनके पास साधनों एवं सूचनाओं का भंडार रहता है। ये संस्थाएँ स्वयं लोगों के पास पहुँचकर कार्य करती हैं।

सरकारी एवं गैर–सरकारी संस्थाओं की कार्यशैली के इस अंतर से ही आज स्वयंसेवी संस्थाओं की साख बढ़ती जा रही है। उनके पास व्यावसायिक नेटवर्किंग है। इन संस्थाओं ने युवाओं के लिए आजीविका के नये मार्ग खोल दिए हैं। उनके साथ इंजीनियर, वकील, प्रबंधन से जुड़े लोग स्नातक, तकनीकी शिक्षा

प्राप्त युवा सभी हैं। ये लोग शोध एव डॉक्युमेंटेशन को विकास प्रक्रिया में अनिवार्य मानकर कार्य करते हैं।

इस प्रकार गैर–सरकारी संगठन एक तरफ सामाजिक–आर्थिक विकास का कार्य कर रहे हैं वही मनोवैज्ञानिक स्तर पर लोगों को अपने अधिकारों के प्रति ज्यादा संवदेनशील बनाते हैं। साथ ही समाज और सरकार के बीच समन्वय भी स्थापित करते हैं। संस्थाओं के कार्यकर्ता भी आज शिक्षित एवं नये सूचना माध्यमों और तकनीकी से लैस हैं। इन्हीं कारणों से संस्थाओं की व्यूह–रचना कामयाब रहती है।

प्रभावी संचार तंत्र

ऐसी अनेक जनोपयोगी योजनाएं हैं जिन्हें गैर–सरकारी संस्थाएं सुचारू रूप से अंजाम देती हैं। इसमें गैर–सरकारी संस्थाओं की लोगों में पैठ एवं प्रभावी संचार प्रणाली का योगदान होता है। संस्थाओं के अधिकांश लोग सेवा भाव से प्रेरित होकर समाजोपयोगी कार्य करते हैं। परिणामस्वरूप ये लोग जनसहयोग एवं जनसहभागिता के माध्यम से जनसंपर्क बढ़ाकर गरीब, पिछड़ों एवं जरूरतमंदों को राहत पहुँचाते हैं। इन संस्थाओं के व्यवहार एवं कार्यप्रणाली में लचीलापन रहता है। ये अपनी कार्यप्रणाली एवं नीतियों में समय–समय पर परिवर्तन कर सफलता प्राप्त करती हैं।

पंचायतों द्वारा संचालित विकास कार्यों में योगदान

पंचायतीराज कानून में अन्य व्यवस्था के अलावा एक महत्वपूर्ण प्रावधान किया गया है कि सभी तरह के विकास कार्यक्रम पंचायतों द्वारा निर्धारित, संचालित तथा कार्यान्वित किए जाएंगें। सेवा का प्रावधान संविधान की ग्यारहवीं अनुसूची के अनुच्छेद 243 –जी के अंतर्गत किया गया है। परंतु इतने बड़े पैमाने पर कार्य करने का अनुभव शायद ही किसी पंचायत संस्था को है और यही सबसे बड़ी चुनौती भी है। इसका एक कारण यह भी है कि अभी तक सरकारी एजेंसियां विकास के कार्य या तो स्वयं करती थीं या ठेकेदारों के माध्यम से करवाती थीं। दूसरी तरफ स्वयंसेवी संस्थाओं को विकास कार्य करने का अनुभव होता है इसीलिए वे पंचायतों को अपना सहयोग दे सकती हैं। आज की स्थिति में समय की मांग है कि पंचायत तथा स्वयंसेवी संस्थाएँ एक दूसरे के पूरक के रूप में कार्य करें।

अब हम यह देखेंगे कि ऐसे कौन–कौन से कार्य हैं जिनमें पंचायतें गैर–सरकारी संस्थाओं का सहयोग ले सकती हैं। इन प्रश्नों के जवाब के लिए

सर्वप्रथम गैर–सरकारी संस्थाओं की अनुभव क्षमता को ध्यान में रखना पड़ेगा। सामाजिक क्षेत्र में इन संगठनों का बड़ा महत्व है क्योंकि कितने ही सामाजिक कार्य ऐसे हैं जो सरकार नहीं कर सकती है न ही कानून द्वारा सामाजिक समस्याओं का हल निकाला जा सकता है। सामाजिक क्षेत्र के अलावा अन्य क्षेत्र भी खुले हुए हैं जो गैर–सरकारी संगठनों का कार्यक्षेत्र बन सकते हैं जैसे–ग्रामीण साक्षरता, परती भूमि विकास, आधुनिक प्रौद्योगिकी का उपयोग, गैर–पारंपरिक ऊर्जा का विकास, गाँव, घर एवं आसपास की स्वच्छता, सामाजिक वानिकी, भूमि एवं जल परिरक्षण, मूलभूत अधिकारों के प्रति चेतना, टीकाकरण, परिवार नियोजन के प्रति चेतना जागृत करना, गाँवों में योजनाओं का निर्माण व क्रियान्वयन, जनप्रतिनिधियों को प्रशिक्षण देना, प्राकृतिक आपदाओं जैसे बाढ़, भूकंप, तूफान में पुनर्वास की व्यवस्था, विकलांग–मूक–बधिर एवं नेत्रहीनों का पुनर्वास, सांप्रदायिकता एवं जातीयता को रोकना, महिला विकास बाल विकास, छुआछूत मिटाना, दहेज प्रथा का विरोध, बाल श्रमिक प्रथा खत्म करना, नशीले एवं मादक पदार्थो का सेवन बंद करना, बंधुआ मजदूरी खत्म करना, भ्रामक धारणाएं समाप्त करना, आदि।

अब यह विचार किया जाना चाहिए कि वे कौन–कौन से कार्य हैं जिनमें गैर–सरकारी संस्थाओं की मदद आवश्यक होगी एवं यह मदद किस प्रकार मिल सकती है। यह निम्न है:

जानकारी उपलब्ध कराना

जानकारी को शक्ति माना गया है। जिनके पास ज्यादा जानकारी है वही अधिक क्षमता और सक्रियता रखता है। इसलिए पंचायतों को भी कई तरह की जानकारी रखनी पड़ेगी। विकास के कार्यक्रम, सरकार की नीति, धन की उपलब्धता, संसाधन आदि की जानकारियों को गैर–सरकारी संस्थाएं इकट्ठा कर पंचायतों को बता सकती हैं।

गाँव से जिला स्तर की योजना बनाना

पंचायतीराज संस्थाओं में अपने स्तर पर विकास योजना बनाने का प्रावधान है। यह प्रक्रिया सरल नहीं है। अगर पंचायतों के प्रतिनिधि इन कार्यो को करने में सक्षम नहीं होंगे तो फिर विकास के वांछित लक्ष्य से पीछे छूट जाएंगे। इस कार्य में गैर–सरकारी संस्थाओं के व्यापक अनुभव का लाभ पंचायतों को मिल सकता है।

योजनाओं का क्रियान्वयन

अभी तक सरकार विकास कार्य ठेकेदारों के माध्यम से कराती रही है इसीलिए विकास का पैसा ताम–झाम पर खर्च हो जाता है। जबकि गैर–सरकारी संगठनों की सहभागिता एवं व्यापक अनुभव से ये पंचायतों की मदद कर सकते हैं।

मूल्यांकन तथा प्रबोधन

गैर–सरकारी संस्थाएं समय–समय पर परियोजना के विभिन्न चरणों में कार्य का प्रबंधन तथा मूल्यांकन करती हैं ताकि कहीं कुछ ठीक नहीं हो रहा हो तो उसे समय रहते सुधारा जा सके। अतः मूल्यांकन तथा प्रबोधन के कार्यों में भी संस्थाएं मदद कर सकती हैं।

प्रशिक्षण

पंचायतों के चुने हुए कुछ लोग अनुभवहीन एवं अनपढ़ होते हैं कुछ कम पढ़े–लिखे भी। पंचायत के हर कार्य के लिए प्रशिक्षण देकर उन्हें स्वावलंबी बनाया जा सकता है। गैर–सरकारी संस्थाओं के पास प्रशिक्षण की कई विधियां होती हैं जिससे सभी वर्गों को लाभ मिल सकता है।

तकनीकी विशेषता

गैर–सरकारी संगठनों के पास कम खर्चीला तकनीकी ज्ञान एवं विशेज्ञता उपलब्ध होती हैं। पंचायतें उसे प्राप्त कर सकती हैं। पंचायतों एवं स्वयंसेवी संगठनों को एक–दूसरे के पूरक तथा सहयोगी के रूप में कार्य करना होगा। एक–दूसरे पर विश्वास करना होगा। खुलेपन एवं पारदर्शिता से कार्य करने पर ही सफलता मिलती है।

गैर–सरकारी संगठनों की विशेषताएं

विकास में लोगों की भागीदारी सुनिश्चित करने में ये संस्थाएं प्रभावी भूमिका निभा सकती हैं। गैर–सरकारी संस्थाओं को ग्रामीण विकास के लिए उत्प्रेरक अभिकर्ता माना जाता है क्योंकि ये गरीबी उन्मूलन में विविध भूमिकाएं अदा कर सकती हैं:

- लाभ न मिल पाने वाले समूहों को सामाजिक न्याय दिला सकते हैं, उनमें अधिकारों और कर्तव्यों के प्रति जागरूकता पैदा कर सकते हैं।
- ग्रामीण क्षेत्रों में सामाजिक, राजनीतिक और आर्थिक पहलुओं में प्रगति को बढ़ावा दे सकते हैं। सरकारी संस्थाओं की अपेक्षा ये संगठन लोगों

से अधिक नजदीकी सम्बन्ध स्थापित कर पाते हैं क्योंकि ये संगठन नियमों/उपनियमों और पद्धतियों से बंधे हुए नहीं होते हैं।

- ग्रामीण गरीबों को विकास प्रक्रिया में भागीदारी के लिए संगठित कर सकते हैं। प्रत्येक योजना उसके उद्देश्य, अपेक्षित लाभ, कार्यप्रणाली आदि के बारे में बेहतर ढंग से समझा सकते हैं।
- गलत धन–प्रवाह को रोकने एवं भ्रष्टाचार निवारण में सहायक हो सकते हैं।
- लोगों का परंपरागत कौशल बढ़ाने तथा उनमें प्रबंधकीय विशेषज्ञता विकसित करने में सहायक हो सकते हैं।
- राजकीय अधिकारी वर्ग के साथ बैठकर अनेक समस्याओं को बातचीत द्वारा सुलझाने में संगठन कारगर भूमिका निभाते हैं।
- ये संगठन स्थानीय वित्तीय संसाधन इकट्ठा करके लोगों को आत्मनिर्भर बना सकते हैं।
- योजनाओं में कुछ लाभार्थी उपभोक्ता बैंकों द्वारा प्रदत्त ऋण का दुरूपयोग करते हैं। गैर–सरकारी संगठन ऐसे लाभार्थियों को ऋण का प्रभावी और उत्तम उपयोग करने के लिए प्रेरित कर सकते हैं।
- ये संगठन सतत प्रयास, बुद्धि, चातुर्य और नवीन कार्य करके ग्रामीण विकास को नयी दिशा प्रदान कर सकते हैं। ग्रामीण समुदायों को अपने ही विकास में सक्रिय रूप से भाग लेने के लिए संगठित, प्रोत्साहित, जागरूक एवं समर्थ बना सकते हैं (देवपुरा 2011)।

गैर–सरकारी संगठन भारत में अनेक प्रकार की गतिविधियां चलाते हैं जिससे लोगों को लाभ होता है क्योंकि मूल रूप से वे बिना किसी व्यावसायिक हित अथवा लाभ के काम करते हैं। इन संगठनों का उद्देश्य निर्धनता अथवा किसी प्राकृतिक आपदा के कारण कष्ट सह रहे लोगों की सेवा करना है। यद्यपि गैर–सरकारी संगठनों पर कभी–कभी सार्वजनिक धन के दुरूपयोग का आरोप लगता रहा है परन्तु वे इनका प्रतिकार सामाजिक समस्याओं का योजनाबद्ध ढंग से अध्ययन कर उनका समाधन ढूंढने की कोशिशों से करते रहे हैं। चूंकि भारत में गैर–सरकारी संगठन इकट्ठा की गई राशि से ही काम करते हैं वे बहुत सोच–समझकर अपनी योजना तैयार करते हैं ताकि उनका कार्य किफायती हो जाए अतः इनके कार्य का परिणाम दिखता है।

गैर–सरकारी संगठनों के अनेक लाभ हैं। भारत एक विशाल देश है और इसकी जनसंख्या भी काफी अधिक है। ऐसे में सरकार के लिए सभी गतिविधियों

की देखभाल करना व्यावहारिक रूप से संभव नही है अतः देश को सभी शेष गतिविधियों की देखभाल के लिए गैर–सरकारी संगठनों की सहायता की आवश्यकता है।

लोगों के जीवनस्तर में सुधार की आवश्यकता को देखते हुए भारतीय गैर–सरकारी संगठन विभिन्न परियोजनाओं पर काम कर रहे हैं। इससे लोगों की जीवनशैली सुधारने में निश्चित ही मदद मिलेगी। स्थानीय गैर–सरकारी संगठन क्षेत्र के विकास में बेहतर मदद कर सकते हैं क्योंकि वे स्थानीय आवश्यकताओं के अनुरूप अपनी कार्यप्रणाली में लचीलापन ला सकते हैं और इस प्रकार विकास की एकीकृत परियोजनाएं अपना सकते हैं। लोगों के साथ सीधा सम्पर्क होने के कारण वे स्थानीय गरीबों विशेषकर ग्रामीण क्षेत्रों में अच्छी मदद कर सकते हैं। वे बिना किसी झंझट के विशेषज्ञों और अनुप्रेरित कर्मचारियों को सरकार की अपेक्षा आसानी से काम पर रख सकते हैं। सामाजिक गतिविधियों में गैर–सरकारी संगठनों के सक्रिय हस्तक्षेप से नेतृत्व का गुण भी विकसित होता है। गैर–सरकारी संगठन शिक्षा और इसी प्रकार की अन्य गतिविधियाँ चलाते हैं। इस देश में गैर–सरकारी संगठन वास्तव में आशा की एक किरण के रूप में उभरे हैं। सरकार और गैर–सरकारी संगठन के बीच स्वस्थ सम्बन्ध समय की आवश्यकता है।

गैर–सरकारी संगठनों की भूमिका

गैर–सरकारी संगठनों ने विकास, सामाजिक कल्याण, अधिकार इत्यादि कार्यों में महत्वपूर्ण भूमिका का निर्वहन किया है। संक्षेप में इनकी निम्न भूमिका महत्वपूर्ण है :

1. अधोसंरचना का विकास एव उपयोगः अधोसंरचना का विकास गैर–सरकारी संगठनों द्वारा किया जाने वाला एक महत्वपूर्ण घटक है इसके अर्न्तगत भूमि का विकास करना, भवनों का निर्माण, रखरखाव एवं मरम्मत करना, अपशिष्ट प्रबंधन हेतु संरचनायें बनाना, भूमि जल संवर्धन एवं संरक्षण हेतु संरचनाओं का निर्माण करना, सामुदायिक कुओं, तालाबों, शौचालयों का निर्माण एवं रखरखाव आदि प्रमुख हैं। कुछ ऐसे भी गैर–सरकारी संगठन हैं जो सरकार को अधोसंरचना विकास हेतु तकनीकी मार्गदर्शन भी प्रदान कर सहयोग देते हैं।

2. नवोन्मेषी प्रदर्शन एवं अग्रगामी परियोजनायेंः गैर–सरकारी संगठनों द्वारा किसी क्षेत्र विशेष की परिस्थिति के अनुरूप नवोन्मुखी अर्थात नवीन परिवर्तन हेतु परियोजना कार्य का संचालन व क्रियान्वयन किया जाता है। इसी प्रकार प्रदर्शन आधारित क्रियाकलाप भी सम्पादित किये जाते हैं ताकि जन समुदाय को वांछित

परिवर्तन हेतु मॉडल रूप में करके दिखाया जा सके। वास्तव में उक्त दोनों ही माध्यम मुख्यतः सरकारी अनुदान आधारित परियोजनाओं द्वारा किये जा रहे हैं। सामाजिक समस्याओं के निराकरण एवं आर्थिक सशक्तीकरण हेतु नवीन समाधानों पर आधारित कार्यक्रम अग्रगामी परियोजनाओं के अर्न्तगत तैयार किये जाते हैं ऐसी अनेकों अग्रगामी परियोजनायें है जिन्हें मुख्यतः गैर सरकारी संगठनों द्वारा ही सफलतापूर्वक चलाया जा रहा है। अनेकों सरकारी परियोजनायें ऐसी हैं। जिनमें गैर सरकारी संगठनों की उपस्थिति अनिवार्य कर दी गई है क्योंकि ये संगठन शासन की तुलना में अधिक प्रभावी क्रियान्वयन निर्धारित समय सीमा में पूर्ण करने की क्षमता को स्पष्ट कर चुके हैं।

3. संवाद /संचार प्रेरणाः गैर–सरकारी संगठनों का जनसमुदाय के साथ परस्पर मधुर संवाद होता है इसी कारण से ये संगठन आम जनता का विश्वास प्राप्त करने में सफल होते हैं। यही विश्वास परस्पर सहयोग के द्वारा विकास कार्यो को गतिशील एवं टिकाऊ बनाता है। गैर–सरकारी संगठन स्थानीय समस्याओं एवं उनके समाधान हेतु वांछित सुझाव नीचे से ऊपर की ओर पहुंचाने का महत्वपूर्ण कार्य करते हैं। वास्तविक परिस्थितियों एवं जन भावनाओं को स्पष्ट रूप से शासन स्तर के नीति निर्माताओं तक पहुँचाने का कार्य भी ये संगठन कुशलतापूर्वक पूर्ण करते हैं।

4. तकनीकी सहयोग एवं प्रशिक्षणः स्वैच्छिक संगठन वांछित सकारात्मक परिवर्तन हेतु तकनीकी सहयोग एवं प्रशिक्षण का महत्वपूर्ण कार्य संपादित करते हैं। कौशल संवर्धन/दक्षता संवर्धन एवं जानकारी को सम्प्रेषित करने हेतु प्रशिक्षण आयोजित कर सहयोग देते हैं। कुछ गैर सरकारी संगठन शासन स्तर से जुड़े कर्मचारियों/अधिकारियों को भी तकनीकी मार्गदर्शन एवं प्रशिक्षण देने का कार्य करते हैं।

5. अनुसंधान, मार्गदर्शन एवं मूल्यांकनः गैर–सरकारी संगठनों द्वारा अनुसंधान से जुड़े कार्यों को भी संचालित किया जाता है। वर्तमान परिवेश में जन भागीदारी आधारित अनुसंधान परियोजनाओं का गैर–सरकारी संगठनों द्वारा कुशलतापूर्वक क्रियान्वयन एवं मार्गदर्शन किया जा रहा है। इसके अलावा विकासोन्मुखी परियोजनाओं की वस्तुस्थिति को देखना, मार्गदर्शन करना एवं मूल्यांकन का कार्य भी इन संगठनों द्वारा किया जा रहा है।

6. गरीबों के साथ गरीबों के लिये समर्थनः गैर–सरकारी संगठनों की आरम्भिक अवस्था से अभी तक एक विशेष झुकाव गरीब जन समुदाय की ओर अधिक दृष्टिगत होता है। अधिकांश कार्यक्रम एवं परियोजनायें भी इन्ही गरीब

परिवारों को केन्द्र में रखकर तैयार की गई एवं क्रियान्वित की गई हैं। वस्तुतः सरकारी परियोजनाओं का वास्तविक लाभ गरीबों को कम ही मिल पाता था क्योंकि निर्धन गरीब लोग जहाँ एक ओर अशिक्षा के कारण आगे नहीं आ पाते थे वहीं दूसरी ओर इन्हें स्थानीय सशक्त लोग अपने समकक्ष आने या अधिकार दिलाने से दूर रखते थे। गैर–सरकारी संगठनों ने वास्तविक जरूरतमंद की पहचान कर शासकीय योजनाओं का लाभ गरीब परिवारों को प्रदान करने में महत्वपूर्ण भूमिका का निर्वाहन किया है। गरीबों की आवाज उनके कष्ट, हालात एवं परिस्थितियों को शासन तक पहुँचाने एवं शासकीय योजनाओं के लाभ को गरीबों तक ले जाने में स्वैच्छिक संस्थाओं ने सेतु का प्रभावी कार्य किया है।

नाना जी देशमुख ने जब सक्रिय राजनीति से सन्यास लिया और समाज सेवा करने का बीड़ा उठाया तो उन्होंने अपने उद्‌देश्यों को प्राप्त करने हेतु संस्था दीनदयाल शोध संस्थान का विजन तैयार किया उनके स्वप्न दृष्टा होने का यह परिणाम है कि आज दीनदयाल शोध संस्थान देश के कई प्रांतों में शिक्षा, कृषि, विकास, महिला उत्थान, बाल विकास एवं ग्रामीण विकास पर उल्लेखनीय कार्य कर रहा है। ग्रामोदय विश्वविद्यालय का विजन भी नाना जी देशमुख ने तैयार किया। उनके स्पष्ट और लक्ष्य आधारित विजन का यह परिणाम है कि आज ग्रामोदय विश्वविद्यालय देश के प्रमुख विश्वविद्यालयों में से एक है।

1.4 गैर–सरकारी संगठनों का विजन और मिशन

प्रभावी रूप से कार्य करने के लिए गैर–सरकारी संस्थाएँ विजन एवं मिशन बनाती हैं। ''समर्थन' ने विजन–मिशन पर व्यापक रूप से अध्ययन सामग्री तैयार की है, जिसकी सहायता से विजन–मिशन को और अच्छी तरह से प्रस्तुत किया जा रहा है।

प्रत्येक संस्था का एक जीवन चक्र होता है। यह जीवन उतना ही लम्बा होगा तथा सामाजिक परिवर्तन के लिए उतना ही उपयोगी हो सकेगा जितना स्पष्ट होगा इसके होने का कारण तथा इसके प्रयासों की दिशा। किसी संस्था को इसके स्थापित होने का आधार देने वाले तथा इसके कार्यों को दिशा प्रदान करने वाले तीन ही तत्व हैं, इसका स्वप्न (विजन), इसका लक्ष्य (मिशन) तथा इस लक्ष्य को प्राप्त करने की रणनीति। तार्किक धरातल पर देखें तो बिना इन तत्वों के कोई संस्था अपने उद्‌देश्यों तथा गतिविधियों का निर्धारण ही नहीं कर पायेगी। स्वप्न से लक्ष्य, लक्ष्य से उद्‌देश्य तथा उददेश्य व लक्ष्य की पूर्ति के लिए व्यापक रणनीति बनाई जाती है। लक्ष्य व उद्‌देश्य की पूर्ति के लिए

व्यापक रणनीति के तहत गतिविधियां चलाई जाती हैं। ये सभी तत्व आपस में जुड़े हुए हैं।

विजन–मिशन–रणनीति जैसे आधारभूत तत्वों पर समझ के अभाव में तथा संस्था के संदर्भ में इनका उचित ढंग से निर्माण न होने की दशा में संस्था का लम्बे समय तक टिक पाना मुश्किल हो जाता है। यही कारण है कि आज के दौर में कई लक्ष्यहीन संस्थाए अल्पायु में ही दम तोड़ती दिख जाती हैं। संस्था में स्पष्ट और लिखित विजन–मिशन–रणनीति का होना एक और महत्वपूर्ण अर्थ में आवश्यक है। संस्था के जीवन में सिर्फ संस्थापक व प्रारम्भ में जुड़े कार्यकर्ता ही नहीं होते हैं। कई लोग इससे बाद में जुड़ते रहते हैं। कई बार संस्था का स्वप्न, लक्ष्य तथा रणनीति संस्थापक तक ही सीमित रह जाता है। यह संस्थापक तथा प्रारम्भिक कार्यकर्ताओं के मन में कितना भी स्पष्ट क्यों न हो, अलिखित रह जाता है तथा दस्तावेज के रूप में संग्रहित नहीं हो पाता है। बाद में जुड़ने वाले कार्यकर्ताओं के संदर्भ में हम पाते हैं कि ये नये कार्यकर्ता सीधे–सीधे संस्था के कार्यक्रमों से जुड़ जाते हैं न कि संस्था की सोच व स्वप्न से। संस्था में नए कार्यक्रम आते हैं तो नए कार्यकर्ता भी आते हैं, परन्तु संस्था में विजन–मिशन न रहने पर उनका परिचय संस्था के वृहद लक्ष्य तथा रणनीति से नहीं हो पाता है। फल यह होता है कि कार्यकर्ता अपनी व्यक्तिगत सोच को महत्व देने लग जाता है और संस्था के कार्यक्रम की दिशा बदल जाती है। संस्था में स्पष्ट स्वप्न, लक्ष्य तथा रणनीति होने की दशा में नया कार्यकर्ता जुड़ने से पहले ही यह विश्लेषण कर सकता है कि उसकी अपनी व्यक्तिगत सोच संस्था की सोच से मेल खाती है अथवा नहीं। यदि दोनों का मेल होता है तभी नया व्यक्ति संस्था से जुड़ पाता है। इस प्रकार जुड़ने वाला व्यक्ति संस्था की व्यापक सोच में शामिल हो जाता है तथा संस्था के लक्ष्य को प्राप्त करने में मददगार सिद्ध होता है।

संस्था के संस्थापकों के न रहने पर संस्था का स्वप्न, लक्ष्य व रणनीति कहीं गुम न हो जाए इसके लिए संस्था में न सिर्फ स्पष्ट रूप से इनका निर्माण होना चाहिए बल्कि इनका दस्तावेज भी तैयार होना चाहिए ताकि इसके ऊपर संस्था के भीतर विचार–विमर्श की प्रक्रिया चलती रहे तथा सामूहिक समझ बनाई जा सके। संस्था के स्वप्न एवं लक्ष्य संस्था के जितने ही ज्यादा लोगों को स्पष्ट रहता है संस्था उतनी ही ज्यादा सशक्त होती है।

संस्था की रणनीति के सन्दर्भ में भी उपरोक्त बातें ही लागू होती हैं। कहा तो यहाँ तक जाता है कि संस्था की सफलता में इससे ज्यादा महत्वपूर्ण बात कोई हो ही नहीं सकती है कि संस्था की एक स्पष्ट व प्रभावी रणनीति हो और

जिस पर संस्था के सभी लोगों की समझ हो तथा सभी उसी के अनुसार कार्य करते हों। एक बेहतर रणनीति ही यह तय कर सकती है कि संस्था के लक्ष्य को सीमित साधनों के उपयोग से किस प्रकार प्राप्त किया जा सकता है।

वनवासी सेवा आश्रम गोविन्दपुर पिछले छः दशकों से आदिवासी क्षेत्र में अपनी सेवायें प्रदान कर रहा है। चाहे आदिवासी कल्याण, शिक्षा एवं स्वास्थ्य हो या फिर वाटरशेड विकास कार्यक्रम आश्रम ने सोनभद्र जिले में अपनी पहचान बना रखी है। संस्थापक प्रेम भाई के देहावसान के पश्चात डा. रागिनी प्रेम ने संस्था की बागडोर सम्भाली। उनके देहावसान के पश्चात उनकी पुत्री अपने संस्थापक माता–पिता के विजन और मिशन के आधार पर आश्रम के कार्यों को सफलतापूर्वक संचालित कर रही हैं।

संस्था का विजन (स्वप्न)

प्रत्येक संस्था जब प्रारम्भ होती है तो उसे स्थापित करने के पीछे एक सपना होता है। संस्था इस सोच के साथ खड़ी होती है कि समाज की कुछ अवांछित स्थितियों में परिवर्तन किया जाए ताकि एक ऐसे समाज की स्थापना में योगदान हो सके जिसकी कल्पना संस्था व इसके संस्थापकों ने की है। संस्था के कुछ मूल्य होते हैं जो उसे उसके सपने से जोड़ते हैं। संस्था का स्वप्न कई बार तो इसके संस्थापक के व्यापक सामाजिक चिंतन एवं व्यक्तिगत रूप से देखे गए सपने का विस्तार होता है पर कई बार कई लोग एक साथ जुड़कर प्रारम्भिक रूप से संस्था की नींव रखते हैं तथा ऐसी स्थिति में उनका साझा सपना संस्थागत स्वरूप ग्रहण करता है। कहने का भाव यह कि कई कारकों जैसेः– सामाजिक–राजनैतिक संदर्भ, संस्थापकों के पूर्वानुभव तथा मूल्यों के मेल से संस्था के विजन का निर्माण होता है।

संस्था समय के साथ जब बड़ी होती है तो उसे कार्यक्षेत्र की सामाजिक–आर्थिक पृष्ठभूमि में कई तरह के नए–नए कार्यक्रम संचालित करने के अवसर आते हैं। कई बार यह प्रश्न खड़ा हो जाता है कि ये नये कार्यक्रम लिए जायें अथवा नहीं। देखना पड़ता है कि वे संस्था की मूल सोच व सपने से मेल खाते हैं अथवा नहीं। ऐसी स्थिति में या तो विजन पर पुनर्विचार की आवश्यकता पड़ जाती है या नई गतिविधियों से जुड़ने के औचित्य पर ही। बहुधा ऐसी स्थिति में उन नई गतिविधियों से न जुड़ने का फैसला किया जाता है जो सपने से मेल नहीं खाती।

अरुण त्यागी एवं उनके सहयोगियों ने आदिवासी समाज के विकास एवं प्राकृतिक संसाधन के संरक्षण एवं विकास हेतु ग्राम सुधार समिति का गठन

किया। उनके कार्यों के परिणामस्वरूप खैरा जैसे दूरस्थ एवं आदिवासी गाँव का कायाकल्प हो गया। समिति का विजन वंचित एवं आदिवासी समाज का विकास था, जिसकी पूर्ति हेतु ग्राम सुधार समिति ने वाटरशेड परियोजना के माध्यम से कृषि विकास एवं संसाधन प्रबंधन पर ध्यान देकर उल्लेखनीय कार्य किया।

नोबेल पुरस्कृत कैलाश सत्यार्थी ने अपनी संस्था का एक विजन तैयार किया और उन्होंने बाल मजदूरी और शोषण विहीन समाज का एक स्वप्न देखा। इस विजन को पूर्ण करने में उनको वर्षों लगे, रास्ते में रुकावटें आयीं किन्तु उन्होंने इन सबके आगे अपने विजन को रखा। उनके इस विजन को मान्यता प्रदान करते हुए अनेक संगठनों ने उनको स्वप्न दृष्टा माना तथा पुरस्कारों से अलंकृत किया।

विजन का तात्पर्य

संस्था के संदर्भ में हम कह सकते हैं कि विजन संस्था की वह सोच है जो यह बतलाती है कि संस्था दुनिया अथवा समाज को किस रूप में देखना चाहती है। विजन यह भी प्रदर्शित करता है कि वर्तमान का जो अवांछित सत्य है उसकी तुलना में संस्था किस नई सच्चाई को स्थापित करने की आशा करती है। विजन उन आदर्शों एवं परिकल्पनाओं की अभिव्यक्ति है जिसे सम्भवतः कई पीढ़ियाँ मिलकर प्राप्त करने की आशा करेंगी।

संस्था के विजन को इस प्रकार परिभाषित कर सकते हैं :

"एक ऐसी आदर्श स्थिति जिसे संस्था के सभी सदस्य प्राप्त करने की आशा करते हैं तथा जिसके लिए कार्य करते हैं। उस आदर्श स्थिति की परिकल्पना में सभी भागीदार होते हैं। यह आदर्श स्थिति वर्तमान की सच्चाईयों को बदलकर एक नई सच्चाई की स्थापना की परिकल्पना करती है।"

इस आदर्श स्थिति को प्राप्त करना संस्था के लिए बहुत दूर का लक्ष्य होता है जिसे संस्था शायद अपने अकेले प्रयासों से प्राप्त न कर पाए। यह सपना बहुत व्यापक होता है जिसमें बहुत सारी संस्थाओं के आदर्श समाहित हो सकते हैं। अतः बहुत सारी संस्थाओं के विजन एक ही तरह के हो सकते हैं। परन्तु अपनी संस्था का स्पष्ट विजन होना संस्था के लिए काफी महत्व रखता है क्योंकि वही आदर्श वाक्य संस्था से जुड़े सभी व्यक्तियों को वांछित दिशा में कार्य करते रहने के लिए उत्प्रेरित करता है। संस्था का विजन उसके लिए प्राण–वायु की तरह है जो संस्था को जीवन शक्ति प्रदान करते रहती है। भिन्न–भिन्न सोच व मुद्दों

पर कार्य करने वाली संस्थाओं के विजन में भिन्नता भी दिखती है परन्तु समान सोच व मुद्‌दे पर काम करने वाली संस्थाओं के विजन में समानता हो सकती है। कुल मिलाकर विजन इतना व्यापक होता है कि एक तरह की सोच वाली तमाम संस्थाओं तथा उनसे जुड़ने वाले व्यक्तियों के सपने उसमें समाहित हो सकते हैं।

सामाजिक विजन के कुछ उदाहरण

1. स्वास्थ्य को प्रमुख मुद्‌दा मानने वाली तथा इसे अपनी सोच में केन्द्रीय स्थान देने वाली संस्था का विजन इस प्रकार हो सकता है– एक ऐसे शोषणविहीन समाज की स्थापना जहाँ हर व्यक्ति शारीरिक व मानसिक रूप से स्वस्थ हो।
2. स्त्री–पुरूष समानता को मूल्य प्रदान करने वाली संस्था का विजन इस प्रकार लिखा हुआ हो सकता है– एक ऐसे समाज की स्थापना जिसमें लिंग आधारित भेदभाव न हों तथा जिसमें महिला और पुरुष समान रूप से निर्णय लेने में भागीदारी करते हैं।
3. इसी प्रकार एक सहयोगी संस्था का विजन इस प्रकार हो सकता है।

"एक ऐसे समाज की स्थापना जिसमें सूचनाओं तक सबकी पहुँच हो तथा जिसके आधार पर सभी को समान अवसर प्राप्त हो।"

उपरोक्त उदाहरणों से यह स्पष्ट होता है कि ऐसे स्वप्न (विजन) एक आदर्श स्थिति को प्रस्तुत करते हैं जिनको सामने रखकर संस्था अपना लक्ष्य तथा रणनीति तय कर सकती है।

उपरोक्त उदाहरणों को देखने से यह भी पता चलता है कि विजन एक दूर के सपने की तरह है जो संस्था को सबसे अंतिम लक्ष्य के रूप में प्राप्त हो सकता है। इनको प्राप्त करने में सिर्फ एक अकेली संस्था का कार्य ही काफी नहीं है बल्कि एक ही विजन की ओर बहुत सारी संस्थाएं अपने ढंग से कार्य कर रही है।

उपरोक्त उदाहरणों से यह भी स्पष्ट होता है कि प्रत्येक विजन का एक मूल्यात्मक आधार (base) होता है। विजन में समान भागीदारी, भेदभाव रहित न्याय पर आधारित अथवा समान अवसरों पर आधारित समाज जैसे मूल्यों का समावेश किया जाता है।

विजन हमेशा स्पष्ट तथा संक्षेप में वर्णित होता है तथा उस ओर इंगित करता है जिस ओर संस्था तथा इसके सदस्यों को कार्य करना होता है।

विजन –निर्माण के तत्व

विजन (स्वप्न) के निर्माण में एक मूल तत्व है जिसे हम मूल्य (Value) कह सकते हैं। हर व्यक्ति के व्यक्तिगत मूल्य होते हैं जिसके परिप्रेक्ष्य में वह एक आदर्श स्थिति की कल्पना करता है। ये मूल्य कई तत्वों के मेल से बनते हैं जैसेः

1. सामाजिक–राजनैतिक वातावरण
2. अनुभव
3. पारिवारिक मान्यताएँ
4. सांस्कृतिक पम्परपराएँ
5. वैचारिक दृष्टिकोण

अपने व्यक्तिगत मूल्यों के आधार पर हर व्यक्ति का एक सपना होता है। जैसेः– उस समाज का निर्माण जो शोषणविहीन लिंगभेद रहित और समता पर आधारित हो या वह समाज जो जीवन–जीने के संसाधनों से परिपूर्ण हो इत्यादि। जब व्यक्ति को अपने मूल्यों के विरूद्ध समाज में घटित होता हुआ कुछ दिखता है तो उसे तकलीफ होती है और वह अपने सपने के अनुसार समाज को बनाने की दिशा में प्रयत्न करता है। इस सपने को साकार करने के लिए समान मूल्य रखने वाले लोगों के साथ मिलकर व्यक्तिगत मूल्यों को सामाजिक मूल्यों में परिवर्तित करने की प्रक्रिया चल पड़ती है ताकि सपने को साकार किया जा सके।

व्यक्तिगत मूल्य संस्थागत स्वरूप लें इसके लिए आवश्यक है कि जिन मूल्यों के आधार पर विजन का निर्माण किया गया है उनकी स्पष्ट रूप से व्याख्या की जाए ताकि संस्था से जुड़ने वाले नए लोग यह तय कर सकें कि वे भी उन मूल्यों में विश्वास करते हैं या नहीं। ये मूल्य प्रेरणादायी भी होने चाहिए ताकि समान विचार रखने वाले बहुत सारे लोग प्रेरणा प्राप्त करके संस्था से जुड़ सकें। मूल्य बार–बार बदलते नहीं। इन मूल्यों का संस्था की संस्कृति निर्मित करने में बहुत बड़ा योगदान होता है। अतः संस्था के भीतर इन मूल्यों तथा उनसे जुड़े विजन पर समय–समय पर चर्चा होती रहनी चाहिए ताकि ज्यादा से ज्यादा लोग इससे जुड़ते रहें।

विजन की विशेषताएँ

एक अच्छे विजन–वाक्य या कथन का संस्था के संदर्भ में प्रेरणादायी महत्व होता है। अतः विजन के कथन की निम्नलिखित विशेषताएँ होनी चाहिएः

स्पष्ट तथा संक्षिप्त

एक अच्छा विजन वह होता है जो स्पष्ट तथा संक्षिप्त होने के साथ–साथ इस प्रकार वर्णित होता है कि वह लोगों को आसानी से समझ में आ जाए।

याद्दाश्त में रहने योग्यः विजन इस प्रकार का होना चाहिए कि आसानी से स्मरण में बना रह सके तथा उसे याद रखने के लिए विशेष कोशिश न करनी पड़े।

उत्प्रेरक : विजन तभी कारगार होता है जब वह स्वयं ही लोगों को उत्प्रेरित करे, उत्तेजित करे कि सपने को प्राप्त करने की ओर बढ़ना है।

लोगों को जोड़ने वाला : विजन की यह विशेषता होनी चाहिए कि वह ज्यादा से ज्यादा लोगों को ज्यादा से ज्यादा समय तक जोड़े रख सके। बहुत सारे लोग जब संस्थागत विजन में अपने व्यक्तिगत सपने को भी समाहित महसूस करते हैं तभी संस्था का सपना साकार होता है।

चुनौती प्रस्तुत करने वाला : एक विजन एक चुनौती प्रस्तुत करता है ताकि उस विजन से जुड़े लोग उसे प्राप्त करने की कोशिश करें। यह एक दूरगामी चुनौती है अतः लम्बे समय तक संस्था के सदस्यों के सामने बनी रहती है।

प्राप्त होने का भाव : विजन बिल्कुल ऐसा भी नहीं होना चाहिए कि जिससे यह लगे कि ऐसा कभी प्राप्त ही नहीं हो सकता है विजन तो ऐसा होना चाहिए कि लगे कि समय जरूर लगेगा पर ऐसा समाज होना संभव है। तभी विजन उत्प्रेरक हो सकेगा अन्यथा लोगों में निराशा पैदा कर देगा।

दिशा–निर्देशक : विजन तो संस्था के लिए पथ प्रर्दशक की भूमिका निभाता है। अतः विजन में उन तत्वों का समावेश होना चाहिए जिससे पता चलता रहे कि संस्था को किस ओर जाना है किस ओर नहीं।

स्थायी परन्तु लोचदार : विजन तुरन्त–तुरन्त बदलने वाला नहीं होता बल्कि व्यापकता के साथ साथ स्थायित्व का गुण भी इसमें होता है। परन्तु इसका अर्थ यह नहीं है कि विजन को बदला नहीं जा सकता है। विजन को बदलने के अवसर संस्थाओं के जीवन में कभी–कभार ही आ पाते हैं। विजन को इस तरह लोचदार होना चाहिए, कि थोड़े बहुत परिवर्तन का समावेश करता हुआ यह अपनी प्रासंगिकता बनाए रखे।

क्रियान्वयन योग्य तथा माप्य : विजन इस प्रकार का होना चाहिए कि इसके आधार पर क्रियान्वयन योग्य लक्ष्य निर्धारित किए जा सकें तथा जिसके प्रभाव को मापा जा सके। विजन को कोई हवाई सपना नहीं होना चाहिए बल्कि ऐसा

सपना होना चाहिए जिसे प्राप्त करने की दिशा में ठोस लक्ष्य तथा कदम निर्धारित किए जा सकें तथा उसके परिणामों को ठीक–ठीक जाना जा सके।

अतः संस्था का विजन निर्धारित करते समय विजन की उपरोक्त विशेषताओं का ख्याल रखना आवश्यक होगा तभी कोई संस्था अपने एक सार्थक विजन वाक्य का निर्धारण कर सकती है जिससे संस्था के सभी सदस्यों को हमेशा प्रेरणा प्राप्त होती रहे।

संस्था में साझा स्वप्न

संस्था के भीतर संस्था के विजन पर सभी सदस्यों की आपसी समझ बहुत आवश्यक है। यदि संस्था के कार्यकर्ता विजन से जुड़ा महसूस नहीं करेंगे तो वे महज गतिविधियों से जुड़कर रह जायेंगे तथा समय के साथ–साथ एक उत्प्रेरक तत्व के अभाव में हतोत्साहित होते जायेंगे।

विजन उत्प्रेरक होता है। यदि संस्था के सभी लोग एक ही दिशा में एक ही सपने की ओर प्रेरित होकर कार्य कर रहे हों तभी उस सपने को साकार किया जा सकता है। लोग इस बात में बड़ा आत्मसम्मान महसूस करते हैं कि वे उस विजन से जुड़े हुए हैं जो उनको अपने कैरियर तथा परिवार के दायरे से बाहर ले जाकर व्यापक सामाजिक हितों से जोड़ता है। इस व्यक्तिगत उत्प्रेरणा को एक साझा विजन के माध्यम से ही सम्मिलित आकार प्रदान किया जा सकता है।

समाज की वर्तमान सच्चाईयों के परिप्रेक्ष्य में भविष्य के सपने का परिदृश्य एक रचनात्मक तनाव पैदा करता है जिसे विजन ही हल करता है क्योंकि यही एक दिशा–निर्देशक की भूमिका निभाता है तथा उस केन्द्र बिन्दु की ओर इंगित करता है जिस ओर लक्ष्य बनाया जाता है तथा गतिविधियाँ चलाई जाती हैं।

बाल मजदूरी एवं शोषण भारतीय समाज की प्रमुख समस्या रही है। इस समस्या के निराकरण हेतु कैलाश सत्यार्थी, स्वामी अग्निवेश जैसे सामाजिक कार्यकर्ता एकजुट हुए तथा उन्होंने बाल मजदूरी एवं शोषण को जड़ से समाप्त करने हेतु एक साझा स्वप्न देखा।

गैर–सरकारी संगठनों का मिशन

समाज में व्यापक परिवर्तन के दृष्टिकोण से गंभीर प्रयास करने के लिए यह आवश्यक है कि संस्थाएँ अपना एक स्पष्ट मिशन यानि लक्ष्य तय करें ताकि दृढ़ता व संकल्प के साथ उसे प्राप्त करने की दिशा में बढ़ा जा सके। संस्था का विजन (सपना) तो बहुत व्यापक होता है और एक ही सपने के बहुत सारे साझेदार होते हैं यानि बहुत सारी संस्थाओं को मिलाकर एक ही साझा सपना हो

सकता है। परन्तु प्रत्येक संस्था का मिशन अलग होता है जो प्रत्येक संस्था को अपनी अलग–अलग पहचान देता है। संस्था अपने मिशन को प्राप्त करने के लिए कार्य करती है क्योंकि यही वह लक्ष्य होता है जो संस्था के जीवनकाल के दायरे में प्राप्त होने लायक होता है। संस्था अपने मिशन को प्राप्त करने के लिए जिम्मेदार होती है। संस्था तो अपनी स्थापना का औचित्य अथवा कारण ही मिशन के आधार पर विश्लेषित करती है यानि संस्था का जीवन मिशन की प्राप्ति के लिए ही होता है।

संस्था के सदस्यों को आपस में बांधकर रखने वाला तत्व संस्था का मिशन ही होता है। सामान्यतः मिशन का निर्माण तो संस्था के भीतर संस्था के संस्थापक या संस्थापकगण ही करते हैं परन्तु संस्था के भीतर जितने ज्यादा लोगों की इसमें हिस्सेदारी बढ़ती है व इस पर समझ विकसित होती है संस्था की आंतरिक संगठन शक्ति उतनी ही मजबूत होती जाती है तथा लोग उस लक्ष्य को प्राप्त करने के लिए प्रेरित होते हैं।

मिशन (लक्ष्य) का तात्पर्य

संस्था के परिप्रेक्ष्य में मिशन वह लक्ष्य है जिसके लिए संस्था का गठन होता है और संस्था जीवित रहती है। यह मिशन हमेशा संस्था के व्यापक विजन (सपने) के दायरे में होता है जो यह परिलक्षित करता है कि सपने का कौन सा भाग किस प्रकार से संस्था पूरा करना चाहती है। दूसरे शब्दों में मिशन यह वर्णित करता है कि व्यापक सामाजिक स्वप्न को पूरा करने में संस्था का कैसा अथवा किस प्रकार का योगदान होगा।

सरल रूप में यह कहा जा सकता है कि मिशन यह स्पष्ट करता है कि किस वर्ग अथवा लक्ष्य समूह के साथ कार्य करना है तथा उनको कौन सी सेवायें प्रदान करनी हैं। इस प्रकार मिशन मूलत : दो प्रश्नों का उत्तर देता है– पहला यह कि किस वर्ग या समूह को सेवा प्रदान की जानी है और दूसरा यह कि संस्था कौन सी सेवा प्रदान करेगी? इसके अलावा मिशन में सामान्यतः यह भी प्रत्यक्ष या अप्रत्यक्ष रूप से झलकता है कि संस्था के मूल मूल्य क्या हैं।

दीन दयाल शोध संस्थान के माध्यम से नाना जी ने एक मिशन तय किया कि वर्ष 2010 तक चित्रकूट की 50 कि.मी. परिधि के गाँवों का सम्पूर्ण विकास किया जायेगा। इस मिशन की प्राप्ति के लिए उन्होंने विभिन्न परियोजनाओं की शुरूआत की, जैसेः– कृषि विकास के लिए कृषि विज्ञान केन्द्र जो गनीवाँ एवं मझगवाँ में स्थित हैं जहाँ कृषकों को उन्नत कृषि पशुपालन, बीज उत्पादन, फल

उत्पादन एवं प्रसंस्करण पर प्रशिक्षित किया जाता है। उन्होंने सम्पूर्ण स्वास्थ्य के लिए आरोग्य धाम में आयुर्वेदिक चिकित्सालय तथा जड़ी–बूटी उत्पादन एवं प्रसंस्करण केन्द्र स्थापित किया, शिक्षा के लिए सुरेन्द्र पाल ग्रामोदय विद्यालय एवं आदिवासी विद्यालय की स्थापना की, रोजगार प्रशिक्षण एवं सृजन के लिए उद्यमिता विद्यापीठ की स्थापना की।

मिशन के कुछ और उदाहरण

संस्था के मिशन का निर्धारण हमेशा उसके जीवन विजन के दायरे में ही होता है, अतः सभी उदाहरणों को विजन के साथ–साथ ही स्पष्टता से समझा जा सकता है।

विजन : एक ऐसा समाज जहां सभी बच्चे स्वस्थ जन्म लेते हों।

मिशन : गर्भवती महिलाओं को बच्चे के जन्म के पूर्व की सभी सूचनाएं तथा देखभाल के रूप में सहायता प्रदान करना ताकि स्वस्थ बच्चे के जन्म की संभावना बढ़ सके।

नाना जी देशमुख का चित्रकूट ग्रामोदय विश्वविद्यालय पर विजन

केवल भौगोलिक कारण से नहीं अपितु देशभर के नागरिकों के ह्रदय पटल पर अंकित पुरूषोत्तम राम के प्रति अमिट भाव के कारण चित्रकूट भारत की ह्रदय स्थली है। यहाँ राम और भरत ने सिद्ध कर दिखाया कि केवल सत्ता प्राप्ति ही महानता प्रदान नहीं करती अपितु कर्तव्य तत्परता एवं समाज के प्रति समर्पित आचरण से महानता प्राप्त होती है। अतः नयी पीढ़ी को जीवन का समुचित पाठ पढ़ाने के लिए चित्रकूट सर्वोत्कृष्ठ स्थान है। इसी विशेषता के कारण मंदाकिनी के पावन तट पर निसर्गरम्य परिसर में 12 फरवरी 1991 को ग्रामोदय विश्वविद्यालय की स्थापना की गयी थी। भारतमाता ग्रामवासिनी है। अतः भारतीय शिक्षा में मौलिक सुधार लाने के लिए सर्वपल्ली राधाकृष्णन की अध्यक्षता में गठित प्रथम शिक्षा आयोग ने 1949 में ग्रामीण विश्वविद्यालय स्थापित करने पर विशेष बल दिया था। विश्वविद्यालय स्थापना में महती भूमिका निभाने वाले समाजसेवी नाना जी देशमुख को विश्वविद्यालय का कुलाधिपति बनाया गया। नानाजी ने ग्रामोदय विश्वविद्यालय के विजन और मिशन दोनों पर गहनतापूर्वक विचार कर भविष्य की गतिविधियों के संचालन हेतु मार्गदर्शन किया। नानाजी ने विश्वविद्यालय के विजन एवं मिशन पर अपने विचार व्यक्त किये, जिसका संक्षिप्त विवरण निम्नवत है:

''विश्वविद्यालय का बोध वाक्य है ''विश्वं ग्रामे प्रतिष्ठितम्''–ग्राम विश्व का

लघुरूप है। ग्रामोदय विश्वविद्यालय शिक्षा, अनुसंधान, विस्तार एवं प्रशिक्षण चारों आयाम पर समान रूप से बल देता है। ये चारों तत्व मानव के सर्वांगीण विकास के आधारभूत स्तम्भ हैं। ग्रामीण अंचल के सर्वांगीण विकास के लिए इन तत्वों के आधार पर समन्वयात्मक कार्य करना आवश्यक है।

मानव सृष्टि के सभी तत्वों में संतुलन बनाये रखने का दायित्व निभा सकता है किन्तु उसने स्वयं को केवल सीमित रखा तो वह अपने बौद्धिक कौशल्य के द्वारा वासना तृप्ति हेतु दूसरों के लिए पीड़ादायक एवं पर्यावरण के लिए विध्वंसकारी सिद्ध होता है। ग्रामीण जीवन की सामाजिक, आर्थिक, शैक्षणिक, सांस्कृतिक तथा राजनीतिक पुनर्रचना करते समय यह आवश्यक है कि मानव की जन्मजात संवेदनशीलता प्राणिमात्र तथा प्रकृति के हित में संयमी हो। उपभोगवाद के इस युग में वैज्ञानिक एवं तकनीकी प्रगति सामाजिक जीवन में विषमता बढ़ाते हुए प्राकृतिक संसाधनों का विनाश कर रही है। संवेदनशीलता के आधार पर ग्रामीण एवं शहरी जीवन की पुनर्रचना करना समय की आवश्यकता है। प्रगति की दिशा को ग्रामोन्मुखी बनाए बिना धरती पर मानव जीवन को सुखी तथा सार्थक बनाना सम्भव नहीं है।

विश्वव्यापी सुख–शांति के बिना कोई देश, समाज, परिवार या व्यक्ति निश्चिंत व सुखी नही हो सकता। विश्वविद्यालय एकता व एकात्मकता के आदर्श अर्थात "सर्वे भवन्तु सुखिनः सर्वे सन्तु निरामया, सर्वे भद्राणि पश्यन्तु मा कश्चित दुख भागवेत" की भावना को व्यावहारिक जीवन में चरितार्थ करने की दिशा में अग्रसर होगा। यह विश्वविद्यालय सभी जातियों, सभी सम्प्रदायों तथा सभी अंचल की महिलाओं तथा पुरूषों का आवह्ान करता है कि वे इस विश्वविद्यालय के विकास में सहभागी बनें। विश्वविद्यालय की बहुआयामी गतिविधियों में सभी के अनुभव, क्षमता व कुशलता का स्वागत है।

शिक्षक ही नई पीढ़ी को देश के नव–निर्माण में भूमिका निभाने के लिए प्रेरित कर सकते हैं तथा सही दिशा में गतिशील बना सकते हैं।

स्व–केन्द्रित वृत्ति के कारण कुटुम्ब के घटकों में पायी जाने वाली आत्मीयता तथा परस्परपूरकता की कमी तथा विघटन की विभीषिका ने सामाजिक जीवन को जर्जर किया है वर्तमान शिक्षा पद्धति के माध्यम से यह वृत्ति और पनप रही है।

इस विश्वविद्यालय की अध्ययन प्रणाली में यह आवश्यक है कि विभिन्न संकायों के प्राध्यापकगण अपने छात्र–छात्राओं को अपने–अपने विषय का व्यावहारिक ज्ञान प्रदान करने के लिए सामाजिक जीवन से जोड़कर प्रयोगात्मक कार्यक्रमों

में अपने साथ संलग्न करें। इस विश्वविद्यालय के प्राध्यापक–प्राध्यापिकाएँ, छात्र–छात्राएँ तथा शिक्षण के अतिरिक्त अन्य कार्यों में संलग्न कार्यकर्तागण मिलकर आगामी पंद्रह वर्ष की कालावधि में अपने विश्वविद्यालय को आर्थिक दृष्टि से स्व–पुनरोत्पादक अर्थ व्यवस्था (सेल्फ जनरेटिंग इकोनामी) का विकास करते हुए आत्मनिर्भर बनाने के लिए कृत संकल्पित हैं। इससे न तो प्राध्यापक–प्राध्यापिकाओं को आजीविका के लिए किसी दान या सरकारी अनुदान पर निर्भर रहना पड़ेगा और न ही छात्र–छात्राओं को ग्यारहवीं कक्षा से आर्थिक सहायता के लिए अभिभावकों पर निर्भर रहना पड़ेगा अपितु स्नातक बनने के बाद विश्वविद्यालय से विदाई लेते समय उनके पास स्वार्जित पूँजी अवश्य रहेगी।

प्रकृति की परस्परपूरकता के निसर्गजन्य सिद्धान्त को समझकर मानव को तद्नुसार अपना व्यावहारिक जीवन विकसित करना होगा। इस मर्म को जानकर चित्रकूट ग्रामोदय विश्वविद्यालय ने चित्रकूट धाम को केन्द्र बनाकर चारों ओर के पचास किलोमीटर के अंतर्गत आने वाली सभी आबादियों को, पशुओं, पहाड़ों, नदी–नालों, ताल–तलैया, वन–उपवन, उपजाऊ तथा अनउपजाऊ भूमि को अपनी प्रयोगशाला माना है। इससे नई पीढ़ी के जीवन में स्व–केन्द्रित संकुचितता के स्थान पर निसर्गजन्य परस्पर–पूरकता का व्यापक दृष्टिकोण विकसित होगा।

छात्र–छात्राओं में राष्ट्र के प्रति कर्तव्य बोध एवं उत्तरदायित्व की भावना जागृत हो इसके लिए विश्वविद्यालय अपने से सम्बंधित क्षेत्रों में मानवीयता तथा परस्परपूरकता के प्रकाश स्तम्भ बने। आधुनिकतम तकनीकी, नवीनतम ज्ञान के समुचित उपयोग, ज्ञान की व्यावहारिकता एवं व्यापकता से नई पीढ़ी के सभी युवक व युवतियाँ स्वावलम्बी बनेंगे।

निष्काम कर्म की भावना, प्रकृति के साथ समरसता, सादगीपूर्ण जीवन, अन्यायपूर्ण प्रवृत्ति का त्याग तथा उपभोग प्रेरित जीवन तथा समाज से अपने लिए लाभ उठाने की प्रवृत्ति के स्थान पर अन्य नागरिकों के प्रति सद्भावना, सहयोग तथा पूरकता का जीवन विकसित किये बिना किसी के लिए भी सुख–शांति सम्भव नहीं हो सकती।

विश्वविद्यालय प्रत्येक विद्यार्थी के चतुर्दिक विकास (शरीर, मन, बुद्धि एवं आत्मा) पर ध्यान दे। प्रत्येक छात्र–छात्रा का अलग व्यक्तित्व है और इनमें कोई विशेष गुण अवश्य विद्यमान रहता है। समाज के अभिन्न अंग होने के कारण यदि किसी छात्र के विकास की सम्भावना उपेक्षित होती है तो पूरे समाज की हानि होती है।

ज्ञान केवल बौद्धिक गतिविधियों तक ही सीमित नहीं होता यह भावोत्कर्ष का प्रमुख माध्यम है। बाल्मीकि, कालिदास, बुद्ध तथा ईसामसीह को परमज्ञान की प्राप्ति तब हुई जब उनका हृदय भावुकता से उद्वेलित हो उठा। ज्ञान की सिद्धि बुद्धि एवं भावना के आवेग के संगम का ही सुपरिणाम है। अतः चित्रकूट ग्रामोदय विश्वविद्यालय तथा उसके अंतर्गत चलने वाले विभिन्न संस्थानों एवं केन्द्रों के शिक्षक एवं शिक्षार्थियों के जीवन में उपस्थित होने वाले ऐसे मिलन प्रसंगों को प्रोत्साहित कर नई पीढ़ी की रचनात्मक ज्ञान–सिद्धि का मार्ग प्रशस्त किया जायेगा।

भारत के सभी प्रदेशों से विभिन्न भाषाओं के विद्धानों को अध्यायन कार्य के लिए प्राध्यापक–प्राध्यापिकाओं के रूप में तथा छात्र–छात्राओं को अध्ययन के लिए इस विश्वविद्यालय में प्रविष्ट करने का प्रयास किया जा रहा है जिससे देश की नई पीढ़ी में व्यापक जीवन दृष्टि का निर्माण हो। सभी छात्र–छात्राओं को अपनी रूचि के विषयों का अध्यापन करते हुए प्राध्यापक–प्राध्यापिकाओं के साथ परिवार–परिसर के सर्वांगीण विकास में सक्रिय योगदान देना होगा। इसी से उनके जीवन में व्यापकता एवं सर्वहितकारी दृष्टिकारी के साथ सामाजिक कार्य में रूचि एव सुखानंद अनुभव करने की वृत्ति विकसित होगी जो देश के नव–निर्माण के लिए आवश्यक है। इसी से गुरूजनों के साथ कार्यानुभव की भट्टी में से निखरकर इस विश्वविद्यालय के स्नातक प्रतिभाशाली एवं आत्मनिर्भर नागरिक सिद्ध होंगे। इस विधि से पुरानतम किन्तु नव स्वतंत्र भारत का सर्वागीण विकास करने वाली चिरवांछित शिक्षा प्रणाली विकसित होगी।

गाँव से लेकर सम्पूर्ण राष्ट्रजीवन की पुनर्रचना करना समय की आवश्यकता है क्योंकि गाँव राष्ट्रजीवन की आधारभूत इकाई है। वर्तमान विश्वविद्यालय सार्वत्रिक सुख और सम्पन्नता से सामाजिक जीवन को परिपूर्ण करें। यह कार्य तभी सम्भव है जबकि वर्तमान काल में विघटनकारी प्रवृत्तियों तथा अलगाववादी तत्वों का निर्मूलन हो। विश्वविद्यालय इस धारणा को दृढ़मूल कर सकते हैं कि समाज के विभिन्न अंगों का सम्बन्ध जैविक अवयवों की भाँति होना आवश्यक है। यह विश्वविद्यालय अपने छात्रों, प्राध्यापकों एवं क्षेत्रीय निवासियों में ऐसी ही चेतना जगाने की दिशा में कार्य कर रहा है। प्रत्येक व्यक्ति को सामाजिक विकास के सृजनात्मक कार्य का अभिन्न अंग होना चाहिए। समाज का कोई घटक उत्कृष्ट अथवा निकृष्ट नहीं है। सभी लोगों में वैसे ही रागात्मक सामंजस्य परिवार से ग्राम, ग्राम से क्षेत्र तथा क्षेत्र से देश तक उत्तरोत्तर समान रूप से प्रवाहित करना विश्वविद्यालयों का दायित्व है। समाज के विभिन्न घटकों में

संतुलित परस्परपूरकता बनाये रखने तथा अनेक अंतमध्यिमिक प्रतिबद्धताओं को व्यावहारिक रूप में विकसित करने की भावना को व्यक्ति–व्यक्ति, परिवार–परिवार, समूह तथा देशव्यापी स्तर पर विकसित करना चित्रकूट ग्रामोदय विश्वविद्यालय का प्रमुख उद्देश्य होगा। नानाजी के इसी दर्शन पर चलते हुए ग्रामोदय विश्वविद्यालय एक ग्रामीण विश्वविद्यालय के रूप में संचालित है।

ग्राम विकास में टैगोर का दर्शन और प्रयोग

भारत में ग्रामीण विकास के संगठनात्मक प्रयास में रवीन्द्रनाथ टैगोर का नाम सर्वोच्च है। भारत के आकार, विविधता तथा धर्मनिरपेक्ष स्वरूप को देखते हुए देश में ग्रामीण विकास की चुनौती अत्यधिक है। यह उन्नीसवीं शताब्दी के अन्तिम दशक तथा बीसवीं शताब्दी के पहले भाग में ज्यादा थी। जब टैगोर इस परिदृश्य में महापुरूष के रूप में आए। वे स्वप्नदृष्टा थे। टैगोर को उनके उल्लेखनीय साहित्यिक प्रतिभा के लिए उन्हें नोबेल पुरस्कार से अलंकृत किया गया लेकिन ग्रामीण क्षेत्र में उनकी संकल्पना तथा अनुप्रयोग मात्र शानदार ही नहीं बल्कि आश्चर्यजनक भी है। उनकी दृढ़ इच्छा कमजोर, दबे, कुचले तथा मातहत के उत्थान की थी। टैगोर यथास्थिति के समर्थक नहीं थे बल्कि कल्याणकारी अर्थव्यवस्था पर उन्होंने बल दिया। यह न केवल ग्रामीण कल्याण और ग्रामीण पुर्ननिर्माण बल्कि विकास स्थायित्व एवं सहभागिता पर आधारित था। वास्तव में कृषि, पशु पालन, रेशम पालन, ग्रामीण आधारभूत संरचना, सड़क निर्माण, कुंआ की खुदाई, स्कूल खोलना तथा निःशुल्क चिकित्सालय, किसानों को ऋण सुविधाओं का प्रावधान, शिल्प तथा लघु उद्योग, उत्साहपरक सहयोगी दृष्टिकोण तथा वैज्ञानिक पद्धति तथा ज्ञान को आत्मसात करना तथा व्यापक आधुनिकीकरण पर उन्होंने अपने विचार व्यक्त किये। यह अनिवार्यतः रहस्यवादी कवि के गहरे मानववाद का संकेत है।

इस प्रकार जब कवि की 150 वीं जन्मशती मनाने के लिए पूर्व प्रधानमंत्री मनमोहन सिंह की अध्यक्षता में राष्ट्रीय समिति बनी तब राष्ट्रीय तथा अन्तर्राष्ट्रीय तौर पर टिकाऊ परिसम्पति तथा दृष्टव्य प्रभाव को सृजित करने की इच्छा थी। टैगोर की विरासत के संरक्षण तथा टिकाऊपन के अलावा कई सुझाव विवादित थे तथा कुछ को समिति की पहली बैठक में स्वीकार किया गया था। पूरे भारत में वर्तमान टैगोर प्रेक्षागृह का आधुनिकीकरण तथा सौन्दर्यपरक डिजाइन एवं बहु सुविधाओं के साथ नये टैगोर परिसर की स्थापना बहुलवाद, विश्वास, शान्ति तथा सार्वभौम भाईचारा, धर्म निरपेक्षता, वैकल्पिक शिक्षा, ग्रामीण पुर्ननिर्माण एवं सामाजिक न्याय के टैगोर के दर्शन पर फोकस, स्कूली बच्चों तथा विभिन्न स्तर

के श्रोताओं के लिए सभी भारतीय भाषाओं में उनके कार्यों को लोकप्रिय बनाना तथा उनके बड़े लेख को विदेशी भाषाओं में अनुवाद करना, टैगोर के योगदान के विभिन्न पहलुओं पर संकेन्द्रित होने के लिए विश्वविद्यालयों में विशेष केन्द्रों तथा संस्थानों के स्थापना का परीक्षण, टैगोर की कलाओं को लोकप्रिय बनाना तथा उनको संरक्षित करना जिसे संरक्षण की जरूरत है तथा उन्हें प्रकाशित करना तथा अनुवाद हेतु राज्यों से प्रस्ताव की तलाश करना तथा पर्याप्त सुसंगत विवरण के साथ कोलकाता के जोरासांको में टैगोर के पैतृक आवास के जीर्णोद्धार हेतु पश्चिम बंगाल राज्य के प्रस्ताव का परीक्षण करना, जन्म शती मनाने हेतु स्थानीय प्रस्तावों का समर्थन तथा परीक्षण के लिए 7 या 8 महत्वपूर्ण शहरों में जोनल टैगोर समितियों की स्थापना, जातिवाद, वनीकरण, ग्रामीण विकास, कृषि के लिए टैगोर के योगदान के लिए सुसंगत मंत्रालयों तथा एजेंसियों को शामिल करना।

टैगोर के विचार ग्रामीण विकास तथा पुनर्रचना के बारे में गहराई से हैं। उन्होंने अपने विचारों का प्रयोग श्री निकेतन में लियोनाई ईमहर्स्ट, विलियम्स पियर्सन, सी.एफ. एन्डूज तथा काली मोहन घोष जैसे लोगों की मदद से किया। वास्तव में उन्होंने अपने नोबेल पुरस्कार धनराशि का कुछ अंश सहकारिता आंदोलन के विकास हेतु दान दिया था। विरोधी आलोचना को सामान्यतया इसलिए नहीं माना जा सकता है क्योंकि सम्पन्न परिवार में पैदा होने के बावजूद भी वे आम लोगों से दूर सुनसान एकान्त जगह पर रहते थे लेकिन यह अनेक लेखन से स्पष्ट रूप से परिलक्षित होता है कि वे अपने विचारों के प्रति सजग थे तथा इस बात का उल्लेख उन्होंने अपने लेख में किया था।

"ये सब मुरहा म्लान मुक मुखे दिते होवे आशा, ऐसाब स्रान्न सुष्का भग्नबुके थवानिया तुलिते होवे आशा।" अथवा "तुम्हें इन लोगों को आवाज देनी है जो अशिक्षित तथा गरीबी में डूबे हैं तथा उनके चेहरे से स्पष्ट है। तुम्हें उनमें आशा जगानी है जो परिश्रान्त तथा दुखी हैं।" 1940–41 में अपने जीवन के अंत समय में उन्होंने यह आरोप स्वीकार किया कि वे अपनी कविताओं में प्रमुख रूप से श्रृंगारिक कवि हैं। उन्होंने अपने विचारों को यथार्थता का सामना करने के लिए व्यक्त किया। उन्होंने उनके अन्दर घुसने के लिए अपनी असमर्थता स्वीकार की जो सही मायने में मातहत हैं। बस उन्होंने अपनी तत्परता को ऐसे कवियों के स्वागत तथा स्वीकृति हेतु व्यक्त किया जो आम लोगों के कठिन मेहनत तथा मिट्टी के निकटतम हैं तथा जो निराश्रित लोगों के सही तथा प्रामाणिक आवाज का चित्रण कर रहे हैं। सचमुच टैगोर ने अपने घोर एकान्तता में अपने जीवन

देवता ईश्वर के साथ सीधे संपर्क का खुलासा किया था। वे महान आवाज शब्द ब्रह्म को सुन सकते थे जो न तो आरम्भ न ही अवसान था, लेकिन इस तनाव के बावजूद वे अपनी युग की भावना से मुक्त नहीं हो सकते थे। जब बंगाल पुनर्जागरण तथा नई संचेतना अपने शिखर पर थी। उनके लिए विकास, ग्रामीण पुनर्रचना, कृषि, डेयरी में सुधार चिंता का विषय था। उन्होंनें गरीब, निम्न तथा वंचितों में दिलचस्पी बढ़ाई जो कि समाज के निचले पायदान पर थे।

वास्तव में 19 वीं शताब्दी का अंतिम चरण तथा 20 वीं शताब्दी के आरम्भ में विद्वानों तथा बुद्धिजीवियों का उत्थान हुआ। जिन्होंने देश के सामाजिक, आर्थिक संरचना तथा समाधान के विचारों में गहराई से चिंतन किया। इनमें ईसा ट्रवीड, आचार्य प्रफुल्ल चन्द्र रॉय, प्रभासचन्द्र वंदोपाध्याय, आरसी दत्ता, एच एस. चटर्जी तथा विज्बाम कांत राय चौधरी का नाम उल्लेखनीय है। इन सभी ने ग्रामीण क्षेत्र में लोगों के कल्याण तथा ग्रामीण उत्थान हेतु कृषि, दुग्ध तथा कृषि उद्योग के सुधार पर बल दिया। ईसा ट्रवीड ''भारत में गो पालन'' के लेखक ने 1890 में अपनी किताब प्रकाशित की तथा भारत में दुग्ध उत्पादन में अत्यधिक अभिरूचि दिखाई। भारत निश्चित रूप से दुग्ध उत्पादन में सर्वोत्तम देश है, भूमि तथा भोजन सस्ता है, श्रम सस्ता है, पशु सस्ते हैं तथा भारतीय गायों का दूध इतना ज्यादा है जितना कि इंग्लैण्ड तथा अमेरिका में। दुग्ध उत्पादन के लिए चार चीजें महत्वपूर्ण हैं। ज्ञान, मेहनत, ईमानदारी तथा पूँजी। बिना इन चारों को मिलाए कोई भी संभवतः लंबे समय तक सफल नहीं हो सकता है। ईसा ट्रवीड ने विवरण देते हुए कृषि तथा सम्पूर्ण अर्थ व्यवस्था पर दुग्ध उत्पादन के प्रभाव की चर्चा की है।'' 20 वर्षो के अनुभव जिसके दौरान हमने हर खरीदी तथा बेची गई गायों का रेकार्ड रखा है तथा हर पैदा होने वाला बछड़ा मुझे यह कहने में सक्षम बनाता है कि जहां गायों की समुचित रूप से देखभाल होती है एक अर्थ व्यवस्था है। खरीदी गई गाय यदि ठीक से पाली–पोषी जाती है तो पूँजी उतनी ही अधिक होती है। पैदा हुआ बछड़ा आपकी पूँजी को और बढ़ाता है तथा मां के आहार की लागत को भी।'' इसलिए उन्होंने यह सिफारिश की कि सरकार को पशुओं के सुधार हेतु पहल करनी चाहिए तथा हस्तक्षेप करना चाहिए। इससे ग्रामीण जीवन का उन्नयन सुनिश्चित होगा यदि व्यक्ति डेयरी फार्म रखना चाहता है तो उसे गाय रखनी चाहिए जो अधिक मात्रा में दूध दे तथा सभी नस्लों की गायें रखनी चाहिए।

ईसा ट्रवीड ने भारत में मुर्गी पालन पर भी किताब लिखी। आचार्य प्रफुल्ल चन्द्र रॉय तथा आर. सी. दत्त ने ग्रामीण अर्थ व्यवस्था पर अध्ययन किया तथा

प्रक्रिया के शोषणात्मक प्रकृति को प्रदर्शित किया। बंगाल के केमिस्ट के अपने जीवन तथा अनुभवों में आचार्य ने दिखाया कि कैसे लंकाशायर के उद्योगपतियों की रूचि ग्रामीण अर्थव्यवस्था में है। "बंगाल के स्थायी बंदोबस्त प्राप्त होने के नाते सरकार ने निश्चित भू–राजस्व तय किया है। सिंचाई के कारण, मिट्टी की बढ़ी हुई पैदावार के कारण इसके बढ़ने की कोई सम्भावना नही है लोगों का कल्याण तथा सुख हमारी सरकार की योजना में नहीं है। सुक्कुर वैरेज परियोजना जो विशाल क्षेत्र की सिंचाई करेगा, लागत 20 करोड़ आँकी गई है। इसमें कोई संदेह नही है कि योजना खाद्य आपूर्ति के लिए काफी लाभदायक होगी।" आचार्य रॉय ने दिखाया है कि कैसे भारत के स्वदेशी उद्योग तत्कालीन सरकार के उपेक्षापूर्ण तथा अभिन्न दृष्टिकोण एवं विदेशी उद्योग से असमान प्रतिस्पर्धा के चलते काफी मुश्किलों में रहे। इससे विशेष रूप से ग्रामीण अर्थव्यवस्था चौपट हुई।

ब्रिटिश सरकार ने अपने सामर्थ्य के अन्तर्गत वह सब कुछ किया जिससे स्वदेशी उद्योग चौपट हों। इसे दृष्टि में रखते हुए आचार्य रॉय ने स्थिति के समाधान एवं ग्रामीण कल्याण तथा लोगों के विकास को सुनिश्चित करने के लिए विभिन्न चरणों मे व्यापक स्तर पर लिखा। आर.सी.दत्त ने भारतीय अर्थव्यवस्था तथा विदेशी कम्पनियों के हितों के बीच अधिक असमानता के बारे में बल दिया।

"ब्रिटिश उत्पादक ढाई प्रतिशत के थोड़े से कर भुगतान पर कलकत्ता में आयात करते थे जबकि भारतीय उत्पादकों का आयात कर इंग्लैण्ड में वस्तु के मूल्य पर 400 प्रतिशत तक था। इस प्रकार निषेधात्मक, विनाशकारी तथा हतोत्साहित करने वाली नीति में भारतीय निर्यात एवं आयात प्रभावित हुआ।" पूँजी की कमी, किसानों की लम्बी कर्जदारी, सिंचाई सुविधाओं का अभाव, खाद एवं परिष्कृत बीजों का अभाव, सही विस्तार प्रणाली के साथ आधारभूत संरचना की कमी ने ग्रामीण क्षेत्र को नष्ट कर दिया था। ऐसे समय में टैगोर का ग्रामीण पुनर्रचना का प्रयोग एक क्रांतिकारी प्रकल्प था।

1.5 गैर–सरकारी संगठनों द्वारा अधिकार आधारित विकास

प्रथम पंचवर्षीय योजना में सेवा, कल्याण एवं विकास कार्यक्रम में स्वैच्छिक संगठनों को सेवा प्रदाता संस्था के रूप में स्वीकार करते हुए केन्द्रीय समाज कल्याण बोर्ड को रू0 चार करोड़ प्रदान किये गये जिससे इन संगठनों को सहायता प्रदान की जा सके तथा ये संगठन अपनी सेवा दे सकें। इसके बाद के बहुत सारे कार्यक्रम सेवा प्रदान करने हेतु क्रियान्वित किये गये। लेकिन इन

कार्यक्रमों की कमियों के चलते वास्तविक लाभार्थी और गरीबों तक इनका लाभ नहीं पहुँच पाया। सेवा प्रदान करने के सिद्धांत में प्रमुख कमी है इसकी शक्ति और अन्याय में उलझना और इनके कारण अधिकार का हनन होना (मंदर 2006)। स्त्रीतेन (1984) का कहना है कि यह स्पष्ट नही है कि क्या न्यूनतम आवश्यकतापूर्ति विधि गरीब को वह शक्ति देती है जिससे वह अपनी परिस्थिति में सुधार कर सके या यह उस दबाव बनाने वाले समूह के लिए सहायक है।

लगातार सेवा प्रदान करने वाले कार्यक्रमों के वांछित परिणाम न मिलने पर बहुत से संगठनों ने इस पर सोचना प्रारम्भ किया कि यदि लोगों के लिए प्रदान की जाने वाली सुविधा और सेवा उनको मिल जाय तो उनका विकास और कल्याण स्वयं हो जायेगा। तभी से विकास के एक दूसरे सिद्धांन्त के विद्यालय का उदय हुआ जिसने 'अधिकार आधारित विकास' विधि को विकास का आधार माना।

आजादी के बाद से भारत में विभिन्न कार्यक्रमों के द्वारा आर्थिक विकास के माध्यम से गरीबी दूर करने तथा भुखमरी एवं कुपोषण दूर करने का प्रयास किया गया। लेकिन बढ़ती असमानता ने सामाजिक नीति विश्लेषकों तथा विकास कार्यकर्ताओं को सोचने पर मजबूर किया है कि विकास एवं कल्याण कार्यक्रमों को किस तरह समाज के अंतिम व्यक्ति तक पहुँचाया जाय।

विकास कार्यक्रमों में सरकारी संगठनों द्वारा किये गये कार्य में बदलाव, अनुकूल ढाँचे की कमी, जिम्मेदार सेवा प्रदाता एवं फण्ड की कमी के कारण विकास लक्ष्य प्राप्ति से दूर रहा। इस दौरान कई गैर–सरकारी संगठन एवं अपनी दूरगामी सोच, गरीब के प्रति लोचदार व्यवहार, नियोजित कार्यक्रमों के संचालन एवं जिम्मेदार व्यवहार के कारण संगठित सेवा प्रदाता सिद्ध हुए। सेवा प्रदाता संगठनों ने दो प्रकार की रणनीति अपनाई। कुछ कल्याण कार्यक्रमों के संचालन में सरकारी एवं अन्य संगठनों को सहयोग प्रदान कर रहे हैं जबकि कुछ संगठन कार्यक्रम क्रियान्वयन एवं सेवा प्रदाता संगठनों की गुणवत्ता, वास्तविकता एवं समाज के अंतिम व्यक्ति तक इन कार्यक्रमों के लाभ पहुँचाने की कड़ी की निगरानी का कार्य कर रहे हैं तथा अधिकार आधारित कार्यक्रमों के माध्यम से गड़बड़ी दूर करने के प्रयास में संलग्न हैं।

नोबेल पुरस्कृत अमर्त्य सेन ने वर्ष 1981 में लिखा था कि भयंकर अकाल योजना की कमी के कारण नहीं होते बल्कि भोजन की प्रभावी पहुँच तथा मालिकाना हक इसके लिए ज्यादा जिम्मेदार हैं। निश्चित रूप से संसाधनों की

कमी के कारण तथा सीमित पहुँच के कारण गरीब योजनाओं का लाभ कम ही ले पाते हैं।

दरअसल अधिकार किसी सुविधा, लाभ या चीज को नैतिक या वैधानिक आधार पर प्राप्त करना है। प्रमुख अर्थशास्त्री अमर्त्य सेन ने अपनी थ्योरी आफ इंटाइटिलमेंट में किसी वस्तु, सेवा या सुरक्षा को अधिकृत हक माना है। समाजकर्मी हर्ष मंदर ने लिखा है कि किसी सेवा या लाभ की प्राप्ति में राज्य का नजदीकी जुड़ाव अति आवश्यक है। उन्होंने सेवा प्रदाय की नवोन्मेषी प्रविधियों को सामाजिक नीति पर प्रभावी मानने हुए कहा कि नागर –समाज का जुड़ाव सेवा प्रदाय में उचित भूमिका का निर्वहन का कर सकता है।

अधिकार आधारित प्रविधि पर बहुत से संगठनों ने 1980 के दशक में कार्य किया तथा सुन्दर लाल बहुगुणा, मेघा पाटकर जैसे सामाजिक कार्यकर्ताओं के नेतृत्व में उल्लेखनीय कार्य हुए। आज केन्द्र सरकार राष्ट्रीय ग्रामीण रोजगार गारण्टी कार्यक्रम के सफल क्रियान्वयन की वकालत कर रही है उसके पीछे भी अधिकार आधारित प्रविधि रही है। दरअसल रोजगार की गारण्टी को लेकर कई राज्यों में काफी अर्से से आंदोलन किये जा रहे थे और महाराष्ट्र राज्य ने काफी पहले रोजगार गारण्टी कार्यक्रम शुरू किया था। भारत सरकार ने इसके पूर्व ग्रामीण भूमिहीन रोजगार सृजन कार्यक्रम के माध्यम से रोजगार प्रदान करने का प्रयास किया किन्तु सामाजिक संगठनों की न्यूनतम 100 दिन के रोजगार के अधिकार की माँग के कारण सरकार को राष्ट्रीय ग्रामीण रोजगार गारण्टी अधिनियम बनाना पड़ा। अधिकारों की प्राप्ति में कानून सहायक होता है। गैर–सरकारी संगठनों की विभिन्न माँगों के फलस्वरूप सूचना का अधिकार अधिनियम तथा राष्ट्रीय खाद्य सुरक्षा अधिनियम जैसे कानून बनाने पड़े। इन कानूनों का समाज पर सकारात्मक प्रभाव पड़ा है।

अधिकार आधारित कानूनों का प्रभाव हर तरफ देखने को मिल रहा है। ग्रामीणों को रोजगार गारण्टी के साथ मिल रहा है। लोगों को खाद्य सुरक्षा प्राप्त है। गरीब निःशुल्क कोई भी जानकारी अधिनियम के दायरे में प्राप्त कर सकता है। आदिवासी अब जंगल में अपनी जमीन का मालिकाना हकदार है। लेकिन बहुत से अधिकार जैसे स्वास्थ्य का अधिकार इत्यादि अभी भी लागू किये जाने हैं।

इकाई – 2

गैर–सरकारी संगठनों का गठन एवं पंजीयन

गैर–सरकारी संगठनों के वैधानिक संचालन के लिए उनका पंजीयन आवश्यक है। बिना पंजीयन के भी संगठन संचालित होते हैं किन्तु वे सरकारी संस्थाओं से अनुदान लेने, विदेशी अनुदान लेने या कम्पनियों से अनुदान लेने हेतु योग्य नहीं होंगे। संगठनों का पंजीयन एक दूसरे से जुड़ा है। किसी गैर–सरकारी संगठन को आयकर अधिनियम की धारा 80 जी के अन्तर्गत पंजीकृत होने के लिए सोसाइटीज रजिस्ट्रेशन अधिनियम या इण्डियन ट्रस्ट अधिनियम या किसी अन्य कानूनी विधा के अर्न्तगत पंजीकृत होना आवश्यक है।

2.1 गैर–सरकारी संगठनों की स्थापना एवं गठन

गैर–सरकारी संगठन की स्थापना समान विचारधारा के लोगों द्वारा जनहित में किये जाने वाले कार्य को वैधानिक ढाँचा एवं वैधानिकता प्रदान करने के लिए की जाती है। ऐसे संगठन के उद्देश्य का निर्धारण स्थापना काल से जुड़े लोगों के द्वारा समयानुकूल एवं समाजोपयोगी आधार पर किया जाता है। सामान्यतः गैर सरकारी संगठन सोसाइटीज रजिस्ट्रेशन एक्ट के अर्न्तगत पंजीकृत किये जाते हैं। वैसे इन संगठनों का पंजीयन अन्य अधिनियम यथा इण्डियन ट्रस्ट एक्ट, रिलीजियस ऐण्ड चैरिटेबुल एक्ट, कम्पनी एक्ट 2013 की धारा 8 इत्यादि में भी किया जा सकता है। सोसाइटीज रजिस्ट्रेशन एक्ट में पंजीकृत होने के लिए 7 या इससे अधिक सदस्यों का होना आवश्यक है।

शासी निकाय

इन संगठनों के शासी निकाय का गठन विधिवत चुनाव के बाद विहित

नियमों के अनुरूप किया जाता है। शासी निकाय में अध्यक्ष, उपाध्याय, सचिव, कोषाध्यक्ष एवं सदस्य होते हैं। इन सभी के कार्य, अधिकार एवं उत्तरदायित्व संगठन की नियमावली में लिखित रहता है शासी निकाय का चुनाव नियमानुसार 2 वर्ष या लिखित नियम के अनुसार होता है। जिसकी सूचना सभी सदस्यों को दी जाती है तथा पूर्व निर्धारित समय एवं स्थान पर चुनाव सम्पन्न कराया जाता है।

नियमों का निरूपण

संगठन द्वारा संगठन के क्रियाकलाप संचालित करने के लिए नियमों का निरूपण किया जाता है। उद्‌देश्यों के आधार पर विभिन्न गतिविधियों के आयोजन, कोष की व्यवस्था, अनुशासन, चुनाव, पदाधिकारियों के अधिकार एवं कर्तव्य इत्यादि का वर्णन नियमावली में किया जाता है। इन्ही नियमों के अनुरूप संगठन के उद्‌देश्यों की प्राप्ति हेतु कार्यक्रम आयोजित किये जाते हैं।

गैर–सरकारी संगठनों का पंजीकरण

गैर–सरकारी संगठनों को एक कानूनी रूप प्रदान करने की आवश्यकता तब होती है जब वह अपनी एक स्वतंत्र वैधानिक छवि बनाना चाहती है। संस्थाओं को कानूनी सत्ता के रूप में पंजीकृत कराने से पहले उसके पंजीकरण की आवश्यकता की ओर गहरी समझ तथा ध्यान देना महत्वपूर्ण है। यह पंजीकरण के विभिन्न रूपों की कानूनी आवश्यकताओं की दृष्टि से भी आवश्यक है। पंजीकृत स्वंयसेवी संस्था एक वैधानिक स्वरूप धारण करती है। इसका अपना जीवन स्थापना करने वाले सदस्यों तथा कार्यरत सदस्यों से स्वतंत्र होता है।

गैर–सरकारी संस्था कानूनी विधा के रूप में पंजीकृत हो जाने के बाद निश्चित नियमों, प्रक्रियाओं, मानकों तथा विधियों में बंध जाती है और अनेक संवैधानिक दायित्वों का निर्वाह करने के लिए बाध्य हो जाती है।

आज के परिवेश में गैर–सरकारी संस्थाएँ एक जटिल माहौल से गुजर रही हैं। पिछले चार दशकों में कुछ ऐसा माहौल बना जिसमें स्वैच्छिक विकास कार्यक्रम से जुड़े हुए लोग अपने संस्थागत निर्माण के प्रश्न से कटे रहे। वस्तुतः एक विचारधारा ऐसी भी चली जिसमें कि स्वैच्छिक विकास संस्थाओं ने एक शैक्षणिक और सामयिक भूमिका निभाई, न कि लम्बे समय तक चलने वाली सामाजिक व्यवस्था के एक अभिन्न अंग के रूप में। स्वैच्छिक विकास संस्थाए शैक्षणिक हों, कुछ समय तक ही चलें या लम्बे समय तक सुदृढ़ रूप से समाज में अपना स्थान तैयार करें, यह हमारी सोच और समझ पर निर्भर करता है।

संस्थागत मुद्दे में सबसे पहला मुद्दा तो औपचारिक ढाँचे का है। जिस दिन विकास का कोई कार्यक्रम स्वैच्छिक रूप से चलाये जाने के साथ–साथ एक संस्था का रूप ले लेता है, तब संस्था को एक वैधानिक रूप देना होता है। उसी दिन से संस्था का एक औपचारिक ढाँचा भी शुरू हो जाता है। कई बार ऐसा होता है कि सामाजिक परिर्वतन की विधा में जुड़े ये संगठन और संस्थाए अपने आपको एक संस्था के रूप में नहीं देखते, बल्कि मात्र एक कार्यक्रम के रूप में समझते है। संस्था निर्माण के तहत जिन चीजों पर ध्यान देना जरूरी है वह नहीं हो पाता– जैसे कि संस्था में कार्यरत लोगों के लिए काम का बटँवारा, उनकी भूमिकाओं का निरूपण और साथ–साथ लगातार अपने कार्य को और सुचारू ढंग से करने के लिए उनकी व्यक्तिगत और सामूहिक तैयारी। इस परिस्थिति में कई वैधानिक कठिनाईयों के आने की संभावनायें है।

गैर–सरकारी संगठनों के पंजीयन/वैकल्पिक, पंजीयन/वैधानिक आवश्यकताओं के प्रकारः–

उपरोक्त जरूरतों को देखते हुए गैर–सरकारी संगठनों के पंजीयन के लिए बहुत से अधिनियम हैं, संस्थाएँ अपनी इच्छानुसार किसी भी अधिनियम के तहत पंजकरण करा सकती हैं, लेकिन संस्थाओं को सभी वैधानिक आवश्यकताओं की पूर्ति करनी होगी। अधिनियम एवं वैधानिक जरूरतों की संक्षिप्त जानकारी निम्न प्रकार से हैः

संस्था के पंजीयन के प्रकार	वैकल्पिक पंजीयन	वित्तीय जरूरतों के प्रकार
• म.प्र. सोसाइटी रजिस्ट्रेशन अधिनियम 1973 • म.प्र. लोक न्याय अधिनियिम 1951 • कम्पनी एक्ट अधिनियम 2013 • अन्य	• एफ.सी.आर.ए. (पूर्व अनुमति) • (स्थाई) एफ.सी. आर.ए. • आयकर (धारा 80 जी)	• आयकर पंजीकरण प्रविधि (12A) • PAN • TAN

संस्था के पंजीकरण के लिये उपरोक्त सभी प्रकार से कानून मध्यप्रदेश में उपलब्ध है जिसमें से संस्था के उद्देश्य तथा आकार को दृष्टिगोचर रखते हुए किसी एक अधिनियम के तहत पंजीकरण किया जा सकता है।

ट्रस्ट, समिति, अलाभकारी संस्था का तुलनात्मक विवरणः–

	ट्रस्ट	समिति	अलाभकारी संस्था
कानूनी प्रावधान	इण्डियन ट्रस्ट एक्ट 1882 या म.प्र. ट्रस्ट एक्ट 1951	समिति पंजीयन एक्ट, 1860 या म.प्र. सोसाइटी रजिस्ट्रशन एक्ट 1999	भारतीय कम्पनी अधिनियम, 2013
कार्यक्षेत्र	उप सचिव ट्रस्ट / लोक सेवा संभागायुक्त	समिति पंजीयन	कम्पनी रजिस्ट्रार
पंजीयन	ट्रस्ट के रूप में	समिति के रूप में	कंपनी के रूप में धारा 8 के अधीन
पंजीयन दस्तावेज	ट्रस्ट का मान्य अभिलेख	संगठन का संविधान इसके नियम व उद्देश्य	संगठन का ज्ञापन पत्र, घोषणा पत्र एवं नियम।
राजस्व शुल्क	राजस्व स्टाम्प के रूप में (राज्यों में भिन्न–भिन्न)	कोई राजस्व स्टाम्प नहीं।	कोई राजस्व शुल्क स्टाम्प के रूप में नहीं।
सदस्यों की संख्या	न्यूनतम दो, अधिकतम कोई सीमा नहीं।	न्यूनतम सात, अधिकतम कोई सीमा नहीं।	न्यूनतम तीन, अधिकतम कोई सीमा नहीं।
प्रबन्धन मडल	ट्रस्टी / ट्रस्टी मंडल	कार्यकारिणी समिति / परिषद / प्रबन्धकारिणी समिति	संचालक मंडल, कार्यकारिणी समिति
प्रबंधन मण्डल या बोर्ड का गठन	नियुक्ति या चुनाव द्वारा	नियुक्ति या सामान्य सभा के सदस्यों द्वारा चुनाव।	सामान्य सभा के सदस्यों द्वारा चुनाव।

2.2 म.प्र. सोसायटी रजिस्ट्रेशन एक्ट (1999) के तहत पंजीयनः–

किसी भी व्यक्ति या समूह को यह अधिकार प्राप्त है कि वह किसी भी औपचारिक पंजीयन के तहत विकासात्मक कार्य कर सकता है। निम्नलिखित कुछ कारण हैं जिनकी वजह से संस्थान का पंजीकृत होना आवश्यक है–

- संस्थान के नाम पर सम्पत्ति रखने का अधिकार कानूनी तौर पर मिल जाता है।
- संस्थान के नाम पर कानूनी तौर पर अधिकार में सम्पत्ति का स्थानांतरण कोई कर अथवा शुल्क प्रदान किये बिना भी नयी पीढ़ी को आसानी से किया जा सकता है।
- संस्थान के नाम से बैंक खाता खोला जा सकता है।
- संस्था का इन्कम टैक्स, एफ.सी.आर.ए एवं वैधानिक अधिनियम के अंतर्गत पंजीयन आसानी से किया जा सकता है।
- अनुदान प्राप्त करने तथा कार्यक्रमों के क्रियान्यावन हेतु संस्था की एक अलग साख के निर्माण में सहायक होता है।

- पंजीयन होने के पश्चात संस्था को कानूनी संगठन का स्वरूप मिल जाता है तथा किसी से अनुनय व विनय करने का अधिकार प्राप्त हो जाता है।

सोसायटी रजिस्ट्रेशन एक्ट में पंजीकरण की प्रक्रियाः–

- म.प्र.सोसायटी रजिस्ट्रेशन एक्ट 1999 के अन्तर्गत कम से कम 7 अथवा इससे अधिक सदस्यों का समूह संस्था का पंजीकरण करवा सकते हैं। (प्रारूप संलग्नक–1)
- संस्था शिक्षा, वैज्ञानिक या चेरिटैबल उद्‌देश्यों पर कार्य कर सकती है। सेक्शन 20 में उद्‌देश्यों का विस्तृत रूप मे वर्णन किया गया है जिनके तहत स्वैच्छिक संस्थाएँ पंजीकृत की जा सकती हैं।
- संस्थापक को संस्था का ज्ञापन तथा नियमावली (बायलॉस) तैयार करने होते हैं तथा सोसायटी के रजिस्ट्रार के पास जमा करना होता है।
- सोसाइटी रजिस्ट्रेशन एक्ट 1860 के अतिरिक्त भारत के विभिन्न राज्यों ने अपने राज्य के परिप्रेक्ष्य में एक्ट तथा नियम बनाये हैं।
- संस्था राज्य के नियम के तहत पंजीकृत की जा सकती है।
- संस्था भारत के किसी भी जिले में पंजीकरण कर सकती है इसके लिए संस्था को सोसाइटी के जिला स्तर के सहायक रजिस्ट्रार के पास पंजीयन करवाना होता है।
- पंजीकरण हो जाने पर संस्था के कार्यो के लिए कोई एक सदस्य उत्तरदायी नहीं होता, अपितु सब सदस्य संयुक्त रूप से उत्तरदायी होते हैं।
- संस्था (जो कि व्यक्तियों का समूह है) को पंजीकरण का स्थायी दर्जा मिल जाता है।

पंजीकरण हेतु आवश्यक दस्तावेजः–

पंजीकरण के लिए निम्न दस्तावेजों को तैयार करने की आवश्यकता होगीः

- सभी सदस्यों द्वारा हस्ताक्षरित पत्र ज्ञापन (नमूना संलग्न– 1)।
- नियमावली (बायलॉज) या नियम तथा विनियमों की प्रमाणित प्रतिलिपि (नमूना संलग्न–2)।

- संस्था के अध्यक्ष/सचिव द्वारा स्टाम्प पेपर पर शपथ पत्र। यह शपथ पत्र कार्यपालन जिलाधीश या नोटरी द्वारा सत्यापित होना चाहिये (नमूना संलग्न– 3)।
- पंजीकृत कार्यालय प्रक्षेप का दस्तावेज रूप में प्रमाण। प्रमाण मकान कर या किराया पावती के रूप में हो सकता है। मकान अथवा भूस्वामी का अनापत्ति प्रमाण पत्र भी प्रस्तुत करना चाहिए।
- आवश्यक फीस के साथ पंजीकरण हेतु रजिस्ट्रार के नाम आवेदन पत्र के साथ जमा करना एवं चालान की प्रति भी रजिस्ट्रार को जमा करना होगा।

पंजीयन हेतु प्रमाण पत्रः–

- सोसायटी का रजिस्ट्रार दस्तावेजों का सत्यापन करेगा तथा पंजीयन के प्रमाण पत्र की प्रक्रिया शुरू करेगा।
- दस्तावेजों में नियमानुसार कोई सुधार है तो सुधार करने के बाद, रजिस्ट्रार पंजीयन का प्रमाण पत्र प्रदान करेगा।
- प्रमाण पत्र तथा बायलॉस किसी भी सोसायटी के पंजीयन हेतु प्राथमिक आवश्यकता है। उपरोक्त दस्तावेजों की प्रमाणित प्रतिलिपि का उपयोग अन्य कानूनी तथा प्रशासनिक कार्यो में किया जाता रहेगा।

सदस्यों की जवाबदारी एवं अधिकारः–

जो व्यक्ति सोसायटी का सदस्य है वह सोसायटी का अंश होता है। किसी सदस्य के प्रति कानूनी कार्यवाही व्यक्तिगत रूप से नहीं की जायेगी। सदस्यों के जवाबदारी एवं अधिकार निम्न प्रकार से हैंः–

- सूचना को प्राप्त करने का अधिकार
- वोट देने का अधिकार
- नियमावली (बायलॉस) प्राप्त करने का अधिकार
- लेखा वितरण प्राप्त करने का अधिकार
- सामान्य सभा (जनरल मीटिंग) में उपस्थिति का अधिकार

जवाबदारी एवं कर्तव्यः–

1. संस्था के उद्देश्यों को प्राप्त करने हेतु कार्य करना प्रत्येक सदस्य का सर्वप्रथम कर्तव्य है।

2. सदस्यों के लिए यह आवश्यक है कि वे नियमित रूप से बैठकों में भाग लें तथा जब–जब आवश्यकता हो अपने अधिकार का लोकतांत्रिक रूप से निर्वाह करें।
3. संस्था सदस्यों के प्रति निम्न मुद्दों पर कार्यवाही कर सकती है –
   - सदस्यता शुल्क की रिकवरी कर सकती है।
   - संस्थागत सम्पत्ति के नुकसान के लिए वसूली कर सकती है।
   - किसी सदस्य द्वारा संस्था के वित्तीय संसाधन के दुरुपयोग करने पर वैधानिक प्रक्रिया अपना सकती है।
   - संस्था के मुख्य दस्तावेज के दुरूपयोग हेतु वैधानिक प्रक्रिया अपना सकती है।

कार्यकारणी की बैठक एवं नियमः–

संस्था का निर्णय निर्धारण शक्तियों के प्रभावी विचार विमर्श पर मुख्य रूप से निर्भर रहता है। अतः यह आवश्यक हो जाता है कि नियमित बैठकों का आयोजन किया जाये। जिसमें विशेष तौर से निम्न बिन्दुओं पर चर्चा का आधार होता है –

- निर्णय निर्धारण
- योजना तथा बजट हेतु
- संसाधनों के समुचित उपयोग हेतु
- कानूनी दृष्टिकोण से
- आंतरिक नियंत्रण
- ऑडीटर का चयन
- भौतिक संसाधनों की खरीद फरोक्त
- बैंक खाता खोलना तथा संचालन
- कार्यकर्ताओं की भर्ती

साधारण सभा (जनरल मीटिंग):

- साधारण सभा में संगठन के सभी सदस्य उपस्थित रह सकते हैं।
- सामान्यतः साधारण बैठक वर्ष में एक बार आयोजित की जाती है जिसमें मुख्य मुद्दे जैसे ऑडीटर्स की नियुक्ति, वर्ष में प्रतिपादित क्रियाओं की समीक्षा आदि पर चर्चा होती है। इस बैठक को वार्षिक साधारण बैठक कहते हैं।

- सभी संस्थाओं के लिए यह आवश्यक है कि वर्ष में एक बार वार्षिक साधारण बैठक का आयोजन करें। सामान्यतः यह बैठक वित्तीय वर्ष समाप्त होने के छः महीने बाद आयोजित की जानी चाहिए, जिसमें पिछले वर्ष में क्रियान्वित कार्यकलापों (क्रियाओं) का ऑडिटेड अकाउण्ट रखा जाना चाहिए।
- इसके अतिरिक्त यदि परिस्थितियाँ निर्मित होती हैं तो वार्षिक साधारण बैठक वर्ष में दुबारा कभी भी आयोजित की जा सकती है।
- वार्षिक जनरल बैठक के अतिरिक्त जो भी बैठक होगी वह आसाधारण साधारण सभा कहलायेगी।

बोर्ड बैठक/कार्य कारणी बैठकः–

संगठन के कार्यकारणी (गवर्निग बॉडी) की बैठक प्रशासनिक निर्णय लेने हेतु वर्ष में कई बार आयोजित की जाती है। सामान्यतः तीन महीने में एक बार यह बैठक होनी चाहिए। किसी भी संगठन के प्रभावी तथा लोकतांत्रिक तरीके से प्रबंधन हेतु गवर्निग बॉडी बैठक अत्यंत आवश्यक होती है।

सूचनाः– प्रत्येक बैठक की सूचना लिखित में देना आवश्यक होता है। साधारण बैठक के लिये 21 दिन पूर्व तथा गवर्निग बॉडी बैठक के लिए 7 दिन पूर्व सूचना दे देनी चाहिए।

बैठक का मुद्दाः– सूचना के साथ बैठक में जिन बातों पर चर्चा होती है उन मुद्दों को भी संलग्न कर देना चाहिए।

कोरमः– कोरम का मतलब बैठक में एक तिहायी सदस्यों की उपस्थिति से है। सामान्यतः संगठन के बायलॉस (नियम) में ही विभिन्न बैठकों हेतु कोरम का वर्णन किया जाता है।

- यदि बैठक का कोरम पूरा नहीं है तो बैठक निरस्त मानी जायेगी। सामान्यतः अगले सप्ताह के उसी दिन, उसी समय या उसी स्थान तक के लिये निरस्त मानी जायेगी। किन्तु यदि अगली बैठक में भी कोरम उपलब्ध नहीं होता है तो बैठक उचित मान ली जायेगी।
- यह ध्यान में रखा जाये कि बैठक के कोरम हेतु नामित व्यक्ति की गणना नहीं होगी वरन् स्वयं को ही उपस्थित रहना होगा।

नामितः–

- सदस्य के द्वारा नामित व्यक्ति को बैठक में उपस्थित होने का अधिकार होगा तथा वोट देने का अधिकार भी होगा।

- बैठक से कम से कम दो दिन पूर्व नामित व्यक्ति की सूचना संगठन के पंजीकृत कार्यालय में पहुँच जानी चाहिए।
- गैर–सरकारी संगठन में व्यक्ति नामित करने से जहाँ तक हो बचना चाहिए तथा सिर्फ साधारण बैठक में ही उपयोग में लाया जाना चाहिए।

कार्यवाही (मिनट्स):–

- कार्यवाही अलग–अलग क्रमवार फाइल में की जानी चाहिए तथा पन्नों पर पृष्ठ क्रमशः अंकित करना चाहिए।
- पिछली बैठक की कार्यवाही को वर्तमान बैठक में पढ़ दिया जाना चाहिए ताकि नये उपस्थित सदस्य पूर्व में लिये गये निर्णयों से अवगत हो सकें। कार्यवाही पर चैयरमैन तथा सभी सदस्यों के हस्ताक्षर लिये जाने चाहिए तथा कार्यवाही को बदलना या उनमें कोई सुधार नहीं किया जाना चाहिए।

अधिनियमः–

अधिनियम बैठक में सदस्यों द्वारा लिये गये निर्णयों का औपचारिक प्रस्तुतीकरण किया जाना चाहिए। यह आवश्यक है कि निर्णय या विचार को अधिनियम के रूप में प्रस्तुत किया जाये जिसमें विशेष अधिनियम के पक्ष में तथा विपक्ष में आये वोटों की जानकारी भी हो।

- सामान्य अधिनियम जिसमें सामान्यतः अधिक सदस्यों द्वारा अनुमोदित अधिनियम।
- विशेष अधिनियम– इसमें अधिनियम को पास होने के लिए अधिकतम प्रतिशत प्राप्त हों।
- सामान्यतः उपस्थित सदस्यों के 3/4 भाग द्वारा समर्थित विशेष अधिनियम पास हो जाता है।

2.3 म.प्र. ट्रस्ट अधिनियम (1951) में पंजीकरण

ट्रस्ट के उद्देश्यः–

सामान्यतः ट्रस्ट का निर्माण या गठन निम्नलिखित में से एक या एक से अधिक उद्देश्यों की पूर्ति के लिए किया जाता है –

- ट्रस्ट के लेखक के धार्मिक विचारों या दूसरों के लाभ की भावना को पूरा करने के लिए, जिससे लोगों का लाभ सुनिश्चित हो।
- आयकर से छूट प्राप्त करने के लिए।

- परिवार के सदस्यों या अन्य सम्बन्धियों, जो ट्रस्ट के गठन कर्ता पर आश्रित हों, के कल्याण के लिए।
- सम्पत्ति के संरक्षण और सुव्यवस्थित प्रबंधन के लिए, उदाहरण के लिए डिबेंचर रिडेम्प्सन फण्ड ट्रस्ट ।
- प्रोविडेण्ट फण्ड, सूपर एनुएशन फण्ड या ग्रेच्युटी फण्ड या अन्य ऐसे फण्ड जिसे किसी व्यक्ति के द्वारा बनाया गया हो, को चलाने के लिए।

ट्रस्ट की परिभाषा

'ट्रस्ट' का आधुनिक विचार भारतवर्ष में इंग्लैण्ड के कानून से आया। इंग्लैण्ड के कानून में ट्रस्ट की सम्पत्ति पर दोहरे स्वामित्व को स्वीकारा गया है, कानूनी रूप से ट्रस्टी अधिकृत होता है लेकिन लाभार्थियों को भी बराबर का अधिकार है। इंग्लैण्ड के कानून में 'ट्रस्ट' शब्द को बहुत तरह से परिभाषित किया गया है। जस्टिस स्टोरी के अनुसार बृहत्तर अर्थो में एक ट्रस्ट का अर्थ है "सम्पत्ति में समान अधिकार या हित जो कानूनी मलकियत से अलग है।" लार्ड लिंडले के अनुसार– 'ट्रस्ट' एक समान हित वाली व्यवस्था है जो सम्पत्ति के साथ एक विशिष्ट तरीके से व्यवहार करती है। 'ट्रस्ट' इसके अलावा कुछ नहीं है कि एक व्यक्ति दूसरों में अपना विश्वास प्रदर्शित करता है तथा इसे न्यायपालिका में मान्यता दी जाती है।

भारत में, 'ट्रस्ट' को उस रूप में नहीं समझा जाता जैसा इंग्लैण्ड में, क्योंकि यहाँ कानूनी तथा समान हित की सम्पत्ति में वैसा अन्तर नहीं किया गया है। इण्डियन ट्रस्ट एक्ट, 1882 के खण्ड 3 के अनुसार ट्रस्ट को इस रूप में परिभाषित किया गया है "ट्रस्ट एक व्यवस्था है जो कि अपनी सम्पत्ति में स्वामित्व से सम्बन्धित है यह दूसरों के लाभ के लिए मालिक के द्वारा स्वीकार्य या घोषित होता है तथा दूसरों में विश्वास प्रदर्शित करता है –

- वह व्यक्ति जो विश्वास व्यक्त और घोषित करता है उसे ट्रस्ट का लेखक (ऑथर) माना जाता है।
- वह व्यक्ति जो विश्वास स्वीकार करता है वह ट्रस्टी कहा जाता है।
- वह व्यक्ति जिसके लाभ के लिए विश्वास को स्वीकार किया जाता है उसे लाभार्थी कहा जाता है।
- ट्रस्ट की विषय वस्तु को ट्रस्ट की सम्पत्ति या ट्रस्ट मनी कहा जाता है।

- लाभार्थियों के लाभकारी हित या हित ही उसका अधिकार है तथा नियमावली यदि कोई हो, जिसके द्वारा ट्रस्ट को घोषित किया जाता है, उसे ट्रस्ट की नियमावली कहते हैं।

"विश्वास व्यक्त किया गया"–वह शब्द है जो किसी ट्रस्ट के निर्माण में महत्वपूर्ण है। एक प्रकार से कहा जाये तो ट्रस्ट एक प्रकार की सम्पत्ति या सम्पत्ति के हिस्से को उपहार स्वरूप देना है जो ट्रस्टी रूपी विधि के माध्यम से किसी व्यक्ति या व्यक्तियों के समूह या किसी संस्था को प्रदान की जाती है तथा इन लोगों में सम्पत्ति का मालिक अपना विश्वास व्यक्त करता है। ट्रस्टी का यह दायित्व है कि वह लाभार्थियों के लिए सम्पत्ति को धारण किए रहे और वह अपने हित में उस सम्पत्ति का उपयोग नहीं करे।

ट्रस्ट के महत्वपूर्ण तत्वः–

ट्रस्ट की ऊपर ऊपर वर्णित परिभाषा से पता चलता है कि ट्रस्ट बनाने के लिए निम्नलिखित तत्व आवश्यक हैं–

1. ट्रस्ट का लेखक या गठनकर्ता
2. ट्रस्टी
3. लाभार्थी
4. ट्रस्ट की सम्पत्ति
5. ट्रस्ट के उद्देश्य

इण्डियन ट्रस्ट एक्ट के खण्ड 6 के अनुसार एक ट्रस्ट का गठन होता है जब ट्रस्ट का लेखक अपने शब्दों या संकेतों के द्वारा–

1. ट्रस्ट बनाने की इच्छा व्यक्त करता है।
2. ट्रस्ट के उद्देश्य बनाता है।
3. लाभार्थी बनाता है।
4. ट्रस्ट की सम्पत्ति को ट्रस्टी को हस्तांतरित करता है।

ट्रस्ट कौन बना सकता है ?

ट्रस्ट का लेखकः–

ट्रस्ट के निर्माण में ट्रस्ट का लेखक एक महत्वपूर्ण तत्व है। वह व्यक्ति जो एक निश्चित सम्पत्ति को लाभार्थियों के हित के लिए सुनिश्चित करता है ट्रस्ट का लेखक या गठनकर्ता कहलाता है। इण्डियन ट्रस्ट एक्ट के खण्ड 3 के अनुसार, वह व्यक्ति जो किसी दूसरे व्यक्ति (ट्रस्ट) में विश्वास प्रदर्शित या

घोषित करता है, कुछ सम्पत्ति लाभार्थियों के लाभ के लिए रखता है। ट्रस्ट का 'लेखक' या 'गठनकर्ता' कहलाता है। ट्रस्ट का गठनकर्ता ट्रस्ट डीड पर हस्ताक्षर करता है। ट्रस्ट डीड का पंजीकरण आवश्यक है।

लेखक ही ट्रस्ट का सृजनकर्ता होता है तथा वही ट्रस्ट को जन्म देता है। लेखक ही अपनी सम्पत्ति का कुछ भाग ट्रस्टी को एक मार्ग निर्देशन के साथ हस्तांतरित करता है जिसे ट्रस्ट में रखा जाता है और उसे ऐसे लाभार्थियों के हित या ऐसे उद्देश्यों के लिए उपयोग में लाया जाता है जो लेखक के द्वारा अपेक्षित होता है।

ट्रस्टी की जिम्मेदारी:–

1. ट्रस्टी के यह जिम्मेदारी है कि वह ट्रस्ट की सम्पत्ति को हुए किसी ऐसे नुकसान की क्षतिपूर्ति करे जो उसकी गलतियों के कारण हुई है। एक ट्रस्टी ट्रस्ट की सम्पत्ति के किसी एक भाग में हुई क्षति की पूर्ति सम्पत्ति के किसी दूसरे भाग से नहीं कर सकता है।
2. एक ट्रस्टी अपनी पूर्व की किसी गलती के लिए जिम्मेदार नहीं है।
3. एक ट्रस्टी अपने सह– ट्रस्टी के द्वारा किए गए गलती के प्रति जिम्मेदारी होगा जबकि
   - किसी सह– ट्रस्टी द्वारा की गई गलती में प्रत्यक्ष या अप्रत्यक्ष सहमति दिखाई पड़ती है।
   - सह– ट्रस्टी सामूहिक रूप से गलती करते हैं।
   - एक ट्रस्टी की गलती से दूसरा ट्रस्टी भी गलती करने को प्रेरित होता है।
   - सम्पूर्ण क्षति के लिए ट्रस्टी व्यक्तिगत और सामूहिक दोनों रूपों से जिम्मेदार होते हैं जिसे लाभार्थी किसी एक या सभी से वसूल कर सकते हैं।
4. ये ट्रस्टी सिर्फ उसकी परिसम्पत्ति के प्रति जिम्मेदार होते हैं जो उसने सही में प्राप्त किया होता है।

ट्रस्ट के अधिकार:–

सामान्य अधिकार– इण्डियन ट्रस्ट एक्ट के अनुसार एक ट्रस्टी को निम्नलिखित सामान्य अधिकार दिया गया है–

1. ट्रस्ट सम्पत्ति के टाइटिल से जुड़े सभी दस्तावेज तथा ट्रस्ट का इन्स्ट्रूमेन्ट अपने पास रखने का अधिकार।

2. ट्रस्ट की सम्पत्ति में से उन खर्चो का पुनर्भुगतान प्राप्त करने का अधिकार जो ट्रस्ट के सम्बन्ध में सही तरीके से खर्च किये गए हैं।
3. गलती से, जरूरत से ज्यादा भुगतान करने की स्थिति में लाभार्थी से उसे वापस लेने का अधिकार।
4. विश्वास हनन की स्थिति में फायदा उठाने वाले व्यक्ति से उसे प्राप्त करने अधिकार।
5. ट्रस्ट की सम्पत्ति पर प्रबन्धन व प्रशासन के सम्बन्ध में कोर्ट का विचार, सलाह या निर्देश प्राप्त करने के लिए परीक्षण तथा उसे व्यवस्थित करने का अधिकार।
6. एकाउण्ट्स का परीक्षण तथा उसे व्यवस्थित करने का अधिकार।

ट्रस्टी की सीमायें:–

1. ट्रस्ट डीड में निषेध किए गए दायरों का तोड़ने की शक्ति नहीं है।
2. कोर्ट के निर्देश के बिना ट्रस्ट की सम्पत्ति को 21 वर्ष से ज्यादा तक लीज पर तब तक न देना जब तक उससे तर्क संगत किराया न मिले।
3. अन्य ट्रस्टियों से विचार विमर्श किए बिना अकेले अधिकारों का उपयोग नहीं किया जा सकता। ट्रस्टियों को अपने शक्तियों का इस्तेमाल संयुक्त रूप से करना होता है। सिर्फ उन परिस्थितियों को छोड़कर जिसमें ट्रस्ट डीड उनको अन्य तरह से अधिकृत करता है।
4. ट्रस्टीशिप स्वीकार करने के बाद पद से त्यागतत्र देने तथा छोड़ने का अधिकार नहीं है सिर्फ उन मामलों को छोड़कर जहाँ न्यायालय से अनुमति मिली हो या हितग्राहियों की सहमति हो या ट्रस्ट सौंपने में ऐसा करने का कोई विशेष प्रावधान बनाया गया है।
5. अपने कर्त्तव्यों को किसी दूसरों पर सौंप नहीं सकता चाहे वह कोई अजनबी हो या सह–ट्रस्टी।
6. बहुत तर्कसंगत अथवा सर्वहित की स्थितियों को छोड़कर विशेषाधिकार शक्तियों के उपयोग करने की स्वतंत्रता नहीं है।
7. किसी सेवा, समय या सुविधा देने के बदले ट्रस्ट से कोई भुगतान प्राप्त नहीं कर सकते जब तक ट्रस्ट डीड में ऐसा करने के लिए कोई प्रावधान न बनाया गया हो।
8. अपने लाभ के लिए या ट्रस्ट के उद्‌देश्य के बिना ट्रस्ट की सम्पत्ति या उसके हित का प्रत्यक्ष या अप्रत्यक्ष रूप से नहीं खरीदना।

9. न्यायालय की अनुमति के बिना ट्रस्ट की सम्पत्ति या उसके किसी भी हिस्से को नहीं खरीदना और न ही बंधकधारक बनाना।
10. अपने व्यक्तिगत या किसी एक सह–ट्रस्टी के व्यक्तिगत सुरक्षा पर ट्रस्ट के धन को खर्च नहीं करना।

कार्यकारिणी बोर्ड से सम्बन्धित मुद्देः–

- ट्रस्ट की स्थापना अथवा प्रबंधन हेतु ट्रस्टी की अधिकतम या न्यूनतम संख्या के संदर्भ में कानून में कोई प्रावधान नहीं है।
- ट्रस्टी की न्यूनतम तथा अधिकतम संख्या का उल्लेख ट्रस्ट डीड में ही किया जाना चाहिए।
- ट्रस्ट डीड में विशेष रूप से उल्लिखित न होने की स्थिति में ट्रस्टी जीवन पर्यन्त ट्रस्टी बना रह सकता है।
- यह आवश्यक है कि ट्रस्ट सार्वजनिक लाभ सुनिश्चित करे न कि उनके लाभ को ध्यान रखे जो इसे नियंत्रित कर रहे हैं।
- ट्रस्ट की सभी चल–अचल सम्पत्ति पर सभी ट्रस्टी संयुक्त रूप से सम्पत्ति के प्रति जवाबदार एवं जिम्मेदार होते हैं।
- सोसायटी अथवा कम्पनी की तरह कानूनी रूप से ट्रस्ट अपने बोर्ड सदस्यों के प्रति जवाबदेह होता है।
- सामान्यतः ट्रस्ट में साधारण सभा सदस्य नहीं होते। अतः वार्षिक प्रतिवेदन सामान्य बैठक अथवा सदस्यों हेतु वार्षिक प्रतिवेदन तैयार करने की आवश्यकता नहीं होती है।

कहाँ/कैसे रजिस्ट्रेशन करें?

नोटः– ट्रस्ट का रजिस्ट्रेशन राज्य के सविचालय विभाग में किया जाता है।

संलग्नक– 1

म.प्र. सोसायटी रजिस्ट्रेशन एक्ट 1999 के अन्तर्गत समिति के पंजीयन का आवेदन पत्रः–

संस्था का ज्ञापन पत्र

1.	नाम	संस्था का नाम...होगा।
2.	पंजीकृत कार्यालय	संस्था का पंजीकृत कार्यालय जगह का नामः .... पोस्टः .... पुलिस स्टेशनः .... जिलाः .... राज्यः .... पिन कोडः ....

3. न्यायिक दायरा :

4. संस्था के लक्ष्य/उद्देश्य :
   - सामाजिक, सांस्कृतिक एवं समाज के आर्थिक विकास कार्यक्रम को बढ़ावा देने के लिए आवश्यक कार्यक्रम चलाना।
   - अस्पताल, पुर्नवास केन्द्र चलाना, उनकी व्यवस्था तथा संचालन करना एवं अन्य सहायक स्वैच्छिक योजना चलाना।
   - अनाथाश्रम, वृद्धाश्रम, कुष्ठ रोग निवारण एवं कमजोर वर्गो के लिए कार्य करना।
   - जनसंख्या वृद्धि की रोकथाम के लिए कार्य करना।
   - शिक्षा एवं प्रौढ़ शिक्षा का कार्य करना। (इसके अतिरिक्त और भी उद्देश्य हो सकते हैं)
   - अन्य ....

5. कार्यकारिणी

   संस्था पंजीकरण अधिनियम 1973 के अन्तर्गत जो कार्यकारिणी के सदस्य हैं जिनको संस्था की प्रबध व्यवस्था सौंपी गई है उन सदस्यों

का नाम, पता, पद, उम्र, व्यवसाय तथा हस्ताक्षर निम्न प्रारूप में होना चाहिए :

क्र. सं.	नाम पिता या पति के नाम सहित	पद	पता	उम्र	व्यवसाय	हस्ताक्षर
1.						
2.						
3.						
4.						
5.						
6.						
7.						

दिनांक :
प्रति,
समितियों के पंजीयक
....
....

साक्षी :
हस्ताक्षर :
नाम :
पूर्ण पता :

संस्था का नियम व उपनियम

संलग्नक– 2

1. नाम — संस्था का नाम..होगा।
2. पंजीकृत कार्यालय — संस्था का पंजीकृत कार्यालय
   का नामः ....
   पोस्टः ....
   जिलाः ....
   राज्यः ....
   पिन कोडः ....

3. न्याय दायरा

4. संस्था का लक्ष्य/उद्देश्य

सोसायटी के उद्देश्य एवं लक्ष्य समिति के ज्ञापन पत्र के अनुरूप है।

5. समीक्षा

जब तक कि निम्न संदर्भ से अन्यथा अपेक्षित न हों

बोर्ड

क. बोर्ड से अभिप्राय है प्रबन्धन

ख. सदस्य से अर्थ वह व्यक्ति जो सोसायटी के नियमों के अन्तर्गत सदस्य बना है।

ग. अधिनियम का अर्थ सोसायटी पंजीकरण अधिनियम 1860 है।

6. सदस्यता

सोसायटी की सदस्यता एकल व्यक्ति से है।

वह व्यक्ति जो संस्था ज्ञापन पत्र पर हस्ताक्षर करेगा वह संस्थापक सदस्य माना जायेगा।

दूसरे अन्य व्यक्ति भी सोसायटी में समय–समय पर शामिल किये जा सकते हैं जिनके नाम सोसायटी के रजिस्टर में दर्ज होगें।

सदस्यता समाप्त होगी–

– सदस्य के मृत्यु एवं त्यागपत्र देने पर।

– यदि सदस्य को सोसायटी की सदस्यता से हटा दिया जायेगा।

– यदि सदस्य सोसायटी का अधिकारिक पद ग्रहण करता है।

7– सदस्यता से निष्कासन साधारण सभा के दो तिहाई बहुमत एवं निम्नलिखित कारणों पर सोसायटी की प्राथमिक सदस्यता से निष्कासित कर दिया जायेगा।

अ. यदि सदस्य की गतिविधियां सोसायटी के उद्देश्यों एवं लक्ष्यों को प्राप्त करने में बाधक हों।

ब. बिना किसी ठोस कारण के लगातार तीन बैठकों में अनुपस्थित रहे हों।

स. पागल, दिवालिया या अपराधी सिद्ध होने पर।

7. प्रबन्धन

- सोसायटी के कार्यो का प्रबन्धन ऐसे बोर्ड द्वारा किया जायेगा जिसमें कम से कम सात एवं अधिकतम 12 से अधिक सदस्य होगें और जिनका चुनाव वार्षिक साधारण सभा द्वारा दो वर्ष में किया जायेगा। ये सदस्य पुनः निर्वाचित किये जा सकेंगे।
- सोसायटी में पदाधिकारी अध्यक्ष, उपाध्यक्ष, सचिव और कोषाध्यक्ष होगें। जिन्हे सोसायटी की साधारण सभा दो साल के लिये निर्वाचित करती है और ये पदाधिकारी पुनः निर्वाचित हो सकते हैं।
- बोर्ड के रिक्त स्थान होने पर साधारण सभा की अगली वार्षिक बैठक होने तक शेष सदस्यों को उस स्थान पर ले लिया जायेगा।

8. साधारण सभा

नियम 6 के अन्तर्गत साधारण सभा से कम से कम 7 सदस्य होंगे।

9. वित्तीय वर्ष

किसी भी संस्था का वित्तीय वर्ष एक अप्रैल से शुरू होता है तथा आने वाले वर्ष के 31 मार्च तक चलता है।

10. आडिट

किसी भी संस्था के लेखा का आडिट अंकेक्षक द्वारा प्रतिवर्ष के साथ संलग्न कर वार्षिक बैठक में रखा जाता है।

11. वैधानिक बिन्दु

संस्था का किसी भी दस्तावेज के कार्य की वैधता तभी है जब वह संस्था के किसी अधिकारी से सत्यापित हो।

12. कानूनी प्रक्रिया

संगठन का सचिव संस्था के किसी भी चलित या स्थाई सम्पत्ति हेतु सोसायटी अधिनियम के तहत कानूनी प्रक्रिया ले सकता है।

13. प्रमाण पत्र

यह प्रमाणित किया जाता है कि यह...... स्वैच्छिक संस्था द्वारा प्रस्तुत नियम व विनियम की सत्य प्रति है। यह प्रमाणित किया जाता है कि उपरोक्त नाम से इस क्षेत्र में कोई और संस्था पंजीकृत नहीं है।

सत्यापन अधिकारी के हस्ताक्षर सील सहित

प्रमाणित किया जाता है कि बायलास की प्रतिलिपि सत्य है

कार्यकारिणी के तीन सदस्यों के हस्ताक्षर

अध्यक्ष सचिव कोषाध्यक्ष

शपथ पत्र

संलग्नक – 3

मैं.......................................सुपुत्र/सुपुत्री/पत्नी श्री....................................... निवासी का रहने वाला/वाली हूँ तथा शपथपूर्वक निम्नलिखित बातों का स्वीकार एवं घोषित करता/करती हूँ

- कि मैं...नामक संस्था की सचिव हूँ।
- कि मेरे ज्ञान व जानकारी के अनुसार, सम्बन्धित क्षेत्र में उक्त प्रस्तावित नाम की कोई संस्था नहीं है।
- कि यदि इस प्रस्तावित नाम की जैसा कोई और संस्था पंजीकरण अधिनियम 1860 के अन्तर्गत पंजीकृत की गई है तो संस्था प्रस्तावित नाम को बदल देगी।
- कि उपरोक्त संस्था के इच्छुक व्यक्तियों की सूची में काई खून का रिश्ता नहीं है।

शपथ कर्ता ....

सत्यापन

आज दिनांक.................................... को स्थान में सत्यापित किया जाता है कि इस शपथ पत्र में सभी विवरण की जानकारी व विश्वास से सत्य है तथा कोई भी जानकारी छिपायी नही गई है।

शपथ कर्ता ....

प्रारूप क्रमांक– 1

(देखिये नियम– 3)

समितियों के पंजीयन हेतु ज्ञापन– पत्र

संस्था जो कि व्यक्ति विशेष की आय पर स्त्रोत पर कर कटौती की स्थिति में प्रमाण पत्र जारी करती है। प्रमाण पत्र का प्रारूप प्रपत्र 16 में दिया गया है।

संस्था द्वारा प्रस्तुत किये जाने वाले रिटर्न

संस्थाओं द्वारा स्त्रोत पर कर कटौती का रिटर्न आयकर प्राधिकारी को निश्चित समय में प्रस्तुत करना आवश्यक है जिसका विवरण निम्न प्रकार है –

1. समिति का नाम...
....होगा।

2. समिति का कार्यालय...
तहसील..जिला.......................................
....में स्थित होगा।

3. समिति के उद्देश्य निम्नलिखित होंगे:

    1.

    2.

    3.

    4.

    5.

4. समिति के सदस्यों का विवरण निम्नवत् है–

क्र. सं.	नाम–पिता / पति का नाम	पद	पूर्ण पता	धन्धा
1				
2				
3				
4				
5				
6				

5. समिति के इस ज्ञापन पत्र के साथ समिति के विनियमों की एक प्रमाणित प्रति जैसा कि म.प्र. सोसायटी रजिस्ट्रीकरण अधिनियम, 1973 (1973 का 44) की धारा 5 की उप–धारा (1) के अधीन अपेक्षित है, संलग्न है।

   हम अनेक व्यक्ति, जिनके नाम और पते लिखे हैं, समिति का निर्माण उपरोक्त ज्ञापन पत्र के अनुसार करने को इच्छुक हैं तथा ज्ञापनपत्र पर निम्नांकित साक्षियों की उपस्थिति में हस्ताक्षर किये हैं।

क्र. सं.	निर्माणकर्ताओं के नाम, पूर्ण पते (पिता/पति का नाम सहित)	हस्ताक्षर
1		
2		
3		
4		
5		
6		
7		

नोटः जो अनावश्यक हो उसे काटिये

साक्षी

हस्ताक्षर....................................

नाम..

पूर्ण पता....................................

रजिस्ट्रार, फर्म एवं सोसायटी को मध्यप्रदेश सोसायटी रजिस्ट्रीकरण अधिनियम, 1973 की धारा 27 के अधीन शासी निकाय सूची की जानकारी प्रस्तुत करने का निर्देशन पत्र (प्रोफ्रार्मा):–

1. संस्था का नाम व पूरा पता..
2. रजिस्ट्रेशन क्रमांक एंव दिनाँक..
3. उपस्थित कुल सदस्यों की संख्या
   उनके नाम, पते संलग्न करें।...
4. रजिस्ट्रीकृत नियमों तथा विनियमों
   के अनुसार शासी निकाय की अवधि।...
5. वर्तमान निर्वाचन की तारीख और उपस्थित
   सदस्य संख्या एवं गणपूर्ति क्या थी।...
6. विद्यमान पदाधिकारियों ने पूर्व पदाधिकारियों
   से कार्यभार ग्रहण किया, एक सूची, उनके

नाम, पते तथा उपजीविकाएँ उनके हस्ताक्षर
सहित संलग्न करें।..

7. पूर्व निर्वाचन की तारीख...

8. सोसायटी के नियमों तथा विनियम के
अनुसार वार्षिक साधारण सम्मेलन का मास
तथा तारीख।..
अंतिम वार्षिक सूची कब प्रस्तुत की गई थी
यदि प्रस्तुत नहीं की गई हो तो उसका क्या
कारण।...
इस वर्ष के वार्षिक साधारण सम्मेलन के
के कार्यवृत, तारीख सहित संलग्न करें।...
....

9. म.प्र. सोसायटी रजिस्ट्रीकरण अधिनियम,
1973 की धारा 27 के अधीन...
सूची की वार्षिक फीस रूपये..रसीद / चलान
क्रमांक...तारीख..
द्वारा जमा कर दी गई है।
चालान की मूल प्रति संलग्न है।

मैं..पुत्र...
..................आयु...वर्ष प्राधिकृत पदाधिकारी के रूप में एतद् द्वारा यह घोषणा करता हूँ कि उपरोक्त जानकारी मेरे सर्वोत्तम ज्ञान तथा विश्वास से सत्य है और यह जानता हूँ कि कोई मिथ्या जानकारी देना अधिनियम की धारा 38 (2) के अधीन दण्डनीय होगा।

हस्ताक्षर

अध्यक्ष

सचिव

2.4 आयकर अधिनियम के अंतर्गत पंजीयन :

आयकर– पंजीकरण प्रविधि (12 ए):–

भारत में आयकर अधिनियम में प्रारम्भ में धर्मार्थ उद्‌देश्यों से प्राप्त आय पूर्णतः कर मुक्त थी परन्तु अब आयकर में महत्वपूर्ण परिवर्तन हो गया है।

आयकर में छूट हेतु संस्थाओं को बहुत से नियमों का पालन करना होता है। उन्हें आयकर अधिनियम की धारा 12ए के तहत पंजीकृत होना आवश्यक है।

पंजीकरण के लिये आवेदनः–

- गैर–सरकारी संस्थाओं को पंजीकरण के लिये आयकर आयुक्त को फार्म 10 ए (संलग्न) में आवेदन देना होगा।
- गैर–सरकारी संस्थायें जिस अधिनियम के अन्तर्गत स्थापित हैं उसका पंजीकरण प्रमाण पत्र साथ में नियमों एवं अर्न्तनियमों को जो कि स्वयं सेवी संस्थाओं के निर्माण को प्रमाणित करें।
- पूर्व के 3 वर्षो के खातों की दो प्रति या जो गैर–सरकारी संस्थायें पूर्व 3 वर्षों से नहीं हैं तो जब से संस्था गठित हुई है, उतने वर्षों के खातों की दो प्रतियां।

आवेदन की समय सीमाः–

गैर–सरकारी संस्थाओं के पंजीकरण के एक साल के भीतर आवेदन कर दिया जाना चाहिए। जो गैर–सरकारी संस्था समय पर आवेदन नहीं कर पाती हैं उन्हें आयकर में छूट आवेदन के वित्तीय वर्ष से प्राप्त होगी। यद्यपि आयकर आयुक्त को यह अधिकार प्राप्त है कि वह आवेदन मे देरी को क्षमा कर दे।

प्रदाय एवं निरस्तः–

पंजीयन हेतु आवेदन प्राप्त होने की स्थिति में आयकर आयुक्त उन दस्तावेजों को अथवा जानकारी को माँग सकता है, आयुक्त को यह अधिकार होता है कि वह आवेदन को निरस्त कर सकता है किन्तु किसी भी आवेदन को निरस्त करने के लिए पर्याप्त कारण होना चाहिए।

निरस्तीकरण को चुनौतीः–

आवेदन निरस्त होने की स्थिति में आयकर अधिनियम के सेक्शन 253 के अन्तर्गत व्यक्ति अपील कर सकता है।

आवेदन किसको– जहाँ गैर–सरकारी संस्थायें पंजीकृत हैं उस स्थान के आयकर आयुक्त को।

विशेष – पंजीकरण का तात्पर्य छूट नहीं है। आयकर पंजीकरण, आयकर छूट से अलग है आयकर छूट प्राप्त करने के लिए आयकर अधिनियम की विविध शर्तो को पूर्ण करना आवश्यक है।

आयकर प्रविधि– स्थायी खाता संख्या (PAN):–

सभी गैर–सरकारी संस्थाएँ जो कि आयकर प्रविधि के अन्तर्गत आती हैं, उनके लिए पैन संख्या अनिवार्य है। यह संख्या आयकर विभाग द्वारा प्राप्त की जाती है।

आवेदन प्रक्रिया:–

आवेदन के लिए प्रारूप 49–ए भरना होता है, 49–ए प्रारूप संलग्न है। (प्रारूप की दो प्रतिलिपि तैयार कर प्रस्तुत करना होता है।)

स्थायी खाता की आवश्यकता क्यों:–

स्थायी खाता की आवश्यकता निम्न परिस्थितियों के लिए जरूरी है :

- आयकर विभाग में रिटर्न फाइल करने एवं अन्य आयकर सम्बन्धित जरूरते।
- कर, जमा, ब्याज एवं जुर्माना जमा करने हेतु।
- निम्न लिखित परिस्थितियों में :
  - 50,000 से अधिक स्थायी सम्पत्ति के बिक्री एवं खरीदारी कार्य।
  - दुपहिया वाहन के अतिरिक्त वाहन खरीद एवं बिक्री हेतु।
  - 50,000 से अधिक राशि (पोस्ट आफिस एवं बैंक) जमा करने हेतु।
  - एक लाख से अधिक कोई भी शेयर एवं स्टाक के खरीदी एवं बिक्री हेतु।
  - बैंक में खाता खोलने हेतु।
  - 25,000 से अधिक के कोई भी होटल के भुगतान हेतु।

नोट:– वे सभी गैर–सरकारी संस्थाए जो कि सेक्शन 139–ए के अन्तर्गत आती हैं और यदि पैन संख्या आयकर विभाग से नहीं लेती हैं वे सभी सेक्शन 272–बी के तहत दण्डित की जा सकती हैं। वित्तीय अधिनियम 2002 के अन्तर्गत सेक्शन 272–बी विशिष्ट रूप से प्रतिपादित किया गया है। जिसमें संस्थाएं जो 139–ए के प्रतिपादन में विफल होती हैं तो संस्था को 500–10,000 रूपये तक का जुर्माना भरना होता है।

आयकर अधिनियम की धारा 80 जी के अन्तर्गत पंजीयन:–

गैर–सरकारी संगठन आयकर अधिनियम की धारा 80–जी में पंजीकृत करवाकर तथा दूसरी निश्चित औपचारिकता पूरी करने पर आयकर से छूट प्राप्त कर सकते हैं। अधिनियम के विभिन्न प्रावधानों के अन्तर्गत दानदाताओं को कर

में छूट प्राप्त है। धारा 80–जी के अन्तर्गत पंजीकरण हेतु आवेदन फार्म 10–जी में करना होता है।

धारा 80–जी के अन्तर्गत पंजीकरणः–

गैर–सरकारी संगठन को फार्म 10–जी (सूची 29) में आयकर आयुक्त को पंजीकरण हेतु सीधे आवेदन करना होता है। साधारणतया उक्त अनुमोदन निश्चित समायावधि के लिए दिया जाता है।

आवेदन पत्र तीन प्रतियों में आयकर आयुक्त को निम्नलिखित संलग्नक के साथ दिया जाना चाहिए।

1. आयकर पंजीकरण की प्रमाणित प्रति।
2. गैर–सरकारी संस्था की स्थापना से या पिछले तीन वर्ष जो भी कम हो, के साथ गतिविधियों का विवरण।
3. अंकेक्षित खातों की पिछले तीन वर्षो या स्थापना से अब तक जो भी कम हो की प्रतियाँ।

धारा 80–जी के अन्तर्गत अनुमोदन के लिये निर्धारित शर्तेः–

- गैर–सरकारी संगठन की कोई ऐसी आय नहीं होनी चाहिए जो कर योग्य हो जैसे व्यापार की आय, यदि अशासकीय संगठन की कोई व्यापारिक आय है तो उसके लिए अलग से लेखा रखे जाने का प्रावधान हो।
- गैर–सरकारी संगठन किसी विशेष सम्प्रदाय या जाति के लिए कार्यरत नहीं होना चाहिए।
- गैर–सरकारी संगठन की नियमित आय और खर्चों का लेखा होना चाहिए।
- गैर–सरकारी संगठन को नियमानुसार सोसायटी पंजीकरण अधिनियम 1860 और अन्य कोई समानांतर कानून या कम्पनी अधिनियम 2013 की धारा 8 के अन्तर्गत पंजीकृत होना चाहिए।

धारा 80–जी के अन्तर्गत लाभः–

जो व्यक्ति या संगठन धारा 80–जी के अन्तर्गत दान देता है उसकी अपनी कर योग्य आय में से 50 प्रतिशत तक कटौती प्राप्त होती है। यहाँ पर सवाल उत्पन्न होता है कि 80–जी के अन्तर्गत कर से बचत 50 प्रतिशत है परन्तु वास्तव में यह ऐसा नहीं है। दान के 50 प्रतिशत तक कर योग्य आय में कटौती

की जाती है तथा उस पर कर गणना की जाती है। कुछ विशेष संगठनों को 80 जी के अन्तर्गत दान देने पर दानकर्ता को कर योग्य आय में से 100 प्रतिशत तक कटौती प्राप्त होती है।

FRON NO. 10

(See rule 17)

Notice for the Assessing officer/prescribed Authority under section 11 (2) of the Income Tax Act, 1961

To

The Assessing officer/prescribed Authority

....

....

I, ..., on behalf of .... [name of the trust/institution/association] here by bring to your notice that it has been decided by a resolution passed by the trustees/governing body, by whatever name called, on .... (copy enclosed) that, out of the income of the trust/institution/association of the previous years(s), relevant to the assessment year 20.... 20.... and subsequent .... previous year(s), and amount of Rs................................. per cent of the income of the trust/institution/association/such sum is available at the end of the previous years(s) should be accumulated or set apart till the previous years(s) ending .... in order to enable the trustees/governing body by whatever name called, to accumulate sufficient funds for carrying out the following purposes of the trust/association/institution:-

(1) ....

(2) ....

2. Before expiry of six months commencing from the end of each previous year, the amount so accumulated or set apart has been/will be invested or deposited in any one or more of the forms or modes specified in sub-section (5) of section 11.

3. Copies of the annual accounts of the trust/institution/association along with details of the investment (including deposits) and utilization, if any, of the money so accumulated or set apart will be furnished to you before the expiry of six months commencing from the end of each relevant previous year.

4. It is requested that in view of our complying with the condition laid down in section 11(2) of the Income-tax Act, 1961, the benefit of the section

may de given in the assessments of the trusts/exempting the income in respect of the trust/institution/association in respect of the incomes accumulated or set apart as mentioned above.

Date: ....

Signature.................................
Designation ....
Address...................................

Notes:

1. This notice should be signed by a trustee/principal officer.
2. Delete the inapropriate words.

FROM NO. 10 A

[See rule 17 A]

Applicatin for registration of charitable or religious trust or Institution under section 12 A(a) of the Income Tax Act, 1961

To,

The Chief Commissioner or Commissioner of Income-Tax

....

....

Sir,

I, ... on behalf of .... [Name of the trust/ institution/association] hereby apply for the registration of the said trust/institute under section 12 A of the Incom Tax Act, 1961. The following particulars are furnished here with :

1. Name of the trust/institution in full (in block letters)
2. Address
3. Name(s) and address(es) of author(s)/founder(s)
4. Date of creation of the trust or establishment of the institution
5. Name(s) and address(es) of trustees/manager(s)

I also enclose the following documects:

1. (a) *Original/certified copy of the instrument under which the trust/ institution was created/established, together with a copy there of.
   (b) *Original/certified copy of document evidencing the creation of the trust or the establishment of institution, together with a copy thereof. (The originals, if enclosed, will be returned).
2. Tow copies of the accounts of the trust/institution for he latest one/ two/three years.

I undertake to communicate forthwith any alteration in the terms of the trust, or in the rules governing the institution, made at any time hereafter.

Date: ....

Signature.................................
Designation ....
Address...................................

Strike out whichever is not applicable.

FROM NO. 10B

[See rule 17 B]

Audit report under section 12A (b) of the Income Tax Act, 1961, in case of charitable or religious trusts or institutions

To,

The Assessing officer/prescribed Authority

....

....

I/we, have examined the balance sheet of .... as at .... (Name of the trust or institution) and the profit and loss account for the year ended on that date which are in agreement with the books of account maintained by the said trust or institution.

*I/we have obtained all the information and explanations which to the best of my/our knowledge and belief were necessary for the purposes of the audit. In * my/our opinion, proper books of account have been kept by the hed office and the branches of the above named *trust/institution visited by *me/us so far as appears from *my/our examination of the books, and proper returns adequate for the purposes of audit have been received from branches not visited by *me/us, subject to the comments given below ;

In*my/our opinion and to the best of *my/our information, and according to information given to *me/us, the said accounts give a true and fair view-

1. in the case of the blance sheet, of the state of affairs of the above names*trust/institution as at ....and.
2. in the case of the profit and loss account, of the profit or loss of its accounting year ending on ....

The prescribed particular are annexed hereto.

place : ....

Date : ....

signed
Accountant

Notes:

1. Strike out whichever is not applicable.
2. this report has to be given by:
   (i) A chartered accountant within the meaning of the Chartered Accountants Act, 1949 (38 of 1949); or
   (ii) any person who, in relation to any state, is, by virtue of the provisions of the Companies Act, 2013, entitled to be appointed to act as an auditor of the company registered in that state.
3. where any of the matters stated in this report is answered in the negative, or with a qualification, the report shall state the reasons for the same.

ANNEXURE

Statement of particulars

I. APPLICATION OF INCOME FOR CHARITABLE OR RELIGIOUS PURPOSES

1. Amount of income of the previous year applies to charitable or religious purposes in India during that year ....
2. Whether the trust/institution *has exercised the option under clause (2) of the Explanation to section 11(1)? If so, the details of the amount of income deemed to have been applied to charitable or religious purposes in India during the previous year accumulated or set apart*............................
3. Amount of income.............. (finally set apart) for application to charitable or religious purposes, to the extent it does not exceed 25 per cent of the income derived from property held under wholly* trust .... (in part only) for such purposes.
4. Amount of income eligible for exemption under section 11(1)(c) (Give details)
5. Amount of income, in addition to the amount referred to in item 3 above, accumulated or set apart for specified purposes under section 11(2) ....
6. Whether the amount of income mentioned in item 5 above, has been invested or deposited in the manner laid down in section 11(2)(b)? If so, the details thereof......................
7. Whether any part of the income in respect of which an option was exercised under clause of the Explanation to section 11(1) in any earlier year is deemed to be income of the previous year under section 11(B)? if so, the details thereof..................

8. Whether, during the previous year, any part of income accumulated or set apart for specified purposes under section 1(2) in any earlier year ....
   (a) has been applied for purposes other than charitable or religious purposes or has ceased to be accumulated or set apart for application thereto, or (b) has ceased to remain invested in any security referred to in section 11(2)(b)(i) or deposited in any account referred to in section 11(2)(b)(ii) or section 11(2)(b)(iii), or (c) has not been utilized for purposes for which it was accumulated or set apart during the period for which it was to accumulated or set apart, or in the year immediately following the expiry thereof? If so, the details thereof..........................

II. APPLICATION FOR USE OF INCOME OR PROPERTY FOR THE BENEFIT OF PERSONS REFERRED TO IN SECTION 13 (3)

1. Whether any part of the income or property of the *trust/institution was lent, or contiues to be lent, in the previous year to any person referred to in section 13(3) (hereinafter referred to in this Annexure as such person)? If so, give details of the amount, rate of interest charged and the nature of security, if any ....
2. Whether any land, building or other property of the *trust/institution was made, or continued to be made, available for the use of any such person during the previous year? If so, give details of the property and the amount of rent or compensation charged, if any........................
3. Whether any payment was made to any such person during the previous year by way of salary, allowance or otherwise? If so, give details, ...
4. Whether the services of *trust/institution were made available to any such person during the previous year? If so, give details together with remuneration or compensation received, if any....................
5. Whether any share, security or other peoperty was purchased by or on behalf of the *trust/institution during the previous year from any such person? If so, give details thereof together with the consideration paid....................
6. Whether any share, security of other property was sold by or on behalf of the *trust/institution during the previous year to any such person? If so, give details thereof together with the consideration received.......................
7. Whether any income or property of the *trust/institution was diverted during the previous year in favour of any such person? of so, give details thereof together with the amount of income or value of property so diverted..........................

8. Whether the income or propery of the *trust/institution was used or applied during the previous year for the benefit of any such person in any other manner? If so, give details....................
*Strike out whichever is not applicable.

III. INVESTMENTS HELD AT ANY TIME DURING THE PREVIOUS YEAR(S) IN CONCERNS IN WHICH PERSONS REFERRED TO IN SECTION 13(3) HAVE A SUBSTANTIAL INTEREST

Sr. No	Name and address of the concerns	Where the concern is a company, number and class of shares held	Nominal value of the investment	Income from the invest-ment	Whether the anount in col. exceeded 5 per cent of the capital of the concern during the previous year-say yes/no
(1)	*(2)*	*(3)*	*(4)*	*(5)*	*(6)*
Total					

Place : .... Signed..............................

Date : .... Accountant..............................

FORM NO. 10G

[See rule 11 AA]

Application for grant of approval or continuance thereof to institution or fund under section 80 G (5)(vi) of the Income Tax Act, 1961

1. Name of the institution/fund in full (in block letters)
2. Address of the registered office of the institution/fund
3. Legal status [please specify whether the institution/fund is- (i) constituted as public charitable trust; (ii) registered under the Societies Registration Act, 1860 (21 of 1860) or under any law corresponding to that Act in force in any part of India; (iii) registered under section 28 of the Companies Act, 2013 (iv) a University established by laws; (v) any other education institution recognized by the Government or by any University established by law or affiliated to any University established by law; (vi) an institution wholly or partly financed by the Government or a local authority; (vii) an institution established with the object of controlling, supervising, regulating or encouraging games or sports and is approved for this purpose under section 12 (23); or (viii) a regimental

Fund or Non-public fund established by the armed forces of the Union for the welfare of past or present members of such forces or their departments].

4. Objects of the institution/fund and geographical area over which its activities are undertaken.
5. Names and addresses of trustees/office bearers of the institution or fund (i) if registered under section 12A(a) of the Income-tax Act, the registration number and date of registration (ii) If notifide under section 10(23) or under section 10(23 c) of the Income-tax Act, the details thereof (iii) If responses to (i) or (ii) are negative, whether any application for the same has been filed? If yes, enclose a copy of the same.
6. (a) Period of last approval, if any. Please enclose a copy of the approval. (b) If any change in the aims and objects and the rules and regulations have been made since the last approval, the details thereof
7. Assessment particulars (a) Ward/circle where assessed and permanent account number/GIR number. (b) Is the income exempt under section 10(22), 10(22 A), 10(23), 10(23 AA), 10(23 c) or 11? ((c) whether any arrears of taxes are outstanding? If so give reasons.
8. Amount accumulated for objects mentioned .... in item (4) above.
9. (i) Details of modes in which funds are .... invested or deposited, showing the nature, value and income from the investment; (ii) Whether any funds have not been invested in the modes specified in section 11(5)?
10. (i) Is the institution/fund carrying on any business? If yes, give details. (ii) Is the business incidental to the attainment of its objects?
11. Details of nature, quantity and value of contributions (other than cash) and manner in which such contribution have been utilized.
12. Details of shares, security or other property purchased by or on behalf of the trust from any interested person as specified in sub-section (3) of section 13.
13. Details or nature, quantity and value of contributions (other than cash) and manner in which such contribution have been utilized.
14. Details of shares, security or other property purchased by or on behalf of the trust from any interested person as specified in sub-section (3) of section 13.
15. Whether any part of the income or any property of the association was used or applied, manner which results directly or indirectly in conferring any benefit, amenity of perqui (Whether converted into

money or not), on any interested person as specified in subsection (3) of section 13? If so, details thereof.

I certily that information furnished above is true to the best of my knowledge and belief.

I undertake to communicate forthwith any alteration in the terms or in the rules governing institution/fund made at any time hereafter.

place : .... Signature....................................
Date : .... Designation....................................
Address.....................................

Note : The application form (in triplicate) should be sent to the Commissioner of Income tax who had jurisdiction over the institution or fund along with the following documents.

I. Copy of registration under section 12 A or copy of notification issued under section 10 G or section 10(23 c)

II. Notes on activities of institution or fund since its inception or during the last three years whichever is less.

III. Copies of accounts of the institution or fund since its inception during the last therr years whichever is less.

[62](63(धारा 11 और 12 को लागू किए जाने सम्बन्धी शर्ते)

[64]**12क.** [65](1) [66]धारा 11 और धारा 12 के उपबंध किसी न्यास या संस्था की आय के सम्बन्ध में लागू नहीं होंगे जब तक कि निम्नलिखित शर्ते पूरी न की जाए, अर्थात्:–

(क) आय प्राप्त करने वाले व्यक्ति ने विहित फार्म[67] और विहित रीति में [68]('''''') [68क](प्रधान आयुक्त या) आयुक्त को 1 जुलाई, 1973 को या उसके पूर्व या न्यास के सृजन अथवा संस्था की स्थापना की तारीख से एक वर्ष की कालावधि समाप्त होने के पूर्व [69](इनमें से जो भी पश्चातवर्ती हो और ऐसा न्यास या संस्था धारा 12 क के अधीन रजिस्ट्रीकृत हो) न्यास या संस्था के रजिस्ट्रीकरण के लिए आवेदन किया है।

[70](परन्तु जहाँ न्यास या संस्था के रजिस्ट्रीकरण के लिए आवेदन पूर्वोक्त कालावधि की समाप्ति के पश्चात् किया जाता है वहाँ धारा 11 और धारा 12 के उपबंध ऐसे न्यास या संस्था की आय के सम्बन्ध में–)

(i) यदि [71]('''') [71क](प्रधान आयुक्त या) आयुक्त को ऐसे कारणों से जो लेखबद्ध किए जाएंगे यह समाधान हो जाता है कि आय प्राप्त करने वाला व्यक्ति

पूर्वोक्त कालावधि की समाप्ति के पूर्व[72] आवेदन करने से पर्याप्त कारणों से निवारित रहा था तो न्यास से सृजन या संस्था की स्थापना की तारीख से;

(ii) यदि [73](''''') [73क](प्रधान आयुक्त या) आयुक्त को इस प्रकार समाधान नहीं होता है तो उस वित्तीय वर्ष के, जिसमें आवेदन किया जाता है, प्रथम दिन से लागू होंगेः

[74](परन्तु यह और कि इस खण्ड के उपबंध 1 जून, 2007 को या उसके पश्चात् किए गए किसी आवेदन के सम्बन्ध में लागू नहीं होंगे;)

[74क](क) आय प्राप्त करने वाले व्यक्ति ने न्यास या संस्था के रजिस्ट्रीकरण के लिए 1 जून, 2007 को या उसके पश्चात् [74क] (प्रधान आयुक्त या) आयुक्त को विहित प्ररूप और रीति में आवेदन किया है और ऐसा न्यास या संस्था धारा 12कक के अधीन रजिस्ट्रीकृत है।)

(ख) धारा 11 और धारा 12 के उपबंधों को लागू किए बिना जहाँ उस न्यास या संस्था की इस अधिनियम के अधीन यथा संगणित सकल आय किसी पूर्व वर्ष में [75](उस अधिकतम रकम से अधिक है, जो किसी पूर्व वर्ष में आयकर से प्रभार्य है), वहाँ उस न्यास या संस्था के उस वर्ष के लेखे धारा 288 की उपधारा (2) के नीचे स्पष्टीकरण में यथा परिभाषित लेखपाल द्वारा संपरीक्षित किए गए हैं और आय प्राप्त करने वाले व्यक्ति ने सुसंगत निर्धारण वर्ष के लिए आय की विवरणी के साथ ऐसी संपरीक्षा की विहित फार्म[76] में रिपोर्ट, जो ऐसे लेखपाल द्वारा सम्यक् रूप से हस्ताक्षरित और सत्यापित है और जिसमें ऐसी विशिष्टियां उपवर्णित हैं, जो विहित की जाएं, प्रस्तुत की है।

(ग) [77](''''''')

[78](2) जहाँ कोई आवेदन 1 जून, 2007 का या उसके पश्चात् किया गया है वहाँ धारा 11 और धारा 12 के उपबंध उस वित्तीय वर्ष के, जिसमें ऐसा आवेदन किया जाता है, ठीक बाद के निर्धारण वर्ष से ऐसे न्यास या संस्था की आय के सम्बन्ध में लागू होंगे।)

[78क](परन्तु जहाँ रजिस्ट्रीकरण, धारा 12कक के अधीन न्यास या संस्था को मंजूर किया गया है, वहाँ धारा 11 और धारा 12 के उपबंध पूर्वोक्त निर्धारण वर्ष से पूर्ववर्ती किसी निर्धारण वर्ष की न्यास के अधीन धारित सम्पत्ति से व्युत्पन्न ऐसी आय के सम्बन्ध में, जिसके लिए निर्धारण कार्यवाहियाँ ऐसे रजिस्ट्रीकरण की तारीख को निर्धारण अधिकारी के समक्ष लंबित हैं और ऐसे न्यास या संस्था के उद्देश्य और क्रियाकलाप, ऐसे पूर्ववर्ती निर्धारण वर्ष के लिए समान बने रहते हैं।)

परन्तु यह और कि धारा 147 के अधीन कोई कार्रवाई, निर्धारण अधिकारी द्वारा ऐसे न्यास या संस्था की दशा में, उक्त निर्धारण वर्ष के लिए उस न्यास या संस्था का केवल रजिस्ट्रीकरण न किए जाने के कारण पूर्वोक्त निधारण वर्ष से पूर्ववर्ती किसी निर्धारण वर्ष के लिए नहीं की जाएगी।

परन्तु यह भी कि पहले और दूसरे परन्तुक में अंतर्विष्ट उपबंध किसी ऐसे न्यास या संस्था की दशा में लागू नहीं होंगे, जिसके रजिस्ट्रीकरण से धारा 12कक के अधीन इंकार कर दिया गया है या उसे मंजूर किए गए रजिस्ट्रीकरण को किसी समय रद्द कर दिया गया है।

62. प्रत्यक्ष कर विधि (संशोधन) अधिनियम, 1989 द्वारा 1.4.1989 से पुनः स्थापित। इससे पूर्व धारा 12क का प्रत्यक्ष कर विधि (संशोधन) अधिनयिम, 1987 द्वारा उसी तारीख से लोप किया गया था। मूल धारा 12क वित्त अधिनियम, 1972 द्वारा 1.4.1973 से अंतः स्थापित की गई थी।

63. वित्त अधिनियम, 2007 द्वारा 1.6.2007 से ''न्यासों के रजिस्ट्रीकरण की शर्तें'' शीर्ष के स्थान पर प्रतिस्थापित।

64. देखिए परिपत्र सं 143, तारीख 20.8.1974 और केन्द्रीय प्रत्यक्ष कर बोर्ड, तारीख 9.2.1978 का अनुदेश।

65. वित्त अधिनियम, 2007 द्वारा 1.6.2007 से अंतः स्थापित।

66. सुसंगत केस लाज देखिए।

67. पूर्व/धार्मिक न्यास के रजिस्ट्रीकरण के लिए और साथ में दिए जाने वाले आवश्यक दस्तावेजों के लिए देखिए नियम 17क और फार्म सं 10क वे दस्तावेज हैं : 1, न्यास/संस्था सृजित करने वाले लिखत की मूल प्रति अर्थात् न्यास लेख उसकी एक प्रति के साथ, जहाँ न्यास/संस्था किसी लिखत के अधीन सृजित की गई हो। आयुक्त द्वारा मूल प्रति के बदले में प्रमाणित प्रति भी स्वीकार की जा सकती है। 2. न्यास/संस्था सृजित करने के साक्ष्य में दस्तावेज,उसकी एक प्रति सहित, जहाँ न्यास/संस्था का सृजन लिखत के अधीन न हुआ हो। 3. जब न्यास/संस्था रजिस्ट्रीकरण के लिए आवेदन किए जाने वाले वित्तीय वर्ष के पहले पूर्ववर्ष (वर्षो) में अस्तित्व में हो तो आवेदन के साथ पूर्ववर्षों से सम्बन्धित न्यास/संस्था के लेखाओं की दो प्रतियां, जो आवेदन किए जाने वाले वर्ष के ठीक पूर्व तीन वर्षो से अधिक पुरानी न हो, दी जायेगी।

68. वित्त अधिनियम, 1999 द्वारा 1.6.1999 से ''मुख्य आयुक्त या'' शब्दों का लोप किया गया। इससे पूर्व, कोट किए गए शब्द प्रत्यक्ष कर विधि (संशोधन) अधिनियम, 1987 द्वारा 1.4.1988 द्वारा अंतः स्थापित किए गए थे।

68क. वित्त (सं. 2) अधिनियम, 2014 द्वारा भूतलक्षी प्रभाव से 1.6.2013 से अंतः स्थापित।

69. वित्त (सं. 2) अधिनियम, 1996 द्वारा 1.4.1997 से ''इनमें से जो पश्चात्वर्ती हो'' शब्दों के स्थान पर प्रतिस्थापित।

70. वित्त (सं. 2) अधिनियम, 1991 द्वारा 1.10.1991 से निम्नलिखित के स्थान पर प्रतिस्थापित।

''परन्तु मुख्य आयुक्त या आयुक्त, अपने विवेकाधिकार से, उपरोक्त कालावधि की समाप्ति के पश्चात् किसी न्यास या संस्था के रजिस्ट्रीकरण के लिए आवेदन स्वीकार कर सकेगा।''

71. वित्त अधिनियम, 1999 द्वारा 1.6.1999 से ''मुख्य आयुक्त या'' शब्द का लोप किया गया। इससे पूर्व, कोट किए गए शब्द प्रत्यक्ष कर विधि (संशोधन) अधिनियम, 1987 द्वारा 1.4.1988 से अंतः स्थापित किए गए थे।

71क. वित्त (सं. 2) अधिनियम, 2014 द्वारा भूतलक्षी प्रभाव से 1.6.2013 से अंतः स्थापित।

72. ''कालावधि की समाप्ति के पूर्व'' पद के अर्थ के लिए सम्बंधित केस लाज देखिए।

73. वित्त अधिनियम, 1999 द्वारा 1.6.1999 से ''मुख्य आयुक्त या'' शब्द का लोप किया गया। इससे पूर्व, कोट किए गए शब्द प्रत्यक्ष कर विधि (संशोधन) अधिनियम, 1987 द्वारा 1.4.1988 से अंतः स्थापित किए गए थे।

73क. वित्त (सं. 2) अधिनियम, 2014 द्वारा भूतलक्षी प्रभाव से 1.6.2013 से अंतः स्थापित।

74. वित्त अधिनियम, 2007 द्वारा 1.6.2007 से अंतः स्थापित।

74क. वित्त (सं. 2) अधिनियम, 2014 द्वारा भूतलक्षी प्रभाव से 1.6.2013 से अंतः स्थापित।

75. कराधान विधि (संशोधन) अधिनियम, 2006 द्वारा 1.4.2006 से भूतलक्षी प्रभाव से ''पचास हजार रूपये से अधिक है'' शब्दों के स्थान पर प्रतिस्थापित। इससे पूर्व कोट किए गए शब्दों का वित्त अधिनियम, 1994 द्वारा 1.4.1995 से संशोधित किया गया था।

76. न्यास/संस्था के मामले में संपरीक्षा रिपोर्ट के लिए देखिए नियम 17ख और फार्म सं. 10ख।

77. वित्त अधिनियम, 2002 द्वारा 1.4.2002 से लोप किया गया। लोप किए जाने से पूर्व, वित्त अधिनियम, 2001 द्वारा 1.4.2002 से यथा अंत स्थापित खंड (ग) इस प्रकार था।

(ग) धारा 11 और धारा 12 के उपबंधों का लागू किए बिना जहाँ न्यास या संस्थान की इस अधिनियम के अधीन यथा संगणित कुल आय किसी पूर्ववर्ष में एक करोड़ रूपये से अधिक हो जाती है, वहाँ न्यास या संस्था ने,–

1. धारा 139 की उपधारा (4क) के अधीन आय का विवरण देने के लिए नियत तारीख के पूर्व किसी स्थानीय समाचार पत्र में अपने लेख प्रकाशित किए हैं और
2. ऐसे विवरण के साथ ऐसे समाचार पत्र की एक प्रति दी है।

78. वित्त अधिनियम, 2007 द्वारा 1.6.2007 से अंतः स्थापित।

78क. वित्त (सं. 2) अधिनियम, 2014 द्वारा 1.10.2014 से अंतः स्थापित।

35कग. (1) जहाँ कोई निर्धारिती, किसी पब्लिक सेक्टर कंपनी या स्थानीय प्राधिकारी को अथवा राष्ट्रीय समिति[82] द्वारा अनुमोदित[83] किसी संगम या संस्था को किसी पात्र परियोजना या स्कीम को कार्यान्वित करने के लिए किसी राशि के संदाय के रूप में कोई व्यय करता है वहाँ निर्धारिती को, पूर्ववर्ष के दौरान किए गए ऐसे व्यय की रकम की कटौती, इस धारा के उपबंधों के अधीन रहते हुए, अनुज्ञात की जाएगी।

परन्तु कोई कंपनी, इस उपधारा के अधीन कटौती का दावा करने के लिए, यथा पूर्वोक्त, किसी राशि से संदाय के रूप में अथवा पात्र परियोजना या स्कीम पर सीधे व्यय कर सकेगी।

(2) उपधारा (1) के अधीन कटौती तभी अनुज्ञात की जाएगी जब निर्धारिती अपनी आय की विवरणी के साथ–

[84](क) जहाँ संदाय उपधारा (1) मे निर्दिष्ट किसी पब्लिक सेक्टर कंपनी या स्थानीय प्राधिकारी अथवा किसी संगम या संस्था को किया जाता है, वहाँ यथा स्थिति, ऐसी पब्लिक सेक्टर कंपनी या स्थानीय प्राधिकारी अथवा संगम या संस्था से।

[85](ख) किसी अन्य दशा में, धारा 288 की उपधारा (2) के नीचे के स्पष्टीकरण में परिभाषित किसी लेखपाल से,

ऐसे फार्म में, ऐसी रीति से और ऐसी विशिष्टियों को दर्ज करते हुए (जिनके अन्तर्गत पूर्ववर्ष के दौरान पात्र परियोजना या स्कीम के सम्बंध में कार्य

की प्रगति से सम्बन्धित विशिष्टियाँ भी हैं), जो विहित की जाएं, प्रमाणपत्र दे देता है।

[86](स्पष्टीकरण– ऐसी कटौती से जिसके लिए निर्धारिती इस उपधारा में निर्दिष्ट पात्र परियोजना या स्कीम को चलाने के लिए किसी पब्लिक सेक्टर कंपनी या किसी स्थानीय प्राधिकारी या किसी संगम या संस्था को संदत्त किसी राशि की बाबत हकदार है, मात्र इस आधार पर इनकार नहीं किया जाएंगा कि निर्धारिती द्वारा ऐसी राशि का संदाय करने के पश्चात्–

(क) ऐसे संगम या संस्था को दिया गया अनुमोदन वापस ले लिया गया है, या

(ख) ऐसी पब्लिक सेक्टर कंपनी या स्थानीय प्राधिकारी या संगम या संस्था द्वारा चलाए जाने वाले पात्र कार्यक्रम या स्कीम को अधिसूचित करने सम्बन्धी अधिसूचना को वापस ले लिया गया है।)

(3) जहाँ इस धारा के अधीन किसी कटौती को उपधारा (1) में निर्दिष्ट किसी व्यय की बाबत किसी निर्धारण वर्ष के लिए दावा किया जाता है और वह अनुज्ञात कर दी जाती है, वहाँ ऐसी कटौती इस अधिनियम के किसी अन्य उपबंध के अधीन ऐसे व्यय की बाबत उसी या किसी अन्य निर्धारण वर्ष के लिए अनुज्ञात नहीं की जाएगी।

[87]((4) जहाँ कोई संगम या संस्था, उपधारा (1) के अधीन राष्ट्रीय समिति द्वारा अनुमोदित है और बाद में–

1. उस समिति का यह समाधान हो जाता है कि परियोजना या स्कीम ऐसी सभी या किन्ही शर्तो के अनुसार, जिनके अधीन अनुमोदित किया गया था, नहीं चलाई जा रही है, या
2. ऐसे संगम या संस्था ने, जिसका अनुमोदन किया गया है, प्रत्येक वित्तीय वर्ष की समाप्ति के पश्चात राष्ट्रीय समिति को ऐसे प्रारूप में और ऐसे विशिष्टियां उपवर्णित करते हुए और ऐसे समय के भीतर, जो विहित किया जाए, रिपोर्ट प्रस्तुत नहीं की है,

वहाँ राष्ट्रीय समिति, संबंधित संगम या संस्था को, अनुमोदन वापस लेने संबंधी प्रस्ताव के विरूद्ध कारण बताने का युक्ति युक्त अवसर दिये जाने के पश्चात किसी भी समय, ऐसे अनुमोदन को वापस ले सकेगी।

परन्तु अनुमोदन वापस लेने सम्बंधी आदेश की प्रति राष्ट्रीय समिति द्वारा उस निर्धारण अधिकारी को, जिसकी सम्बंधित संगम या संस्था पर अधिकारिता है, अग्रेषित की जाएगी।

(5) जहाँ कोई परियोजना या स्कीम, स्पष्टीकरण के खंड (ख) के अधीन पात्र परियोजना या स्कीम के रूप में अधिसूचित की गई है और बाद में–

1. राष्ट्रीय समिति को यह समाधान हो जाता है कि परियोजना या स्कीम ऐसी सभी या किन्ही शर्तो के अनुसार, जिनके अधीन ऐसी परियोजना या स्कीम अधिसूचित की गई थी, नहीं चलाई जा रही है, या
2. ऐसी पात्र परियोजना या स्कीम के संबंध में रिपोर्ट, प्रत्येक वित्तीय वर्ष की समाप्ति के पश्चात ऐसे प्ररूप में और ऐसी विशिष्टियां उपवर्णित करते हुए और ऐसे समय के भीतर, जो विहित किया जाए, प्रस्तुत नहीं की गई है,

वहाँ ऐसी अधिसूचना उसी रीति से वापस ली जा सकेगी जिसमें वह जारी की गई थी।

परन्तु अनुमोदन वापस लेने सम्बंधी प्रस्ताव के विरूद्ध कारण बताने का युक्तियुक्त अवसर राष्ट्रीय समिति द्वारा यथास्थिति सम्बंधित संगम, संस्था, पब्लिक सेक्टर कंपनी या स्थानीय प्राधिकरण को दिया जाएगा।

परन्तु यह और कि उस अधिसूचना की प्रति जिसके द्वारा पात्र परियोजना या स्कीम की अधिसूचना वापस ली जाती है, उस निर्धारण अधिकारी को, जिसकी, यथास्थिति, संबंधित संगम, संस्था, पब्लिक सेक्टर कंपनी या स्थानीय प्राधिकरण पर जो ऐसी पात्र परियोजना या स्कीम चला रहा है, अधिकारिता है, अग्रेषित की जाएगी।

[88]((6) इस अधिनियम के किसी अन्य उपबंध में किसी बात के होते हुए भी, जहाँ–

1. किसी संगम या संस्था को दिया गया राष्ट्रीय समिति का अनुमोदन उपधारा (4) के अधीन वापस ले लिया जाता है या किसी पब्लिक सेक्टर कंपनी या स्थानीय प्राधिकारी या संगम या संस्था की दशा में उपधारा (5) के अधीन पात्र परियोजना या स्कीम सम्बंधी अधिसूचना वापस ले ली जाती है, या
2. किसी कंपनी ने पात्र परियोजना या स्कीम पर प्रत्यक्ष रूप से किए गए किसी व्यय की बाबत उपधारा (1) के परंतुक के अधीन कटौती का

दावा किया है और पात्र परियोजना या स्कीम के लिए अनुमोदित राष्ट्रीय समिति द्वारा उपधारा (5) के अधीन वापस ले लिया जाता है,

वहाँ, यथास्थिति, पब्लिक सेक्टर कंपनी या स्थानीय प्राधिकारी या संगम या संस्था द्वारा प्राप्त ऐसे संदाय की कुल रकम, जिसकी बाबत ऐसी कंपनी या प्राधिकारी या संगम या संस्था ने उपधारा (2) के खंड (क) में निर्दिष्ट प्रमाणपत्र प्रस्तुत किया है या किसी कंपनी ने उपधारा (1) के परंतुक के अधीन दावा की गई कटौती, ऐसे पूर्ववर्ष के लिए जिसमें ऐसा अनुमोदन या अधिसूचना वापस ली जाती है, यथास्थिति, ऐसी कंपनी या प्राधिकारी या संगम या संस्था की आय समझी जाएगी, और ऐसी आय पर उस वर्ष में प्रवृत्त अधिकतम मार्जिनल दर पर कर प्रभावित किया जाएगा।

वित्त अधिनियम, 2016 द्वारा 1.4.2017 से धारा 35कग की उपधारा (6) के पश्चात निम्नलिखित उपधारा (7) अंतः स्थापित की जाएगी।

(7) इस धारा के अधीन 1 अप्रैल, 2018 को या उसके पश्चात प्रारम्भ होने वाले किसी निर्धारण वर्ष के सम्बंध में कोई कटौती अनुज्ञात नहीं की जाएगी।

स्पष्टीकरण– इस धारा के प्रयोजनों के लिए –

(क) ''राष्ट्रीय समिति'' से केन्द्रीय सरकार द्वारा, इस अधिनियम के अधीन बनाए गए नियमों के अनुसार ऐसे व्यक्तियों से गठित समिति अभिप्रेत है, जिन्हें सार्वजनिक जीवन में ख्याति प्राप्त हुई है।

(ख) ''पात्र परियोजना या स्कीम'' से जनता के सामाजिक और आर्थिक कल्याण की अभिवृद्धि या उत्थान के लिए ऐसी परियोजना या स्कीम अभिप्रेत है जो केन्द्रीय सरकार, राजपत्र में अधिसूचना द्वारा, राष्ट्रीय समिति की सिफारिशों पर इस निमित्त [88क]विनिर्दिष्ट करे।

80. वित्त (सं. 2) अधिनियम, 1991 द्वारा 1.4.1992 से अंतः स्थापित।

81. ''सामाजिक और आर्थिक कल्याण उन्नयन राष्ट्रीय समिति सम्बंधी नियमों'' के लिए देखिए नियम 11च से 11ण और प्ररूप सं. 58क और 58ख।

82. सामाजिक और आर्थिक कल्याण उन्नयन राष्ट्रीय समिति के गठन और उसके सदस्यों की नियुक्ति के लिए सम्बंधित अधिसूचना देखिए।

83. नियम 11ठ के अधीन विहित प्राधिकारी, सचिव, सामाजिक और आर्थिक कल्याण उन्नयन राष्ट्रीय समिति, राजस्व विभाग, भारत सरकार है। संगम/संस्था के अनुमोदन या परियोजना/स्कीम की सिफारिश के लिए आवेदन के प्ररूप के लिए देखिए नियम 11ठ।

84. पब्लिक सेक्टर कम्पनी/स्थानीय प्राधिकरण आदि से पात्र परियोजना स्कीम के सम्बंध में सदाय रूप में व्यय–प्रमाणपत्र के लिए, देखिए नियम 11ण(1) और प्ररूप सं. 58क।

85. चार्टर्ड अकाउंटेंट से पात्र परियोजना/स्कीम के सम्बंध में कम्पनी द्वारा सीधे किए गए संदाय/व्यय के प्रमाणपत्र के लिए, देखिए नियम 11ण(2) और प्ररूप सं. 58ख।

86. कराधान विधि (संशोधन) अधिनियम, 2006 द्वारा 1.4.2006 से भूतलक्षी प्रभाव से अंतः स्थापित।

87. वित्त (सं. 2) अधिनियम, 2004 द्वारा 1.10.2004 से प्रतिस्थापित। प्रतिस्थापित से पूर्व उपधारा (4) और (5) जो वित्त (सं. 2) अधिनियम, 1996 द्वारा 1.10.1996 से अंतः स्थापित की गई थी, इस प्रकार थी।

(4) जहाँ संगम या संस्था उपधारा (1) के अधीन राष्ट्रीय समिति द्वारा अनुमोदित है और बाद में उस समिति के समाधान हो जाता है कि परियोजना या स्कीम उन शर्तो में से जिनके अधीन अनुमोदित किया गया था, सब या किन्हीं के अनुसार नहीं चलाई जा रही है तो वह किसी भी समय, सम्बंधित संगम या संस्था को अनुमोदन वापस लेने सम्बंधी प्रस्ताव के विरूद्ध कारण बताने की युक्ति युक्त अवसर दिए जाने के पश्चात् अनुमोदन वापस ले सकेगी।

(5) जहाँ कोई परियोजना या स्कीम स्पष्टीकरण के खंड (ख) के अधीन पात्र परियोजना या स्कीम के रूप में अधिसूचित की गई है और बाद में राष्ट्रीय समिति को समाधान हो जाता है कि परियोजना या स्कीम ऐसी सभी या किन्ही शर्तों के अनुसार जिनके अधीन वह परियोजना या स्कीम अधिसूचित की गई थी, नहीं चलाई जा रही है तो ऐसी अधिसूचना उसी रीति से वापस ली जा सकेगी जिसमें वह जारी की गई थी।

परन्तु ऐसी वापसी के विरुद्ध कारण बताने का युक्तियुक्त अवसर राष्ट्रीय समिति द्वारा सम्बन्धित संगम, संस्था, पब्लिक सेक्टर कंपनी या स्थानीय प्राधिकारी, जो भी हो, को दिया जाएगा।

88. वित्त अधिनियम, 2002 द्वारा 1.4.2003 से अंतः स्थापित।

88क. अधिसूचित पात्र परियोजनाओं और स्कीमों के लिए सम्बंधित अधिसूचना देखिए।

2.5 विदेशी अभिदाय (विनियमन) अधिनियम 2010 (FCRA) :–

विदेशी अंशदान, अनुदान या सहायता को सरकारी नियन्त्रण मे रखने के लिए वर्ष 1976 में यह अधिनियम पहली बार बनाया गया। पुनः वर्ष 2010 में बदली हुई परिस्थितियों के अनुरूप इस अधिनियम को बनाया गया। 29 अप्रैल 2011 को अधिसूचित इस अधिनियम में यह व्यवस्था दी गयी है कि किसी व्यक्ति द्वारा विदेशी अभिदाय स्वीकार करने के लिए रजिस्ट्रीकरण के लिए आवेदन प्रारूप एफ.सी.–3 में इलेक्ट्रानिकली आन–लाइन किया जाना चाहिए तदुपरांत आन–लाइन आवेदन की मुद्रित प्रति संगठन के मुख्य कार्यकारी द्वारा हस्ताक्षरित सभी अपेक्षित दस्तावेजों सहित भेजी जाएगी। मुद्रित प्रति आन–लाइन आवेदन के 30 दिन के अन्दर गृह मंत्रालय के पास पहुँच जानी चाहिए। रजिस्ट्रेशन की वांछा रखने वाले व्यक्ति के लिए अभिदाय प्राप्त करने के लिए एक अन्य बैंक खाता खोलना अपेक्षित होगा।

व्यक्ति विदेशी अभिदाय प्राप्त होने के उपरांत इसका उपयोग करने के लिए एक से अधिक बैंकों में एक से अधिक खाते खोल सकेगा। ऐसे सभी मामलों में खाता खोलने के 15 दिन के भीतर सूचना सारे कागज पर सचिव, गृह मंत्रालय, नई दिल्ली को दी जाएगी।

पूर्व अनुज्ञा प्राप्त करना:–

किसी व्यक्ति द्वारा, धारा 11 की उपधारा (2) के अधीन विदेशी अभिदाय स्वीकार करने के लिए केन्द्रीय सरकार की पूर्व अनुज्ञा प्राप्त करने के लिए आवेदन प्रारूप एफ.सी.–4 में आन–लाइन किया जाना चाहिए। ऑन–लाइन आवेदन की मुद्रित प्रति संगठन के मुख्य कार्यकारी द्वारा हस्ताक्षरित सभी दस्तावेजों सहित गृह मंत्रालय में 30 दिन के अंदर पहुँच जानी चाहिए। इस नियम के अधीन पूर्व अनुज्ञा की वांछा रखने वाले व्यक्ति के लिए विदेशी अभिदाय प्राप्त करने के लिए एक अन्य बैंक खाता खोलना आपेक्षित होगा।

ओवदन शुल्क:–

पूर्व अनुज्ञा के लिए आवेदन 1000/– रूपये शुल्क के साथ किया जायेगा। रजिस्ट्रीकरण के लिए आवेदन 2000/– रूपये शुल्क के साथ किया जायेगा। यथा लागू शुल्क वेतन एवं लेखाधिकारी, गृह मंत्रालय, नई दिल्ली के पक्ष में देय डिमाण्ड ड्राफ्ट अथवा बैंकर्स चेक के माध्यम से प्रदत्त किया जायेगा।

वैद्यता एवं नवीनीकरण:–

किसी भी व्यक्ति को इस अधिनियम के अन्तर्गत प्रदान किया गया रजिस्ट्रीकरण प्रमाण पत्र जारी करने की विधि से पाँच वर्षों की अवधि के लिए वैध होगा।

प्रत्येक व्यक्ति रजिस्ट्रीकरण प्रमाण पत्र की समाप्ति की तारीख से छः मास पूर्व उसके नवीनीकरण के लिए प्रारूप एफ.सी.–5 में केन्द्रीय सरकार को आवेदन करेगा। रजिस्ट्रीकरण प्रमाण पत्र के नवीनीकरण के लिए आवेदन 500/–रूपये के शुल्क के साथ किया जायेगा।

प्राप्तकर्ता द्वारा विदेशी अभिदाय की सूचनाः–

ऐसा प्रत्येक व्यक्ति जो इस अधिनियम के अधीन विदेशी अभिदाय प्राप्त करता है, वित्तीय वर्ष की समाप्ति के नौ माह के भीतर सचिव, भारत सरकार, गृह मंत्रालय, नई दिल्ली को प्रारूप एफ.सी.–6 में एक रिपोर्ट प्रस्तुत करेगा जिसके साथ आय और व्यय विवरणी, प्राप्ति व भुगतान लेखा और 1 अप्रैल को आरम्भ होने वाले प्रत्येक वित्तीय वर्ष का तुलन पत्र संलग्न किया जायेगा। प्रारूप एफ.सी.–6 में दी जाने वाली वार्षिक विवरणी में विशिष्ट बैंक खाते में प्राप्त किए गये विदेशी अभिदाय का उल्लेख होगा और इसमें उपयोग के लिए अन्य बैंक खातों में आंतरित की गयी निधियों के सम्बंध में ब्यौरे भी सम्मिलित होंगे।

यदि विदेशी अभिदाय केवल वस्तुओं से ही सम्बंधित हो तो इसकी सूचना प्रारूप एफ.सी.–7 में प्रस्तुत की जायेगी यदि विदेशी अभिदाय विदेशी प्रतिभूतियों से सम्बंधित हो तो इसकी सूचना प्रारूप एफ.सी.–8 में प्रस्तुत की जायेगी।

प्रत्येक वित्तीय रिपोर्ट चार्टर्ड एकाउण्टेण्ट द्वारा सम्यक रूप से प्रमाणित होगी। विदेशी अनुदान से सम्बंधित विस्तृत जानकारी विदेशी अभिदाय (विनियमन) अधिनियम 2010 के रूप में संलग्ल है।

निगमित सामाजिक उत्तरदायित्व (Corporate social responsibility) या सी.एस.आर नियम, 2014 :

भारत के कार्पोरट मामलों के मंत्रालय ने निगमित सामाजिक दायित्व (सी. एस.आर) नियम 2014 की अधिसूचना 27 फरवरी 2014 को जारी की। यह नियम 1 अप्रैल 2014 से प्रभावी हुए है। ये नियम कंपनी अधिनियम 2013 की धारा 135 और 7वीं अनुसूची को प्रभावी बनायेंगे।

इस नियम के अनुसार वैसी कंपनियाँ जिन्हें बड़ा लाभ होता है उन्हें अपने मुनाफे का 2 प्रतिशत निगमित सामाजिक उत्तरदायित्व पर खर्च करना होगा जो समाज की भलाई के लिए होगा। 500 करोड़ रूपये की न्यूनतम निवल वाली कंपनी या 5 करोड़ रूपये के शुद्ध लाभ वाली कम्पनियां या 1000 करोड़ रूपये का कारोबार करने वाली कंपनियों के लिए सी.एस.आर गतिविधियों में लाभ का 2 प्रतिशत खर्च करना अनिवार्य होगा।

सी.ए.आर. की आवधारणा को सम्पोषित आर्थिक विकास के सिद्धांत से जोड़कर देखा जाता रहा है। जिसमें यह आवश्यक होता है कि संगठन में वित्तीय पहलुओं पर आधारित निर्णय ही नहीं लिये जाते हैं। अपितु उनके कार्यकलापों के तात्कालिक और दीर्घावधि सामाजिक तथा पर्यावरणीय प्रभावों पर भी आधारित होते हैं।

निगमित सामाजिक दायित्व (सी.एस.आर.) में गैर–सरकारी संगठनों के लिए अवसर :

सी.एस.आर. के क्षेत्र में कंपनियाँ पिछले कई वर्षों से स्वैच्छिक संगठनों के साथ मिलकर कार्य कर रही हैं। चित्रकूट में मफतलाल समूह द्वारा सद्गुरू सेवा संघ ट्रस्ट को सहयोग, दीन दयाल शोध संस्थान को आरोग्यधाम के लिए टाटा समूह द्वारा सहयोग कम्पनी–स्वैच्छिक संगठन भागेदारी के कुछ उदाहरण हैं। कम्पनी अधिनियम 2013 लागू होने के बाद योग्य कम्पनियों के लिए अपने लाभ का 2 प्रतिशत सी.एस.आर. पर खर्च करना आवश्यक है। इस अनिर्वायता के कारण बहुत सी कम्पनियाँ सामाजिक एंव विकासात्मक कार्य में स्वैच्छिक संगठनों को वित्तीय सहायता प्रदान कर रही हैं। एक अनुमान के अनुसार सी.एस.आर. मद में भारत में प्रत्येक वर्ष 18000 करोड़ रूपये कम्पनियों को व्यय करना है। अतः इस क्षेत्र में स्वैच्छिक संगठनों की सहभागिता के पर्याप्त अवसर हैं। बड़ी कम्पनियाँ अपने सी.एस.आर. कार्य को स्थानीय स्वैच्छिक संगठनों के माध्यम से संचालित कर रही हैं। सिंगरौली जिले में स्थित हिण्डाल्को इण्डस्ट्रीज की महान एल्युमिनियम अपने सी.एस.आर. कार्य का संचालन ग्राम सुधार समिति के माध्यम से कर रही है।

सी.एस.आर. के बारे में विस्तृत जानकारी हेतु संलग्न सी.एस.आर. रूल्स 2014 देखें।

इकाई – 3

परियोजना प्रबंधन

3.1 सहभागी ग्रामीण आँकलन (Participatory Rural Appraisal) (PRA)

ग्रामीण क्षेत्र में व्याप्त समस्याओं का निराकरण कठिन कार्य है। सामाजिक–आर्थिक समस्याओं के निराकरण हेतु प्रथम चरण समस्या की प्रकृति, कारण और अब तक के किये गये प्रयास का अध्ययन है। इसके पश्चात उपलब्ध संसाधन, उपयुक्त तकनीकी एवं सहभागिता के स्तर का आँकलन आवश्यक है। सहभागी ग्रामीण आँकलन एक ऐसी पद्धति है जिसके माध्यम से जानकारी एकत्र कर, समस्या का पता लगाकर एवं विश्लेषण कर कार्यक्रम की रूपरेखा तैयार करने में और मूल्यांकन करने में सहभागिता सुनिश्चित की जाती है। सहभागी शोध का प्रथम वर्णन पाउलो फारेरा ने 1968 में अपनी पुस्तक ''पेडागाजी आफ द आप्रेस्ड'' में किया। राबर्ट चैम्बर्स ने 1994 में अपने लेख तथा 1997 में प्रकाशित अपनी किताब ''अंतिम को पहले रखना'' में सहभागी ग्रामीण आँकलन के ऊपर सम्यक रूप से प्रकाश डाला।

सहभागी ग्रामीण आंकलन के प्रमुख उद्देश्य निम्न हैं –

1. प्रमुख जानकारी तथा आँकड़े एकत्र कर भविष्य में उपयोग में लाना।
2. ग्रामीण जन के विचार, दक्षता एवं अनुभव को सीखना।
3. अन्य स्त्रोतों से प्राप्त आँकड़ों की सत्यता को जाँचना।
4. लोगों के पारम्परिक ज्ञान एवं वैज्ञानिक और आधुनिक ज्ञान के समावेश से उपयोगी पहल करना।
5. सामाजिक समस्या के हल के लिए सहभागी शोध करना।

भारत में पी.आर.ए. के संचालन पर विभिन्न संस्थाओं के द्वारा तैयार किये गये साहित्य उपलब्ध हैं। पी.आर.ए. पर कृषि विकास के अंतर्राष्ट्रीय फण्ड एवं सहभागी शिक्षण केन्द्र लखनऊ द्वारा प्रकाशित मैनुअल से सम्यक जानकारी प्रदान की गयी है। इनको आधार मानते हुए पी.आर.ए. पर विस्तृत जानकारी प्रस्तुत की जा रही है। पी.आर.ए. में तीन व्यक्तियों की भूमिका महत्वपूर्ण होती है।

1. नोट करने वाले (नोट टेकर) की भूमिका

पी.आर.ए. की किसी भी गतिविधि के सफल आयोजन यथा नक्शे के बनाने में नोट करने वाले की महत्वपूर्ण भूमिका होती है। नोट–टेकर पी.आर.ए. के दौरान समस्त सूचनाएं एकत्र करता है तथा गतिविधियों पर सूक्ष्म निरीक्षण रखता है।

गतिविधिः–

- लिखने के लिए सामग्री का बंदोबस्त करना।
- पीछे से गतिविधि का निरीक्षण करना।
- यह देखना कि कौन क्या बात कर रहा है, यह देखना कि सभी सहभागिता कर रहे हैं या फिर कोई ज्यादा कोई बिल्कुल नहीं।
- संकेतों से फैसीलिटेटर को सहायता देना।
- फैसीलिटेटर के साथ, बाद में बैठकर एकत्र की गई सूचनाओं के बारे में वार्ता करना।

व्यवहारः–

- अच्छा निरीक्षणकर्ता
- क्षेत्रीय भाषा में बात करने में निपुण
- पी.आर.ए. टीम को सूक्ष्म एवं पूर्ण जानकारी प्रदान करने में सक्षम।

2. पी.आर.ए. टीम नेता की भूमिका

पी.आर.ए. का संचालन एक टीम का कार्य है। पूरी टीम को अंतिम गतिविधि तक प्रेरित करने और अनुशासित रखने में टीम नेता की महत्वपूर्ण भूमिका होती है।

गतिविधिः–

- पी.आर.ए. टीम नेतृत्व के लिए उत्तरदायी।
- संगठनात्मक कार्य सम्पादित करना।

- समुदाय से पी.आर.ए. टीम का परिचय कराना।
- इसका ध्यान रखना कि सब कुछ समय से है।
- कार्यशाला हेतु संयोजन करना।

व्यवहारः–

- सुसंगठित प्रबंधक।
- गंभीर एवं सहृदय स्वभाव वाला।
- पी.आर.ए. अभ्यास के दौरान सामान्य व्यवहार होना।

3. फैसीलिटेटर की भूमिकाः–

पी.आर.ए. के संदर्भ में एक फैसीलिटेटर के रूप में स्वयं में बदलाव ही सबसे महत्वपूर्ण है। अपनी मनोवृत्ति, व्यवहार और दृष्टिकोण के सम्बंध में फैसिलीटेटर को निम्न बातों पर ध्यान देना महत्वपूर्ण है।

- स्वयं के बारे में जानना और अपनी कमियों के बारे में जागरूक रहना।
- अपनी गलतियों को स्वीकार करना।
- उपयुक्त सूक्ष्मता (जितनी आवश्यक हो)।
- लोगों से पूछे कि यहाँ आने के बाद हम लोगों से क्या ठीक/गलत हुआ है।
- संतुलित टीम का गठन।
- लोगों के साथ बैठना, सुनना और उनसे सीखने के लिए उत्सुक रहना।
- सीखने के प्रति जिज्ञासु होना।
- स्वयं से परिस्थितियों के अनुरूप ढलने की क्षमता विकसित करना।
- विनम्रता, शालीनता, अति संवेदनशीलता, अनुशासित होना।
- हर समय स्व–विवेक से निर्णन लेना व उचित व्यवहार करना।
- सूचनाओं की त्रिकोणात्मक जाँच करना।
- जितना जरूरत हो उतना ही जानना।
- मानवतावादी दृष्टिकोण तथा लोगों का आदर करना।
- पूर्वाग्रहों का त्याग करना।
- खुले दिमाग से बातों को सुनना, देखना और समझना।
- किसी भी चीज (भौतिक या बौद्धिक) द्वारा अपने को लोगों से अलग या ऊपर नहीं समझना।
- अपना वर्चस्व कम करने का निरंतर प्रयास करना।
- घटनाओं व प्रक्रियाओं के बीच संतुलन बिठाना।

पी.आर.ए. में विधियों की सूची लम्बी है। हर रोज कोई न कोई नई विधि का आविष्कार होता ही रहा है। विधियाँ मात्र माध्यम हैं। इनका उपयोग करना फैसीलिटेटर पर निर्भर करता है। आवश्यकतानुसार विधियों में फेर–बदल तथा नयी विधियों को खोजना पी.आर.ए. में निरंतर चलता रहता है। बिना व्यवहार में बदलाव लाये, विधियाँ कभी भी कारगर नहीं हो सकती हैं। पी.आर.ए. का विकास आपसी साझेदारी के कारण ही हुआ है। लोगों ने अपने अनुभवों को एक–दूसरे से काफी बाँटा है और इसलिए पी.आर.ए. का विस्तार हुआ है। सूचना, विचार, ज्ञान, अनुभव, साधन, प्रशिक्षण, विधियाँ, तरीका, नवीनता इत्यादि को आपस में बाँटना तथा बाहर के लोगों के साथ बाँटना पी.आर.ए. के विकास के लिए काम करने का एक तरीका हो गया है।

पी.आर.ए. के सिद्धान्तः– पी.आर.ए. के सिद्धान्तों को प्रयोग एवं प्रयासों से जुड़े अनुभवों के आधार पर विकसित किया गया है। ये सिद्धान्त अपनी उत्पत्ति से ज्यादा अनुभवों से प्रेरित हैं। इन सिद्धान्तों का विकास प्रयोगकर्ताओं द्वारा समय–समय पर किया गया है। कुछ आधारभूत सिद्धान्त निम्नवत हैं–

1. अनुकूलतम अनभिज्ञताः– किसी भी चीज/जानकारी के बारे में यह जानना कि यह क्या है पर्याप्त नहीं है और सामान्यतया आवश्यकता से अधिक जानना/मापना भी जरूरी नहीं है। कहावत है कि विशुद्ध गलत से लगभग ठीक बेहतर है।

2. विविधता और जटिलता को तलाशनाः– सूचनाओं को औसत की बजाय विविधता के आधार पर जानने और ग्रामीण जीवन की जटिलताओं को समझने का प्रयास करना। इसमें मात्र सूचनाओं की जांच से ही नहीं बल्कि विपरीत असामान्य और भिन्न सूचनाओं की खोजबीन भी महत्वपूर्ण है।

3. पूर्वाग्रह का प्रतिकारः– बहुधा हम सभी अपने–अपने पूर्वाग्रहों से ग्रसित रहते हैं तथा अपने अनुभवों, दृष्टिकोण व नजरिये से घटनाओं, प्रक्रियाओं व परिस्थितियों को परिभाषित व विश्लेषित करते है। पी.आर.ए. के सन्दर्भ में एक सहजकर्ता के रूप में आवश्यक है कि सर्वप्रथम हम अपने आपको पूर्वाग्रहों से मुक्त रखें। साथ ही हड़बड़ी की जगह आराम से, व्याख्यान देने की जगह सुनना, विषय बदलने की जगह तहकीकात, गरीबों, महिलाओं, बच्चों, अल्पसंख्यकों की तलाश, उनके बारे में जानना तथा उनकी प्राथमिकताओं का पता लगाना इत्यादि आवश्यक है।

4. त्रिकोणात्मक जाँचः– सूचनाओं की सत्यता की जाँच करने के लिए कई विधियों, व्यक्तियों, स्रोतों आदि का प्रयोग करना ही त्रिकोणात्मक जाँच

कहलाती है। खोजबीन के दौरान चीजों को ठीक से न समझने, दृष्टिकोण में अंतर होने या समस्या का समाधान मिलाकर देखने आदि से वास्तविकता स्पष्ट नहीं हो पाती है। लोगों के प्रत्यक्ष ज्ञान और विकासकर्ता की समझदारी अधिकांशतः मेल नहीं खाती है। अतः सत्यता की जाँच के लिए विभिन्न विधियों व स्रोतों से जानकारियाँ एकत्र की जाती हैं। कभी–कभी एक ही जगह से प्राप्त की गयी जानकारी सत्य नहीं भी हो सकती है। यह भी हो सकता है कि सूचना लेने वाले सूचना लेने में असफल हुए हों या देने वाले ठीक से बता नहीं पाये हों। अतः आवश्यक है कि एक ही प्रश्न को कई तरीकों से, कई व्यक्तियों से विभिन्न समय और स्थान पर पूछा जाये। सूचनाओं की सच्ची साझेदारी के लिए त्रिकोणात्मक जाँच करना महत्वपूर्ण है।

लोगों के पास जो जानकारी होती है उसे हम उस स्थान की सामाजिक–आर्थिक जानकारियों का आधार मानते हैं। क्योंकि उनके पास पूर्व के व्यापक अनुभव, इतिहास, विचार, दृष्टिकोण और प्राथमिकता होते हैं। लोगों को सुनने से उनके दृष्टिकोण की एक साफ छवि हमारे सामने आती है। जितना ज्यादा हमारी सुनने की क्षमता होगी उतना ही हमारी सीख बनेगी, साथ ही इस तरह के लोगों की सहभागिता निरंतर बढ़ती रहेगी। खोजबीन की प्रक्रिया, विधियों का लचीला उपयोग, संशोधित रूप, पुनरावृत्ति, सूचनाओं की जांच तथा अनुकूल प्रक्रिया को आगे बढ़ाने में सहायता मिलती है। उपयोगकर्ताओं द्वारा पी.आर.ए. पर कार्य से जो अनुभव प्राप्त होता है उसके आधार पर कई सिद्धान्तों का और निर्माण हुआ और इस दिशा में अभी भी प्रयास जारी है। प्रमुख–प्रमुख बातों को नीचे प्रस्तुत किया जा रहा है।

- **लगाम थमानाः–** पी.आर.ए. में बाहरी व्यक्तियों की भूमिका मात्र सहजकर्ता की है। जानकारियों के निर्माण, उनका विश्लेषण, जानकारियों के आधार पर नियोजन व क्रियान्वयन की प्रक्रिया में लोगों को स्वामित्व सौंपना महत्वपूर्ण है। इस प्रक्रिया से लोग स्वयं स्वामित्व लेकर उत्तरदायित्व सम्भालते हैं। इसीलिए कहा गया है कि लगाम उनके हाथ में सौंपना आवश्यक है।
- **बाहरी व्यक्तियों का व्यवहारः–** पी.आर.ए. में विधियों से ज्यादा महत्वपूर्ण व्यवहार और लोगों के साथ सम्पर्क और सम्बंध है। लोगों से सीखने की कोशिश करें, उनका आदर करें, विश्वास करें कि लोग कर सकते हैं और पूरी लगाम उन्हें सौंप दें।

- **स्वयं आलोचक, जागरुक और जवाबदेहः–** बाहरी व्यक्तियों द्वारा अपने आचरण और व्यवहार के बारे में स्वयं जाँच व समीक्षा करते रहना तथा अवसर मिलने पर और भी अच्छा करने को सोचना चाहिए। इसमें गलतियों को गले लगाना, भूल को स्वीकार करना तथा बेहतर करने के लिए एक सुअवसर समझना, अपने निर्णय हर समय जाँचते रहना तथा नियम–कानून, किताब, प्रशिक्षण से ज्यादा अपनी जवाबदेही को समझना है। इसलिए कहा गया है कि ''अपने विवेक का हर समय महत्तम उपयोग करें''।
- **साझेदारीः–** सूचनाओं, विचारों, साधनों, अनुभवों को लोगों के बीच आपस में बाँटना, ग्रामीण एवं बाहर गये लोगों, बाहरी व्यक्तियों व संगठनों के बीच अनुभवों का आदान–प्रदान कर एक–दूसरे के प्रति सीखने व साझेदारी का भाव रखना महत्वपूर्ण है। साथ ही प्रक्रियाओं, परिणामों व योगदान में साझेदारी को प्रोत्साहित करना महत्वपूर्ण है।

पी.आर.ए. के प्रकार व उपयोगः– विभिन्न सहजकर्ताओं द्वारा अलग–अलग समूहों व संदर्भो में पी.आर.ए. का उपयोग किया गया। इन अलग–अलग तरह के उपयोगों को अलग–अलग नामों से भी जाना जा सकता है। कुछ प्रमुख प्रकार निम्नवत हैं–

1. **अन्वेषी पी.आर.ए.:–** इस तरह के पी.आर.ए. में किसी भी गाँव के बारे में व्यापक जानकारी प्राप्त करते हैं, जिसमें उस गाँव के बारे में मोटा–मोटी क्या स्थिति है यह पता लगता है, किस तरह के पैटर्न उभर रहे हैं इसकी जानकारी मिलती है। यह आधार होता है आगे विशेष जानकारी प्राप्त करने में, जैसे जनसंख्या कितनी होगी, क्या–क्या मुख्य बीमारियाँ होती हैं, मुख्य समस्यायें क्या हैं, इत्यादि।
2. **विषयपरक पी.आर.ए.:–** इस तरह के पी.आर.ए. में किसी एक विषय पर गहरा अध्ययन किया जाता है, जैसे स्वास्थ्य, शिक्षा, स्वरोजगार इत्यादि। उक्त विषय पर गहरी जाँच जेण्डर, जाति, लिंग, उम्र आदि के आधार पर की जाती है।
3. **निगमनात्मक पी.आर.ए.:–** इस तरीके में उस तरह की जानकारी प्राप्त हो सकती है जो सीधे पूछी नहीं जा सकती है। अगर हम ग्रामीण सीखने में शोषण की प्रक्रिया के बारे में जानकारी चाहते हैं तो उसे खुले में सीधे पूछकर समस्या को और ज्यादा बढ़ायेंगे। अतः इस

संदर्भ में विभिन्न अभ्यासों के माध्यम से उक्त जानकारी प्राप्त की जा सकती है। अगर कोई मुद्दा सामाजिक दंगा इत्यादि के बारे में हो तो इसकी चर्चा खुले रूप में करने से कोई विशेष जानकारी प्राप्त नहीं होगी।

4. **पी.आर.ए. शोध, प्रशिक्षण और सांख्यिकीय आंकड़ेः–** इस तरह के पी.आर.ए. का उपयोग अध्ययन व शोध में किया जाता है तथा इससे गुणात्मक आंकड़े इकट्ठे किये जाते हैं। यह जानकारी शोध कार्य में काफी मदद करती है। यह पी.आर.ए. प्रशिक्षण के रूप में काफी व्यापक रूप से इस्तेमाल किया जाता है, यह विभिन्न व्यक्तियों को प्रशिक्षित करने के उद्देश्य से किया जाता है।

5. **पी.आर.ए. नियोजन और क्रियान्वयनः–** इस तरह के पी.आर.ए. का ग्रामीण स्तर पर नियोजन करने में इस्तेमाल किया जाता है इसमें ग्रामीण अपनी सोच, विचार एवं जानकारी का बाहरी व्यक्तियों के सहयोग से विश्लेषण करते हैं और परियोजना भी तैयार करते हैं। परियोजना तैयार करने में अपनी भूमिका निभाते हैं और इसकी विभिन्न विधियों के इस्तेमाल से पी.आर.ए. किया जाता है। परियोजना तैयार करने के बाद इसका क्रियान्वयन भी लोगों के द्वारा ही किया जाता है। इस तरह पी.आर.ए. का इस्तेमाल परियोजनाओं में विभिन्न रूप से किया जाने लगा।

6. **पी.आर.ए. अनुश्रवण और मूल्यांकनः–** पी.आर.ए. के माध्यम से किसी भी परियोजना का सही अनुश्रवण और मूल्यांकन करना संभव हो जाता है। परियोजना के शुरूआत के पहले की वास्तविक स्थिति और परियोजना प्रभाव की स्थिति के बारे में पी.आर.ए. द्वारा बखूबी जांच की जाती है। इसमें संकेतक इत्यादि गाँव के ही लोग तय करते हैं, और परियोजना का सही प्रभाव का पता लगाया जाता है। साथ ही साथ स्थानीय लोगों के सहयोग से परियोजना/कार्यक्रम में आवश्यक सुधार किया जा सकता है।

पी.आर.ए. का उपयोग विभिन्न क्षेत्रों में हुआ है और रोज नये–नये क्षेत्रों में इसका उपयोग बढ़ता जा रहा है। उपयोगिता के आधार पर इसे सूचीबद्ध करना कठिन है क्योंकि प्रतिदिन इसमें नये आयाम जुड़ते रहते हैं। कुछ प्रमुख क्षेत्र जिसमें इस विधि का व्यापक उपयोग हुआ है, निम्नवत हैं–

1. **प्राकृतिक संसाधनों का प्रबंधन :–**	2. **कृषि :–**
• जलागम, भूमि एवं जल संरक्षण, बाढ़ एवं जल जमाव। • काश्तकारी एवं नीति–निर्माण। • सामाजिक तथा सामुदायिक वानिकी, वन क्षेत्रों का आंकलन, संरक्षण, बीजस्थली तथा पौधा लगाना, उपयोगी पौधों की पहचान, वन पदार्थो का उपयोग तथा विपणन, आदि। • नदियों व पहाड़ों का उपयोग। • सामुद्रिक संसाधन एवं मछलियाँ। • लोग, उद्यान तथा जैव विविधता। • सामुदायिक योजना, गाँव में प्राकृतिक संसाधनों के संरक्षण की योजना।	• सहभागी कृषि शोध : कृषि प्रणाली अनुसंधान, समस्या की पहचान तथा विश्लेषण, सहभागी तकनीकी विकास, क्षेत्र आधारित प्रसार कार्य। • स्थायी कृषि। • पशुधन एवं पशुपालन। • सिंचाई : सतही तथा भूमिगत जल प्रबंधन, सिंचाई शोध। • जल निकास, आंकलन व योजना निर्माण। • समेकित कीट प्रबंधन। • शहरी कृषि।
3. **लोग, गरीबी व जीविका :–**	4. **स्वास्थ्य, पोषण एवं शिक्षा :–**
• चयन : नये कार्यक्रमों के लिए गरीबों की पहचान तथा चयन, पुराने कार्यक्रमों मे गरीबों की स्थिति का आंकलन, आदि। • जीविका विश्लेषण : साधन और जीविका का आर्थिक आधार, गैर कृषि आधारित आमदनी के साधनों की पहचान, मौसमीकरण, ऋण, रोजगार, विपणन। • सहभागी गरीबी आंकलन। • महिलाओं की समस्या : शोध, विश्लेषण। • आपात्काल, विनाशकाल तथा शरणार्थियों की समस्याओं का अध्ययन व पुनर्वास।	• स्वास्थ्य : सामान्य, महिलायें व बच्चे। • आहार सुरक्षा एवं पोषण का आंकलन। • पेय जल एवं स्वच्छता आंकलन, योजना तथा अवस्थिति। • यौन एवं प्रजनन स्वास्थ्य। • वयस्क शिक्षा, स्कूल जाने से पहले की शिक्षा। • बच्चे : स्वास्थ्य, पढ़ाई, खेल, मनोरंजन, मजदूरी।
5. **शहरी उपयोग :–**	6. **संस्थागत सन्दर्भ में :–**
• आवश्यकता का आंकलन। • समुदाय की सहभागिता। • शहरी गरीबी एवं हिंसा। • मलिन बस्ती सुधार हेतु नियोजन। • गंदे जल का प्रबंधन। • पर्यावरण का आंकलन व प्रबंधन।	• संस्थागत विश्लेषण। • परियोजनाओं की देखभाल व मूल्यांकन। • नीतिगत सवालों का आंकलन। • सूक्ष्म स्तरीय नियोजन।

पी.आर.ए. की विशेषताएं:– पी.आर.ए. में निहित विधियों और उपयोगिता का व्यावहारिक अनुभव है। इसकी उपयोगिता और शक्ति का कारण इसके सिद्धान्तों को कुशलतापूर्वक व्यवहार में लागू करना है। पी.आर.ए. का विकास इसके प्रयोगकर्ताओं द्वारा गाँव के लोगों से सीखने की पद्धति में, क्या काम करता है? और बेहतर काम कर सकता है और इसे किस प्रकार स्थानीय बनाया जा सकता है? से हुआ है। यह क्यों काम करता है? इस पर लोगों ने शैक्षिक सिद्धान्तों को

नहीं ढूंढ़ा है? यह 'क्यों' का सवाल अपेक्षाकृत अभी तक उपेक्षित रहा है। परन्तु क्यों का जवाब देने के लिए पी.आर.ए. के पास काफ़ी अनुभव हैं। व्यवहारिक रूप से प्रचलित परम्परागत विधियों से पी.आर.ए. में क्रिया, रिश्ता व अनुकूलन आदि में कई महत्वपूर्ण अन्तर है। संक्षेप में इन अन्तरों को निम्न सारणियों के माध्यम से समझ सकते हैं।

सारणी (क): प्रणाली में बदलावः–

	परम्परागत प्रणाली	पी.आर.ए.
• प्रश्न	• बंद प्रश्न	• खुले प्रश्न
• निर्णय	• गिनती, माप, प्रतिशत	• तुलनात्मक, अनुमानित, लगभग
• बातचीत	• व्यक्तिगत	• सामूहिक बातचीत
• भाषा	• शाब्दिक	• शाब्दिक और दृश्य
• मनोदशा	• प्रतिक्रियाशील, निराशा	• रचनात्मक, आनन्द
• बाहरी व्यक्ति	• तहकीकात का भाव	• सहयोग करने का भाव
• लगाम किसके हाथ	• बाहरी व्यक्ति के हाथ में	• गाँव के लोग के हाथ में
• प्रभुत्व	• बाहरी व्यक्ति	• गाँव के लोगों का सरल
• गलती को ढूंढना	• कठिन	• नीचे से ऊपर, स्थानीय विविधता, सीखने की प्रक्रिया
• तरीका	• ऊपर से नीचे, केन्द्रित, प्रमाणिक, अंतिम रूप–रेखा	
•	•	•

सारणी (ख) : भूमिका, दृष्टिकोण व व्यवहार में परिवर्तनः–

	परम्पागत (तरीके)	पी.आर.ए.
• बाहरी व्यक्ति की भूमिका	• अन्वेषक	• प्रारम्भकर्ता, उत्प्रेरक
• बाहरी व्यक्ति का ढंग	• तहकीकात	• सहजकर्ता/सहयोगी
• बाहरी व्यक्ति का हस्तक्षेप	• लगातार और जारी	• प्रारम्भ करके कम करना
• गाँव के लोगों की भूमिका	• उत्तरदाता	• प्रस्तुतकर्ता और विश्लेषक
• गाँव के लोगों का ढंग	• प्रतिक्रियाशील	• रचनात्मक
• गरीब, कमजोर व महिलाओं को	• किनारा करना	• समर्थ करना
• प्रभाव	• शोधकर्ता का दृष्किोण	• गाँव वालों का दृष्टिकोण
• सूचना का प्रवाह	• क्रमवार	• संचयी
• बाहरी व्यक्तियों को सूचना की पहुँच	• कम और अस्थायी	• ज्यादा और अर्धस्थायी
• जांच–पडताल की जिम्मेदारी	• बाहरी व्यक्ति पर	• गाँव के लोगों पर
• उपयोगिता (विश्लेषण, नियोजन, मूल्यांकन)	• कम	• ज्यादा
• सूचनाओं पर स्वामित्व	• बाहरी व्यक्तियों द्वारा अपना बना लेना	• गाँव के लोगों का स्वामित्व तथा बाँटना
• प्रस्तुति	• शाब्दिक	• दृश्य

सारणी (ग) : सम्बंधों को उलटनाः–

	परम्परागत	पी.आर.ए.
• सम्बन्ध	• संदेह, संकोच, कुण्ठा	• भरोसा, सम्पर्क, आनंद
• बाहर के लोग	• तहकीकात, ऊबाऊ, लगाम अपने हाथ में	• सहयोगी, मनोरंजक, लगाम लोगों को थमाना
• गाँव के लोग	• प्रति क्रियाशाली, निष्क्रिय	• रचनात्मक, सक्रिय

सारणी (घ) : ढाँचे को उलटनाः–

	परम्परागत	पी.आर.ए.
• ज्ञान	• बाहरी व्यक्ति का	• गाँव के लोगों का
• वैचारिक रूप	• बाहरी व्यक्ति का	• गाँव के लोगों का
• मान्यताएं	• बाहरी व्यक्ति का	• गाँव के लोगों का
• प्रश्न	• निर्धारित, बंद	• अनिर्धारित, खुला
• परिणाम	• बंद	• खुला
• स्तर	• ऊँचा	• बराबरी/वो जानते हैं
• शुरूआत	• साधन, पुस्तकालय, विधि	• साध्य, गाँव, तरीका
• प्रभुत्व	• निचोड़ना	• समर्थवान बनाना
• मनोदशा	• नीरसता	• मनोरंजक

परम्परागत तरीका जहाँ पूर्व निर्धारित तथा बंद है वहीं पी.आर.ए. सहभागी और खुला है। तुलना हर समय माप की अपेक्षा आसान, त्वरित, सस्ती व कम संवेदनशील होती है। सत्य और खुली जानकारी के लिए हर समय सामूहिक साक्षात्कार अच्छा पाया गया है। पी.आर.ए. का अनुभव है कि दृश्य और शब्द दोनों माध्यम सम्मिलित रूप से ज्यादा प्रभावी व बेहतर पाये गये हैं। तरीकों के उपयोग में स्थानीय संदर्भ को ध्यान में रखना आवश्यक है। संवाद और भौतिक स्तर में परम्परागत तरीकों का स्तर जहाँ कठिन है वहीं पी.आर.ए. का स्तर जन–साधारण से जुड़ा हुआ समानता का है। परम्परागत तरीका जहाँ संकोची व ऊबाऊ है वहीं पी.आर.ए. दोस्ताना व मनोरंजक है।

पी.आर.ए. के बारे में कुछ भ्रांतियाँ भी है जिसे विकासकर्ताओं ने निम्न तरह से कहा है–

- **यह द्रुतगामी है** : पी.आर.ए. की विधियां संवाद स्थापित करने, विश्लेषण करने व सीखने के दृष्टिकोण से सार्थक लागत आधारित हो सकती हैं, परन्तु सहभागी विकास की प्रक्रिया मंद और चरणबद्ध है।

- **यह आसान है** : विधियाँ सरल और लाभप्रद हैं, परन्तु अनुभव के आधार पर इसका सफल व्यवहार व्यवहारकर्ता की अन्य कुशलताओं जैसे संवाद, सरलीकरण व द्वन्द को निबटाने की कला आदि पर ज्यादा निर्भर करता है।
- **इसे कोई कर सकता है** : नक्शा, चित्र आदि को बनाने में कोई भी व्यक्ति कुछ हद तक सफल हो सकता है। इसका मतलब यह नहीं कि सीखना पूरा हो गया है और बदलाव आ गया। सहाभागिता की भाषा को मात्र प्रयोग करने से ही कार्य पूरा नहीं होता है। इसके लिये संस्थागत बदलाव, व्यवस्था और पुरस्कार की प्रणाली, प्रयोगकर्ता का आचरण, तरीके ओर जवाबदेही आदि बातों को भी सम्बोधित किया जाना चाहिए।
- **यह कल्पनायोचित विधि है** : विधियों की लोकप्रियता तो अब दिखलाई दे रही है। सहभागी विधियों के उपयोग के अतिरिक्त सफलता की शर्त संस्था में सीखने का खुला वातावरण, संस्थागत नीति, प्रक्रिया एवं संस्कृति जिससे नवीनता को बढ़ावा मिलता है, पर निर्भर करती है।
- **यह खास शिक्षण के परिप्रेक्ष्य में आधारित है:** पी.आर.ए. का सम्बंध लोगों की अवस्था और स्थिति की व्यवहारिकता से जुड़ा है। परन्तु इसका यह मतलब नहीं कि इसके पास सैद्धान्तिक आधार नहीं है। पी. आर.ए. की पहुँच क्रियात्मक शोध पर आधारित है, जहाँ सिद्धान्त और व्यवहार दोनों को ही समान रूप से अनुभव, चिन्तन तथा सीखने की प्रवृत्ति पर चुनौती दी जाती है।
- **इसमें प्रशिक्षण ही जवाब है** : लोग समझते हैं कि पी.आर.ए. का प्रशिक्षण लेने मात्र से ही सब कुछ हो जायेगा। प्रशिक्षण की कई कठिनाईयाँ हो सकती हैं। जैसे : कुशल प्रशिक्षण, प्रशिक्षण की गुणवत्ता, व्यवहार, अनुवर्तन आदि। सफल प्रशिक्षण तो मात्र संगठन के अन्दर सीखने की नई पद्धति को प्रोत्साहित करता है यह सम्पूर्ण जवाब नहीं बल्कि जवाब का एक हिस्सा है।
- **इसमें भाग लेने वाले लोग तटस्थ होते हैं** : लोगों की तटस्थता, अलगाव, बाहरी लोगों का निरीक्षण आदि गलत और मनगढ़न्त बातें होती हैं। लोग कभी तटस्थ नहीं होते हैं। प्रत्येक व्यक्ति की अपरिहार्य रूप से किसी न किसी प्रकार से भागीदारी होती है।

- **यह राजनीतिक नहीं है :** सहभागी शोध व विकास से जुड़े लोगों के कार्यों के परिणाम और व्यापक सोच राजनीतिक हैं। सत्ता, नियंत्रण और अधिकार ये सभी सहभागी प्रक्रिया के भाग हैं। इस प्रक्रिया में भाग लेने से संघर्ष, विवाद, विरोध, तनाव आदि बढ़ सकते हैं। इन पर ध्यान नहीं देने से और भी खतरा उत्पन्न हो सकता है। उपयोगकर्ता को इनसे निबटने की कला में दक्षता का होना आवश्यक है।

पी.आर.ए. की प्रमुख विधियाँः– पी.आर.ए. सम्पन्न करने के पूर्व समुदाय के समस्त लोगों की एक बैठक सर्वमान्य स्थल यथा पंचायत घर, आँगनबाड़ी केन्द्र, सामुदायिक केन्द्र, स्कूल इत्यादि में आयोजित की जानी चाहिए। पी.आर.ए. अभ्यास हेतु निम्न विधियाँ हो सकती हैं–

1. भ्रमण के माध्यम से प्राकृतिक संसाधन, भूमि उपयोग, बसाहट, सामाजिक–आर्थिक जीवन इत्यादि के बारे में प्राथमिक सूचना प्राप्त करना, जिसे 'ट्रांजेक्ट वाक' कहते हैं।
2. सामाजिक मान चित्रण
3. संसाधन चित्रण
4. सम्पदा वर्गीकरण
5. संस्थाओं का चपाती चित्रण
6. संसाधन कार्ड
7. अनौपचारिक साक्षात्कार
8. समय रेखा
9. मौसमी एवं आजीविका विश्लेषण
10. ट्रेण्ड विश्लेषण
11. मैट्रिक्स रैंकिंग एवं स्कोरिंग
12. दैनंदिन गतिविधि घड़ी
13. फोकस समूह वार्ता
14. सामुदायिक कार्यशाला, सम्बन्ध संजाल, प्रवाह चित्रण
15. दैनंदिन मूल्यांकन एवं नियोजन बैठक
16. सहभागी नियोजन, बजटीकरण, क्रियान्वयन एवं अनुश्रवण

पी.आर.ए. विविध तथा बहुआयामी प्रक्रिया है जिसका उत्तरोत्तर विकास हो रहा है। यद्यपि पी.आर.ए. की विधियों का कोई ठोस नियम नहीं है लेकिन

लचीलापन, समयानुकूल तथा आवश्यकतानुसार परिवर्तन इसका प्रमुख लक्षण है। सहभागी व्यवहार से समुदाय से जानकारी प्राप्त करने में सफलता मिलती है तथा समुदाय का प्रत्येक व्यक्ति पी.आर.ए. अभ्यास में अपनी सहभागिता के माध्यम से उद्देश्य की प्राप्ति में सहयोगी होता है। समुदाय से प्राप्त जानकारी ही सूक्ष्म स्तरीय नियोजन प्रक्रिया का आधार बनती है।

समुदाय जानकारी प्रदान करने का प्रमुख स्त्रोत है तथा अच्छे नियोजन के लिए समुदाय से विविध प्रकार की जानकारी एकत्रित करने की आवश्यकता पड़ती है। यह जानकारी सामाजिक जीवन, आजीविका, खेती, आर्थिक समस्या, गाँव की राजनीति, पारिवारिक जीवन इत्यादि से सम्बन्धित होती है। गुणात्मक जानकारी का वैज्ञानिक विश्लेषण सटीक एवं फलदायी होता है। जिसका उपयोग विकासात्मक गतिविधि एवं परियोजना की सफलता में महत्वपूर्ण भूमिका निभाता है।

पी.आर.ए. की पद्धतियों को अगर हम वर्गीकृत करते हैं तो इन पद्धतियों का उपयोग काफी सुविधाजनक हो जाता है। मोटे तौर पर पी.आर.ए. की पद्धतियों को पाँच आधारों पर वर्गीकृत किया जा सकता है। ये आधार हैं–

- समय
- स्थान
- प्राथमिकतायें
- सम्बन्ध
- परिधि

आधार	पद्धतियां	उद्देश्य
समय	समय रेखा, ऐतिहासिक समय रेखा, मौसमी विश्लेषण, ट्रेण्ड विश्लेषण, मौसमी बीमारियां, मौसमी समस्यायें और उनका उपचार, मौसमी कैलेण्डर, दैनिक दिनचर्या, आदि	किसी विषय वस्तु को बदलते हुए समय के अन्तराल में देखना, परखना, विश्लेषण करना जिससे कि महत्वपूर्ण बदलाव को समझा जा सके इन पद्धतियों के माध्यम से समुदाय/गाँव की परिस्थितियों तथा समस्याओं के ऐतिहासिक परिप्रेक्ष्य में देखा तथा समझा जा सकता है। इससे हमें समुदाय के जीवन स्तर में आये परिवर्तन के कारणों को समझने तथा भविष्य के लिये संभावनाओं को ढूंढने में मदद मिलती है।
स्थान	सामाजिक मानचित्रण, संसाधन चित्रण, मॉडल तैयार करना, गाँव का दौरा, साक्षरता चित्रण,	गाँव की मूलभूत जानकारियों के साथ–साथ उनके जीवन और अवस्था को मानचित्र के माध्यम से व्यक्त किया जा सकता है। गाँव/समाज, साधन, सुविधा, स्वास्थ्य, शिक्षा, कुपोषण, भूमि, जल–जंगल, फसल,

	स्वास्थ्य चित्रण, ग्राफ चित्रण, इत्यादि	जल–छाजन, मिट्टी की जानकारी मानचित्र के माध्यम से ली जा सकती है। इसका उद्देश्य गाँव के स्थानीय साधनों की जानकारी, वर्तमान स्थिति और अवस्था का स्थानीय विश्लेषण, संसाधनों से प्रभावित होने वाले मुद्दे की पहचान, इत्यादि की जानकारी प्राप्त करना है।
प्राथमिकतायें	संसाधन चित्रण, पाई चित्रण, मैट्रिक्स, श्रेणीकरण आदि	समुदाय की विभिन्न तरह की प्राथमिकतायें होती हैं। उनकी प्राथमिकतायें सूक्ष्म स्तरीय नियोजन करने में मदद कर सकती हैं। समस्याओं तथा किसी भी वस्तु की पसन्द की गहराई को समझने हेतु विभिन्न पद्धतियों का इस्तेमाल हम करते हैं।
सम्बन्ध	चपाती चित्रण, प्रवाह चित्रण, प्रभाव चित्रण, सम्बन्ध जाल, आदि	समुदाय से जुड़े व्यक्तियों एवं संस्थाओं, उनके आपसी सम्बन्धों की जानकारी प्राप्त करना आवश्यक होता हैं। समुदाय में कई तरह की समस्याएं है जिसका सम्बन्ध समुदाय के लोगों का साथ होता है। समुदाय के लोगों के विश्वास कुछ संस्थाओं व्यक्तियों पर कम या ज्यादा हो सकता है। इन पद्धतियों के माध्यम से हमें उन व्यक्तियो एवं संस्थाओं के बीच के भी सम्बन्धों एवं जुड़ाव का पता चलता है। साथ ही साथ कारण प्रभाव सम्बन्धों का ज्ञान विश्लेषण में मद्दगार हो सकता है।
परिधि	गाँव का दौरा, गतिशीलता चित्रण, सिस्टम चित्रण, प्रवाह चित्रण आदि।	समुदाय के सम्बन्ध कई अन्य लोग, स्थान, संस्था से हो सकते हैं तथा उनकी पहुँच भी हो सकती है। हर समुदाय की एक परिधि होती है जिसके अन्तर्गत वह कई प्रकार के क्रियाकलाप करता है। समुदाय की पहुँच और सम्बन्ध समझना नियोजन के लिये आवश्यक होता है।

पी.आर.ए. की मुख्य क्रियाएँ :

1. ट्राक्जेक्ट भ्रमणः– यह भ्रमण प्राकृतिक संसाधन, भूमि उपयोग, बसाहट सामाजिक आर्थिक जीवन इत्यादि के बारे में सूचना प्राप्त करने के उद्देश्य से किया जाता है। स्थानीय समुदाय के प्रतिनिधियों के साथ टहलते हुए संसाधन पर वार्ता करते हुए तथा वर्णित सम्पत्तियों यथा भूमि, जल स्त्रोत, इत्यादि के बारे में जानकारी प्राप्त की जानी चाहिए। भ्रमण के दौरान प्रमुख समस्याएं, उनके समाधान हेतु किये गये प्रयास पर वार्ता करते हुए संसाधन के अनुकूलतम उपयोग पर लेखा–जोखा करना चाहिए। शांति भाव से बिना किसी प्रतिकूल टिप्पणी के भ्रमण करना चाहिए। भ्रमण हेतु सभी मुहल्ले, मजरे एवं घरों में जाया जाता है।

इस विधि में ग्रामीणों के समूह के साथ ग्राम की एक दिशा से दूसरी दिशा तक भ्रमण/दौरा किया जाता है। पूरे गाँव या स्थान को क्षेत्र विशेष के आधार पर वहाँ के सम्पूर्ण क्रियाकलाप का एक दृष्टि में अवलोकन करना, समझना और विश्लेषण करना ट्रांजेक्ट भ्रमण कहलाता है।

भ्रमण में शामिल लोगों के सहयोग से हम स्थान विशेष पर उपस्थित लोगों को बातचीत मे शामिल करते हैं। सावधानीपूर्वक स्थान विशेष पर उस सम्बन्ध में ही बातचीत करनी चाहिए। प्राप्त जानकारी को बाद में सारणी के रूप में लिख लेते हैं। क्षेत्र सम्बंधी विशेषताओं को दिखाने हेतु चित्रों का उपयोग किया जा सकता है। भ्रमण को सहभागी बनाने के लिए समाज के सभी व्यक्तियों की बातों को महत्व दिया जाना चाहिए।

2. **सामाजिक मान चित्रण:–** सामाजिक मान चित्रण में समुदाय के सदस्यों हेतु उपलब्ध भोजन, प्रमुख बीमारी, खर्च, वर्ष, समय सारणी, रोजगार इत्यादि के बारे में चित्रण किया जाता है।

उदाहरण : सामाजिक–आर्थिक मौसमी विश्लेषण:–

माह	दिसम्बर	जनवरी	फरवरी	मार्च	अप्रैल	मई
भोजन सामग्री	20%					
चारा	80%	80%	80%	50%	50%	50%
दस्त/ मलेरिया						
महिला						
पुरूष						
खेतिहर मजदूर	100%	60%	60%	60%	60%	60%
कर्ज				50% शादी		100% खेती
कीड़ा		पीला कीड़ा				
वर्षा	10%					

जून	जुलाई	अगस्त	सितम्बर	अक्टूबर	नवम्बर
60%	15%		75%	100%	100%
50%	80%	100%	100%	100%	100%
100%	100%	100%	100%	100%	100%
100% खेती					
10%	35%	3%	15%		

2.1. सहभागी चित्रण एवं मॉडलः– ग्रामीण जीवन और अवस्था को चित्रण/नक्शे के माध्यम से व्यक्त करना पी.आर.ए. में एक कारगर विधि है। यह स्थान सम्बन्धी विश्लेषण व उसके मूल तत्व जो विभिन्न समुदाय के लिए महत्वपूर्ण हैं की पहचान करने में मद्दगार होता है। उद्देश्य के मुताबिक विभिन्न प्रकार के नक्शें बनाये जाते हैं, जैसे–गाँव/टोला, साधन, सुविधा, स्वास्थ्य, शिक्षा, कुपोषण, भूमि, जल, जंगल, फसल, प्रक्षेत्र, जलछाजन, मिट्टी की उर्वरता आदि। चित्रण का उपयोग संसाधनों की पहचान, विश्लेषण, योजना बनाने, मूल्यांकन, आदि कामों के लिए किया जाता है। एक ही गाँव में विभिन्न व्यक्तियों के द्वारा बनाया गया नक्शा उनके प्रत्यक्ष ज्ञान के आधार पर भिन्न हो सकता है। प्रत्यक्ष ज्ञान के आधार पर चित्रण कई बातों पर जैसे– शिक्षा, संस्कृति, जाति, धर्म, वर्ग, आर्थिक स्तर, उम्र, लिंग, स्थान और किस साधन की मद्द से बनाया जा रहा है, आदि पर निर्भर करता है।

इसमें जातियों के आधार से नक्शे पर घरों, परिवारों की संख्या, संसाधनों (रोड, मंदिर, स्कूल, कुंआ) आदि को दिखलाया जाता है। आवश्यकतानुसार अन्य सामाजिक आर्थिक मापदण्डों को नक्शे पर रेखांकित किया जा सकता है। जैसे–शिक्षा, जनसंख्या, रोजगार, गतिशीलता, क्षमता, पलायन, संस्थान, पेयजल, सार्वजनिक स्थान, जानवर, वृक्ष, आय, स्वास्थ्य, घरों का प्रकार, सम्पदा वर्ग, विकास कार्यों से लाभार्थी आदि होते हैं।

बड़े गाँव (100–500 परिवार) का सामाजिक नक्शा बनाना कभी–कभी जटिल हो जाता है। ऐसे अवसर पर एक जगह अवस्थित परिवार के समूहों के आधार पर कई छोटे–छोटे नक्शे सहभागियों के बनाएं। अपने उद्देश्य के आधार पर सूचनाओं को इकट्ठा करें अंत में सभी चित्रों को एक जगह पर मिलाकर सम्पूर्ण गाँव का नक्शा बना लें। इस प्रकार तैयार किये गये नक्शे को ग्रामीणों से विचार विमर्श कर उनसे सत्यापित कराना आवश्यक है ताकि इसमें यदि कोई त्रुटि हो तो लोग उसे सुधार सकें।

मानचित्र (सामाजिक) कैसे बनायें?

- किस प्रकार का मानचित्र बनाना है पहले तय कर लेंः सामाजिक, साधन, उद्यम, भूमि, जल, स्वास्थ्य, शिक्षा, लाभार्थी आदि।
- गाँव वालों को आमंत्रित करें तथा समय व स्थान उनकी सुविधानुसार चुनें।
- अपने उद्देश्य के बारे में समझाएं।
- उपयुक्त स्थान का चयन करें तथा उपयोग में आने वाली चीजों को भी ध्यान में रखें।
- मानचित्र बनाने से पहले अगर गाँव का सामूहिक भ्रमण कर लें तो बेहतर होगा।
- मानचित्र बनाने में प्रारम्भिक मद्द करें तथा जमीन पर बड़े आकार में नक्शा बनाने के लिए लोगों को प्रोत्साहित करें।
- अगर मानचित्र बनना प्रारम्भ हो जाए तो अपने हाथ के लकड़ी के टुकड़े को (जिससे जमीन पर लकीर खींची जा रही हो) नक्शा बनाने वाले को सौंप दें।
- स्वयं मानचित्र से बाहर रहें तथा गाँव के कुछ और लोगों को मानचित्र को आगे बढ़ाने के लिए प्रोत्साहित करें।
- मानचित्र का विश्लेषण अवश्य करायें नक्शा क्या कहना चाहता है, इसको समझने के लिए मानचित्र से साक्षात्कार करना सबसे महत्वपूर्ण है, अन्यथा यह निरर्थक हो जाएगा।
- जमीन पर बनाये गये नक्शे को अपने लिए कागज पर गाँव वालों की देख–रेख में बना लें तथा उनसे संस्तुति करा लें

3. संसाधन चित्रणः– गाँव में प्राकृतिक संसाधनों जैसे– भूमि, मिट्टी, पानी, जंगल, नदी, झरना, पहाड़, खलिहान, नाला, मेड़ बंदी, इत्यादि जब विभिन्न संकेतों के माध्यम से दर्शाया जायेगा तब उसे संसाधन चित्रण कहेंगे। इस नक्शे पर जल के स्रोत, बाढ़ एवं जल निकास की दिशा को भी दिखलाया जा सकता है। बाढ़ एवं जल जमाव पर विस्तृत जानकारी जैसे जल जमाव की गहराई, अवधि तथा पानी के हटाने को भी इस नक्शे पर रेखांकित किया जा सकता है। गाँव की सार्वजनिक भू–सम्पत्ति व साधन तथा सरकारी सुविधा (जैसे–स्कूल, अस्पताल, पोस्ट ऑफिस आदि को संसाधन नक्शे में ही सेवा सुविधा नक्शों के नाम से जाना जाता है) प्रकृति या मनुष्य द्वारा निर्मित संसाधनों को लोगों द्वारा नक्शों से व्यक्त करना संसाधन चित्रण है। फसल, पशुपालन, मछली पालन, सामाजिक वानिकी, कृषि–वानिकी, बाग–बगीचा, रेशम, कुक्कुट, मधुमक्खी अन्य उद्योग धंधों आदि को इस नक्शे में व्यक्त किया जाता है। महिलाओं की सहभागिता के आधार पर उद्यमों में विभिन्नताओं को भी इस चित्रण से पता किया जा सकता है। इसमें भविष्य का नक्शा भी बनाया जा सकता है, जिसमें लोग भविष्य की संभावनाओं व स्वरूप को दर्शायें।

संसाधन चित्रण में ध्यान रखने योग्य बातेंः–

- नक्शे के उद्देश्य के प्रति स्पष्टता से विचार करें, जिससे कि संदिग्धता का भाव लोगों में समाप्त हो जाये।
- उपलब्ध द्वितीयक आंकड़े जैसे गाँव का राजस्व नक्शा आदि अगर उपलब्ध है तो उसे भी देख लें।
- मौजूद सूचनादाताओं की संख्या और सही प्रतिनिधित्व तथा मिश्रण के बारे में आश्वस्त हो जायें।
- लोगों को जमीन पर नक्शा बनाने के लिए प्रोत्साहित करें। जमीन पर लकड़ी, पक्की फर्श पर चाक या कोयला, रंगीन पाउडर आदि का उपयोग करें। नक्शा प्रारम्भ करने के लिए समय, स्थान व अपने विवेक का ध्यान रखें।
- गाँव में उपलब्ध संसाधनों की चेकलिस्ट सूचनादाताओं के साथ मिलकर तैयार कर लें। साथ ही संसाधन चित्रण के दौरान संसाधनों की सूची के आधार पर लोगों से चिन्हित करवायें।
- कागज पर नक्शा के लिए बड़े कागज की शीट का प्रयोग करें।

- संसाधन चित्रण के समय विवादास्पद संसाधनों पर बहुत ज्यादा तहकीकात न करें।

संसाधन मानचित्र एक ऐसी विधि है जिसके माध्यम से समुदाय एवं उसके संसाधनों की जानकारी प्राप्त होती है। इसके माध्यम से लोगों का संसाधन के प्रति ज्ञान, उत्सुकता एवं उपयोग का पता चलता है। यदि किसी जल ग्रहण विकास की परियोजना पर पी.आर.ए. करना है तो यह जानना आवश्यक है कि जल संसाधन क्या है, ड्रेनेज लाइन कहाँ है, ढलान किधर है तथा किस तरफ की मिट्टी सबसे उपजाऊ है।

पी.आर.ए. के दौरान पूछे जाने वाले प्रश्नः–

1. कौन से संसाधन समाप्त हो गये हैं ?
2. कौन संसाधन अल्प मात्रा में शेष हैं ?
3. क्या सभी की जमीन पर बराबर पहुँच है?
4. क्या महिलाओं की भूमि पर पहुँच है?
5. क्या गरीब का भूमि पर अधिकार है?
6. भूमि वितरण एवं उपयोग पर कौन निर्णय लेता है?
7. पानी लाने के लिए लोग कहाँ जाते हैं?
8. पानी कौन लाता है?
9. लकड़ी कौन इकट्ठा करता है?
10. लोग अपने जानवर चराने कहाँ जाते हैं?
11. लोग अपने खेतों की सिंचाई कैसे करते हैं?
12. लकड़ी इकट्ठा करने के लिए लोग कहाँ जाते हैं ?
13. गाँव की कितनी भूमि असिंचित है?
14. अपनी समस्याओं के निदान के लिए आप कैसी विकासात्मक गतिविधि चाहेगें ?
15. इन गतिविधियों पर कितना खर्च आयेगा ?
16. समुदाय इसमें अपनी हिस्सेदारी कैसे सुनिश्चित करेगा ?

अभ्यास कैसे करेंः– संसाधन मानचित्र के माध्यम से ग्रामीण समुदाय से बातचीत शुरू करना सुगम होगा। टीम के सभी सदस्य चित्रण अभ्यास का अवलोकन करेगें क्योंकि इससे समुदाय का सामंजस्य एवं संसाधन के बारे में अनुमान आसान रहेगा।

चूँकि महिला और पुरूष विभिन्न संसाधनों का उपयोग भिन्न–भिन्न रूप में करते हैं इसलिए मानचित्र का निर्माण महिला एवं पुरूष दो समूहों में बाँटकर किया जाना उचित होगा। महिलाओं के अनुसार जल स्त्रोत, लकड़ी का क्षेत्र इत्यादि प्रमुख संसाधन हो सकता है जबकि पुरूषों के अनुसार चारागाह, खेत, औजार, अधोसंरचना इत्यादि प्रमुख संसाधन हो सकते हैं। संसाधन चित्र में घर, स्कूल, सड़क, पगडंडी, नाला, खेत, बाग, ऊँचाई के खेत, कुँआ, तालाब, नदी, दुकान, मंदिर, इत्यादि दिखाये जाने चाहिए। अभ्यास निम्न रूप से किया जा सकता है–

1. एक बड़ा खुला स्थान चुनें जहाँ समुदाय के प्रत्येक सदस्य उपस्थित हो सकें।
2. किसी पत्थर के टुकड़े, पत्ती इत्यादि से प्रमुख स्थल दर्शायें।
3. सहभागी गाँव की सीमा निर्धारित करें तथा चित्रण करें।
4. सहभागी अन्य चीजों को चित्र में इंगित करें।
5. जब सहभागी इंगित कर दे तो फैसीलिटेटर उनसे प्रत्येक के बारे में बताने को अनुरोध करें।
6. फैसीलिटेटर संसाधन के बारे में प्रश्न करें, उसका उत्तर सहभागी दें और नोट करने वाला उसे नोट करे।

अभ्यास के लिए आवश्यक चीजें:– लकड़ी की डंडी, पत्थर के टुकड़े, पत्ते, चूना या धूल, रंगीन चाक, रंग, रंगीन पत्री, अन्य स्थानीय सामग्री।

संसाधन मानचित्र के द्वारा प्राप्त जानकारी को आगे बढ़ाने के लिए स्थान विशेष पर जाकर प्रत्यक्ष रूप से गाँव वालों के नजरिये से उस स्थान विशेष की विस्तृत जानकारी एकत्र करने के लिए भ्रमण किया जाता है।

4. संपदा वर्गीकरण:–

- **क्या है:** समुदाय को सम्पदा, धन–दौलत और वैभव के आधार पर वर्गीकृत कर देखना अपने सीखने, समझने व कार्यक्रम को निर्धारित करने की दृष्टि से महत्वपूर्ण है। इस विधि के द्वारा गाँव वालों की नजर में अमीरी एवं गरीबी का मापदण्ड क्या है इसे समझते हैं।
- **क्यों करें? :** हमारा समाज सामाजिक–आर्थिक रूप में कई वर्गों में विभाजित है। वर्ग विशेष की आवश्यकताएं भी भिन्न–भिन्न

तरह की हैं। समाज में हम यह देखते हैं कि कुछ वर्ग अपनी अनिवार्य आवश्यकताओं को भी पूरा नहीं कर पाते, दूसरी ओर कुछ लोगों को अपनी सुविधा की सामग्री बढ़ाने की कोशिश होती है। ऐसी स्थिति में सामाजिक/आर्थिक स्थिति में सही जरूरतमंद की पहचान करना अत्यन्त महत्वपूर्ण है, ताकि सीमित संसाधनों का महत्तम उपयोग जरूरतमंदों के लिए योजना बनाकर किया जा सके। साथ ही योजना बनाते समय ग्रामीणों के पास उपलब्ध संसाधन की समझ काफी सहायक होती है।

- **कैसे करें?** : सामाजिक नक्शा या द्वितीयक आंकड़ों के आधार पर गाँव के कुछ परिवारों की संख्या का सही–सही पता करें।
  - – सभी परिवारों के लिए एक–एक कार्ड का उपयोग करें।
  - – कार्ड पर परिवार के मुखिया का नाम लिख दें तथा अपनी सुविधा के लिए नम्बर डाल दें।
  - – सम्पदा वर्गीकरण के उद्देश्य को समुदाय को अच्छी तरह अवगत करा दें।
  - – एक व्यक्ति से कराने पर इसकी जांच कई व्यक्तियों से कराएं।
  - – वर्गीकरण के मापदण्ड के आधार को समझने तथा इस आधार पर आगे की योजना बनाएं।
  - – वर्गीकरण का आधार लोगों को स्वयं तय करने दें

उदाहरणः–

समूह–1 : ''बहुत अच्छे'' 4 घर

नाम	भूमि	परिवार द्वारा जोत	नौकरी	पीने की आदत	मोटर साइकिल	पुलिस से संपर्क	बच्चों की संख्या	कुँआ	बेटे की नौकरी	टी. वी.	परिवार का स्वरूप	अपने से जुताई / जानवर
महतो	√12	√	क्लर्क	×	√	√	2	√	×	√	छोटा	–
महतो	√12	√	स्कूल टीचर	×	√	×	1	√	×	√	छोटा	–
महतो	√12	√	×	थोड़ा	×	×	2	√	√	√	छोटा	–
महतो	√12	√	√	कभी–कभी	√	×	2	√	×	√	छोटा	–

परिवार अपनी खेती पर निर्भर

समूह–2 : ''अच्छा'' 11 घर

महतो	√6	√	रेलवे	√	×	×	2	√	×	×	छोटा	√
महतो	√8	√	रेलेव आदमी	√ हल्का	×	×	2	√	√	×	छोटा	√
लाहोरा	√6	√	रेलवे गैंगमैन	√	×	×	1	√	×	×	छोटा	√
महतो	√12	√	बिजली	×	×	×	3	√	×	√	छोटा	√

समूह–3 : 'ठीक–ठीक' 57 घर

महतो	√9	√	रेलवे गैंगमैन	√	×	×	3	×	×	×	औसत	1/3
महतो	√3	√	बिजली	अधिक√	×	×	3	√	×	×	औसत	√
लाहोरा	√3	√	√	√	×	×	2	×	√	×	बड़ा	√
महतो	√	√	×	√	×	×	3	1/2	×	×	औसत	1/4

समूह–4 : 'गरीब' 70 घर

महतो	4	√	खेतिहर मजदूर	हल्का	√	×	4	×	×	×	बड़ा	√
महतो	×	√	दिहाड़ी मजदूर	अधिक	√	×	5	×	×	×	बड़ा	√
लाहोरा	×	√	दिहाड़ी मजदूर	अधिक	×	×	5	×	×	×	बड़ा	1/4
महतो	2	×	मजदूर	हल्का	×	×	6	×	×	×	बड़ा	×

उद्देश्यः–

1. समुदाय के सदस्यों की सम्पदा का अध्ययन एवं सम्पदा के आधार पर समुदाय में असमानता का पता लगाना।
2. सम्पदा एवं उच्च रहन–सहन के स्थानीय मानदण्ड की पहचान एवं अध्ययन।
3. समुदाय के विभिन्न परिवारों की सम्पदा के आधार पर स्थानांकन करना।

5. चपाती चित्रणः– गाँव के साथ जुड़े व्यक्तियों एवं संस्थाओं, उनके आपसी सम्बन्धों की जानकारी प्राप्त करने हेतु हमें एक गोलाकार आकृति का सहारा लेना पड़ता है। व्यक्तिगत, समूह या संस्थागत चीजों को स्वयं के स्तर पर या आपसी स्तरों पर समुदाय के साथ सम्बन्ध देखने व समझने के लिए चपाती चित्रण एक सशक्त माध्यम है। इसे 'वेन ड्राइग्राम' के नाम से भी जानते है।

क्या करें? : इस अभ्यास से हमें गाँव वालों के साथ जुड़े हुए ऐसे व्यक्तियों एवं संस्थाओं की जानकारी मिलती है जिन पर गाँव वालों का विश्वास होता है। इसके माध्यम से हमें उन व्यक्तियों एवं संस्थाओं के बीच के सम्बन्धों एवं जुड़ाव का भी पता चलता है।

एक प्रकार से इसके माध्यम से सेवा की आवश्यकता, उपयोगिता तथा कार्यकुशलता के आधार पर सहयोगी संस्थाओं का बहुत आसानी से विश्लेषणात्मक मूल्यांकन किया जा सकता हैं समुदाय की नजर में संस्थाओं की क्षमता और कमजोरी के कारणों का भी पता लगाया जा सकता है।

कैसे करें ? : इस अभ्यास के लिए हमें पूर्व से ही कागज या अन्य गोलाकार टुकड़ों की आवश्यकता होती है जिसमें कुछ बड़े, कुछ छोटे और कुछ उससे भी छोटे साइज के होने चाहिए। इन टुकड़ों को लेकर हमें गाँव में कुछ चयनित व्यक्तियों के साथ बैठना चाहिए। इसके बाद हममें से एक साथी को गाँव वालों से यह पूछना चाहिए कि किसी विशेष परिस्थिति या समस्या के समाधान के लिए सर्वप्रथम आप किस व्यक्ति/संस्थान की तलाश करते हैं। वह व्यक्ति/संस्थान गाँव से कितना जुड़ा हुआ है इसे समझने के लिए उन्हें एक फुट का बड़ा टुकड़ा देकर गाँव की खींची हुई आकृति के पास रखने दिया जाना चाहिए। वह व्यक्ति उस टुकड़े को गाँव की आकृति के बीच रखता है, उसके बाद हमें यह पूछना चाहिए, कि यदि वह व्यक्ति/संस्थान नहीं हो तो आप किसके पास जाते हैं, तो

वह किसी दूसरे व्यक्ति/संस्थान का नाम बतायेंगे, वे व्यक्ति गाँव से कितना जुड़े हैं इसे समझने के लिए हम फुट का दूसरा टुकड़ा गाँव की आकृति के बीच रखने को देते हैं। इस प्रकार हम गाँव के सभी महत्वपूर्ण व्यक्तियों/संस्थानों के बारे में जानकारी प्राप्त कर लेते हैं। अब उन महत्वपूर्ण व्यक्तियों/संस्थानों के बीच के सम्बन्ध को समझने के लिए टुकड़ों के ऊपर टुकड़े रखकर उनके बीच के जुड़ाव का पता लगाते हैं।

इसी प्रकार गाँव से जुड़ी अनेक संस्थाओं के आपसी सम्बंधों की घनिष्ठता को व्यक्त करते हैं। संस्थाओं को प्रदर्शित करने के लिए प्रयोग किए गये कागज के टुकड़ों पर संस्थाओं को समझने के लिए कई प्रतीक चिन्ह या उनका नाम लिख दिया जाता है।

चपाती चित्रण

ध्यान रखने योग्य बातें:–

- अपने उद्देश्य के बारे में बताएं तथा लोगों के अनुरूप समय व स्थान का चयन करें।
- इस अभ्यास की प्रक्रिया से लोगों को अवगत कराएं तथा चयनित सहभागियों को आमंत्रित करें।
- चपाती चित्रण कराएं तथा सहयोगियों को आपस में वार्तालाप के लिए प्रोत्साहित करें।
- इस तरह का खेल गाँव में कई स्थानों पर, कई समुदायों में, उम्र व लिंग के आधार पर अलग–अलग कराकर देखें।
- अंत में सहयोगियों की मदद से निष्कर्ष तक पहुँचें।

6.2. पाई बार और हिस्टोग्राम:– यह किसी भी मुद्दे के अलग–अलग पहलुओं के अनुपात को दिखाने का तरीका है। आम बोल–चाल की भाषा में गाँव के लोग सामाजिक, आर्थिक, खेती–बाड़ी या अन्य बातों को बताते समय अक्सर रूपया, आना, पैसा के माध्यम से बातें करते हैं। जातियों व साधनों का समुदाय में बटंवारा रूपये आने के हिसाब से लोग कर पाने में आसानी महसूस करते हैं। जैसे एक परिवार की आय के विभिन्न स्रोतों का आपसी अनुपात दिखाना या, महिला/पुरूष की दिनचर्या को भी पाई के माध्यम से व्यक्त किया जा सकता है।

क्यों करें ? : ग्रामीण लोगों का अपने जीवन के कई मुद्दों पर वास्तविक आंकड़े देने में काफी कठिनाई होती है, इस तरीके से वे इन मुद्दों के

अलग–अलग पहलुओं की आनुपातिक जानकारी आसानी से दे पाते हैं। इससे महिला एवं पुरूषों के काम का तुलनात्मक अध्ययन किया जा सकता है साथ ही यह संख्यात्मक आंकड़ों की झलक भी देता है।

कैसे करें ?:–

- लोगों से बातों के क्रम में कई चीजों की जानकारी मिलती है। इन जानकारियों को पाई चित्र के रूप में दिखलाने के लिए लोगों के प्रोत्साहित करें।
- जाति के आधार पर गाँव की संरचना जानने के लिए प्रत्येक जाति के हिसाब से घरों की संख्या को जानने के लिए सामाजिक नक्शे की मदद लें।
- गाँव वालों को जमीन पर लकीर खींचकर एक बड़ा गोला बनाने के लिए कहें।
- लोगों को बताएं माना कि यह "गोला"– आपका गाँव है और यह एक रूपया या एक रोटी है। इसमें सभी जातियों के लोग रहते हैं। इस गोले में गाँव की जातियों को रुपया–आना के हिसाब से या रोटी के टुकड़ों के हिसाब से सब को उपयुक्त क्षेत्र में बाँट दें।
- बहुत सारे आंकड़ों से पाई डायग्राम बनाया जा सकता है।
- जमीन पर बने पाई डायग्राम को कागज पर उतार लें तथ सहभागियों को दिखा कर संस्तुति ले लें।

बार, हिस्टोग्राम कैसे बनाएं ?:–

- प्रत्येक आंकड़े के लिए एक बार का प्रयोग किया जाता है। बार की लम्बाई आंकड़ों के अनुपात से होती है।
- जमीन पर लकड़ी, पुआल या अन्य कोई चीज आंकडों को व्यक्त करने के लिए अनुपातिक क्रम में (सीधा या पड़ा) तुलनात्मक ढंग से सजाकर रखा जाता है।
- बार की तरह ही हिस्टोग्राम भी बनाया जाता है। अन्तर केवल इतना है कि बार अलग–अलग समान दूरी पर होते है, जबकि हिस्टोग्राम में बार सटे हुए होते हैं।

6.3. प्रवाहक्रम/ कारण परिणाम चित्रण (Flow Chart):– इस विधि में ग्रामीण व्यवस्था तंत्र के पहलुओं के बीच कारण–परिणाम का सम्बंध दिखाया जाता है। ग्रामीण तंत्र में श्रम, शक्ति, सूचना, जल, बाजार, पोषण, पलायन,

सामाजिक सम्बंध प्रभाव, ट्रेन्ड इत्यादि का प्रवाह एवं कार्य सम्बंध प्रवाह चित्रण के माध्यम से दर्शाया जा सकता है। सम्बंधों की नजदीकी तथा प्रगाढ़ता भिन्न हो सकती है।

क्यों करें ? : किसी भी परिस्थिति को सम्पूर्णता में समझने के लिए यह जरूरी है कि उपस्थित सभी पहलुओं में आपसी सम्बंध दिखाया जाये। इसके लिए इस पद्धति से किसी परिस्थिति, क्रियाकलाप, समस्या का विश्लेषण करने में काफी सुविधा होती है। तर्कपूर्ण तरीके से और चरणबद्ध ढंग से किसी भी परिस्थिति की गहराई में उतरने में यह बहुत सहायक होता है। इसके आधार पर अन्य कारणों का भी पता चलता है। उदाहरण के लिए इस अभ्यास का उपयोग गाँव के विभिन्न स्रोत, उसके बदलते स्वरूप एवं अंतिम उपयोग को दिखाने एवं खासकर किसी समस्या एवं उससे जुड़े हुए पहलुओं के सम्बंधों के विश्लेषण करने में किया जा सकता है।

कैसे करें? : समूह चर्चा के द्वारा समस्याओं, उत्पादन क्रिया के चरण या किसी परिस्थिति के अलग–अलग पहलुओं की एक सूची बना ली जाती है। संकेतों के माध्यम से इन्हें गोल घेरा बनाकर जमीन पर अंकित किया जाता है। ग्रामीणों से पूछकर उनके बीच के सम्बंधों को स्थापित करने का प्रयास किया जाता है। इस प्रक्रिया में कुछ नये पहलू, कारण व परिणाम भी निकलते रहते हैं। उन्हें भी उचित स्थान पर दर्शा दिया जाता है।

- प्रवाह चित्रण करते समय प्रणाली/तंत्र की व्याख्या करना आवश्यक है। यह एक खेत, गाँव व उससे भी बड़ा भू–भाग हो सकता है।
- मुद्दे या खोजबीन के विषय का निर्धारण पहले से करना आवश्यक है जैसे पोषक तत्व, जल या ऊर्जा आदि।
- उपयुक्त समय, स्थान, सूचनादाता, माहौल आदि को ध्यान में रखकर उद्देश्य के बारे में लोगों को समझाएं।
- लोगों को जमीन पर इन प्रवाहों को रेखांकित करने हेतु प्रोत्साहित करें।
- किसान के विभिन्न खेतों/उद्यमों के आपसी सम्बंधों को एक रेखाचित्र से देखा जा सकता है कि कौन सी चीज कहाँ से आती है और कहाँ जा रही है।
- इनमें मजबूत और कमजोर सम्बन्ध किनका और किनके साथ है? इसके क्या कारण हैं? इसे किस प्रकार और भी मजबूत बनाया जा

सकता है? आदि बातों पर समुदाय की सहभागिता से जानकारी प्राप्त की जा सकती है।

- प्रवाह चित्रण को मानचित्र (सामाजिक या संसाधन) पर या मात्र रेखांकित करके दिखाया जा सकता है।

7. अनौपचारिक साक्षात्कारः– अनौपचारिक साक्षात्कार पी.आर.ए. का मुख्य आधार माना जाता है। इसकी आवश्यकता समुदाय से बातें करते समय होती है। आर.आर.ए. की यह सबसे महत्वपूर्ण विधि रही है। इसमें साक्षात्कार अनौपचारिक वार्तालाप की तरह लगता है परन्तु यह वास्तविक रूप में सावधानीपूर्वक नियंत्रित व एक ढांचे में व्यवस्थित होता है। अनौपचारिक साक्षात्कार का मतलब यह है कि साक्षात्कार से पहले कुछ बातों का निर्धारण अपने मन में या लिखित रूप से साक्षात्कारकर्ता आपसी विचार–विमर्श से कर लें। जैसे–

- विषय वस्तु व प्रसंग का पूर्व निर्धारण, विषय–वस्तु के बारे में आपसी जानकारी, तथा साक्षात्कार के लिए बुनियादी प्रश्नों का निर्माण आवश्यक है।

यह साक्षात्कार अनौपचारिक ढंग से प्रारम्भ होता है, तथा वार्तालाप के दौरान प्रश्न और उसके जवाब एवं जवाब के नये प्रश्नों का सृजन करते हुए विषय वस्तु की गहराई में तथ्यों का पता लगाने का प्रयास किया जाता है। इन साक्षात्कारों का सम्बंध अधिकतर खेतों, खलिहानों व गाँवों में जाकर की गयी मुलाकातों से होता है। जिन लोगों से मुलाकात करके उनका साक्षात्कार लिया जाता है उनमें वे व्यक्ति सम्मिलित होते हैं जो बहुत महत्वपूर्ण सूचनायें दे सकते हैं जैसे गाँव के नेता, किसान, महिलायें, वर्ग विशेष के सदस्य, व्यक्ति, अध्यापक, स्थानीय विकास अधिकारी आदि। औपचारिक साक्षात्कार में किसी चीज को गम्भीरता से जानने की लगन होना बहुत महत्वपूर्ण है। प्रश्नों का चयन महत्वपूर्ण होता है तथा खुला प्रश्न पूछना आवश्यक होता है। अपने प्रश्नों में क्या, कब, कहाँ, कौन, क्यों और कैसे की सहायता हमेशा लेना फायदेमंद होता है क्योंकि बड़े प्रश्न में समुदाय सिर्फ 'हां' या 'ना' में उत्तर देगें और चर्चा आगे नहीं बढ़ेगी।

साक्षात्कारकर्ता का जवाबों की सत्यता, उसकी जाँच/परख हेतु त्रिकोणात्मक जाँच के सिद्धान्त को हमेशा ध्यान में रखना आवश्यक है। एक व्यक्ति के बजाय जवाब को समुदाय से सत्यापित करना या एक ही प्रश्न का अलग समय व स्थान पर पूछा जाना तथा साक्षात्कार के समय लोगों के भाव बोली पर भी ध्यान रखने से जवाब के सत्यता की परख होती है।

1. अनौपचारिक साक्षात्कार के दौरान क्या करें और क्या न करें:–

क्या करें	क्या न करें
• साक्षात्कार के लिए मूल प्रश्नों के निर्माण में समय अनुभव व विचार विमर्श करें।	• समूह में आपसी टोका–टोकी न करें।
• उद्‌देश्य को सदा याद रखें।	• प्रथम जवाब को नहीं स्वीकारें जब तक कि प्रसंग की गहराई ज्ञात न हों।
• आरामपूर्वक तथा उत्साही दिखें।	• मार्ग दर्शक प्रश्न करें।
• अपना स्पष्ट परिचय दें।	• सूचनादाता को रोक–टोक न करें।
• टीम के दूसरे सदस्यों को सावधानीपूर्वक सवाल करने का अवसर दें।	• सूचनादाता अगर सूचना देने में हिचकिचा रहा है तो अपनी तरफ से सूचना की आपूर्ति न करें।
• विषय–वस्तु व प्रसंग पर गम्भीरता से छः मददगारों (क्या, कब, कहाँ, कौन, क्यों, कैसे) की सहायता से जानकारियां एकत्र करें। ▪ आप कैसे समझते हैं? ▪ इसके बारे में कुछ और बतायें ▪ इसके अलावा कुछ? ▪ लेकिन क्यों?	• अपने आचरण से अपनी प्रधानता को व्यक्त न होने दें।
• अच्छा मान लीजिए– (बात को आगे बढ़ायें)	• व्यस्त सूचनादाता से ज्यादा समय न लें।
• जवाब को परखते रहे कि यह सत्य, विचार या अफवाह है। अपने आप के पूछते रहें। साक्षात्कार की वैधता की भी जांच करते रहें।	• लोगों के द्वारा दिए गए पेय या भोजन के प्रति अनिच्छा या अस्वाद व्यक्त न करें।
• आचार–व्यवहार, सुनने की कला तथा शारीरिक भाषा पर विशेष ध्यान दें।	• उनके प्रति अविश्वास को शाब्दिक या शारीरिक भाषा से व्यक्त न करें।
• साक्षात्कार के समय और बाद में विस्तार से साक्षात्कार को लिपिबद्ध करें। यह उसी दिन हो तो ज्यादा अच्छा होता हैं।	• ऐसे सवाल न पूछें जिसमें दो जवाब हों जैसे– क्या आपके गाँव में पाठशाला है और आप पढाई से संतुष्ट हैं?
• सूचनादाता की पहचान में विशेष ध्यान रखें। सहभागी नक्श और संपदा वर्गीकरण से सूचनादाता की पहचान में मदद ली जा सकती है।	• सूचनादाता को कभी महसूस न होने दे कि उसे जबरदस्ती मनवाया जा रहा हैं।
• सूचनादाता के नाम को याद रखें।	• दर्शक समूह के समक्ष सूचनादाता से संवेदनशील प्रश्न न पूछे।
• खूले मन से साक्षात्कार के लिए जायें। अनुकूल और प्रतिकूल दोनों प्रकार के साक्षात्कार के लिए मानसिक रूप से तैयार रहें। अगर प्रतिकूल साक्षात्कार हो रहा है तो साक्षात्कार को ठीक ढंग और समय से समाप्त कर दें।	• स्वयं के अवलोकन व निरीक्षण में अपना विश्लेषण न करें।
• अपने समूह की शक्तियों को पहचानें तथा उनका प्रयोग करें।	• विभिन्न स्थानों पर विभिन्न स्रोतों से सूचना एकत्र करें।
• साक्षात्कार के समय किसी भी प्रकार के व्यवधान के यथोचित समाधान हेतु तत्पर रहें जैसे–अगर कोई शराबी आ जाए तो क्या करें।	• साक्षात्कार हेतु उनकी सुविधानुसार समय व स्थान का चयन करें।

2. स्वयं करें:– ग्रामीण जीवन में घुल–मिलकर जानकारी इकट्ठा करना तथा उनकी जीवन शैली का आदर करना सहभागी तरीके से सीखने की पद्धति को मजबूती प्रदान करता है। यह तभी संभव होता है जबकि पी.आर.ए. करने के लिए बाहर से गये व्यक्ति गाँव में ही कुछ दिन लोगों के साथ रहें तथा उनके रोज–मर्रा के काम में हाथ बटायें इस प्रक्रिया से ग्रामीणों के कार्य में जो जटिलता होती है उसकी समझ बनती है। इसके अलावा अपने प्रवास के दौरान ऐसे प्रश्नों, चीजों, रीति–रिवाज, संगठन, शक्ति, संस्कृतियों आदि का ज्ञान होता है जिसका सम्बंध लोगों के जीवनयापन से हो।

बाहरी व्यक्ति गाँव में लोगों के काम, जैसे जुताई, भूमि को समतल करना, रोपाई, निराई–गुड़ाई, पशुचारा का इकट्ठा करना, कम्पोस्ट खुदाई, घरों के छप्पर की मरम्मत, घरों की लिपाई इत्यादि में हाथ बटाते हैं। इससे अनेक तरह की फायदे हैं जैसे–

- जान–पहचान, आत्मीयता और ग्रामीणों की जीवन–शैली व मान्यता के प्रति आदर बढ़ता है।
- लोग यह समझते हैं कि बाहर से आये व्यक्तियों को वे अपने काम के बारे में सिखा और समझा रहे हैं।
- बाहरी व्यक्ति भी महसूस कर पाते हैं कि इन कामों में कितनी मेहनत और क्षमता/दक्षता की जरूरत है।
- गाँव के लोग विशेषज्ञ और बाहरी व्यक्ति सीखने वालों की भूमिका अदा करते हैं जिससे भूमिका में बदलाव होता है और लोगों के अन्दर विश्वास पैदा होता है।

सिस्टम डायग्राम

समस्याओं की प्राथमिकता जानने के बाद समाधान के लिए प्रयास करना अगला कदम है। समाधान के लिए कार्य योजना ठीक प्रकार से तभी बन सकती है जब समस्या और उसके कारणों के आपसी सम्बन्धों को जैविक–भौतिक श्रेणी तथा सामाजिक आर्थिक कठिनाईयों में अलग–अलग समझा जाए एवं कारणों के आपसी सम्बंधों को भी बारीकी से समझा जाए। समस्या के कारणों की ठोस जानकारी ग्रामीणों के साथ विस्तार से विचार विमर्श तथा जांच–पड़ताल के आधार पर ही प्राप्त की जा सकती है। इससे यह भी पता चलता है कि एक समस्या दूसरी समस्या का कारण है और इससे गहराई तक जांच की जा सकती है। सिस्टम डायग्राम यह भी बताता है कि किसी भी समस्या पर सम्मिलित रूप

से क्या प्रभाव पड़ता है तथा इसके विविध स्वरूपों व संदर्भो को समझने में मदद मिलती है।

सिस्टम डायग्राम कैसे बनायें ?

प्राथमिकता के आधार पर समस्या के चयन के बाद सिस्टम डायग्राम को चार चरणों में पूरा किया जा सकता है–

प्रथम चरणः– समस्याओं के जड़ तक जाने के पहले उस समस्या के बारे में व्यापक जानकारी इकट्ठा कर लेनी चाहिए। इस कार्य के लिए गाँव के लोगों से बात करें जो उक्त विषय पर अच्छी जानकारी दे सकते हैं, ताकि समस्या को बारीकी से समझा जा सके। शुरूआत कुछ मूल प्रश्नों से होनी चाहिए जिनके आधार पर समुदाय से विस्तृत बातचीत की जा सके।

द्वितीय चरणः– अनौपचारिक सर्वेक्षण के लिए सूचनादाता का चयन।

- सामाजिक मानचित्रण के विवरण के हिसाब से लक्षित वर्ग की पहचान कर लें।
- लक्षित वर्ग में से करीब 30 प्रतिशत लोगों का चयन ठीक ढंग से साक्षात्कार के लिए कर लें।
- अनौपचारिक/अर्धनिर्मित साक्षात्कार के माध्यम से एक अच्छे साक्षात्कार के लिए आवश्यक सभी बातों को ध्यान में रखें।

तृतीय चरणः–

- साक्षात्कार से प्राप्त सूचना के विश्लेषण को ध्यान में रखें।
- मुख्य सूचनादाता के साथ विचार–विमर्श के आधार पर विश्लेषण करें।
- आम सभा (लक्षित वर्ग) से सर्वसम्मति प्राप्त करने के बाद अनौपचारिक सर्वेक्षण में प्राप्त सूचनाओं को चार भाग में बाँट लें– सामाजिक, राजनैतिक, आर्थिक एवं अन्य। ये सभी कारण सिस्टम डायग्राम के निर्माण में एक इकाई (खण्ड) के रूप में आते हैं। कौन सा खण्ड समस्या के लिए कितना महत्वपूर्ण है यह अनौपचारिक साक्षात्कार के दौरान आये जवाबों की बारम्बारता पर निर्भर करता है तथा इन खण्डों को आकार सूचनादाताओं की संख्या पर निर्भर करता है।

चतुर्थ चरणः– मुख्य सूचनादाता की मदद से समस्या के प्राथमिक, द्वितीयक व तृतीयक कारकों की उनके आपसी सम्बन्धों के अनुसार व्याख्या करते हैं तथा लोगों की सहभागिता से एक समस्या वृक्ष बनाते हैं जिसमें कारण और प्रभाव के आपसी सम्बंधों को आसानी से समझा जा सकता है।

8. समय रेखाः– किसी एक विषय–वस्तु को बदलते हुए समय के अन्तराल में देखना, परखना, विश्लेषण करना जिससे कि महत्वपूर्ण बदलाव को समझा जा सके, समय रेखा कहलाती है। मुख्य रूप से यह ऐतिहासिक घटनाक्रम का क्रमबद्ध प्रस्तुतीकरण है।

- **क्यों करते हैं :** गाँव की परिस्थिति तथा समस्याओं को ऐतिहासिक परिप्रेक्ष्य में देखने से हमारी समझ गहरी होती है। इससे हमें समय अंतराल में ग्रामीण जीवन स्तरों में आए परिर्वतन के कारणों को समझने तथा भविष्य की अनुमानित दिशा की जानकारी मिलती है। इससे भविष्य के लिए संभावनाओं को ढूंढ़ने में सहायता मिलती है।
- **कैसे करते हैं :** चूँकि इस अभ्यास में हमें गाँव के इतिहास के विषय में जानकारी प्राप्त करनी है। यहाँ कुछ बुजुर्ग व्यक्तियों से बातचीत करनी पड़ती है। गाँव के बुजुर्ग महिला/पुरूष से अलग–अलग या साथ बैठकर बातचीत कर सकते हैं। ऐसे चयनित दो–तीन व्यक्तियों के साथ एकांत में उनकी याद्दाश्त के मुताबिक पुराने घटनाक्रमों की जानकारी ली जा सकती है। ध्यान रहे कि बातचीत बहुत अधिक लम्बी न हो, जानकारी जब पर्याप्त हो जाये तो लोगों का अधिक समय नहीं लेना चाहिए। ऐसे अनुभव हुए हैं कि आमतौर पर गाँव के लोग सही–सही वर्ष/अवधि का उल्लेख नहीं कर पाते हैं, ऐसी अवस्था में हमें खुद तत्कालीन घटनाओं का संदर्भ लेते हुए अवधि इत्यादि की गणना कर लेनी चाहिए।
- **इसके क्या लाभ हैं :** ग्रामीण जन ज्ञान के बड़े धरोहर तथा भण्डार हैं। उनकी भागीदारी न होने से गाँव के ज्ञान का स्रोत बन्द हो जाता है। बुजुर्ग लोगों को भी अध्ययन की प्रक्रिया में शामिल होने का मौका मिलता है तथा हमें परम्परागत जानकारियां एवं अनुभवों का लाभ भी मिलता है।

उदाहरण : समय रेखा

वर्ष	प्रमुख घटनायें
1935	पेड़ के नीचे स्कूल की शुरूआत हुई
1938	मोहन बाबू के घर में स्कूल की शुरूआत
1940	अकाल पड़ा (50–60 मवेशी मरे, 2 लोगों की मौत)
1950	प्राथमिक विद्यालय शुरू

1950	गाँव में कच्ची सड़क का निर्माण
1955	गाँव में पहला पक्का मकान निर्माण
1960	अकाल पड़ा
1961	गाँव के लोग शहर जाने लगे
1967	प्रखण्ड कार्यालय का निर्माण
1971	हरिजन कालोनी का निर्माण
1975	गाँव में प्रथम मोटर साइकिल
1980	रोजगार हेतु लोगों का गाँव से बाहर जाना
1985	गाँव में बिजली आई
1990	गाँव में जूनियर हाईस्कूल शुरू
1995	स्वास्थ्य केन्द्र की स्थापना
2000	गाँव में हैण्डपम्प लगा
2005	आंगनबाड़ी केन्द्र की स्थापना
2010	साप्ताहिक बाजार की शुरूआत
2015	जनसूचना केन्द्र की स्थापना

ऐतिहासिक समय रेखाः–

- एक से अधिक विषय वस्तु को बदलते हुए समय के अन्तराल में एक साथ देखना, परखना व विश्लेषण करना जिससे कि महत्वपूर्ण बदलाव के साथ उसका आपसी सम्बन्ध भी स्पष्ट हो जाए, ऐतिहासिक समय रेखा कहलाती है।

9. मौसमी एवं आजीविका विश्लेषणः–

मौसमी विश्लेषणः– ग्रामीण जीवन मौसम या समय के अनुरूप ही अपने क्रियाकलापों को बदलता है। मौसम और ऋतु के परिर्वतन से ग्रामीणों का जीवन, काम, खान–पान, स्वास्थ्य इत्यादि में बदलाव आता है। मौसमी विश्लेषण एक प्रकार का विश्लेषण है जिसमें मौसम के अनुसार ग्रामीण जीवन में आये बदलाव को जानने व समझने का प्रयास किया जाता है।

- **क्यों :** ग्रामीण जीवन मुख्यतः खेती पर आधारित होने के कारण वर्ष में विभिन्न परिस्थितियों से गुजरता है। मौसमी विश्लेषण के द्वारा मांग, मूल्य, आपूर्ति, कमी, कठिनाई आदि को महीनों के हिसाब से देखना तथा इसके कारणों का पता लगाना आसान हो जाता है।

ग्रामीणों के गम्भीर संकट के दिनों को जानना महत्वपूर्ण होता है। अतः समस्याओं की सही समझ तथा सही निदान के लिए ग्रामीण जीवन के कई पहलुओं पर मौसमी जानकारी इकट्ठा करना लाभदायक होता है।

- **कैसे** : इस विधि का उपयोग सामूहिक तौर पर किया जाना चाहिए। जिस वर्ग–विशेष के साथ मौसमी विश्लेषण करना है, उनके बीच बैठकर इस अभ्यास को किया जाता है। ग्रामीण समूह को उद्देश्य समझाने के बाद उनकी सहायता से जमीन पर बाहर खाने बना लिए जाते हैं। लोगों की अपनी जानकारी व्यक्त करने के लिए स्थानीय सामग्री जैसे– लकड़ी, पुआल, बीज, कंकड़–पत्थर आदि चीजों से प्रदर्शित करने के लिए प्रोत्साहित करें। महीनों को उनकी स्वेच्छा के हिसाब से प्रारम्भ करने दें तथा वे जितने महीने का कैलेण्डर बनाना चाहते हैं, बनाने दें।
  - इसके लिए सबसे पहले विषय वस्तु का चयन करें।
  - विषय–वस्तु के अनुसार सहभागी समूह का चयन करें।
  - सहभागियों के अनुसार समय और स्थान का चयन करें।
  - शुरूआती दौर में सहभागियों को महीनों के हिसाब से अपने ज्ञान को व्यक्त करने के लिए प्रोत्साहित करें।
  - मौसमी विश्लेषण करते समय किसी भी तरह की रोक–टोक न करें। मगर शुरूआत में खुले प्रश्नों से फैसीलिटेट अवश्य करें।
  - स्थानीय सामग्री के उपयोग के लिए लोगों को प्रोत्साहित करें।
  - महीनों के हिसाब से विषय–वस्तु के तुलनात्मक मौसमी प्रभाव को व्यक्त करने के लिए प्रोत्साहित करें।
  - मौसमी कैलेण्डर बनाने के बाद विचार–विमर्श के लिए लोगों को प्रोत्साहित करें जिससे बारीकी से अध्ययन हो सके।
  - इन चीजों को कागज पर उतार लें तथा समुदाय के अन्य लोगों से भी इसकी संस्तुति ले लें।

आजीविका/जीवनयापन विश्लेषणः–

इस विधि के द्वारा मुख्यतः ग्रामीण लोगों के द्वारा जीवन की कठिन परिस्थितियों का सामना करने के लिए अपनाई गई रणनीति की समझ मिलती है। इस अभ्यास की अपनी अलग से कोई तकनीक नहीं है। यह पाई, प्रवाह चित्रण या किसी अन्य विधि से दिखलाया जा सकता है।

- **क्या करें** : ग्रामीण लोगों की जीवन शैली व अवस्था की जानकारी के लिए उनकी आजीविका के बारे में जानना सबसे ज्यादा महत्वपूर्ण है। आजीविका विश्लेषण से यह पता करना कि लोगों का मुख्य रोजगार क्या है? कितनी और किस समय उन्हें किस काम से आमदनी (नकद/अनाज) प्राप्त हो रही है? खेती में भी खेती के किस आयाम से, मजदूरी से या अन्य व्यवसाय से आजीविका जुड़ी है? यह बातें पता लगना इस विधि का मुख्य उद्देश्य होता है।

  ग्रामीण लोगों के जीवनयापन का स्रोत कोई एक तो होता नहीं है ओर न ही नौकरी पेशा लोगों की तरह एक निश्चित मासिक आमदनी होती है। जैसे एक किसान की कुल आमदनी 50 प्रतिशत खेती से, 25 प्रतिशत मजदूरी से, 15 प्रतिशत पशुपालन से तथा शेष 10 प्रतिशत फलों के उत्पादन से प्राप्त होती है। खेती में किसी प्रकार का समस्या होने से उसके जीवनयापन पर प्रभाव पड़ सकता है।

- **कैसे करें** : किसी भी व्यक्ति की मुख्य आजीविका को उससे बातचीत करने से ही आसानी से ज्ञात किया जा सकता है। इससे एक सतही तौर पर जानकारी मिल सकती है। आजीविका चूँकि आमदनी से जुड़ी होती है इसलिए अनौपचारिक साक्षात्कार में ऐसे सवाल पूछने चाहिए जिसका जवाब वे आसानी से दे सकें। फिर जब अच्छा सम्पर्क–सम्बंध स्थापित हो जाये तो और गहराई से संवेदनशील प्रश्न भी पूछ सकते हैं लेकिन पहले ही संवेदनशील प्रश्न कतई नहीं पूछे जाने चाहिए।

  प्राप्त जानकारियों को पाई, बार या हिस्टोग्राम द्वारा व्यक्त किया जा सकता है। परिवार के सदस्यों की दिनचर्या व अलग–अलग मौसम के हिसाब से प्रतिदिन 24 घंटे की समय सारणी में रखकर देखा जा सकता है, जैसे– प्रातः जगने से लेकर रात सोने तक की दिनचर्या क्या है? प्रत्येक काम में कितना समय लगता है।

- सम्पदा वर्गीकरण के आधार पर आजीविका विश्लेषण के लिए लोगों का चयन कर लें।
- सम्पदा वर्गीकरण से उस वर्ष के मापदण्ड के आधार पर पता लग जाएगा।

जीविका उपार्जन विश्लेषण पाई चित्रणः–

- अनौपचारिक साक्षात्कार की मदद से चर्चा को आगे बढ़ायें और जानकारियों को लिखें।

- आजीविका के पता होने के बाद मौसमी विश्लेषण द्वारा उस रोजगार पर मौसमी प्रभाव का भी पता किया जा सकता है।
- साक्षात्कार और मौसमी प्रभाव के विश्लेषण से मजदूरी पलायन, कुल आय, ऋण, खर्च तथा संकट के दिनों और उससे निपटने के तरीके आदि की भी जानकारी की जा सकती है।
- आजीविका विश्लेषण व्यक्तिगत व सामूहिक दोनों स्तर पर करें।

10. ट्रेंड विश्लेषणः– पी.आर.ए. में ट्रेंड विश्लेषण का एक महत्वपूर्ण स्थान है। इस अभ्यास से किसी भी गाँव/स्थान में आये गुणात्मक बदलाव को देखा जा सकता है। इस बदलाव में गाँव के विभिन्न पहलुओं में जैसे उत्पादन, जनसंख्या, खेत–खलिहान, वातावरण, पेड़, जंगल, वर्षा, समय, लकड़ी/पानी भरने की दूरी, इत्यादि में क्या परिवर्तन हुआ है, को जानने का प्रयास किया जाता है। इससे समाज की शक्ति और कमजोरी का भी पता चलता है। समस्याओं को जानने, समझने और परखने का काम भी यहाँ प्रारम्भ हो जाता है। ट्रेंड विश्लेषण किसी व्यक्ति, परिवार, समूह, समाज या सम्पूर्ण गाँव का किया जा सकता है। भूमि का उपयोग, फसल, उपज, भूमि की उर्वरता, निवेश, बीमारियाँ, जानवरों की संख्या, मजदूर एवं मजदूरी से सम्बंधित, पेड़–पौधों से सम्बंधित, प्राकृतिक आपदा, पारिस्थितिकीय बदलाव, रीति–रिवाज, विकास कार्यक्रम आदि अनेक विषयों पर अलग–अलग या कई विषयों पर एक साथ रखकर विश्लेषण किया जा सकता है।

उदाहरण के तौर पर अगर हम किसी गाँव की कृषि में हो रहे बदलावों को देखना चाहते है तो हमें उसे कई दिशाओं/आयामों से देखना पड़ेगा। यह आयाम वातावरण, उत्पादन, सामाजिक, आर्थिक कारक आदि से सम्बंधित हो सकता है। इन दिशाओं में पुनः व्यापक रूप से खोजबीन कर, उसके कारण, प्रभाव, उपाय, निराकरण, लोगों की आगे की सोच आदि पर निर्णायक निष्कर्ष तक पहुँचा जा सकता है। ट्रेंड विश्लेषण को कई प्रकार से किया जा सकता है। जैसे समय रेखा, ऐतिहासिक समय रेखा और ऐतिहासिक ट्रान्जेक्ट आदि।

11. मैट्रिक्स रैंकिंग और स्कोरिंगः–

- **क्या है :** पी.आर.ए. में मैट्रिक्स बहुमुखी प्रतिभा वाली विधि मानी जाती है। इस विधि द्वारा समुदाय से उनकी चीजों जैसे किस्मों, उद्यमों, स्थानीय औजार, जमीन का प्रकार, जल संरक्षण की विधियां, विभिन्न प्रकार के खेतों, विभिन्न मौसम, पेड़–पौधे, खरपतवार, पशुओं की बीमारी इत्यादि के बारे में विचार, प्राथमिकताएं, पसंद और पसंद के

लिए मापदण्ड के आधार की तकनीकी जानकारी प्राप्त की जा सकती है।

- **क्यों करें :** समस्याओं तथा पसन्द की गहराई को समझने तथा उसकी प्राथमिकता की समझ बढ़ाने के लिए इस विधि का प्रयोग किया जाता है। मैट्रिक्स से साधनों को सूचीबद्ध करने में, समस्याओं के समाधान को पहचानने व चुनने में बाहरी व्यक्तियों द्वारा लोगों के मापदण्ड तथा निर्णय के आधार को जानने के लिए प्रयोग किया जाता है।

  मैट्रिक्स का ज्यादातर प्रयोग कृषि के क्षेत्र में समुदाय के तकनीकी ज्ञान को जानने के लिए किया जाता है। मैट्रिक्स से किसी भी समुदाय की खेती प्रणाली के गुण जैसे–उत्पादकता, स्थिरता, आत्मनिर्भरता व समानता को भी मापा जा सकता है।

- **कैसे करें :** इस कार्य के लिए पूर्णतः सही उत्तर देने वाला कोई तरीका नहीं है परन्तु कुछ तरीके विकसित किए गये हैं जो हमें पसन्द की माप तथा समस्याओं के प्राथमिकीकरण की तरफ ले जाते हैं तथा उनके माप व प्राथमिकीकरण के आधार को उजागर करते हैं।
  - जिन चीजों की रैंकिंग करना हो उन्हें पहले तय कर लें।
  - विषय वस्तु से सम्बंधित जानकार सहभागियों का चयन करें तथा उनकी सुविधा, समय और स्थान के हिसाब से रैंकिंग हो।
  - अपने उद्देश्य के बारे में तथा मैट्रिक्स रैंकिंग के तरीके के बारे में चर्चा करें।
  - मैट्रिक्स रैकिंग में एक साथ कितनी चीजों को रखना चाहते हैं, यह सहभागी पर छोड दें।
  - तुलनात्मक चीजों (जिसका अध्ययन करना चाहते हैं) को अलग स्तम्भों में रखें तथा चीजों को आसानी से पहचानने हेतु उससे सम्बंधित प्रतीक चिन्हों/चीजों को उस स्तम्भ में रखें।
  - सहभागियों से उनकी पसंद के लिए मापदण्ड का आधार पूछें या यह जानें कि इसमें सबसे बड़ी अच्छाई क्या है, और कौन–कौन सी अन्य अच्छाईयां हैं।
  - मापदण्ड के आधारों के लिए भी प्रतीक चिन्ह/चीज का प्रयोग करें।
  - मापदण्ड के आधार को मैट्रिक्स के बायें किनारे पर पंक्तियों में रखें।

– रैंकिंग या स्कोरिंग के लिए सहभागी से पहले तय कर लें तथा समझ लें कि वह अंकों में (किस चीज के लिए कितना कम या ज्यादा) या किसी स्थानीय चीज जैसे– पत्थर, बीज आदि से मात्रा के हिसाब से (कम के लिए कम और ज्यादा के लिए ज्यादा) मापदण्डों के आधार पर तुलनात्मक स्कोरिंग कर रहा है।

– मैट्रिक्स बनने के बाद मैट्रिक्स पर साक्षात्कार व विश्लेषण बहस करें जैसे–मापदण्ड के आधारों में सबसे ज्यादा आपके लिए महत्वपूर्ण कौन है? अगर इसमें से आपको कोई एक ही चीज पसंद करनी पड़े तो आप किसे पसंद करेंगे? आपके समुदाय में से कितनों के पास यह है? और कितने लोग इसे रखना पसंद करेंगे आदि प्रश्न लगातार पूछते रहें।

मैट्रिक्स रैकिंग

उदाहरण एकः वृक्ष प्रजातियों की उपयोगिताः–

गुण / प्रजाति	शीशम	साखू	जामुन	सागौन	असना	अर्जुन	कर्मा	सेमर	खैरा
मजबूती	2	1	4	2	4	4	3	3	5
लगाने में आसानी	2	4	2	1	2	2	3	2	3
पशुओं से सुरक्षित	4	3	3	1	5	5	2	3	2
कम समय में तैयार	2	5	3	1	3	3	4	4	5
कीमती लकड़ी	3	2	4	1	4	4	4	4	4
वृक्षों के साथ फसलों की खेती	2	1	3	4	4	4	4	4	4
पत्ते का व्यवसाय	–	1	–	–	–	–	–	–	–
दातून का व्यवसाय	3	2	1	–	–	–	–	–	–
कुल आय	3	1	3	2	4	4	4	4	4
(सबसे अच्छा–1, सबसे खराब–5)									

उदाहरण दोः ऋण की आवश्यकता व स्त्रोतः–

कारण/स्त्रोत	रिश्तेदार	ब्लॉक	बैंक	मिशन बैंक	पंचायत	साहूकार	अन्य
बीमारी	0				00	000	0000
शादी	0				000	0000	00
पर्व					0	00	
कुँआ	000	0	00	000			
घर मरम्मत	0			00			
बीज	0	00					00
खाद		0		00			
जानवर	0	00	000	000			
कृषि के सामान		0					
कुल योग	**4**	**3**	**5**	**1**	**4**	**2**	**3**

उदाहरण तीन : कपास के विभिन्न किस्मों की उपयोगिताः–

चुनाव का आधार	किस्म		
	करूनगानी	**लक्ष्मी**	**LRA 5166**
समय	×××× ×××	××× ××	××× ×
बॉल फूल/पौधा	×××××× ×××××× ×××××	×××××× ××××××	×××××× ×××××× ×××
फूल का वजन	×××	××× ××	××××× ×××××
पैदह या बाड़ों का असर नहीं	×××××	×	××
खाद का अच्छा प्रभाव	××	×××	×××× ××
फूल तोड़ने, निकालने में आसानी	×	×××	××××× ××
दवा छिड़काव की जरूरत	–	×	×××
उपज	×	××	××××
शुद्ध वापसी या आय	×	×××	××××
रेटिंग का स्थान	3	2	1
(नोट : चिन्ह (×) स्कोरिंग दर्शाता है)			

12. दैनंदिन गतिविधि घड़ीः– इस घड़ी के माध्यम से लोगों द्वारा एक दिन में किए जाने वाले कार्य घंटे का चित्रण किया जाता है जिससे उनका कार्य–भार देखा जा सके। इसके माध्यम से यह पता चलता है कि कौन ज्यादा घंटा कार्य

करता है, कौन ज्यादा और कौन कम गतिविधि करता है, और किसके पास सबसे ज्यादा आराम करने और सोने का समय है इस अभ्यास में लगभग एक घंटे का समय लगता है। इसमें निम्न प्रश्न पूछे जा सकते हैं–

1. प्रत्येक व्यक्ति के समय के बँटवारे के बारे में।
2. महिला एवं पुरूष की अलग–अलग गतिविधि एवं समय के बारे में।
3. सबसे अधिक कार्य करने वाले के बारे में।
4. सबसे ज्यादा आराम और सोने वाले के बारे में।
5. महिलाएं और लड़कियाँ कितना समय पानी और ईंधन इकट्ठा करने में लगाती हैं?

कैसे करें:–

1. महिला एवं पुरूषों के दो अलग–अलग समूह बनायें जिनमें समाज के सभी वर्गों का प्रतिनिधित्व हो।
2. उनको बताएँ कि इसके माध्यम से प्रतिदिन की गतिविधि के बारे में अध्ययन करना है।
3. सभी गतिविधियों का चित्रण करें जिसमें प्रत्येक गतिविधि का मापन घंटे एवं मिनट में हो और इसकी शुरूआत प्रातः उठने से हो। इसमें गृह कार्य जैसे– कपड़े धुलना, पानी लाना, बच्चे की सेवा करना, खेती के कार्य, मजदूरी, नौकरी इत्यादि शामिल हो।
4. चूँकि अलग–अलग मौसम में अलग–अलग गतिविधियाँ होती है इसलिए वर्तमान मौसम के अनुसार गतिविधि एवं समय लिखें।
5. यदि समय हो तो अन्य मौसम के अनुसार गतिविधि घड़ी बनायें।
6. वर्तमान और अन्य मौसम की गतिविधि घड़ी का तुलनात्मक अध्ययन करें।

13. फोकस समूह वार्ता:– फोकस समूह उसे कहते हैं जो किसी समस्या विशेष से ज्यादा प्रभावित हो या किसी गतिविधि या परियोजना का सबसे ज्यादा लाभार्थी हो। अगर हम कुपोषण की समस्या पर पी.आर.ए. कर रहे हैं तो हमारा फोकस समूह कुपोषित बच्चे के माता–पिता या अभिभावक होंगे।

उद्देश्य:–

1. पोषण और परिवार की खाद्य सुरक्षा पर स्थानीय प्रत्यक्षीकरण का अध्ययन।

2. उन स्थानीय विधियों एवं तरीकों को समझना एवं पहचानना जिनसे पोषण एवं खाद्य सुरक्षा को मजबूत किया जा सके।
3. उन बाधाओं को समझना जिनके कारण पोषण एवं खाद्य सुरक्षा नहीं सम्भव हो पा रही है।
4. समुदाय, परिवार एवं व्यक्तिगत आवश्यकता की पहचान करना और संसाधन का अनुमान लगाना जिससे पोषण और खाद्य सुरक्षा पर कार्य किया जा सके।

फोकस समूह वार्ता में हम समूह साक्षात्कार, रैंकिंग और मैट्रिक्स का प्रयोग करते हैं। इसके लिए यदि सम्भव हो तो, अलग–अलग बैठक पुरूष और महिला समूह के साथ करनी चाहिए ताकि लिंग आधारित विभेद से बचा जा सके।

पोषणः–

1. पिछले वर्षो में समुदाय के द्वारा कौन सी प्रमुख बीमारी से ग्रसित होना पड़ा? इन समस्याओं में से प्रमुख समस्या का महत्व के आधार पर रैंक प्रदान करें। सबसे महत्वपूर्ण समस्या को अधिक अंक तथा कम समस्या को एक अंक प्रदान करें। इनमें से पोषण से सम्बन्धित बीमारी को इंगित करें।
2. आपके अनुसार इन बीमारियों एवं समस्याओं के कौन से प्रमुख कारण हैं तथा इनके निराकरण के लिए समुदाय द्वारा क्या–क्या किया गया है। समस्या, कारण और समुदाय और परिवार द्वारा किये गये प्रयास की मैट्रिक्स बनायें। समस्या की जड़ तक जाने के लिए समय दें तथा सौहार्द्रपूर्ण सम्बन्ध बनायें।
3. पोषण एवं स्वास्थ्य को लेकर कौन से निर्णय लिये जा रहे हैं? विशेष निर्णय कौन लेता है, कुपोषण या बीमारी के समय परिवार के कितने संसाधन का उपयाग किया जाता है।
4. स्वास्थ्य एवं पोषण सम्बंधित विभिन्न समस्याओं के निदान एवं परहेज पर समुदाय एवं परिवार को किन संसाधनों की आवश्यकता है ?

परिवार की खाद्य सुरक्षाः–

1. सूखे के समय समुदाय द्वारा खाये जाने वाले प्रमुख खाद्य कौन–कौन हैं?
2. क्या आप इनके ग्रहण करने की आवृत्ति के आधार पर रैंक प्रदान कर सकते हैं? यदि हाँ तो सबसे ज्यादा ग्रहण किये जाने वाली भोजन

सामग्री को 10 अंक तथा सबसे कम को 1 अंक दें। बाकी को वरीयता के आधार पर बीच के अंक दें।

उदाहरणः–

क्र.सं.	भोजन सामग्री	रैंक
1	दाल	4
2	चावल	6
3	मक्का या बाजरा	8
4	दूध	3
5	घी	1
6	दही	2
7	सब्जी	7
8	रोटी	9
9	भाजी (हरे पत्ते की सब्जी)	10
10	अन्य	5

3. ग्रहण की जाने वाली भोजन सामग्री में अन्य मौसम में क्या अन्तर आता है ?
4. आपके अनुसार कौन सी भोजन सामग्री अच्छे स्वास्थ्य के लिए आवश्यक है? उनको रैंक प्रदान करें। सबसे अच्छी को 10 अंक तथा कम को 1 अंक दें।
5. आपकी राय में कौन सी समस्या प्रमुख हैं जिनके कारण उपर्युक्त खाद्य सुरक्षा नहीं हो पा रही।
6. खाद्य सुरक्षा न प्राप्त करने की समस्या के निराकरण में किसका निर्णय परिवार एव समुदाय में महत्वपूर्ण है ?
7. खाद्य सुरक्षा हेतु कितने संसाधन का उपयोग किया जाता है?
8. खाद्य सुरक्षा हेतु किन संसाधनों की आवश्यकता है जिससे व्यक्ति, परिवार एवं समुदाय समस्या रहित हो सकें?

14. समुदायिक कार्यशालाः–

उद्देश्यः–

1. समुदाय को आँकलन के परिणाम से परिचित कराना।
2. समुदाय को आँकलन के परिणाम पर बातचीत और विचार व्यक्त करने का अवसर प्रदान करना।

3. आगे के कार्यक्रम के लिए परियोजना के कार्यकर्ताओं और समुदाय के मध्य सहमति बनाने का प्रयास करना।

विधिः–

1. प्रस्तुतीकरण
2. समूहवार्ता

लक्षित समूहः–

समुदाय के अधिकांश महिला एवं पुरूषों की समान रूप से भागेदारी होनी चाहिए जिससे विभिन्न आर्थिक–सामाजिक पृष्ठभूमि के लोगों के विचार सुन सकें।

प्रक्रियाः–

1. पिछले दिनों से आयोजित की जा रही विभिन्न गतिविधियों पर पी.आर.ए. टीम नेता प्रमुख परिणाम पर अपने विचार रखेगा।
2. प्रत्येक पी.आर.ए. टीम अपनी–अपनी गतिविधि के बारे में परिणाम, निष्कर्ष एवं मूल्यांकन पर अपने विचार प्रस्तुत करेंगीं।
3. प्रस्तुतीकरण के पश्चात इकट्ठे हुए लोग पाँच समूह में विभाजित हो जायेगें जैसे समुदाय नेता, महिलाएं, पुरूष, युवा एवं समुदाय की सहायता करने वाले कर्मचारी, समूह।
4. प्रत्येक समूह पी.आर.ए. के दौरान अपने अनुभव बाँटेगा तथा इसके आधार पर कौन से कार्यक्रम आयोजित किये जायें जिससे समाज को लाभ हो सके तथा समस्याओं के निराकरण में स्थानीय संसाधनों यथा संस्थाएं, प्राकृतिक संसाधन, सामाजिक एवं वित्तीय शक्तियों का कैसे प्रयोग किया जाए।

15. दैनन्दिन मूल्यांकन एवं नियोजन बैठकः– प्रतिदिन दोपहर में पी.आर.ए. टीम आपस में बैठकर पूरे दिन के क्रियाकलाप पर एवं जो परिणाम आये हैं। उन पर वार्ता करेगी और अगले दिन के लिए योजना तैयार करेगी।

उद्देश्यः–

1. दिन के परिणाम का प्रस्तुतीकरण।
2. प्रश्न एवं उससे सम्बन्धित समाज की शक्ति, कमजोरी, तथा बाहर के अवसर तथा भय के अनुसार परिणाम की संरचना का संक्षिप्तीकरण करना।
3. विभिन्न समूह के परिणाम के अन्तर का तुलनात्मक अध्ययन करना।

4. पी.आर.ए. टीम को नये प्रश्न के निर्माण तथा अगले दिन के कार्यक्रम के अनुसार रणनीति तैयार करने के लिए अवसर प्रदान करना।

प्रक्रियाः–

1. दैनंदिन मूल्यांकन एवं नियोजन बैठक के पूर्व पी.आर.ए. टीम नेता बड़े पेपर पर मैट्रिक्स तैयार करें और इन स्थानों को भरें समूह का प्रकार, विधि, प्रश्न।

   पी.आर.ए. टीम नेता का उत्तरदायित्व है कि वह टीम को बैठक की दिशा दें।
2. प्रत्येक टीम प्रश्नों के अनुक्रम मे परिणाम दर्शाएं।
3. समुदाय की शक्ति तथा कमजोरी तथा समुदाय के बाहर के अवसर तथा भय के अनुसार प्रश्न से सम्बन्धित अन्य सूचनाएं।
   - समुदाय की शक्ति : धनात्मक सोच, परिस्थिति या मुद्दे की विशेषता, उपलब्ध स्थानीय संसाधन, अनुभव, ज्ञान एवं सफलता।
   - समुदाय की कमजोरी : नकारात्मक विशेषता, किसी परिस्थिति या मुद्दे की नकारात्मकता, बाधा, कठाईयाँ, समस्याएं।
   - बाहर के अवसर : लाभ प्रदान करने वाले कारक या परिस्थितियां, वह कारक जो परिस्थिति एवं मुद्दे को सुधार सकते हैं।
   - समुदाय के बाहर भय : वे कारक या परिस्थितियां जो परिस्थिति या मुद्दों को दूसरा रूप दे सकती हैं।
   - प्रत्येक टीम अपने विभिन्न परिणाम बैठक में प्रस्तुत करती हैं।
   - प्रत्येक टीम की प्रस्तुतीकरण के पश्चात पी.आर.ए. टीम खुले सत्र में पूछे गये प्रश्नों का उत्तर देती है।

16. सहभागी नियोजन, बनाना, क्रियान्वयन एवं अनुश्रवणः– स्थानीय समुदाय के आवश्यकतानुरूप, स्थानीय संसाधनों की उपलब्धता एवं उनकी सहभागिता से योजना निर्माण, बजट बनाना एवं अनुसूची तैयार करना आवश्यक है। इसके द्वारा क्रियाएँ की जाती हैं तथा उनके अनुश्रवण एवं मूल्यांकन की प्रगति सुनिश्चित की जाती है

स्थानीय समुदाय में वार्ता, स्थानीय समुदाय के फोकस समूह से वार्ता, स्थानीय तथा बाहरी समुदाय के लोगों से वार्ता और केवल बाहरी समुदाय से वार्ता के माध्यम से सहभागी नियोजन एवं अनुश्रवण उपयुक्त एवं प्रभावी होता है।

लघु अनुसूची के माध्यम से आँकड़ों को भरना जो मानक के अनुरूप ठीक हो।

3.2 परियोजना

प्रत्येक संगठन सामाजिक एवं आर्थिक उद्देश्यों की प्राप्ति हेतु लक्ष्य निर्धारित करते हैं। लक्ष्य प्राप्ति हेतु किसी कार्य की विस्तृत योजना बनायी जाती है तथा उसका क्रियान्वयन किया जाता है, इसे परियोजना कहते है। परियोजना निरूपण में कार्य को छोटे–छोटे खण्ड के रूप में विभक्त किया जाता है तथा उनको समयबद्ध क्रम में प्रस्तुत किया जाता है। इसके अतिरिक्त इसमें विभिन्न कार्यो के आरम्भ एवं समाप्त होने का समय, संसाधन उपयोग का विवरण, धनराशि का अनुमान, परियोजना से होने वाले लाभ तथा सहयोग समाप्त होने के बाद परियोजना की गतिविधियों को जारी रखने का विवरण प्रस्तुत किया जाता है। किसी विशिष्ट लक्ष्य की प्राप्ति हेतु विस्तृत कार्य–योजना बनाने, संगठित करने, संसाधनों की व्यवस्था करने एवं संचालन कर संसाधनों के अनुकूलतम उपयोग को परियोजना प्रबंधन कहते हैं।

परियोजना मुख्यतः आवश्यकता के आधार पर अनुकूल एवं टिकाऊ, सहभागिता केन्द्रित, सर्वलाभकारी एवं जनहित केन्द्रित होनी चाहिए। जिसका उद्देश्य समतामूलक समाज एवं न्यायप्रिय बँटवारा होना चाहिए। इसको परिवर्तन का माध्यम बनना चाहिए। इसमें संसाधनों का अनुकूलतम उपयोग हो, निश्चित समयावधि में वांछित परिणाम प्राप्त हों तथा संगठन के उद्देश्य प्राप्ति में सहायक होना चाहिए

परियोजना निरूपण हेतु चरणबद्ध एवं क्रमबद्ध रणनीति आवश्यक है। इसके लिए प्रमुखतः अवस्था का समावेश आवश्यक है।

1. समस्या, संसाधन, क्षेत्र इत्यादि की पहचान करना।
2. लक्ष्य, उद्देश्य, रणनीति इत्यादि का निर्धारण करना।
3. पूर्व में किये गये कार्य का अध्ययन एवं शोध एवं संसाधन इत्यादि का आँकलन करना।
4. समस्या समाधान हेतु विभिन्न विकल्पों का अध्ययन एवं सर्वोत्तम विकल्प का चुनाव।
5. सहभागी नियोजन एवं क्रियान्वयन हेतु प्रयास।

परियोजना प्रस्ताव की आश्वयकता

कोई भी संस्था अपने ''विजन'' एव ''मिशन'' की व्याख्या करके अपने अंतिम

लक्ष्य तक पहुँचने के लिए एक रणनीति बनाती है। साथ ही साथ समुदाय की आवश्यकताओं की जानकारी प्राप्त कर एवं परिवेश में उपलब्ध अवसरों एवं कार्यकर्ताओं की क्षमताओं के आधार पर संस्था अपने कार्यक्रमों का चयन करती है। कार्यक्रम के उद्देश्यों को पूरा करने के लिए उसे सफल बनाने के लिए आवश्यकता होती है संसाधनों की। यह संसाधन (वित्तीय सहायता) हमें फंडिंग एजेंसी उपलब्ध कराती है। यह सहायता हम स्वदेशी एवं विदेशी दाता संस्थाओं से प्राप्त करते हैं। दाता संस्थाओं से अनुदान प्राप्त करने के लिए संस्थाओं को परियोजना प्रस्ताव भेजना पड़ता है। फंड देने से पहले दाता संस्थायें हमारी संस्था एवं प्रस्तावित कार्यक्रम के बारे में सम्पूर्ण जानकारी चाहती हैं। परियोजना प्रस्ताव दाता संस्थाओं से सम्पर्क का एक ऐसा माध्यम होता है जो संस्था के बारे में प्रस्तावित कार्यक्रम के बारे में एवं गतिविधियों पर होने वाले खर्च की विस्तृत जानकारी देता है। हमें अपने विचारों को इस प्रकार प्रस्तुत करना चाहिए जिससे वे फंडिग एजेंसी को भी स्पष्ट हो सकें।

परियोजना प्रस्ताव के ढांचे के बारे में

परियोजना प्रस्ताव लिखने के लिए निर्धारित मॉडल का होना तो कठिन है। सहभागी शिक्षण केन्द्र लखनऊ एवं अन्य संस्थाओं के अनुभवों के आधार पर एक ढांचे (फ्रेमवर्क) का निर्माण किया गया है। इनके आधार पर तैयार किये गये एक ढांचे का विस्तृत विवरण नीचे दिया गया है। यह ढांचा कार्यक्रमों एव फंडिंग एजेंसियों के अनुरूप बदल भी सकता है। परियोजना प्रस्ताव के प्रत्येक भाग की जानकारी निम्नवत् है।

भाग 1

प्रारंभिक बिन्दु : (संस्था का परिचय)

परियोजना प्रस्ताव के प्रथम एवं द्वितीय भाग से फंडिंग एजेंसी को संस्था का विस्तृत विवरण मिलता है। संस्था से सम्बंधित भाग– 1 में जिन विषयों की जानकारी हम फंडिग एजेंसी को प्रदान करते हैं वो निम्नलिखित है :

1. संस्था का नाम
2. संस्था का पूरा पता (ई–मेल सहित)
3. संस्था के मुख्य कार्यकारी का नाम एवं पता
4. टेलीफोन नंबर वेब साइट
5. पंजीकरण संख्या, दिनांक
6. एफ. सी. आर. ए. संख्या

7. बैंक एकाउन्ट नं. एवं पता
8. आयकर विमुक्ति पंजीकरण संख्या

भाग–2

परियोजना प्रस्ताव के दूसरे भाग की शुरूआत हमें अपनी

1. **संस्था की पृष्ठभूमि से करनी चाहिएः** इसका तात्पर्य संस्था के इतिहास एवं उसके वैधानिक स्वरूप से है। जैसे कोई संस्था (क) सोसाइटी रजिस्ट्रेशन एक्ट के तहत पंजीकृत एक अलाभकारी संगठन है। इस के साथ–साथ हमें अपने संस्था के इतिहास के बारे में स्पष्ट रूप से लिखना चाहिए जिससे फंडिंग एजेंसी को भी हमारी संस्था के निर्माण के समय की परिस्थितियों, संस्थापक सदस्यों की पृष्ठभूमि, प्रारम्भ करने के उद्देश्य, गतिविधियाँ एवं कार्य करने के तरीकों आदि की विस्तृत जानकारी मिल सके।
2. **संस्था का विजन एवं मिशनः** ''विजन'' एवं ''मिशन'' विषय पर अपनी समझ बनाते हुए हमने देखा था कि अन्य लोगों/ संस्थाओं को अपने साथ जोड़ने के लिए उनके सहयोग प्राप्त करने के लिए हमें अपने भावी आदर्श समाज की समझ को दूसरों की समझ बनाना तथा अपने उद्देश्यों, अपनी कार्यवाही के प्रेरणास्रोत व मानदंडों के दूसरों के प्रेरणास्रोत व मानदंड बनाना पड़ता है।

   दाता संस्थाओं का भी अपना ''मिशन'' होता है। उनके भी कुछ उद्देश्य होते हैं। वे भी तय करती हैं कि वे विकास के किन कार्यक्रमों के लिए वित्तीय सहायता उपलब्ध करायेंगीं। इसलिए भी हमारे लिए यह बहुत आवश्यक हो जाता है कि हम अपनी संस्था के ''विजन'' एवं ''मिशन'' की स्पष्ट व्याख्या करें जिससे फंडिंग एजेंसी को हमारी सोच हमारे अंतिम लक्ष्य एवं उस लक्ष्य के लिए चुने गये कार्यक्रमों की सही जानकारी मिल सकती है।
3. **संस्था की मुख्य– मुख्य गतिविधियांः** अपने अंतिम लक्ष्य तक पहुँचने के लिए प्रत्येक संस्था कुछ गतिविधियाँ शुरू करती है। हमें अपनी संस्था द्वारा चलायी जा रही गतिविधियों की भी संक्षिप्त जानकारी प्रदान करनी चाहिए।
4. **संस्था के उपलब्ध संसाधन** : मुख्य रूप से किसी भी संस्था में हम दो प्रकार के संसाधन पायेंगे। पहला–मानव संसाधन जो संस्था के

क्रियाकलापों में अपना विशिष्ट योगदान प्रदान करते हैं और दूसरा–भौतिक संसाधन जैसे स्वयं का भवन, फर्नीचर, वाहन, फोटोकापी मशीन इत्यादि–इत्यादि। हमारे लिए यह भी आवश्यक हो जाता है कि हम इन संसाधनों की भी जानकारी फंडिंग एजेंसी को दें।

भाग 3

परियोजना प्रस्ताव का तीसरा भाग उस कार्यक्रम की विस्तृत जानकारी देता है जिस पर हम परियोजना प्रस्ताव बनाने वाले हैं। इस भाग में प्रस्तुत की जाने वाली जानकारी निम्नलिखित हो सकती है :

1. **कार्यक्रम का नामः** हम अपने कार्यक्षेत्र के लिए चयन किये गये कार्यक्रम को नामित करते हैं। हमें यह ध्यान रखना चाहिए कि कार्यक्रम का नाम संक्षिप्त एवं स्पष्ट हो।
2. **अवधिः** हमारा कार्यक्रम कब प्रारम्भ होगा और कब सम्पन्न होगा इसे भी सूचित करना आवश्यक है। अवधि निर्धारित करते हुए हम यह भी ध्यान में रख सकते हैं कि सामान्य रूप में किसी भी विदेशी दाता संस्था से फंड प्राप्त करते–करते 4 से 6 महीने तो लग ही सकते हैं। इसी आधार पर हम अपने प्रस्तावित कार्यक्रम की अवधि को परियोजना प्रस्ताव भेजने की संभावित तारीख से 6 महीने बाद की तारीख से प्रारम्भ कर सकते हैं।
3. **क्षेत्र की प्राथमिक जानकारी** : हमारा कार्यक्रम किसी निर्धारित क्षेत्र में चलेगा। हमें उस क्षेत्र की प्राथमिक जानकारी का भी वर्णन करना चाहिए जिससे फंडिंग एजेंसी को भी उस क्षेत्र की भौगोलिक परिस्थिति एवं आबादी, स्त्री पुरूष की साक्षरता दर, मृत्यु दर आदि की सम्पूर्ण जानकारी मिल सके।
4. **कार्यक्रम की आवश्यकता का निर्धारणः** हमने देखा था कि प्रत्येक संस्था का अपना एक कार्यक्रम होता है, एक लक्ष्य समूह होता है जिसके विकास के लिए संस्था कुछ कार्यक्रमों का संचालन करती है। हम अपने कार्यक्षेत्र के साथ निरन्तर संपर्क रखते हुए एवं सर्वेक्षण द्वारा उस क्षेत्र की विभिन्न कठिनाइयों एवं लक्ष्य समूह की आवश्यकताओं को पहचानते हैं। हो सकता है हमारा लक्ष्य समूह स्वास्थ्य सम्बंधी सुविधाओं को अपने क्षेत्र के लिए आवश्यक समझता है क्योकि वहाँ लोगों को तरह–तरह की बीमारियों का सामना करना पड़ता है, बच्चे कमजोर पैदा होते हैं, मृत्यु दर अधिक है आदि। हमारे लिए यह बहुत

ही आवश्यक हो जाता है कि फंडिग एजेंसी को भी स्पष्ट करें कि यह कार्यक्रम लक्ष्य समूह के लिए एवं कार्यक्षेत्र के लिए क्यों आवश्यक है।

5. **कार्यक्रम के उद्देश्यः** किसी भी कार्यक्रम का चयन क्षेत्र की लक्ष्य समूह की आवश्यकताओं को पूरा करने के लिए किया जाता है। प्रत्येक कार्यक्रम किन्हीं उद्देश्यों को लेकर आगे बढ़ता है और कार्यक्रम के अन्त तक उन उद्देश्यों की पूर्ति का प्रयास करता है। अगर हमने अपने लक्ष्य समूह के लिए लोक स्वास्थ्य कार्यक्रम तय किया है तो इस कार्यक्रम के उद्देश्य निम्न सकते हैं :
   - लोगों में स्वास्थ्य के प्रति जागरूकता पैदा करना।
   - स्वास्थ्य सुविधाओं की जानकारी प्रदान करना।
   - स्थानीय जड़ी बूटियों को उगाने के लिए प्रेरित करना आदि।
6. **कार्यक्रम की प्रस्तावित गतिविधियांः** हमारे कार्यक्रम के उद्देश्य पूर्ण हो सकें इसके लिए हमें कुछ काम करना है। हम अपने तय किये गये उद्देश्यों के अनुरूप गतिविधियां तय करते हैं। जैसे–बैठकें जागरूकता शिविर, प्रशिक्षण, औषधि निर्माण केन्द्र आदि । इन गतिविधियों की विस्तृत जानकारी हमें फंडिंग एजेंसी को भी देनी चाहिए जो कार्यक्रम के लिए फंड उपलब्ध कराती हैं।
7. **कार्य क्रियान्वयन की रणनीतिः** हमें अपनी गतिविधियों को क्रियान्वित करने के लिए एक निश्चित योजना बनानी पड़ती है। हम अपनी गतिविधियों का एक क्रमबद्ध नियोजन करते हैं ताकि हमारे कार्यक्रम के उद्देश्य पूर्ण हो सकें। उपरोक्त उद्देश्यों की पूर्ति के लिए हम सर्वप्रथम गाँव में बैठक, पोस्टर, वीडियो, फिल्म आदि के माध्यम से लोगों में स्वास्थ्य के प्रति जागरूकता पैदा कर सकते हैं। तत्पश्चात् प्रशिक्षण आदि के माध्यम से स्वास्थ्य सुविधाओं की जानकारी प्रदान कर सकते हैं। उनमें वह क्षमता विकसित करने का प्रयास भी कर सकते हैं जिससे वे स्थानीय जड़ी–बूटियों को पहचान सकें, उनके महत्व को समझ सकें और उन्हें उगाने का संगठित प्रयास कर सकें। इस प्रकार के नियोजन की जानकारी से फंडिंग एजेंसी को हमारे कार्यक्रम की सार्थकता का ज्ञान होता है।
8. **कार्य योजना (ऐक्शन प्लान)ः** गतिविधियों के समय के अनुसार आयोजन को हम एक्शन प्लान कहते हैं। उदाहरणस्वरूप अगर हम गाँव में महिलाओं के लिए सिलाई केन्द्र बनाना चाहते हैं तो हमें अपनी

गतिविधियों का क्रियान्वयन करना पड़ता है। हमारी गतिविधियां निम्नलिखित हो सकती हैं:

1. लाभार्थियों का चुनाव
2. कच्चा माल खरीदना
3. सर्वेक्षण
4. प्रशिक्षण
5. मार्केटिंग आदि।

इन्हीं गतिविधियों का समय के अनुसार आयोजन एक्शन प्लान के माध्यम से होता है उपरोक्त उदाहरण के लिए एक ऐक्शन प्लान का चित्रण नीचे किया गया है:

गतिविधियां	माह											
	ज.	फ.	मा.	अप्रै.	म.	जू.	जु.	अ.	सि.	अ.	न.	दि.
1. लाभार्थियों का चुनाव	√	√										
2. कच्चा माल खरीदना				√								
3. सर्वेक्षण			√									
4. प्रशिक्षण				√	√	√	√	√	√	√	√	
5. मार्केटिंग						√	√	√	√	√	√	√

ऐक्शन प्लान

ऐक्शन प्लान हमारे लिए बहुत ही उपयोगी हो सकता है ऐक्शन प्लान के माध्यम से:–

- गतिविधियों का समय के अनुसार क्रियान्वयन हो सकता है।
- गतिविधियों के लिए धन की आवश्यकता की जानकारी मिलती है।
- मानीटरिंग करने में सहायक होता है।
- भविष्य के लिए सीखने में मदद करता है।

इस ऐक्शन प्लान के माध्यम से फंडिंग एजेंसी को प्रोजेक्ट की अवधि के अनुरूप कार्यक्रम की समयबद्ध गतिविधियों का एक स्पष्ट विवरण मिल जाता है।

9 सफलता के सूचक: कार्यक्रम का चयन करने के पश्चात हम यह मान कर चलते हैं कि अवधि के पूरे होने पर हमारा कार्यक्रम अवश्य ही सफल हो सकेगा और अपने उद्देश्यों की पूर्ति करेगा। हम अपने कार्यक्रम की सफलता को जिस आधार पर दर्शाते हैं उसकी स्पष्ट जानकारी भी फंडिंग एजेंसी को देना

आवश्यक हो जाता है उपरोक्त दिये उदाहरण में भी महिलाओं के सिलाई सेंटर के कार्य से महिलाओं की आर्थिक स्थिति में सुधार या महिलाओं का स्वावलंबी हो जाना हमारी सफलता दर्शा सकता है।

10 कार्यक्रम का मूल्यांकन कैसे होगा : मूल्यांकन किसी भी कार्यक्रम का एक अभिन्न अंग होता है। हमें समय–समय पर अथवा कार्यक्रम के अन्त में उसका मूल्यांकन करना चाहिए। मूल्यांकन के द्वारा हम देख सकते हैं कि हमारा कार्यक्रम अपने उद्देश्यों को पूर्ण करने में सफल रहा अथवा नहीं।

11 फॉलोअप प्रक्रिया से सम्बन्धित जानकारी : भाग तीन के अन्त में हम फंडिंग एजेंसी को फॉलोअप से सम्बन्धित जानकारी प्रदान करते हैं। हम सूचित करते हैं कि हमारे कार्यक्रम का कोई फॉलोअप होगा अथवा नहीं। अगर फॉलोअप होगा तो क्या होगा, कौन करेगा?

3.3 बजट

बजट किसी योजनाबद्ध गतिविधि या कार्यक्रम का वित्तीय खाका होता है। काम के लिए जो भी संसाधन चाहिए, उनका विवरण बजट देता है। इसका एक महत्वपूर्ण मुद्दा है बजट से कोई भी संस्था कितना रूपया लेने और खर्च करने को सोचती है। बजट में प्रत्येक खर्च का मदवार विवरण होता है।

बजट तैयार करना वित्तीय प्रबंधन का सबसे महत्वपूर्ण चरण होता है। इसके बनाने में अत्यन्त सावधानी बरतनी चाहिए।

बजट में शामिल होने वाले खर्चों का विवरण

1. कार्यक्रम सम्बन्धी खर्चः– यह व्यय कार्यक्रम की प्रत्येक गतिविधि के अनुसार तय होते हैं। कार्यक्रम की प्रत्येक गतिविधि में जो भी व्यय होता है उसी का विवरण इसमें होता है। उदाहरण के लिए अगर हमारे कार्यक्रम की एक गतिविधि है "तकनीकी प्रशिक्षण" तो इसके लिए हमारे लिये यह आवश्यक हो जाता है कि हम उस प्रशिक्षण में इस्तेमाल की जाने वाली वस्तुओं का बाजार मूल्य देखें और अगर प्रस्तावित गतिविधि दो वर्षों के लिये निर्धारित है तो हम बाजार की वर्तमान दर से एक या दो प्रतिशत अधिक दर अपनी गतिविधि के खर्च में प्रदर्शित कर सकते हैं। इसी प्रकार हमें प्रत्येक गतिविधि पर होने वाले खर्च की सूची बनाकर उसका विवरण कार्यक्रम सम्बन्धी खर्च में प्रस्तुत करना चाहिए।

2. मानव संसाधन सम्बन्धी खर्चः– इस खर्च के अन्तर्गत संस्था के सभी कार्यकर्ताओं का वेतन आता है। वेतन मांगने की कोई निर्धारित मार्गदर्शिका नहीं

होती है। अगर प्रोजेक्ट दो वर्षों का बना है तो दूसरे वर्ष के वेतन में प्रथम वर्ष के वेतन का दस प्रतिशत अधिक मांगा जा सकता है और अगर संस्था वेतन के साथ–साथ अन्य भत्ता भी प्रदान करती है तो अतिरिक्त वेतन भत्ता भी मांगा जा सकता है। वेतन के लिए परियोजना के कार्यकर्ताओं का पद, वेतनमान इत्यादि संस्था को स्वयं ही तय करना चाहिए।

3. कार्यालय स्थापना खर्चः– कार्यालय की स्थापना हेतु जो भी खर्चे होते हैं उन्हीं का विवरण इसमें होता है। उदाहरण के लिये हम कार्यालय के लिए जमीन खरीद सकते हैं या फिर कोई कम्प्यूटर, आलमारी खरीदते हैं तो उस खर्च का विवरण इसमें देना पड़ता है।

4. प्रशासनिक खर्चः– वैसे इस खर्च के लिए कोई निश्चित प्रावधान तो नहीं है पर प्रथम वर्ष के कुल खर्च का दस प्रतिशत प्रशासनिक कार्यो के लिए मांगा जा सकता है। प्रशासनिक कार्य जैसे बिजली, पानी, ऑफिस का किराया, पोस्टल व्यय, इत्यादि। परियोजना में फंडिंग संस्थायें यह खर्च कम/ज्यादा कर सकती हैं। जो व्यय उपरोक्त खर्चों में स्पष्ट नहीं हो पाते हैं उनका विस्तृत विवरण ''फुटनोट'' में किया जाना चाहिए।

उदाहरणः सभी कार्यकर्ताओं को एक वर्ष में एक माह के वेतन के बराबर अन्य भत्ता दिया जा सकता है। इस व्यय का विवरण ''फुटनोट'' में दिया जाना चाहिए जिससे फंडिंग एजेंसी को खर्च की सही जानकारी मिल सके किन्तु इसके लिए आवश्यक है कि संगठन में इन भत्तों के लिए आवश्यक प्रावधान हो। उदाहरण के लिए चिकित्सा, आवास, प्रोविडेंट फंड, इत्यादि इसके अर्न्तगत आ सकते है।

बजट एक नजर में

उदाहरण

खर्च विवरण	पहला वर्ष	द्वितीय वर्ष	तृतीय वर्ष
1. कार्यक्रम खर्च सर्वेक्षण बैठक प्रशिक्षण	रु. 7,48,000.00	रू. 74,20,000.00	रू. 9,00,000,00
2. मानव संसाधन	3,20,000.00	3,60,000.00	3,90,000.00
3. स्थापना खर्च	40,000.00	50,000.00	60,000.00
4. प्रशासनिक खर्च	80,000.00	80,000.00	90,000.00
कुल	रू11,88,000.00	रू. 12,32,000.00	रू. 14,40,000.00

उपरोक्त टेबल को शुरू में या फिर अन्त में लगाना चाहिए। इसे काफी स्पष्ट होना चाहिए। इससे फंडिंग एजेंसी को प्रोजेक्ट सम्बन्धित सभी खर्चों का विवरण एक सही एवं संक्षिप्त रूप में एक ही जगह मिल जाता है।

बजट बनाते समय यह भी ध्यान में रखना चाहिए कि प्राप्त राशि का कम से कम साठ प्रतिशत कार्यक्रम पर खर्च हो, दस प्रतिशत प्रशासनिक कार्यों पर, बीस प्रतिशत कार्यकर्ताओं के वेतन पर तथा दस प्रतिशत अतिरिक्त खर्चों के लिए रखा जा सकता है। यह मापदंड किसी भी रूप में मार्गदर्शिका नहीं है। परन्तु सामान्यतः खर्च के ढांचे को क्षेत्रीय स्तर पर कार्यरत संगठनों द्वारा कई अवसरों पर अपनाया गया हैं एवं दाता संस्थाओं ने इसे मान्य कर रखा है।

समुदाय की समस्या का पता लगाना

किसी कार्यकर्ता को न केवल समस्या बल्कि समुदाय को समग्र रूप से समझना बहुत जरूरी है एक अच्छी परियोजना के लिए निम्न बिन्दु विचारणीय है

आवश्यकताः

1. समुदाय में स्वास्थ्य समस्या व उसकी जड़।
2. अन्य कारण जो लोगों के स्वास्थ्य पर परोक्ष/अपरोक्ष रूप से प्रभाव डालते हैं।
3. समुदाय की अपनी दृष्टि में उसकी समस्यायें/जरूरतें क्या हैं?

सामाजिक विशेषताः

1. लोगों की सांस्कृतिक परम्परायें, विश्वास, आचार–विचार।
2. समाज व परिवार की अन्दरूनी संरचना।
3. बीमारी व अन्य समस्याओं से निपटने के परम्परागत तरीके।
4. सामुदायिक ढाँचा, संसाधनों का वितरण व प्रयोग।
5. लोगों का नई जानकारी व आचार–विचार सीखने का तरीका।

संसाधनः

1. समुदाय में विशेष कौशल वाले व्यक्ति, नेता, ओझा, लोक कलाकार, शिक्षक, महिला दल, ए.एन. एम., भूतपूर्व सैनिक आदि।
2. जमीन, फसल, खाद्य सामग्री, लकड़ी, पानी आदि।
3. बाजार, संचार, सुविधा आदि।
4. पारम्परिक कौशल/ज्ञान कठपुतली, जड़ी बूटी।

इस पूरी तस्वीर को सामने रखकर समुदाय के साथ मिलकर यह समझने का प्रयास करना कि समुदाय की समस्या क्या है, कितनी बड़ी है, उससे कैसे निपटा जाये, किन स्तरों पर उसके लिये क्या संसाधन गाँव में ही मौजूद हैं, आदि–आदि। इसी को समुदाय विश्लेषण कहते हैं। यह परियोजना नियोजन की पहली सीढ़ी है।

समुदाय की जरूरतों को पता लगाने के तरीके

1. समस्या व उसके हल तथा हल से उत्पन्न होने वाली वाली नई समस्याओं पर समुदाय के सदस्यों से खुला व गहरा चर्चा विचार–विमर्श।
2. समुदाय का बारीकी से निरीक्षणः महिला खेत से किस समय घर लौटती है? लड़कियों की शादी प्रायः किस उम्र में होती है? सूखा पड़ने पर गरीब किससे पैसा लेते हैं? बीमार पड़ने पर इलाज में किसे प्राथमिकता मिलती है? लड़के को या लड़की को, आदि
3. प्रश्नावली, प्रयोग करने से पहले फील्ड ट्रायल छोटी संख्या में समुदाय में इनका परीक्षण व सुधार– जरूर करें।
4. सहभागी ग्रामीण आंकलन (पी.आर.ए.)।
5. सर्वेक्षण।

परियोजना प्रस्ताव का प्रारूप

मुख्य पृष्ठ

1 परियोजना का नाम

2 कार्यकाल

3 परियोजना का कार्यक्षेत्र (जिला / ब्लाक / गाँवो की संख्या / कुल आबादी)

4 संस्था का नाम

5 संस्था का पता– फोन / फैक्स / ई –मेल

5 परियोजना प्रमुख / निदेशक का नाम

6 संक्षिप्त बजट

	प्रथम वर्ष	द्वितीय वर्ष	तृतीय वर्ष
1 वेतन / मानदेय 2 टी. ए. / डी. ए. 3 परियोजना खर्च 4 अन्य खर्च			
कुल योग	रु..........................	रु.........................	रु.......................

परियोजना विवरण सूची **पृष्ठ**

1. परियोजना का सार संक्षेप
2. समुदाय की समस्या क्या है?
3. संस्था की विशेष योग्यता, क्षमता, इतिहास
4. परियोजना के उद्देश्य व लक्ष्य
5. परियोजना के क्रिया कलाप–स्टाफिंग – प्रशिक्षण आदि
6. कार्ययोजना (प्रोजेक्ट वर्कप्लान)
7. परियोजना प्रबन्ध (मैनेजमेंट)
8. पर्यवेक्षण/अनुश्रवण/मूल्यांकन
9. बजट
10. सस्टेनेबिलिटी (सततता)

परिशिष्ट/ संलग्नकः

1. समस्या के विस्तृत आँकड़े/रिपोर्ट
2. वर्कप्लान तालिका 'माहवार
3. संस्था के प्रबन्धन का चार्ट/रेखाचित्र
4. संस्था के रजिस्ट्रेशन/एफ. सी. आर ए. प्रमाण–पत्र की प्रतिलिपि
5. संस्था का पिछले वर्ष का ऑडिटेड एकाउन्ट
6. संस्था से सम्बन्धित कोई अन्य रिपोर्ट/आलेख आदि
7. परियोजना से या बजट से सम्बन्धित कोई जरूरी स्पष्टीकरण/सूचना जो पहले न दे पाये हों।
8. कार्यक्षेत्र का स्केच मैप
9. कार्यक्षेत्र से सम्बन्धित भौगोलिक/अन्य जानकारी

परियोजना सम्बन्धी सूचनाः

1. किससे पैदा हो रही है?
2. किस पर खत्म ?
3. क्या/कितनी सूचना/कितनी बार
4. विश्लेषण कौन करेगा?
5. उस पर क्या कार्रवाई करेगा?
6. किसको फीडबैक देगा?

मूल्यांकनः

- परियोजना कितना प्रभावशाली रही?

- परियोजना के लक्ष्य पूरे हुए या नहीं?
- परियोजना में निश्चित क्रिया–कलाप किस स्तर पर रहे?
- भविष्य में क्या करने / न करने की जरूरत है?

सूचक / इण्डीकेटर्सः

- इनपुट सूचक (क्या डाला?)
- आउटपुट सूचक (क्या निकला?)
- इम्पैक्ट सूचक (लाभार्थी क्षेत्र / समाज पर क्या प्रभाव पड़ा?)
- सूचक कैसा होः – स्पष्ट
  – सम्बन्धित
  – मापा जा सके

परियोजना क्रियान्वयन योजना

लक्ष्य

						माह							संसाधन चाहिए	जिम्मेदार कार्यकर्ता
क्रिया	1	2	3	4	5	6	7	8	9	10	11	12		
कलाप														

परियोजना क्रियान्वयन

परियोजना का क्रियान्वयन एक महत्वपूर्ण प्रबंधन प्रक्रिया है। बहुत अच्छी नीति, विजन, नियोजन एवं संगठनात्मक रणनीति किसी भी संगठन में आवश्यक है किन्तु क्रियान्वयन में दक्षता किसी परियोजना की सफलता में महत्वपूर्ण भूमिका अदा करती है। परियोजना के नियोजन एवं मूल्यांकन के बीच की इस महत्वपूर्ण कड़ी के प्रभाव का लाभ आगे संचालित होने वाले कार्यक्रमों में भी मिलता है।

कार्यक्रम के नियोजन के उपरांत प्रस्ताव के अनुरूप अनुमोदित बजट एवं गतिविधि के अनुसार विभिन्न चरण की गतिविधियाँ आयोजित की जाती हैं। कभी–कभी संगठन त्रैमासिक, मासिक या साप्ताहिक विवरण तैयार कर विभिन्न गतिविधियों के आयोजन हेतु दिशा–निर्देश प्रदान करते हैं। चूँकि अधिकांश गतिविधियों का संचालन जमीनी स्तर पर होता है इसलिए इन गतिविधियों के आयोजन में मौसम, समय, स्थान इत्यादि की महत्वपूर्ण भूमिका होती है।

क्रियान्वयन में जन–सहभागिता कार्यक्रम एवं परियोजना की सफलता तय करती है। अधिकांश संगठन सहभागी ग्रामीण आँकलन (पी. आर. ए.) तकनीकी

का प्रयोग जन सहभागिता हेतु करते हैं। कई कार्यक्रम जनसहभागिता के अभाव में असफल हुए हैं साथ ही बहुत से संगठनों ने सहभागी क्रियान्वयन के आधार पर कार्यक्रम में सफल परिणाम प्राप्त किये हैं।

क्रियान्वयन पूर्व परियोजना में संलग्न कर्मचारियों का प्रशिक्षण आवश्यक है जिससे उन्हें परियोजना के उद्देश्य, गतिविधि, वित्तीय जानकारी, सीमा, इत्यादि से परिचित कराया जा सके।

संगठनात्मक प्रबंध

प्रबंध व्यवस्था (मैंनेजमेट) शब्द सामने आते ही तत्काल हमारा ध्यान कल कारखानों, व्यावसायिक क्षेत्र के उद्यमों इत्यादि पर चला जाता है। इस शब्द का सीधा–साधा सम्बंध उपरोक्त क्षेत्रों में अधिकतम लाभ प्राप्त करने एवं संसाधनों के महत्तम उपयोग से जोड़कर देखने की परम्परा हमारे जनमानस में अवस्थित है। किसी भी तरह यह शब्द गैर–सरकारी संगठनों के साथ जुड़ा हुआ नहीं लगता है। यदि हम गैर–सरकारी संगठनों के इतिहास में झांके तो पायेगें कि इस क्षेत्र में इस शब्द का सदैव से ही कम उपयोग होता आया है जिसके प्रमुख कारण निम्नवत हैं :

1. सामाजिक कार्य को नितान्त वैयक्तिक कार्य के रूप में देखा गया है।
2. सामाजिक कार्यों को पर लोक सुधारने वाले कार्यों के रूप में किया जाता रहा है।
3. हस्तक्षेप को अस्थायी रूप में देखा जाता है।

इस क्षेत्र में प्रबंधकर्ता की छवि हमेशा से ही एक संगठनकर्ता की रही है। परन्तु इनके विपरीत जाने–अनजाने में समय समय पर यह कार्य इस क्षेत्र में भी किया जाता रहा है। भले ही इन कार्यों को तकनीकी नाम नही दिया जाता रहा है। सामान्यतः गैर–सरकारी संस्था की स्थापना विकास एवं उसका संचालन ही प्रबंध व्यवस्था है। संस्थागत कार्यक्रमों की तुलना में इन मुद्दों पर लगभग नाममात्र का ध्यान दिया जाता है।

गैर–सरकारी संगठनों के प्रबंध व्यवस्था से सम्बंधित विभिन्न प्रकार के मुद्दे लम्बे समय तक उपेक्षित रखे जाते हैं। अथवा अनुत्तरित रहते हैं। इसके परिणाम स्वरूप संस्थाओं में आये दिन अनेक प्रकार के व्यवधान उपस्थित होते रहते हैं। एक लम्बी अवधि तक यदि इन पर ध्यान नहीं दिया जाता है अथवा तो इन्हें बिना सोचे विचारे ही दबा देने का प्रयास किया जाता है तो इससे भी समस्यायें और अधिक जटिल होती चली जाती हैं एवं अंत में गैर–सरकारी संस्था के अस्तित्व

पर ही प्रश्नचिन्ह खडे हो जाते हैं। अतएव ऐसे मुद्दों पर भी जो संस्था के विकास एवं संचालन में जुड़े हों ध्यान देना तथा उनका सफल तरीके से निराकरण करना उतना ही आवश्यक है जितना कि संस्थागत कार्यक्रमों से संबंधित समस्याओं पर ध्यान आमतौर से दिया जाता है।

गैर–सरकारी संगठनों की प्रबंध व्यवस्था को समझने के अलग–अलग तरीकों में से एक सरल तरीका ऐसा भी हे। संस्था से हमारा तात्पर्य होता है एक ऐसी व्यवस्था जहाँ दो या दो से अधिक व्यक्तियों का एक छोटा समूह हो जो एक खास लक्ष्य समूह के प्रति समर्पित हो। ये सभी एक निश्चित उद्देश्य की प्राप्ति में लगे हों। कुछ संसाधन उपलब्ध हों और कार्यों के संपादन हेतु धन उपलब्ध हों।

अब यदि हम संस्था को एक छोटे समूह के रूप में देख रहे हों तो यहाँ ध्यान देने की बात है कि किसी भी छोटे समूह के जीवनकाल में कुछ प्रक्रिया चलती रहती हैं। जैसे–

- निर्णय की प्रक्रिया
- सहभागिता की प्रक्रिया
- संचार की प्रक्रिया
- समस्या समाधान की प्रक्रिया इत्यादि।

छोटे समूह के कार्यो के सफल संपादन के लिए यह आवश्यक होता है कि सभी प्रक्रिया समुचित तरीकों से चलें। इसके लिए इनके प्रति संवेदनशीलता एवं निगरानी की आवश्यकता पड़ती है, ताकि समूह का कार्य एक नियोजित रूप में आगे बढ़ता रहे। इस क्रिया को संस्था का प्रबंध कहा जा सकता है।

1. वित्तीयः– कोई भी गैर–सरकारी संस्था अपने कार्यक्रमों को चलाने के लिए तथा अपने कार्यकर्ताओं के वेतन के लिए विभिन्न स्रोतों से धन प्राप्त करती है यहाँ यह अत्यन्त आवश्यक हो जाता है कि इस धन का सही–सही उपयोग हो तथा एक उचित तरीके से उपयोग किया जाये। जरा सी असावधानीवश हम प्रस्तावित परियोजनाओं के किसी मद में अत्यधिक खर्च कर देते हैं उसी के साथ दूसरे बहुत से आवश्यक मदों हेतु धनाभाव अक्सर बना रहता है। अतः यदि इन सभी चीजों पर लगातार ध्यान रखा जाये तथा विभिन्न स्रोतों से प्राप्त धनराशि को पूर्व निर्धारित मदों के अनुसार खर्च किया जाय तो हमारे कार्य बहुत ही आसानी से हो सकते हैं। वित्तीय प्रबन्ध की प्रक्रिया चलते रहने पर बहुत से कार्यो में स्वयमेव सहूलियत होने लगती है, जैसे–

1. कार्यकर्ताओं को मौलिक सुरक्षा प्रदान की जा सकती है ताकि वे पूरी तरह से अपने कार्यों में लगे रहें।
2. भविष्य की योजना बनाने में सहूलियत हो सकती है।

2. मानव संसाधनः– किसी भी गैर–सरकारी संस्था का यह एक महत्वपूर्ण अंग होता है। व्यावसायिक उद्यमों की तुलना में इस क्षेत्र में लोगों पर ध्यान ज्यादा दिया जाता है पर संस्थागत कार्यक्रमों के जोर से ऐसे व्यक्तियों के स्वविकास, ज्ञानवर्द्धन इत्यादि मुद्दे पीछे छूट जाते हैं। हम संस्था के कार्यक्षेत्र के लोगों के प्रति काफी संवेदनशील रहते हैं उनके विकास के लिए हर सम्भव प्रयास भी करते हैं। लेकिन इस व्यस्तता में अपने कार्यकर्ताओं के प्रति अपनी जिम्मेदारियों को निभाने में हमसे चूक हो जाती है। बहुत कम गैर–सरकारी संस्थायें ऐसी होती हैं जहाँ कार्यकर्ताओं में विकास के प्रति जागरुकता पायी जाती है। इसके परिणामस्वरूप कार्यकर्ताओं के मन में भी धीरे–धीरे असंतोष का भाव आने लगता है। उन्हें अपने कार्य में एकरसता महसूस होने लगती है। नवीन अवसर नहीं मिल पाने के कारण कार्यों पर भी असर पड़ता है। ऐसी परिस्थिति में यह आवश्यक हो जाता है कि कार्यकर्ताओं की गुणवत्ता वृद्धि पर भी आवश्यक ध्यान दिया जाय। इसी संदर्भ में एक दूसरा पक्ष यह भी है कि गैर–सरकारी संगठनों में कार्यकर्ताओं की संख्या के अनुसार काम ज्यादा होता है। कहीं–कहीं तो एक ही व्यक्ति पर क्षमता से अधिक की सफल जिम्मेवारियां डाल दी जाती है दूसरी ओर कार्यक्रम होने के बावजूद भी अन्यान्य कारणों के चलते कार्यकर्ताओं की संख्या जरूरत से ज्यादा रहती है। इन परिस्थितियों में हम उपलब्ध संसाधनों का महत्तम उपयोग कर पाने में सफल नहीं हो पाते हैं। अतः यह भी एक अति महत्वपूर्ण मुद्दा है कि कार्य एवं कार्यकर्ताओं की संख्या के बीच सही तालमेल रखा जाय।

3. बाह्य परिवेशः– गैर–सरकारी संस्थायें भी अन्य प्रतिष्ठानों की भाँति वर्तमान समाज में ही चलती हैं। संस्था के बाहरी परिवेश के विभिन्न अंगों का प्रभाव भी संस्था पर प्रत्यक्ष अथवा परोक्ष रूप से अवश्य ही पड़ता है। उदाहरणस्वरूप सरकारी विभागों का, दाता संस्थाओं का, अपनी जैसी अन्य संस्थाओं का, लक्ष्य समूहों का, लक्ष्य समूह के बाहर के लोगों का, ग्राम पंचायत, इत्यादि का प्रभाव संस्था पर अवश्य पड़ता है। इन अंगों में किसी भी प्रकार के परिवर्तन से संस्था अवश्य ही प्रभावित होती है। इनमें से कुछ का प्रभाव संस्था के हित में होता है तो कुछ संस्था के लिए बाधक होती है। यहाँ यह आवश्यक होता है कि हम इन बाधक तत्वों को भी सहायक बनाने के लिए कुछ करें अन्यथा इससे एक प्रकार

का असंतोष उपजता है जो आपसी सम्बंध में बाधा उत्पन्न करता है। इस संदर्भ में प्रबंध का अर्थ है बाधक तत्वों को सहायक बनाने का प्रयास करना।

4. सरकारी नियम/फायदेः– सरकार के ऐसे बहुत से नियम कानून हैं जिनका प्रभाव संस्थाओं पर भी पड़ता है। अतः उनकी तरफ से मुँह मोड़े रखना शायद अल्पकाल में लाभकारी सिद्ध हो सकता है परन्तु दूरगामी प्रभावों का असर उल्टा भी पड़ सकता है। और तब हमारे समक्ष घुटने टेकने के अलावा और कोई रास्ता नहीं बचता है। अतः इस संदर्भ में भी यह आवश्यक होता है कि संस्थाओं पर लागू होने वाली तमाम प्रकार के सरकारी कायदे कानूनों की जानकारी रखी जाये तथा समय–समय पर उनके द्वारा अपेक्षित दस्तावेजों को प्रेषित करते रहा जाये।

5. आंतरिक व्यवस्थायेंः– जैसा कि व्यावसायिक प्रतिष्ठानों में सामान्यतः पाया जाता है कि अपने कार्यो को सुचारू रूप से संपादित करने के लिए उनके कार्यालय में/ कार्याकर्ताओं के बीच कुछ अन्दरूनी व्यवस्थायें कायम की रहती हैं जैसे कि कार्य का निश्चित समय, विभिन्न प्रकार के रजिस्टर, सुदृढ़ फाइलिंग व्यवस्था, इत्यादि। आमतौर पर गैर–सरकारी संगठनों में इस प्रकार की व्यवस्था का सर्वथा अभाव रहता है। इन व्यवस्थाओं के अभाव में आये दिन संस्थाओं में अनेकों प्रकार की समस्यायें उठती रहती हैं। उदाहरण के लिए कई–कई बार एक महत्वपूर्ण पत्र को ढूँढ़ने में गैर–सरकारी संगठनों के सारे कार्यकर्ता कई घंटों तक लगे रहते हैं फिर भी समय पर वह पत्र नहीं मिल पाता है। अतः इन समस्याओं को देखते हुए यह आवश्यक लगता कि है गैर–सरकारी संगठनों में भी इस प्रकार की व्यवस्था होनी चाहिए जिसके फलस्वरूप बहुत सी ऐसी छोटी–छोटी परेशानियों को टाला जा सके एवं अपने कार्यों को प्रभावी ढंग से पूरा किया जा सके।

6. संस्था के विकास का आयोजनः– गैर–सरकारी संस्थायें सामान्य तौर पर लक्ष्य समूहों के विकास के प्रति समर्पित होती हैं। इस प्रतिबद्धता के चलते अनेकों बार ऐसा पाया गया है कि काफी कुछ कर गुजरने के बाद भी संस्था ने जहाँ से कार्य करना शुरू किया था एक लंबे समय के अतंराल के बाद भी वहीं रहती है। संस्थागत विकास के मुद्दों पर अक्सर कम ही ध्यान दिया जाता है। इसके अभाव में संस्था के भविष्य के दिशा निर्धारण में कठिनाई सामने आने लगती है। अतः इस संदर्भ में यह अति आवश्यक हो जाता है कि जनसमुदाय के विकास के साथ–साथ संस्थागत विकास को भी एक दिशा प्रदान की जाय। संस्था के भविष्य की चिन्ता करना भी उतना ही आवश्यक है जितना कि लक्ष्य समूह के विकास के प्रति संवेदनशील होना।

7. परियोजनाएंः– स्वैच्छिक संस्थायें अपने कार्यक्षेत्र के जन समुदाय के लिए समय–समय पर कुछ विकास की परियोजनाएं बनाती हैं एवं उनका क्रियान्वयन भी करती रहती हैं। क्रियान्वयन की प्रक्रिया के दौरान बीच–बीच में इन परियोजनाओं की एक सोच बनती है। इन्हीं विषमताओं से लड़ने के लिए लोग अलग–अलग रास्ते अपनाते हैं। कुछ लोग सामाजिक –राजनैतिक आन्दोलनों से जुड़ जाते हैं और कुछ संस्था व संगठनों से।

अपने उद्देश्यों की प्राप्ति के लिए, अपने स्वप्न को पूरा करने के लिए, समाज की विषमताओं से लड़ने के लिए, संस्था को एक अथवा एक से अधिक क्षेत्र में काम करना पड़ता है जैसे पर्यावरण, स्वास्थ्य, कृषि आदि। अगर कोई संस्था स्वास्थ्य के क्षेत्र में कार्य करती है तो अपने कार्य की शुरूआत जनसम्पर्क एवं जागरुकता से कर सकती है तत्पश्चात् शिविर, गोष्ठियों के माध्यम से स्वास्थ्य सम्बंधी जानकारी प्रदान कर सकती है कुछ स्वास्थ्य सुविधायें उपलब्ध करा सकती है। प्रत्येक कार्यकर्ता को भी अपनी संस्था के इतिहास को समझने के लिए संस्था की प्रारम्भिक गतिविधियों की समझ होनी चाहिए।

समय के बदलते हुए परिवेश में लक्ष्य समूह की अपेक्षाओं, उपलब्ध अवसरों को ध्यान में रखते हुए संस्था के उद्देश्यों में भी कुछ परिवर्तन आ सकता है जिसके फलस्वरूप संस्था की गतिविधियां भी बदल सकती हैं अर्थात् वर्तमान समय में कुछ नयी गतिविधियां भी आरम्भ हो सकती हैं। अतः हमारे लिए यह आवश्यक हो जाता है कि हम संस्था की प्रारम्भिक गतिविधियों के साथ–साथ वर्तमान गतिविधियों को भी समझें और यह देखें कि हमारी संस्था आज अपने प्रारम्भिक उद्देश्यों के अनुरूप कार्य कर पा रही है अथवा नहीं।

अगर हमारी संस्था अपने प्रारम्भिक उद्देश्यों के अनुरूप आज कार्य नहीं कर पा रही है तो हमारे लिए यह आवश्यक हो जाता है कि हम इसकी वजह जान सके, उन परिस्थितियों को समझ सकें जिसने हमारी संस्था के उद्देश्यों को परिवर्तित किया है।

समय प्रगतिशील है। आज अगर हम अपनी संस्था के 'कल' की ओर नजर डालें तो यह पा सकते हैं कि संस्था के निर्माण के समय संस्था से जुड़े हुए लोगों का दृष्टिकोण, उनके विचार, उनके अनुभव उस समय के समाज की परिस्थितियों से प्रभावित हों। मगर 'आज' समय के बदलते हुए युग में लोगों का दृष्टिकोण अलग हो सकता है। कई ऐसे कार्यकर्ता जुड़ सकते हैं जो आधुनिक समय के आधुनिक विचारों से प्रभावित हों, जिन्होंने प्रबंधन आदि की उच्च शिक्षा प्राप्त की हो, जिनका परिवेश शहरी हो इत्यादि। इसीलिए हमारे लिए यह भी आवश्यक हो जाता है कि हम वर्तमान में संस्था से अन्य लोगों की भी जानकारी रखें।

समय बदलने से हमारी संस्था में भी काफी परिवर्तन हो सकते हैं। इन परिवर्तनों का स्वरूप एवं औचित्य तभी समझ में आ सकता है जब हम अपने संगठन के इतिहास को विस्तार से देखते हैं। हमारे लिए यह भी आवश्यक हो जाता है कि हम अपने संगठन में आ रही समस्याओं को समझ सकें एवं उन पर गहराई से चिन्तन करें। अब हम यह अवश्य मान सकते हैं कि इन्ही छोटी–छोटी बातों पर ध्यान देने से हमें किसी न किसी रूप में अपनी संस्था का–इतिहास पता चल सकता है।

संस्था का इतिहास

किसी भी संस्था के इतिहास को अगर हम देखें तो यह पायेंगे कि एक व्यक्ति या व्यक्तियों का समूह जिन्हें हम संस्थापक सदस्य भी कहते हैं अपने पूर्व अनुभवों, पृष्ठभूमि, विचार, दृष्टिकोण एवं मूल्य के आधार पर अपने समाज की विषमताओं का विश्लेषण कर एक आदर्श समाज की कल्पना करते हैं जिसमें वे सभी विषमतायें न हों इसी आधार पर एक संस्था का निर्माण होता है।

भावी समाज के अपने स्वप्न को साकार करने के लिए अन्य लोगों का सहयोग अनिवार्य हो जाता है मगर संस्था से जुड़े अन्य कार्यकर्ता संस्था के प्रारभिक विषयों को समझ नहीं पाते हैं। किसी भी कार्यकर्ता को अपने संस्थान के बारे में स्पष्ट जानकारी होनी चाहिए। उनकी संस्था क्यों बनी? किन परिस्थितियों से बनी। सामाजिक परिवर्तन की प्रक्रिया में यही कार्य क्यों कर रही है? अन्य संस्थाओं से किस प्रकार अलग है? इत्यादि। अतः हम सबके लिए यह आवश्यक हो जाता है कि हम अपनी संस्था को भली प्रकार से समझ सकें उसके बारे में पूर्ण जानकारी रखें तभी हम किसी बाहरी व्यक्ति को अपनी संस्था के बारे में समझा सकेंगे। साथ ही साथ जब तक हमारी संस्था के इतिहास पर पकड़ नही होगी तब तक हम भविष्य में भी संस्था के लिए कोई योजना नहीं बना सकेंगे और संस्था को एक सही दिशा प्रदान कर पायेंगे।

संस्था के इतिहास की समझ

जैसा कि हमने देखा कि संस्था का निर्माण किसी खास समय में समाज की किन्हीं विशेष परिस्थितियों में होता है। इसीलिए संस्था के इतिहास को समझने के लिए सर्वप्रथम हमें संस्था के निर्माण के समय समाज में व्याप्त परिस्थितियों पर अपनी समझ बनानी चाहिए। समाज की विभिन्न राजनैतिक, आर्थिक एवं सामाजिक परिस्थितियाँ एवं उनका जनमानस पर क्या प्रभाव पड़ा था, को पहचानना संस्था के निर्माण को समझने में बहुत ही आवश्यक हो जाता है।

एक बार संस्था के निर्माण के समय के समाज की परिस्थितियों को समझ लेने के पश्चात् हमारे लिए यह आवश्यक हो जाता है कि हम संस्था के संस्थापक सदस्यों के बारे में भी अपनी समझ बना सकें। संस्थापक सदस्य, ग्रामीण या शहरी किस परिवेश से वास्ता रखते थे? उनकी परिवरिश कैसी थी? कैसा वातावरण उन्हें मिला? उनकी शिक्षा का स्तर क्या था? आदि। कुछ संस्थापक सदस्यों ने बचपन में महिलाओं पर हुए अत्याचारों को देखा होगा या उनको स्वयं इन अत्याचारों का शिकार होना पड़ा होगा आदि। इन्हीं अनुभवों के आधार पर व्यक्ति का अपना एक दृष्टिकोण बनता है।

विजन एवं मिशन

आवश्यकताः संस्था के इतिहास पर अपनी समझ बनाते हुए हमने पाया कि किसी भी संस्था का निर्माण किसी न किसी रूप में समाज की विभिन्न परिस्थितियों में बदलाव लाने के लिए ही किया जाता है। प्रत्येक संस्था अपने लक्ष्य की प्राप्ति के लिए किन्हीं कार्यक्रमों का चयन करती है और उन्हें पूरा करने के लिए संस्थापकगण सामूहिक प्रयास भी करते हैं। इसी प्रयास के तहत संस्था से कुछ नये लोग जुड़ते हैं। सामान्यतः हम यह पाते हैं कि ये नये कार्यकर्ता सीधे संस्था के कार्यक्रमों से जुड़ते हैं न कि संस्थापक सदस्यों की 'सोच' एवं संस्था के अन्तिम लक्ष्य से। संस्था प्रभावी रूप से अपनी लक्ष्य प्राप्ति की दिशा में बढ़ सके इसलिये हमारे लिए यह बहुत आवश्यक हो जाता है कि हम संस्था के विजन एवं अपने मिशन की स्पष्ट व्याख्या करें और अन्य लोगों के सहयोग के लिए सामूहिक समझ पैदा करें। विजन और मिशन अंग्रेजी भाषा से ही लिये गये दो तकनीकी शब्द है जिनका सीधा हिन्दी रूपान्तर संस्था के संदर्भ में खोजा नहीं गया है। इसलिए इन दो शब्दों को इसी रूप में अपनाया गया है।

'विजन' एवं 'मिशन' को कैसे समझें? हम सब किसी न किसी रूप में समाज में व्याप्त विसंगतियों, समाज की विषमताओं से लड़ने का प्रयास कर रहे हैं, आखिर क्यों? आखिरकार वे कौन से ऐसे तत्व हैं जिन्होंने हमें इस लड़ाई को लड़ने के लिए प्रेरित किया है? हम भी तो अन्य लोगों की तरह उपभोक्तावाद की अंधी दौड़ में शामिल होकर अपने लिए कई प्रकार की सुविधायें एकत्र कर सकते थे। मगर हमने ऐसा नहीं किया हमने अपने समाज की ही लड़ाई लड़ने का फैसला किया। ऐसा क्यों है? इन्ही बातों पर हम अगर अपना ध्यान केन्द्रित करें तो यह अवश्य पायेंगे कि हम अपने समाज के विभिन्न सामाजिक, आर्थिक एवं राजनैतिक पहलुओं के प्रति संवेदनशील एवं ईमानदार रहे हैं। हम अपने सामाजिक परिवेश की विसंगतियों व दुविधाओं को पहचान कर उन पर अपनी

राय बनाते हैं। इसी स्वाभाविक प्रक्रिया के अगले चरण में हम एक ऐसे समाज की परिकल्पना करते हैं जहाँ वे विसंगतियाँ व दुविधायें न हों जो हमें विचलित करती हों। सामान्य सी बात है अगर हम अपने आस–पड़ोस में ही महिलाओं के प्रति हो रहे भेदभाव, उन पर होने वाले अत्याचार को देखते हैं तो हमारी संवेदनशीलता हम से एक ऐसे समाज की कल्पना कराती है जिसमें वह अत्याचार, वह भेदभाव न हो। यही कल्पना हमारी 'विजन' बन जाती है। व्यक्ति इसी विजन के आधार पर एक संस्था को जन्म देता है यह 'विजन' सदैव ही व्यक्तिगत एवं व्यापक अर्थ वाला होता है।

किसी भी संस्था के निर्माण के पीछे कहीं न कहीं संस्थापक सदस्य का 'विजन' छिपा रहता हैं। कठिनाई उसको परिभाषित करने में आती है मगर हम आज कोशिश करके अपनी–अपनी संस्था का विजन भी तय कर सकते हैं। अगर हम अपनी संस्था के संस्थापक सदस्य होने के नाते अपने नजरिये से एक आदर्श समाज को देखें, एक आदर्श समाज की परिकल्पना करें जैसे कि हम एक शोषणरहित समाज को एक आदर्श समाज मानते हैं तो यह हमारा 'विजन' कहलाता है।

हमने एक आदर्श समाज का सपना तो देख लिया मगर क्या सिर्फ स्वप्न देख लेने भर से एक आदर्श समाज की स्थापना हो सकती है? या नहीं। अपने विजन की उपलब्धि के लिए अन्य लोगों को साथ जोड़ने की अनिवार्यता ही हमें सामूहिक प्रयासों के लिए प्रेरित करती है। अपने स्वप्न को साकार करने के लिए उसे ठोस रूप प्रदान करने के लिए हमें किन्ही क्षेत्रों में कार्य करना पड़ता है जैसे शिक्षा, पर्यावरण, स्वास्थ्य आदि– आदि। अपने विजन की प्राप्ति के लिए हमें एक दिशा तलाशनी पड़ती है अपने अतिम लक्ष्य तक पहुँचने के लिए एक उद्देश्य का निर्धारण करना पड़ता है और उद्देश्य को लेकर ही आगे चलना पड़ता हैं। प्राथमिकताओं के आधार पर जब हम अपनी परिकल्पना को एक ठोस रूप प्रदान करते हैं तो वह हमारा/ हमारी संस्था का मिशन बन जाता है। यह विजन की तरह व्यापक न होते हुए ठोस एवं पक्का होता है।

अपने विजन में हमने एक नये समाज की परिकल्पना की है अगर हम इस नये समाज की कल्पना की व्याख्या करें और अपनी ही समझ से उस व्याख्या में से सबसे महत्वपूर्ण व्याख्या को तलाशें तो वह सबसे महत्वपूर्ण व्याख्यान हमारा मिशन हो जाता है।

मिशन के ही आधार पर संस्था के कार्यक्रम बनते हैं और फिर संस्था को अन्य लोगों के सहयोग की आवश्यकता महसूस होती है। नये लोग संस्था के

विजन से नहीं जुड़ पाते हैं क्योंकि विजन सर्वदा व्यक्तिगत होता है। वे मिशन से ही जुड़ते हैं अतः नये लोग संस्था के मिशन से जुड़ सकें इसके लिए अपने 'विजन' और मिशन को स्पष्ट रूप से परिभाषित करें और अपनी समझ को उनकी समझ में परिवर्तित करें तभी हम उसे एक सामूहिक रूप प्रदान कर सकते हैं।

मिशन की स्पष्ट व्याख्या व अभिव्यक्ति दूसरों के मिशन के साथ अपने निजी उद्देश्यों का तालमेल बैठाकर संगठन के साथ जुड़ाव महसूस कराने में भी सहायक सिद्ध होती है।

कार्यक्रमों के संचालन के लिए संस्था को संसाधनों की आवश्यकता पड़ती है यह संसाधन हमें फडिंग एजेंसी उपलब्ध कराती है जो हमसे बहुत दूर होती है। हमारे विचारों से ही फडिंग एजेंसी को हमारी सोच, हमारे उद्देश्य और हमारी संस्था की जानकारी मिलती है।

विजन और मिशन में अन्तरः

विजन और मिशन के बारीक अन्तर को समझना भी महत्वपूर्ण है।

विजन अपनी परिभाषा से ही अत्यन्त निजी तथ्य है जो स्वप्न सरीखे दूरगामी उद्देश्यों से जुड़ा है जबकि मिशन यह दर्शाता है कि अपने स्वप्न को साकार करने के लिए हमने आज क्या कुछ करने का निश्चय किया है। निर्माण की दृष्टि से मिशन बहुत महत्वपूर्ण हो जाता है क्योंकि यह अपेक्षाकृत ठोस होता है और हमारे वर्तमान व्यवहार को दर्शाता है।

विजन	मिशन
• स्वप्न	• ठोस होता है
• अंतिम लक्ष्य होता है	• लक्ष्य प्राप्ति का साधन
• दूरगामी उद्देश्य	• वर्तमान व्यवहार की झलक
• बदलता नहीं है	• समय के अनुरूप बदल सकता है।
उदाहरण	
• ऐसे समाज का निर्माण जिसमें महिला और पुरूष की समान की भागीदारी हो (इसे प्राप्त करने के लिए हमें ठोस कदम उठाने हैं ताकि यह स्वप्न पूरा हो सके)	• महिला के अन्दर चेतना विकास– यह हमारा मिशन बन जाता है और इसी के आधार पर आगे चलकर संस्था के कार्यक्रम तय होते हैं।

कार्य नीति

संस्था के विजन (अंतिम लक्ष्य) एवं मिशन (ठोस लक्ष्य) की प्राप्ति हेतु हमें कुछ कार्य आवश्यक रूप से सम्पादित करने होगें।

जिनका एक खास तरीका होगा, एक खास दिशा होगी। अपने विजन व मिशन की प्राप्ति के लिए तय की गई दिशा अथवा तरीकों को ही जब हम योजनाबद्ध रूप में प्रस्तुत करते हैं तब वह संस्था की कार्यनीति बन जाती है। अतः दूसरे शब्दों में हम कह सकते हैं कि मिशन को प्राप्त करने के लिए निर्धारित लक्ष्य पर पहुँचने की विस्तृत क्रमबद्ध योजना ही कार्यनीति होती है।

जाने–अनजाने सही प्रायः सभी संस्थाओं की अपनी कार्यनीति अवश्य ही बनती है अर्थात् उनके कार्य की दिशा एवं तरीके निर्धारित किये जाते हैं। आइए अब देखते है कि संस्थागत संदर्भ में कार्यनीति के निर्धारण में क्या–क्या चरण हैं?

मुख्यतः जब हम संस्थागत सन्दर्भ में कार्यनीति के निर्धारण की बात करते हैं तो इससे हमारा तात्पर्य संस्था के कार्यक्षेत्र व उसकी भूमिकाओं की व्याख्या से है। सर्वप्रथम यह तय किया जाता है कि समाज के किस हिस्से के साथ संस्था कार्य करेगी? हमारी संस्था का लक्ष्य समूह कौन होगा? उदाहरणस्वरूप संस्था "क" यह तय करती है कि वह सिर्फ महिलाओं, बच्चों के साथ ही कार्य करेगी या सिर्फ गरीबी रेखा के नीचे आने वाले परिवारों के बीच ही कार्य करेगी।

इसके साथ ही दूसरी चीज यह तय की जाती है कि संस्था के कार्यक्षेत्र की भौगोलिक परिधि क्या होगी। यह भी प्रायः सभी संस्थाओं में तय किया जाता है। जैसे एक खास संस्था किसी प्रदेश के एक–दो जिलों के कुछ ब्लॉक के कुछ गाँवों में ही कार्य करेगी। वहीं दूसरी संस्था में यह तय होता है कि वह संस्था पूरे प्रदेश भर में या देश भर में अथवा अंतर्राष्ट्रीय स्तर पर कार्य करेगी।

इस प्रकार लक्ष्य समूह एवं भौगोलिक परिधि तय हो जाने के पश्चात अगली चीज यह तय की जाती है कि संस्था किस स्वरूप में हस्तक्षेप करेगी अर्थात् अपनी भूमिका निभायेगी? उदाहरण के रूप में यह तय करना कि अपने लक्ष्य समूह के बीच संस्था किस प्रकार का कार्य करेगी?

- जागरूकता लाने का
- शिक्षा प्रसार का
- आर्थिक सहयोग का
- संगठित करने का

और अंत में यह भी तय किया जाता है कि लोगों के साथ संस्था का रिश्ता किस प्रकार का होगा? यह रिश्ता दाता–लेने वाले, का मालिक–नौकर का, सहयोगी का या मित्र का होगा। यह एक अति महत्वपूर्ण निर्णय होता है।

उपरोक्त चरणों को तय कर लेने के फलस्वरूप संस्था की कार्यनीति स्पष्ट रूप में सामने आती है। इसके साथ ही यहाँ पर यह देखना आवश्यक हो जाता है कि संस्था की कार्यनीति निर्धारण में किन–किन चीजों का प्रभाव पड़ता है? निम्नलिखित चीजों का प्रभाव कार्यनीति निर्धारण पर पड़ता है

- संस्था के मिशन का प्रभाव
- क्षेत्र विशेष की संस्था से अपेक्षाएं
- उपलब्ध अवसरों/संसाधनों का
- अन्य बाधाओं का।

संस्था का उद्देश्य

एक बार जब हम संस्था के विजन/मिशन के आधार पर संस्था की कार्यनीति तय कर लेते हैं तब उसके पश्चात प्रश्न उठता है संस्था के उद्देश्यों का निरूपण करने का। "परिवेश के सन्दर्भ में परिवेश के लिए मिशन व कार्यनीति के तत्वों की व्याख्या" से संस्था के उद्देश्य निकलते हैं। दूसरे शब्दों में संस्था की कार्यनीति के प्रस्तुतीकरण को भी उद्देश्य कहा जा सकता है। उदाहरणस्वरूप यदि किसी संस्था की कार्यनीति उत्तर प्रदेश एवं मध्यप्रदेश राज्य के ग्राम स्तर पर कार्यरत संस्थाओं को शैक्षणिक सहयोग प्रदान करना हो तो उसके उद्देश्य निम्न हो सकते हैं:

(क) संस्था उत्तर प्रदेश एवं मध्य प्रदेश राज्य में कार्य करेगी।

(ख) संस्था का लक्ष्य समूह उपरोक्त दोनों प्रदेशों में कार्यरत ग्राम स्तर की छोटी एवं नवीन संस्थाएँ होगीं।

(ग) संस्था के द्वारा इन संस्थाओं हेतु विभिन्न प्रकार के क्षमतावर्द्धक, शैक्षणिक कार्यक्रम जैसे कार्यशालाएं, सेमिनार एवं गोष्ठियाँ आयोजित की जाएंगी।

(घ) इन संस्थाओं हेतु समय–समय पर शैक्षणिक सामग्री विकसित व वितरित की जाएगी।

संस्था के वाहय परिवेश का निरूपण

संस्था का "विजन", "मिशन" उद्देश्य इत्यादि का स्पष्टीकरण हो जाना एक महत्वपूर्ण बात है। कार्यक्रमों का सफल संचालन संस्था के प्रमुख व्यक्ति की एक अहम् भूमिका/ जवाबदेही होती है। परन्तु इसके साथ ही साथ एक अन्य पक्ष भी है जिसका ध्यान रखना एवं उसके लिए प्रयत्न करना काफी हद तक आवश्यक होता है। यह है संगठन/संस्था के बाहरी परिवेश के अंगों की पहचान

करना। संस्था समाज में रहकर कार्य करती है। इन कार्यों के दौरान संस्था के वाध्य परिवेश के बहुत से अंगों का प्रत्यक्ष अथवा अप्रत्यक्ष प्रभाव संस्था पर अवश्य ही पड़ता है। हम इनसे मुँह मोड़ कर नहीं रह सकते। इनमें भी कुछ अंग महत्वपूर्ण होते हैं तो कुछ गौण। कभी इनका प्रभाव संस्था के लिए सहायक होता है तो कभी बाधक। अतः हमारे लिए इनकी स्पष्ट रचना करना बहुत ही आवश्यक हो जाता है, ताकि सहायक प्रभावों को कायम रखा जाय एवं बाधक प्रभावों को सहायक बनाने की कोशिश की जा सके।

अतः संस्था के विकास एवं क्रियाकलापों को व्यापक रूप से चलाने के लिए यह अति आवश्यक हो जाता है कि बाहरी परिवेश के अंगों की पहचान की जाए, समझा जाय एवं उनका नियंत्रण किया जाय। यह इसलिए भी आवश्यक होता है कि बाह्य परिवेश के ये अंग कार्यनीति निर्धारण की प्रक्रिया को प्रभावित करते हैं।

3.4 नियोजन के चरण

1. अपनी संस्था या संगठन के मिशन तथा कार्यनीति की स्पष्ट व्याख्या।
2. वृहत सामाजिक परिवेश के विभिन्न अंगों आयामों का चित्रण।
3. महत्वपूर्ण व निर्णायक अंगों या आयामों की पहचान करना।
4. परिवेश के निर्णायक आयामों के साथ संस्था या संगठन के वर्तमान रिश्तों की समीक्षा।
5. मिशन कार्यनीति के अनुरूप परिवेश के उक्त आयामों से अपेक्षित रिश्तों का अनुमान।
6. वर्तमान स्थिति से अपेक्षित स्थिति की ओर बढ़ने के लिए आवश्यक कदमों की सूची।
7. प्रत्येक कदम में निहित आवश्यकता का आंकलन।
8. आवश्यकताओं के अनुरूप सुनियोजित क्रमबद्ध कार्यक्रम का निर्माण।

चरण–1

नियोजन के इस पूरे अभ्यास को सुविधा के लिए एवं स्पष्ट रूप से समझने के लिए यहाँ एक उदाहरण द्वारा प्रस्तुत करने की कोशिश की गयी है। उड़ीसा की एक स्वैच्छिक संस्था है जिसका नाम ''उत्थान'' है। श्री बृज किशोर पटनायक ने ''उत्थान'' संस्था की स्थापना सन् 1982 में की थी। इसके पूर्व लगभग 7–8 वर्ष तक उन्होंने उड़ीसा, महाराष्ट्र एवं मध्य प्रदेश की तीन संस्थाओं

में ग्रामीण विकास के कार्यक्रमों में सघन रूप से कार्य किया था। उन्होंने ग्राम विकास में स्नातक की डिग्री प्राप्त की थी। सन् 1982 के पूर्व के अनुभवों के आधार पर उन्होंने यह पाया था कि सामान्यतः संस्थाओं के मुख्य केन्द्र ''ग्रामीण विकास कार्यक्रम'' हुआ करते थे न कि विकास से जुड़ी मानव की समस्यायें। समस्यायें मनुष्य की हुआ करती थीं मगर उन्हें सम्पूर्णता में न देखकर टुकड़ों में देखा जाता था। परन्तु बृज किशोर जी का मानना था कि जब तक संगठन के कार्य मानव समस्याओं पर केन्द्रित न हो सकेंगे व जब तक विकास कार्यों में सम्पूर्ण भागदारी न हो सकेगी तब तक कोई भी विकास कार्यक्रम को पूर्ण नहीं कर सकता है। अपनी इसी सोच को क्रियान्वित करने हेतु उन्होंने ''उत्थान''की स्थापना की। उत्थान का मिशन तय हुआ, जन जातियों को संगठित कर उनकी परम्पराओं और संस्कृति का संरक्षण करने से। इस मिशन को प्राप्त करने के लिए जन जातियों में चेतना जागृत कर उनके लिए कुछ आर्थिक विकास के अवसर उपलब्ध कराना ताकि उनकी परम्परागत सांस्कृतिक कलाओं को कायम रखा जा सके, यह उत्थान की कार्यनीति बनी।

चरण–2

कार्यक्रम नियोजन

अपनी संस्था के बाह्य परिवेश में अपेक्षित बदलाव लाने हेतु कार्यनीति के अनुरूप कार्यनैतिक नियोजन एक अति महत्वपूर्ण मुद्दा है। अपनी निर्धारित कार्यनीति के अनुरूप मुद्दों, विषयों, समस्याओं व सामुदायिक आवश्यकताओं की प्रथामिकताएं निश्चित कर उनके आधार पर सांगठनिक गतिविधियों का विस्तृत नियोजन ही कार्यक्रम नियोजन है।

पूर्व के अध्यायों में हमने देखा है कि प्रत्येक संस्था में अपने अन्तिम लक्ष्यों की प्राप्ति हेतु कुछ कार्यनीति बनाई जाती है। साथ ही साथ जब बाह्य परिवेश के निर्णायक अंगों के सम्बन्ध में अपेक्षित परिवर्तन के लिए कार्ययोजना बनाई जाती है तब कुछ आवश्यकताएं निकलती हैं तथा इसी के साथ संस्था के लक्ष्य समूह की भी कुछ आवश्यकताएं निकलती हैं। कार्यक्रम नियोजन के पहले चरण में इन सभी प्रकार की आवश्यकताओं में तालमेल बैठाना आवश्यक हो जाता है। इस तालमेल के फलस्वरूप कार्यक्रम का एक ठोस स्वरूप निकल पाता है। अतः इसकी व्याख्या एक आवश्यक कदम हो जाती है।

उपरोक्त व्याख्या के आधार पर जो कार्यक्रम उभरते हैं उनके लिए छोटे–छोटे उद्देश्य तय करने पड़ते हैं। अर्थात् कुछ ऐसी चीजें तय करनी पड़ती हैं जिनकी प्राप्ति कार्यक्रम पूरा होने पर हो सके। उदाहरणस्वरूप यदि हमने एक कार्यक्रम

तय किया है कि 'महिलाओं के लिए आर्थिक विकास'। तब इसके उद्देश्य निम्नवत् होंगेः

1. महिलाओं के बीच आर्थिक विकास हेतु चेतना जागृत करना।
2. आर्थिक विकास के सन्दर्भ में प्रशिक्षण शिविर आयोजित करना।
3. बाजार इत्यादि की व्यवस्था।

इसके बाद कार्यक्रम क्रियान्वयन की कार्यनीति विकसित करनी पड़ती है। दूसरे शब्दों मे तय किये गये कार्यक्रमों एवं उनके उद्देश्यों की प्राप्ति करने के लिए एक दिशा तय करनी पड़ती है कि कैसे हम इन उद्देश्यों की प्राप्ति कर सकेंगे। इसके लिए एक चरण बद्ध नीति बनानी पड़ती है कि सर्वप्रथम क्या–क्या करेंगे, उसके बाद क्या–क्या होगा, आदि।

चरणबद्ध योजना बना लेने के उपरांत यह तय करना पड़ता है कि प्रत्येक चरण के अन्तर्गत क्या–क्या गतिविधियाँ होंगी? इन गतिविधियों की सूक्ष्म एवं विस्तृत सूची तैयार की जाती है। इस कार्य को काफी विस्तार पूर्वक किया जाना चाहिए क्योंकि यह जितना विस्तृत होगा त्रुटि होने की समभावनाएँ उतनी ही कम होंगी। यहाँ पर कल्पनाशीलता का अत्यधिक उपयोग करना पड़ता है।

गतिविधियों का विस्तृत रूप से निरूपण कर लेने के उपरांत बारी आती है समय के नियोजन की। प्रत्येक गतिविधियों के अनुरूप उनके लिये लगने वाले समय की योजना बनानी पड़ती है, क्योंकि हमारे पास संसाधनों की सीमाएं होती हैं जिसके परिणामस्वरूप हमारे लिए यह सम्भव नहीं है कि जब तक चाहें जिस किसी गतिविधि को करते रहा जाय। अतः समय–बजट बनाना कार्यक्रम नियोजन का एक महत्वपूर्ण अंग है। इससे हमें यह भी पता चलता रहता है कि कौन सी गतिविधि कब पारम्भ होगी तथा कब समाप्त होगी? फिर उसके पश्चात् क्या–क्या किया जाएगा, इत्यादि।

उदाहरणस्वरूप जैसे पुनः हम महिला आर्थिक विकास कार्यक्रम को ही लें तो यह तय करना कि चेतना जागृति के लिए कब से कब तक कार्य किया जाएगा। इसके पश्चात् यदि प्रशिक्षण रखने हों तो कितने दिनों का प्रशिक्षण होगा? कब से कब तक चलेगा। प्रशिक्षण के बाद कच्चा माल कब खरीदा जाएगा, इत्यादि।

इसके बाद यह आवश्यक होता है कि संस्था में उपलब्ध वर्तमान मानव संसाधन, उनकी क्षमता एवं वित्तीय संसाधनों का आँकलन किया जाय तथा जिस कार्यक्रम का नियोजन किया जा रहा है उसकी आवश्यकताओं से इनकी

तुलना की जाय। इससे यह पता चल जाता है कि और कितने तथा किस प्रकार की क्षमता वाले व्यक्तियों की आवश्यकता होगी तथा और किन–किन गतिविधियों के लिए वित्तीय संसाधन की आवश्यकता होगी।

इसके बाद के चरण में कार्यक्रम की आवश्यकताओं को देखते हुए मानव संसाधन एवं वित्तीय तथा अन्य साधनों का अनुमान किया जाता है। यहां भी इसको विस्तृत रूप में तथा छोटे–छोटे टुकड़ों में बाँटकर करना आवश्यक हो जाता है।

इस पूरे अभ्यास से कार्यक्रम नियोजन का हमारा चक्र पूर्ण हो जाता है। अब यह देखना जरूरी है कि कार्यक्रम नियोजन के लिए हमारे पास कौन–कौन सी जानकारी होनी चाहिए?

- संस्था के विजन/मिशन की जानकारी।
- कार्यनीति की जानकारी।
- कार्यनैतिक आवश्यकताओं की जानकारी।
- समुदाय की आवश्यताओं की जानकारी।
- परिवेश में उपलब्ध अवसरों की समझ का होना आवश्यक होता है (टण्डन 1993)

चरण – 3

संस्था के लिए बाह्य परिवेश के निर्णायक व महत्वपूर्ण अंग निम्नलिखित हैः

1. मुखिया
2. पंचायत सेवक
3. ब्लॉक आफिस
4. डाकघर
5. कपार्ट नई दिल्ली
6. आक्सफाम
7. युवक मंगल दल
8. साप्ताहिक बाजार
9. प्राथमिक विद्यालय
10. प्राथमिक स्वास्थ्य केन्द्र

चरण – 4

अब यहाँ यह देखना पड़ता है कि उपरोक्त महत्वपूर्ण अंगों के साथ संस्था का वर्तमान रिश्ता कैसा है। अर्थात् संस्था के ऊपर उनका प्रभाव कैसा पड़ता है।

यह प्रभाव संस्था के विकास एवं कार्यो के लिए सहायक है अथवा बाधक। उदाहरणस्वरूप यदि हम मुखिया और उत्थान के सम्बंधो की समीक्षा करें एवं यह देखने की कोशिश करें कि मुखिया एवं ग्राम पंचायत का उत्थान पर जो प्रभाव पड़ता है वह उत्थान के कार्यो एवं विकास में सहायक है अथवा बाधक।

चरण – 5

इसके उपरांत यह देखना आवश्यक हो जाता है कि वाह्य परिवेश के जो मुख्य एवं सम्पूर्ण अंग हैं उनका प्रभाव यदि संस्था के लिए सहायक है तो उन्हें कैसे कायम रखा जा सकता है। परन्तु परिस्थिति यदि विपरीत हो यानि वे बाधक हों तो यह आवश्यक होता है कि संस्था के मुख्य व्यक्ति यह तय करें कि संस्था के मिशन एवं कार्यनीति के अनुरूप समाज का बाधक स्वरूप सहयोगात्मक हो जाय। उदाहरणस्वरूप यदि मुखिया जी से संसाधनों की कोई सहायता नहीं मिल पाती है तो भविष्य में उनसे एक सम्पर्क स्थापित हो एवं अन्य सहयोग मिल सके।

चरण – 6

यहाँ यह तय करना पड़ता है कि बाह्य परिवेश के महत्वपूर्ण अंगों के प्रभाव की वर्तमान स्थिति से अपेक्षित स्थिति की ओर बढ़ने के लिए क्या–क्या कदम उठाने पड़ेंगे। पूर्व के उदाहरण को आगे देखें तो मुखिया जी से सम्पर्क बढ़ाने के लिए उनका सहयोग प्राप्त करने के लिए क्या–क्या करना होगा, यह तय किया जाय। इसके लिए एक तरीका यह हो सकता है कि उन्हें भविष्य के अपने सभी कार्यक्रमों की जानकारी भेजी जाय। उन्हें अपने कार्यक्रमों में आमंत्रित किया जाय। उनसे मिलकर अपने क्रियाकलापों की जानकारी दी जाए तथा उनके कार्यों के विषय में जानकारी प्राप्त की जाये, आदि–आदि।

चरण – 7

वर्तमान से अपेक्षित की ओर बढ़ने के लिए उठाये जाने वाले कदमों को तय कर लेने के बाद यह देखना जरूरी हो जाता है कि इन प्रत्येक कदमों की क्या–क्या आवश्यकताएं हैं? अर्थात इनको करने के लिए संस्था को और क्या–क्या करना पड़ेगा।

चरण – 8

एक बार उपरोक्त आवश्यकताओं का पता लग जाने के उपरांत इनके अनुरूप क्रमबद्ध एवं योजनाबद्ध कार्यक्रम तय किये जा सकते हैं।

इस पूरे अभ्यास को निम्नलिखित ढांचे में भी प्रस्तुत किया जा सकता है ताकि सारा कुछ अपने सामने हो जिससे भविष्य के नियोजन में मदद मिलती है।

मुख्य कार्यक्षेत्र	मौंजूदा सम्बंधों की स्थिति	अपेक्षित सम्बंधों की स्थिति	मौजूदा सम्बंधों की स्थिति में अपेक्षित स्थिति तक आने के आवश्यक कदम	क्या–क्या सीखने की जरूरत है?
1 प्राथमिक कार्यक्षेत्र अ ब स द				
2 सामाजिक रीति रिवाज अ ब स द				
3. राजनीतिक व प्रशासनिक व्यवस्था अ ब स द				
4. नियंत्रण के प्रावधान अ ब स द				
5.अन्य महत्वपूर्ण संरचनायें				

अनुश्रवण (Monitoring)

अनुश्रवण प्रबंधकीय निर्णयन की एक विधि है जिसके माध्यम से यह ज्ञात करना होता है कि क्या परियोजना अपने मूल रूप में क्रियान्वित की जा रही है या कुछ परिवर्तन की आवश्यकता है। इसके माध्यम से संसाधन की आवश्यकता और परियोजना को सतत रखने के लिए सहायता का आँकलन एवं वर्तमान संसाधन के उपयोग और प्रासंगिकता का अध्ययन किया जाता है।

अनुश्रवण परियोजना क्रियान्वयन पर दृष्टि रखने की एक प्रक्रिया है जिसके माध्यम से यह पता लगाया जाता है कि क्या परियोजना अपने नियोजित समय सारणी और विवरण से संचालित हो रही है। इसका प्रमुख उद्देश्य उन कारणों का पता लगाना है जिनके कारण विलम्ब हुआ है या क्रियान्वयन में कमी आयी है और कैसे परियोजना को सही समय पर पूर्ण किया जाय एवं कोष का सही उपयोग किया जाय। मानीटरिंग की प्रमुख आवश्यकता है एक सूचना प्रणाली की स्थापना की। जिसके माध्यम से परियोजना स्वीकृत करने वाली संस्था से क्रियान्वित करने वाली संस्था के क्षेत्र तक सूचना का मुक्त आदान–प्रदान हो सके।

अनुश्रवण के माध्यम से लक्ष्य प्राप्ति एवं लाभ का आँकलन किया जाता है विभिन्न विभागों के समन्वय का पता लगाया जाता है और सतत विकास के उद्देश्य में समुदाय की सहभागिता के स्तर का पता लगाया जाता हैं।

अनुश्रवण प्रक्रिया के अंतर्गत प्राप्त होने वाली प्रत्येक सूचना का विश्लेषण किया जाता है तथा सूचना के आधार पर निर्णय लिया जाता है। निर्णय के क्रियान्वयन के आधार पर यह पता चलता है कि क्या निर्णय के क्रियान्वयन का परियोजना की प्रगति पर सकारात्मक प्रभाव पड़ा है। इसके लिए सूचना सत्य एवं विश्वसनीय होनी चाहिए, सूचना परिस्थिति के सुसंगत होनी चाहिए एवं सारणीबद्ध सूचना समय सीमा में होनी चाहिए।

इस सूचना का उपयोग जमीनी स्तर पर कार्यरत कार्यकर्ता के लिए सहयोगी एवं उपयुक्त निर्णय लेने में सहायक होना चाहिए। आजकल मानीटारिंग प्रक्रिया को और वैज्ञानिक एवं सटीक बनाने के लिए प्रबंध सूचना प्रणाली (एम. आई. एस.) का प्रयोग जमीन स्तर के कार्यकर्ता से लेकर जिला, राज्य एवं केन्द्रीय कार्यालय में किया जा रहा है जिससे दिन–प्रतिदिन की सूचना समयबद्ध तरीके से उपलब्ध हो रही है।

संयुक्त राष्ट्र विकास कार्यक्रम के अनुसार अनुश्रवण द्वारा परियोजना क्रियान्वयन के समय लगातार प्राप्त हो रहे परिणाम को परियोजना के उद्देश्य एवं योजना

की समयबद्धता के अनुरूप एकरूपता को देखना है। मानीटिरिंग का मुख्य कार्य परियोजना क्रियान्वयन में आ रही बाधा या कमी को उजागर कर समय रहते ठीक करना है ताकि परियोजना के परिणाम प्राप्त हो सकें। संगठनों में मानीटरिंग के लिए अलग–अलग कर्मचारी इसी कार्य के लिए रखे जाते हैं जबकि कुछ संगठन विशेषज्ञों या विशेषज्ञ संस्था को परियोजना की मानीटरिंग का कार्य देते हैं उदाहरणार्थ– ग्रामोदय विश्वविघालय ने कपार्ट सहायित परियोजनाओं की मानीटरिंग का कार्य किया है। मानीटरिंग हेतु ये विशेषज्ञ सहायक परियोजना के क्षेत्र में भ्रमण कर वहाँ के लोगों, लाभार्थियों एवं परियोजना में कार्य कर रहे कार्यकताओं से पूर्व निर्धारित प्रारूप में जानकारी एवं आँकड़ा इकट्ठा करते हैं। इन्हीं आँकड़ों के आधार पर परियोजना क्रियान्वयन की स्थिति का आँकलन किया जाता है तथा समयबद्ध एवं उद्देश्यपरक स्थिति अच्छी न होने पर प्रतिवेदन में इसका वर्णन किया जाता है।

परियोजना अनुश्रवण या मानीटरिंग

एक निश्चित समयावधि में किसी भी परियोजनान्तर्गत पूर्व निर्धारित कार्य की प्रगति को क्रमवार व लगातार आंकलन की प्रक्रिया को मॉनीटरिंग कहते हैं। यह प्रबन्धन का एक मूल यंत्र है जिसमें कई प्रकार की तकनीकों व तरीकों का समावेश है।

कार्यक्रम की मॉनीटरिंग हर समय आवश्यक है। इस प्रक्रिया के तहत सूचनाओं के एकत्रीकरण व उसके निर्धारण के पश्चात कार्यक्रम में आवश्यक आधारभूत व अपेक्षित सुधार किए जाते हैं। इस यंत्र के माध्यम से कार्यक्रमों की कमजोरियों व शक्तियों का आंकलन कर समय रहते अच्छे सुधारात्मक निर्णय लिए जा सकते हैं। यदि मॉनीटरिंग का कार्य संतोषजनक रूप से कर लिया गया है तो किसी भी कार्यक्रम का मूल्यांकन आसान व प्रभावी हो जाता है।

मॉनीटरिंग, दरअसल वित्त, कार्यकर्ताओं, वाहन के प्रबन्धन के अलावा कार्यक्रमों की गतिविधियों का, किया जाता है। आवश्यक सूचनाओं का चयन/ उनके चयन की प्रक्रिया निर्धारण व उपयोग/तथा कौन अलग–अलग स्तरों पर सम्बद्ध है। यह सब मॉनीटरिंग प्रणाली के उददेश्यों, प्रकार व कार्यक्रम के स्वरूप तथा आकार पर निर्भर करता है।

मॉनीटरिंग के प्रकार

प्रबन्धन, प्रशासन, वित्त व कार्यक्रम मॉनीटरिंग सामान्य तौर पर उपयोग की जाने वाली विभिन्न प्रकार की मॉनीटरिंग है। प्रत्येक प्रकार की मॉनीटरिंग

प्रणाली हेतु एकत्र की जाने वाली विभिन्न सूचनायें, इन सूचनाओं के स्रोत व उनके उपयोग की विधि सम्बन्धी जानकारी नीचे दी गई सारिणी में दिखाई गई है:

प्रबंध प्रशासन

सारिणी – अ

स्टॉफ	कौन सी सूचना	सूचना का स्रोत	सूचना का उपयोग
	• कार्य निर्वहन	• कार्यकर्ता / समूह	• स्टॉफ का समय–समय पर कार्यक्रम
	• उपलब्धि	• मीटिंग	• प्रगति पर सुझाव व प्रोत्साहन
	• अनुपलब्धि	• कार्यकर्ता	• समस्या के निदान में
	• समस्यायें	• पुनर्निरीक्षण	• प्रशिक्षण या स्टाफ डेवलपमेंट
	• अपेक्षाएं	• निरीक्षण	• सुधार प्रबन्धन अभ्यास
	• स्टॉफ समूह में कैसा कार्य कर रहे हैं	• अनौपचारिक मीटिंग	• कार्य विवरण का खुलासा
	• क्या स्टॉफ सुचारू रूप से कार्य कर रहा है	• निरूपण	• अभिप्रेरण हेतु
वाहन	• ईंधन की खपत • माईलेज • मरम्मत • नए पार्ट्स • मूल व क्रमिक खर्च	• ईंधन व माईलेज हेतु लॉगबुक • मरम्मत व लगाये गये पार्ट्स की रिकार्ड पुस्तिका • प्रत्येक वाहन में खर्च की गई धनराशि के रिकार्डस • वाहन चालक के साथ मीटिंग्स • निरूपण	• ऐसे वाहन जो कि उपयोग में लाये जाने पर आर्थिक रूप से अनुपयुक्त हो उनको बदलने हेतु निर्णय लेना। • विभिन्न प्रकार के वाहनों की तुलना। • मैकेनिक के कार्य की परफार्मेन्स व नये फिट किये गये पार्टस की जांच या मरम्मत कराने की दर। • अधिक ईंधन की खपत की समस्याओं का पहचान।

आपूर्ति	• रसद कहाँ उपलब्ध होगी • विभिन्न स्रोतो में रसद का मूल्य • स्टॉक स्तर • रि–आर्डर स्तर • वस्तुएं जो समाप्ति पर है पूर्ति की अवधि	• पूर्तिकर्ता • स्टॉक की सूची • स्टॉक का रखरखाय व रिकार्ड प्रणाली	• सबसे उत्तम आपूर्ति प्राप्त करें। • आपूर्ति समय पर करें। • पर्याप्त स्टाक स्तर कायम रखें।

वित्त सारिणी –ब

	कौन सी सूचना	सूचना का स्रोत	सूचना का उपयोग
• परियोजना बजट व खर्च	• परियोजना के खर्च • बजट हेड के खर्च • इस वित्तीय वर्ष के बचे बजट का अवशेष • प्रविधिक मदों के खर्च उदाहरण –किराया • पिछले वर्ष का बजट व खर्च • महंगाई की दर • एक्सर्चेज रेट्स	• इनवाइस व बाउचर्स • बजट का मदों में सरलीकरण • बजट व खर्च का विश्लेषण • कैश बुक	• बजट व खर्च का अनुमान • विभिन्न परियोजनाओं से तुलना • अधिक खर्च के मदों की पहचान • अन्य बचतों की पहचान • मूल्य प्रभाविकता के आँकलन हेतु परियोजना की उपलाब्धियों के खर्च की तुलना
• स्टॉफ वेतन • कैश फ्लो विश्लेषण	• वेतन • टैक्स, बीमा इत्यादि • सालाना बढ़ोत्तरी • अन्तिम वेतन • अन्य भुगतान • उदाहरणः आवास भत्ता, चिकित्सा भत्ता आदि • परियोजना हेतु रोकड़ की आवश्यकता कब होगी। • रोकड़ का स्रोत क्या होगा।	• स्टॉफ रिकॉर्ड, पे स्लिप • वेतन रिकार्ड्स • कैश रिकार्ड प्रणाली	• यह सुनिश्चित करें कि स्टॉफ को वेतनमान के आधार पर वेतन दिया जा रहा है। • यह सुनिश्चित करें कि अन्य भुगतान भी सही प्रक्रिया के तहत दिये जा रहे है। • यह सुनिश्चित करें कि रोकड़ अधिक मात्रा में उपलब्ध न होकर केवल जरूरत के आधार पर हो।
कार्यक्रम मॉनीटरिंग सारिणी –सी	कौन सी सूचना	सूचना का स्रोत	सूचना का उपयोग

• गतिविधियों के परिणाम व कार्यक्रम आउटपुट •	• क्या किया गया। • क्या नहीं किया गया जो कि नियोजित था। • कौन सी सस्यायें उभरी हैं। • समस्याओं का निवारण किस प्रकार किया गया। • बाहरी स्थितियों में किस प्रकार का परिवर्तन आया। • कोई अन्य कार्यक्रम सम्बन्धी आवश्यक सूचना।	• गतिविधियों के रिकार्ड • निरीक्षण आख्या • सामयिक आख्या • स्टॉफ समुदाय व कार्यो से प्रभावित व्यक्तियों के साथ मीटिंग्स व कार्यशाला • स्टॉफ पुनर्निरीक्षण • अखबार /रेडियो • निरूपण • सर्वेक्षण	• भविष्य कार्य नियोजन • परियोजना की सफलता की पहचान • अवसरों की पहचान • कमजोरियां और समस्याओं की पहचान व निवारण हेतु रणनीति का नियोजन। • प्राथमिकताओं का अवलोकन • प्रशिक्षण संबंधी जरूरतों की पहचान। • अनुसंधान व आर्थिक सूचनाओं हेतु जरूरतों की पहचान। • मूल्यांकन व अवलोकन की आवश्यकताओं की पहचान
• परियोजना इनपुट	• क्या चाहिए व कहां से प्राप्त किया जा सकता है • कब चाहिए व कब उपलब्ध हो पायेगा।	• सप्लायर्स, अन्य संगठनों, सरकार आदि से।	• नियोजन व होने वाली गतिविधियां। • बजट, खर्च, इत्यादि की मॉनीटरिंग।
• उददेश्यों के आधार पर परियोजना की प्रगति	• उदेदश्यों की उपलब्धि की दिशा में प्रगति। • उददेश्य क्या अब भी प्रासंगिक है।	• मुख्य सूचकांको के संदर्भ में सूचनायें। • निरीक्षण	• यदि आवश्यक हो तो रणनीति में सुधार करें। • यदि आवश्यक हो तो उददेश्यों मे सुधार करें। • स्टाफ के कार्यो से प्रभावित व्यक्तियों व दात्री संस्थाओं के सुझाव लें। • मुल्यांकन व अवलोकन की आवश्यकताओं को पहचानें। • और सूचनाओं व मॉनीटरिंग प्रणाली में सुधार की आवश्यकताओं की पहचान।
• कार्यक्रम के प्रबन्धन के तरीके व कार्य करने की शैली	• निर्णय किस प्रकार लिए जाते है। • जिन व्यक्तियों का सहयोग आवश्यक है या जिनका शामिल होना जरूरी है क्या वे शामिल है। • क्या कार्य से प्रभावित लोग संस्था के कार्यक्रम स्टॉफ में कार्यक्रमों के प्रति अपनी जिम्मेदारी महसूस करते हैं।	• ये सूचकांक जो सहभागिता दर्शाते हों। • मीटिंग, चर्चाएँ • पर्यवेक्षण	• प्रबन्धन प्रणाली में परिवर्तन की आवश्यकता दर्शायें। • सहभागिता को बढ़ाने के तरीकों में बदलाव की आवश्यकता को पहचानें। • प्रतिभागी कार्य से प्रभावित लोगों, स्टॉफ के सम्बंधो में उपजी सम्बधों को पहचानें।

प्रक्रिया मॉनीटरिंग

जैसा कि उपरोक्त सारिणी में दर्शाया गया है कि कार्यक्रम मॉनीटरिंग में इनपुट के उपयोग के साथ–साथ कार्यक्रमों की प्रगति तथा जिस प्रकार से इनको अंजाम दिया जा रहा है उनसे सम्बन्धित सूचनाओं का समावेश होना चाहिए। यही प्रक्रिया मॉनीटरिंग कहलाती है। प्रक्रिया मॉनीटरिंग कार्य पुनर्निरीक्षण व नियोजन हेतु एक माध्यम है। इसके द्वाराः

- यह निर्धारित करना कि गतिविधियां नियोजित ढंग से की जा रही हैं अथवा नहीं।
- समय–समय पर उपजने वाली समस्याओं की पहचान व उनका निवारण।
- शक्तियों के बलबूते पर विकास व सुअवसरों का फायदेमंद उपयोग।
- यह निर्धारित करना कि क्या कार्यशैली और प्रबन्धन ही कार्यक्रम के विकास उददेश्यों को प्राप्त करने की सबसे उचित विधि है।

इम्पैक्ट मानीटरिंग या प्रभाव अनुश्रवण

उददेश्यों को प्राप्त करने की दिशा में हो रही प्रगति व इन उददेश्यों के परिप्रेक्ष्य में कार्यक्रमों से हो रहे प्रभावों सम्बन्धी सूचनाओं को भी मॉनीटरिंग द्वारा प्राप्त किया जा सकता है यह इम्पैक्ट मॉनीटरिंग कहलाती है। इम्पैक्ट मॉनीटरिंग एक माध्यम है जिससे

- कार्यक्रम की परिस्थितियों के दृष्टिगत कार्यक्रमों में सुधारात्मक परिवर्तन आ सके। बशर्ते उनकी मूल दिशा या उददेश्यों में किसी प्रकार की कोई क्षति न हो।
- उद्देश्यों में परिवर्तन की आवश्यकताओं को पहचाना जा सके।
- और अधिक सूचनाओं व अनुसंधान की आवश्यकताओं को पहचाना जा सके।
- गतिविधियों द्वारा लक्षित उददेश्यों की पूर्ति के अनुमानों को प्रमाणित किया जा सकता है।

इम्पैक्ट मॉनीटरिंग लगातार की जाने वाली नव मूल्यांकन का एक प्रकार है यदि इसे ठीक से कर लिया जाए तो औपचारिक मूल्यांकन की जरूरत कम होगी और यदि औपचारिक मूल्यांकन किया जाता है तो कार्यक्रम स्टॉफ को उद्देश्यों के परिप्रेक्ष्य में अपने– अपने कार्यक्रमों को समझने में आसानी होगी। किसी भी मूल्यांकन की स्थिति में स्टॉफ की भागीदारी और उत्साहजनक होगी।

सभी मॉनीटरिंग प्रणालियों में प्रक्रिया व इम्पैक्ट दोनों ही मॉनीटरिंग का समावेश आवश्यक है।

परियोजना मूल्यांकन–सामाजिक, तकनीकी और वित्तीय सामाजिक मूल्यांकन

परियोजना का समाज से सीधे सम्बंध होता है किसी वाटरशेड परियोजना से जल–स्तर में सुधार होगा, कृषि के लिए सिंचाई हेतु जल उपलब्ध होगा, जानवरों के लिए घास एवं पीने का पानी उपलब्ध होगा लेकिन इन सबका जुड़ाव समाज से है। सामाजिक मूल्यांकन से तात्पर्य है मूल्यांकन में उस अवयव का अध्ययन करना जिससे सामाजिक लाभ हो रहा है। सामाजिक लाभ में आय सृजन, लोगों की आय में वृद्धि, बेरोजगारी में कमी, शिक्षा के स्तर में सुधार, प्रवजन में कमी, महिला विकास, बाल विकास, शिशु एवं मातृत्व मृत्यु दर में कभी अधोसंरचना विकास कृषि उत्पादकता में वृद्धि, इत्यादि आते हैं।

सामाजिक लाभ का प्रभाव बहुत धीमी गति से दिखता है जैसे शिक्षा के स्तर में सुधार का लगभग 5 वर्ष में पता चलेगा। उसी तरह शिशु एवं मातृत्व मृत्यु दर में कमी लम्बे समय बाद संयुक्त कार्यक्रम के सफल क्रियान्वयन के बाद ही दिखेगी। सामाजिक मूल्यांकन में जन–सहभागिता आधारित मूल्यांकन पर बल रहता है। मूल्यांकन में लाभार्थी जन–प्रतिनिधि समाज के बुजुर्ग सदस्य सहभागिता करते हैं। सामाजिक मूल्यांकन पूर्व–निर्धारित कार्यक्रम के अनुसार नियत स्थल पर किया जाता है जिससे सम्बन्धित पक्ष अपना विचार रख सकें।

तकनीकी मूल्यांकनः तकनीकी आधारित परियोजना का मूल्यांकन तकनीकी मूल्यांकन कहलाता है। एक कौशल विकास परियोजना में प्रशिक्षणार्थी के तकनीकी ज्ञान की परीक्षा के आधार पर प्रशिक्षण कार्यक्रम का मूल्यांकन किया जा सकता है। एक वाटर शेड विकास परियोजना का तकनीकी मूल्यांकन डैम के निर्माण की गुणवत्ता, जल संवर्धन, जल स्तर में वृद्धि, सिंचित क्षेत्र के आधार पर किया जा सकता है। तकनीकी मूल्यांकन संस्था के प्रशिक्षित कार्यकर्ताओं द्वारा किया जाता है या फिर विशेषज्ञों के माध्यम से। कपार्ट द्वारा स्वीकृत एवं वित्त–पोषित परियोजनाओं का मूल्यांकन संस्थागत मूल्यांकन कर्ता द्वारा समय–समय पर किया जाता है। तकनीकी मूल्यांकन में परियोजना प्रस्ताव प्रस्तुत करते समय जिन मानदण्डों का वर्णन रहता है उन्हीं का परीक्षण किया जाता है।

वित्तीय मूल्यांकनः वित्तीय मूल्यांकन किसी परियोजना या कार्यक्रम के वित्तीय पक्ष को लेकर किये गये मूल्यांकन को कहते हैं। परियोजना प्रस्ताव, अनुमोदित प्लान, बजट एवं वास्तविक रूप से किये गये खर्चे के आधार पर किये

गये मूल्यांकन को वित्तीय मूल्यांकन कहते हैं। यदि किसी स्वास्थ्य परियोजना पर दवा वितरण हेतु 2,00,000 का व्यय अनुमोदित किया गया था परन्तु परियोजना में दवा की खरीद 2,20,000 की हुई है तो वित्तीय मूल्यांकन की दृष्टि में यह खर्च तय सीमा से अधिक है जो उचित नहीं है। वित्तीय विवरण के आधार पर भी वित्तीय मूल्यांकन किया जाता है।

कार्यक्रम का मूल्यांकन

मूल्यांकन एक प्रक्रिया है जिससे किसी कार्यक्रम के परिणाम का फैसला किया जाता है। परिणाम का फैसला करके हम यह निर्णय ले सकते हैं कि उस कार्यक्रम को चालू रखना चाहिए, सुधार करना चाहिए या रोक देना चाहिए। इसलिए मूल्यांकन एक उपकरण या विधि है जो हमें और अच्छी तरह से काम करने में मदद करता है। मूल्यांकन हमारे काम का हो इसके लिए हमें अपने ही काम के बारे में आलोचक होने हेतु खुला दिमाग जरूर रखना चाहिए। साथ–साथ हमें पिछली त्रुटियों से सीखने के लिए इच्छुक होना चाहिए।

मूल्यांकन के बारे में कब सोचें

कार्यक्रम का मूल्यांकन एक निरन्तर प्रक्रिया है। जबसे हम अपने कार्यक्रम की योजना बनाना आरम्भ करते हैं यह शुरू हो जाता है। मूल्यांकन हमें यह सुनिश्चित करने में मदद करता है कि हम जिन कार्यक्रमों की योजना बनाते हैं वे लोगों की उन आवश्यकताओं से सम्बंधित है जिन्हें हम पूरा करना चाहते हैं। यह देखने के लिए कि हम सही दिशा में जा रहे हैं या कहीं परिवर्तन की जरूरत है कार्यक्रम को लागू करने के समय लगातार समयान्तर पर हमको मूल्यांकन की जरूरत होगी। एक कार्यक्रम के अंत में यह जानने के लिए कि हमको इच्छित परिणाम मिले या नहीं हमें मूल्यांकन करना चाहिए।

मूल्यांकन–कार्यक्रम की योजना बनाते समय

जब हम किसी कार्यक्रम की योजना बनाते हैं तो हमारे कुछ विचार हुआ करते हैं कि इस कार्यक्रम से हम क्या करना चाहते हैं। अक्सर विचार ऐसे अस्पष्ट हो सकते हैं जैसे 'हम लोगों का स्वास्थ्य सुधारना चाहते हैं। यह वक्तव्य बहुत सामान्य है और इसका मूल्यांकन करना कठिन है और अच्छी तरीके से विशिष्ट शब्दों में कहना है कि किस तरह हम लोगों की स्वास्थ्य दशा सुधारेंगे और कैसे हम स्वास्थ्य दशा में इस सुधार को मापेंगे? उदाहरण के लिए हम सभी जानते हैं कि शिशु मृत्युदर हमारे देश में बहुत अधिक है। हमारा देश स्वस्थ नहीं कहा जा सकता जब तक कि हम शिशु मृत्युदर को नहीं घटाते। दूसरे शब्दों में

शिशु मृत्युदर में कमी जनसंख्या के स्वास्थ्य की दिशा में सुधार दिखलाती या सूचित करती है। शिशु मृत्युदर में कमी को मापने का मतलब स्वतः स्वास्थ्य की दशा को मापना है। इसलिए शिशु मृत्युदर को स्वास्थ्य का सूचक माना जाता है। स्वास्थ्य सूचक के दूसरे उदाहरण हैं मातृ मृत्युदर और बीमारी की दर।

ऊपर की बातों से यह स्पष्ट है कि यदि हम अपने कार्यक्रम का मूल्यांकन करना चाहते हैं तो योजना बनाते समय हमें निम्न दो बातें स्पष्ट होनी चाहिएः

- हम इस कार्यक्रम के द्वारा क्या प्राप्त करने की आशा करते हैं?
- हम कैसे उपलब्धियों को मापने जा रहे हैं? शिशु मृत्युदर के उदाहरण को यदि हम फिर लें। हम सभी जानते हैं बहुत से बच्चे कम आमदनी वाले परिवारों में मृत होते हैं। अतः जब हम यह कहते हैं कि हम शिशु मृत्युदर घटाना चाहते हैं तो हम अप्रत्यक्ष तौर से कह रहे हैं कि हम गरीब परिवारों के शिशुओं पर अपना ध्यान केन्द्रित करेंगें। गरीब परिवारों के शिशु अब हमारे लक्ष्य–समूह हैं।
- योजना बनाते समय यदि हम अपने से सही प्रश्न नहीं पूछते तो हमें आगे चलकर निश्चित रूप से समस्याओं का सामना करना पड़ता है। एक कार्यक्रम की रूपरेखा बनाते समय निम्नलिखित प्रश्न ध्यान में रखने चाहिए।
- क्या प्रस्तावित कार्यक्रम समुदाय की एक महत्वपूर्ण समस्या की ओर निर्देशित है?
- क्या यह समस्या लोगों की वास्तविक प्राथमिकता है?
- कार्यक्रम में कितनी समस्याओं को हल करने की योजना है?
- समस्या को हल करने की योजना एवं क्रियाकलापों को कितना प्रभावी होने की उम्मीद हम करते हैं?
- कौन–कौन से इच्छित और अनिच्छित साथ में पड़ने वाले प्रभावों की उम्मीद की जा सकती हैं?
- किस तरह से कार्यक्रमों में हम गाँव के लोगों की सहभागिता सुनिश्चित कर सकते हैं?
- परिणाम प्राप्त करने में कार्यक्रम पर कितना खर्च आयेगा?
- कार्यक्रम खर्च कौन वहन करेगा?

अच्छी योजना कार्यक्रम के मूल्यांकन में मदद करती है।

मूल्यांकन कार्यक्रम को लागू करने के दौरान

यहां हम एक कार्यक्रम के परिणाम का फैसला करने की कोशिश कर रहे हैं। कार्यक्रम के दौरान बार–बार समयान्तर पर और एक बार कार्यक्रम के अंत में भी हम इसका मूल्यांकन कर सकते हैं।

हम क्या मूल्यांकन करना चाहते हैं

सेवा की प्रभाविकता

सेवा की प्रभाविकता को मापने के लिए लोगों की आवश्यकता हेतु नियोजित सेवाएं लोग किस सीमा तक पाते हैं इसको मापना जरूरी है। हमें यह भी निर्णय लेना होगा कि क्या सेवा वास्तव में लाभकारी है या नहीं।

उदाहरण के लिए एक गाँव में काली खांसी बहुत अधिक होती है। इसलिए हमने पांच साल से छोटे सभी बच्चों को टीका लगाने का निर्णय लिया। कार्यक्रम के एक वर्ष के बाद हम कार्यक्रम की प्रभाविकता का मूल्यांकन करने गये। इसके लिए हमें निम्न जानकारी की आवश्यकता होगी:

सही समयान्तर पर टीके की तीन मात्रा पाने वाले पांच साल से कम सभी बच्चों की कुल संख्या।

गाँव में पांच साल से कम उम्र के बच्चों की कुल संख्या, इस आधार पर कितने बच्चों को टीका लगा, यह प्रतिशत हम निकाल सकते हैं।

$$\text{कितने बच्चों को टीका लगा इसका प्रतिशत} = \frac{\text{गावं में टीका लगे पांच साल से उम्र के बच्चों की कुल संख्या}}{\text{गाँव में पांच साल से कम उम्र के बच्चों की कुल संख्या}} \times 100$$

हमारा दायरा कितना प्रभावी है इसकी सूचना यह देता है अर्थात कुल बच्चों का प्रतिशत जिन्हें टीके की तीन मात्रा सही समयान्तर पर मिली ।

लेकिन हमारा टीकाकरण का कार्यक्रम लाभकारी तभी कहा जा सकता है जबकि हम यह दिखा सकने योग्य हों कि इससे क्षेत्र में काली खांसी की बीमारी में अर्थपूर्ण कमी आई है। इसका पता लगाने के लिए हमें जानना होगा कि:

- टीकाकरण कार्यक्रम चालू करने के एक साल के बाद काली खांसी से कितने बच्चे पीड़ित हुए?

मान लिया हमने प्रोजेक्ट के क्षेत्र में कम से कम 90 प्रतिशत पांच साल से कम के बच्चों को टीका लगाया लेकिन काली खांसी के रोगियों में कमी नहीं आई। तब हमें यह पता लगाना होगा कि

- क्या मात्राओं के बीच का समय सही था?
- क्या सभी तीन मात्राएं दी गईं?
- क्या टीके को सुरक्षित रखा गया था?

मान लिया हमने प्रोजेक्ट के क्षेत्र में कम से कम 90 प्रतिशत पांच साल से कम के बच्चों को टीका लगाया लेकिन काली खांसी के रोगियों में कमी नहीं आई। तब हमें यह पता लगाना होगा कि

- क्या मात्राओं के बीच का समय सही था?
- क्या सभी तीन मात्राएं दी गईं?
- क्या टीके को सुरक्षित रखा गया था?

प्रक्रिया जिसके द्वारा परिणाम मिला

सामुदायिक स्वास्थ्य कार्यक्रम में मुख्य जोर समुदाय के लोगों की स्वास्थ्य की दशा में सुधार लाने की दिशा में सामूहिक प्रयास के लिए संगठित करने पर होता है। एक ही तरह का परिणाम विभिन्न तरीकों से मिल सकता है लेकिन प्रत्येक रास्ता गुणात्मक रूप से भिन्न होगा। उदाहरण के लिए एक गाँव में साफ पीने के पानी की कमी है पीने के साफ पानी की कमी से वहां दस्त के बहुत से रोगी हैं। इस गाँव में एक नलकूप की जरूरत है। गाँव को नलकूप कई तरीकों से मिल सकता है।

- स्वास्थ्य दल पैसा देने वाली संस्था को आवेदन कर सकता है और कुँआ खोद सकता है।
- गाँव के लोग नलकूप के लिए खंड विकास अधिकारी (बी.डी.ओ.) को आवेदन लिख सकते हैं।
- गाँव के लोग खर्च की पूर्ति में खर्च के कुछ हिस्से के लिए अंशदान (पैसे या श्रम के रूप में) कर सकते हैं।
- गाँव के लोग इतंजार कर सकते हैं।

पैसा देने वाली संस्था को आवेदन करना अधिक आसान तरीका है। इसमें अधिक निर्णय लेने या समुदाय के स्तर पर लोगों को शामिल करना नहीं होता है। स्वास्थ्य दल गाँव की जरूरत को आंकता है, पैसा देने वाली संस्था को

लिखता है और कुंआ तैयार करता है। इस प्रक्रिया में गाँव के लोग केवल मूक दर्शक रह जाते हैं।

दूसरी विधि में विकास प्रखंड अधिकारी (बी.डी.ओ.) को आवेदन लिखने या प्रतिनिधि दल भेजने में गाँव के लोगों को शामिल करना जरूरी होगा। कई सभाएं बुलानी पड़ेगीं, लोगों को कई मामलों (कौन जाना चाहिए, कौन दरखास्त लिखेगा, अगला कदम या कार्यवाही क्या होगी यदि बी.डी.ओ. सुनने वाला नहीं है) पर निर्णय लेना होगा। बी.डी. ओ. के पास जाने का मतलब सूत्रपात की शुरूआत अपनी ताकत के विषय में विश्वास भी होता है। सामूहिक रूप से मिलकर सरकारी तंत्र से काम कराना अपने आप में एक बड़ी शैक्षणिक प्रक्रिया हो सकती है। संभवतः कुंआ खोदने में पहली विधि की तुलना में ज्यादा समय लगेगा लेकिन लोगों का एक संगठित समूह का उदय महत्वपूर्ण होगा।

जब हम उस प्रक्रिया, जिसके द्वारा एक परिणाम प्राप्त हुआ, का मूल्यांकन चाहते हैं तो निम्नलिखित प्रश्न ध्यान में रखना चाहिए

- क्या गाँव के लोग कार्यक्रम की योजना बनाने और लागू करने से संबधित किसी भी निर्णय को लेने में शामिल हैं।
- निर्णय लेने की क्या प्रक्रिया है?
- क्या कार्यक्रम के परिणामस्वरूप गाँव में संगठित कार्यवाही का उदय हुआ?
- क्या कार्यक्रम में निर्णय लेने की प्रक्रिया आगे के लिए एक उदाहरण बनी?

निष्पक्षता

सभी स्वास्थ्य कार्यक्रम की निष्पक्षता पर प्राथमिक रूप से ध्यान देना चाहिए। अतः सवाल केवल यह नहीं है कि स्वास्थ्य में सुधार हुआ बल्कि क्या यह सुधार सभी गरीब लोगों के लिए हुआ? सबसे अधिक असुविधा वाले समूह के कितने लोग जन कार्यक्रम के दायरे में आते हैं? उनके कितने बच्चों को टीका लगा है?

अस्पताल के बहिरंग विभाग (ओ. पी. डी.) में रोज साठ लोग आते थे। रोगी दूर–दूर से आते और दवाखाने की अच्छी आमदमी होती थी। लेकिन एक साल का ओ. पी. डी. रिकार्ड का विश्लेषण दिखलाता है कि सत्तर प्रतिशत लोग लक्ष्य क्षेत्र से बाहर के आये और पैसे वाले थे। दवाखाने के कार्यकर्ता अपना सत्तर प्रतिशत समय धनी लोगों पर लगा रहे थे। कार्यकर्ताओं के सामने प्रश्न थाः

- क्या उन्हें इतना अधिक समय धनी लोगों की सेवा पर लगाना चालू रखना चाहिए?
- क्या उन्हें भिन्न–भिन्न तरीके से कार्य करना चाहिए ताकि गरीब लोगों को (जो जनसंख्या के अस्सी प्रतिशत है) उनकी सेवा अच्छी तरह से काम आये?
- अन्य पाँच गाँवों की स्वास्थ्य स्थिति में परिवर्तन हुआ या नही? यदि नहीं तो कार्यक्रम में किस प्रकार की कमी रही?

व्यवाहारिक तरीकों में सुधार

बहुत से सामुदायिक स्वास्थ्य कार्यक्रम में सांख्यिकीय तथ्यों जैसे बच्चों की संख्या, जिन्हें टीका लगा, खोदे गये नलकूपों की संख्या, माताओं की संख्या जिन्हें टिटनेस टाक्साइड मिला, इत्यादि को इकटठा करने में काफी समय खर्च होता है जबकि सांख्यिकीय आंकड़े महत्वपूर्ण हैं। ये आवश्यक रूप से समुदाय में परिवर्तन के सच्चे सूचक नहीं हैं। समुदाय के लोगों की अभिरूचि और व्यवहार में परिवर्तन को आंकना अधिक महत्वपूर्ण है। उदाहरण के लिए यदि एक ग्रामीण स्वास्थ्य रक्षक ने एक मां को विश्वास दिलाया है कि उसका अपेक्षाकृत स्वस्थ दिखाई देने वाला बच्चा जिसका वजन नहीं बढ़ता है, कुपोषित हो रहा है या एक दाई ने गर्भवती माताओं को जन्म के पूर्व की जांच कराने के लिए भेजना शुरू कर दिया है तो समुदाय के लोगों का स्वास्थ्य सुधारने की दिशा में एक बड़ा कदम लिया जा चुका है। हमें जरूर याद करना चाहिए कि अकेला ज्ञान ही अभिरूचि और अभ्यास को नहीं बदलता है।

स्वास्थ्य दल का कार्य

एक स्वास्थ्य दल समुदाय में लोग स्वस्थ्य रहें इसके लिए मिलकर काम करने वाले, व्यक्तियों का एक समूह है। स्वास्थ्य दल के सदस्यों में वे सभी शामिल हैं जो साथ–साथ काम कर रहे हैं। उदाहरण के लिए सहायक कर्मचारी, लिपिक, ड्राईवर, क्लीनर सभी दल के हिस्से हैं। यह महत्वपूर्ण है कि इनके कार्य को तथा चिकित्सकीय सहायक, नर्स और सामुदायिक कार्यकर्ताओं के कार्यो में जो मदद कर देते हैं, को स्मरण किया जाये।

1. क्या दल के सभी सदस्य संस्था के उद्‌देश्यों को जानते और समझते हैं। जो लोग संस्था के उद्‌देश्यों को नहीं जानते वे कई अन्य कार्यक्रमों में काफी समय बरबाद कर सकते हैं। जो लोग उद्‌देश्यों से सहमत नहीं होते संस्था के कार्य में बाधा डालते हैं।

2. क्या सदस्य योजना बनाने और कार्यक्रम को आगे बढ़ाने में शामिल हैं?
3. क्या सदस्य मुख्य मुददों (काम की दिशा क्या हो, कौन से कार्यक्रम जरूर होने चाहिए) के सम्बध में निर्णय लेने में शामिल हैं?
4. क्या काम में सभी हिस्सा लेते हैं? क्या प्रत्येक व्यक्ति को विशेष काम करना है?
5. क्या जिम्मेदारियां सबसे अच्छे तरीके से बांटी गई हैं?
6. सदस्यों और उनके काम का निरीक्षण कैसे होता है? क्या निरीक्षण एक सहायक के रूप में किया जाता है या यह निरकुंश तरीके से किया जाता है? (अर्थात् करो जो तुम्हें कहा जा रहा है और प्रश्न मत पूछो)?
7. क्या दल में सभी सदस्यों के साथ आदर से व्यवहार किया जाता है या आदर केवल उन्हीं को दिया जाता है जो निर्णय लेने के पद पर होते हैं? (उदाहरण चिकित्सा, अधिकारी)
8. क्या काम के मूल्यांकन के लिए लगातार मिलते रहने का प्रयास होता है?
9. दल में आपस में विरोध को कैसे हल किया जाता है? कार्यकर्ताओं की व्यक्तिगत समस्याओं को कैसे हल किया जाता है? कैसे झगड़ों को रोका या सुलझाया जाता है?
10. संस्था में वेतन का स्वरूप क्या है? क्या अंतर बहुत ही अधिक है?
11. क्या स्वास्थ्य दल अपना ज्ञान और कुशलता लगातार ऊँचा उठाता है।

दल के प्रत्येक सदस्य के लिए अपना और दल के दूसरे सदस्यों के कार्य का मूल्यांकन करना महत्वपूर्ण है? (क्या कार्य के उद्देश्य पूरे हो रहे हैं? परिणाम का गुण क्या है? (सूत्रपात करना, दृढ़ता, काम में दिखाया गया उत्साह)

गाँव के लोगों के साथ दल का कार्य

- क्या गाँव के लोग स्वास्थ्य दल के काम के पीछे के कारणों को जानते हैं या समझते हैं?
- कार्यक्रम की किस अवस्था में गाँव के लोग शामिल किये जाते हैं?
- महत्वपूर्ण लोगों के प्रति स्वास्थ्य दल की अभिरूचि कैसी है?
- क्या गाँव में औपचारिक नेतृत्व के अलावा दूसरा नेतृत्व विकसित करने का प्रयास स्वास्थ्य दल ने किया है?
- स्वास्थ्य दल और गाँव में संवाद का आदान–प्रदान कैसे होता है?

- काम की सूची गाँव के लोगों की सुविधा के अनुसार है या दल की सुविधा के अनुरूप है?
- कौन सी प्रक्रिया है जिसके द्वारा गाँव के लोग निर्णय लेने में शामिल होते है?
- गाँव में कितनी सभाएं हुई? क्या उद्देश्य था? क्या निर्णय लिये गये? उन्हे कैसे आगे बढ़ाया गया? और स्वास्थ्य दल का क्या उद्देश्य था? क्या स्मरण करने के लिए लेख रिकार्ड किये गये हैं?

यह कुछ प्रश्न हैं जिन्हें स्वास्थ्य दल के सदस्यों को अपने से पूछना चाहिए।

प्रत्येक कार्यक्रम जो लागू किये जा रहे हैं (उदा. के लिए पांच साल से कम उम्र के बच्चों का कार्यक्रम, ग्रामीण स्वास्थ्य कार्यकर्ता कार्यक्रम, खिलाने का कार्यक्रम आदि) से सम्बन्धित कुछ और विशेष प्रश्न हो सकते है।

कार्यक्रम का खर्चः

- कार्यक्रम का कुल खर्च क्या है?
- पैसा कहाँ से आता है?
- समुदाय के किस तरह के साधन (श्रम, पैसा आदि) काम में लाये जाते हैं?
- क्या सरकारी साधन काम में लाये जाते हैं (जो जिला स्वास्थ्य अधिकारी, विकास प्रखंड अधिकारी से मिलते हैं)।
- क्या शहर से मिलने वाली सहायता पर निर्भरता में कमी आई?

संस्था दल के लिए यह पता लगवाना महत्वपूर्ण है कि परिणाम के हिसाब से कार्यक्रम पर लगने वाला खर्च उचित है? जैसे कि साधनों की कमी हमें उनके इस तरह से उपयोग करने में जरूर सावधानी बरतनी चाहिए कि उससे अधिक से अधिक संख्या में लोगों को लाभ मिले।

दो नर्सों ने सामुदायिक स्वास्थ्य कार्यक्रम, जिसमें छः गाँवों के पांच हजार जनसंख्या को लेना था, चलाने का निर्णय किया। नर्स को जिस गांव में अपना कार्यक्रम शुरू करने की मंशा थी उस गाँव के लोगों के साथ कार्यक्रम के उद्देश्यों को रूप दिया गया। अनुमान लगाया गया कि पांच हजार लोगों के लिए प्रतिवर्ष 12,00,000/– कुल आवृति खर्च होगा। इस खर्च में दो नर्स का वेतन, डाक्टर का वेतन जब वह गाँव में जायेगा, छः ग्रामीण कार्यकर्ताओं का वजीफा और वाहन का रखरखाव शामिल था।

पहले गाँव में जहाँ औसतन 800 लोग थे वहां नर्स ने अपना काम शुरू किया। वे उस गाँव में ही इतने मशगूल हो गये कि वे अन्य पांच गाँव में, जिन्हें कार्यक्रम का हिस्सा होना चाहिए, कभी नहीं गये।

तीन साल के अंत में कार्यक्रम का मूल्याकंन किया गया। कार्यकर्ताओं का परिणाम काफी धनात्मक था। सभी बच्चों को टीके लगाये गये तथा विटामिन 'ए' की खुराक दी गई तथा दाईयों को प्रशिक्षण दिया गया था। गाँव वालों ने तीन ग्रामीण स्वास्थ्य कार्यकर्ता चुन लिये थे, ग्रामीण स्वास्थ्य कार्यकर्ताओं को नर्स ने प्रशिक्षण दिया था और गाँव वालों ने प्रशिक्षण पूरा हो जाने पर उनका भुगतान करने (600रू. प्रति माह प्रति कार्य) का वचन दिया था। अतः सब कुछ पूर्ण दिखाई दिया।

लेकिन कार्यक्रम के खर्च का मूल्यांकन करने पर यह महसूस किया गया कि इस गाँव में कम से कम आवश्यक स्वास्थ्य सेवाएं निश्चित रूप से दिलाने में प्रति व्यक्ति प्रति वर्ष रू0 40/–(प्रति परिवार औसतन 200 रू.) खर्च हुआ। भारत में उपलब्ध काफी सीमित साधनों पर विचार करते हुए क्या हम लोगों से इस तरह के कार्यक्रम का खर्च वहन करने की उम्मीद कर सकते हैं?

दो प्रश्न जिन्हें स्वास्थ्य दल को पूछना चाहिएः

- क्या उन्हीं साधनों से और अधिक परिणाम मिल सकता है?
- क्या वही परिणाम कम साधनों से मिल सकता है?
- अन्य पाँच गाँव की स्वास्थ्य स्थिति कैसी रही?

साथ में घटने वाले प्रभाव जो पहले से ही दिखाई नहीं पड़ते

साथ में घटने वाले प्रभाव जो पहले से ही दिखाई नहीं पड़ते हैं अच्छे या बुरे दोनों हो सकते हैं।

उदारहण के लिए एक गाँव में काम के बदले अनाज कार्यक्रम चलाया गया, कार्यक्रम सिंचाई के लिए कुँआ खोदने का था। कुंआ जो खोदे गये अच्छे थे और इस प्रकार जमीन वाले लोगों को इस कार्यक्रम से काफी लाभ हुआ। अब बड़े जमीन वालों को एक साल में दो फसल लेना सम्भव हो गया। दुर्भाग्य से गाँव के अधिकतर लोग जिनके पास कोई जमीन नहीं थी, इस कार्यक्रम का उपयोग करने योग्य नहीं थे। गाँव के गरीब लोगों में स्वास्थ्य दल के प्रति घृणा की भावना पैदा हो गई और इसके बाद स्वास्थ्य दल गरीब लोगों के साथ काम नहीं कर सका। इस केस में कार्यक्रम के साथ में होने वाला परिणाम बुरा था।

कार्य के मूल्यांकन हेतु हमारी क्या–क्या आवश्यकताएं हैं :

1. कार्यक्रम शुरू होने से पहले क्षेत्र के बारे में ज्ञानः
   - स्वास्थ्य की स्थिति, जन्मदर, शिशु मृत्युदर, बीमारी होने का डर, आदि का ज्ञान। यह सूचना प्राथमिक स्वास्थ्य केन्द्र, जिला स्वास्थ्य अधिकारी से आसानी से मिल सकती है।
   - क्षेत्र में उपलब्ध सुविधाओं के बारे में ज्ञान।
   - सामाजिक, आर्थिक दशा, सांस्कृतिक विश्वास आदि के बारे में ज्ञान। क्षेत्र के विषय में सभी बातें जानना संभव नहीं हो सकता है। काम शुरू करने से पहले कुछ सूचनाएं हम इकट्ठी कर सकते हैं और सूचना काम करते हुए अनौपचारिक रूप से एकत्रित की जा सकती है।
2. आधारभूत आँकड़े और रिकार्डः
   - आधारभूत आँकड़े महत्वपूर्ण हैं क्योंकि हम उनके आधार पर न केवल अपनी सेवाओं की योजना बना सकते हैं बल्कि अपने काम का मूल्यांकन कर सकते हैं। चल रहे कार्यक्रमों का रिकार्ड रखना हमारे कार्यक्रम के मूल्यांकन के लिए जरूरी है।
3. **एक अच्छी योजना वाला कार्यक्रमः** यदि हम अपने से सही प्रश्न जैसा कि शुरू के भाग में कहा गया है, पूछें तो यह स्पष्ट हो जायेगा कि हम कहाँ जाना चाहते हैं, हम अपने कार्यक्रम से क्या प्राप्त करना चाहते हैं? यह कार्यक्रम से स्पष्ट हो जायेगा।
4. **गाँव की डायरी :** यह उन घटनाओं का रिकार्ड है जिन्हें हम अपने गाँव में जाने के समय देखते हैं इसमें गाँव की मीटिंग की रिपोर्ट तथा लिये गये निर्णय भी लिखे होते हैं। यह एक उपयोगी तरीका है। यह पता लगाने के लिए कि क्या गाँव के लोगों की अभिरूचि में हमारे प्रति कोई परिवर्तन हुआ है? क्या सांस्कृतिक रिवाज में से कुछ में कोई परिवर्तन हुआ है? आदि। इन अभिरूचियों का आंकलन सांख्यिकीय शब्दों में करना कठिन है लेकिन यह सांख्यिकीय आंकड़ों से अधिक महत्वपूर्ण है।
5. दल की मीटिंग की कार्यवाही का संक्षिप्त विवरण तथा प्रत्येक सदस्यों के कार्य और जिम्मेदारियों का रिकार्ड।
6. **खुले दिमाग का होनाः** अंत में हमें अपने कार्य को आलोचनात्मक और वस्तुनिष्ठता से देखने के लिए काफी खुले दिमाग का होने की

आवश्यकता है। यदि एक क्रियाकलाप में, जिसमें हमने तन–मन लगा दिया है, अधिक मूल्य का परिणाम नही आता है तो हमें इसे स्वीकार करने योग्य होना चाहिए, असफलताओं से सीखना चाहिए और जरूरी हो तो अपनी दिशा बदलनी चाहिए।

6. दस्तावेज संधारण

स्वैच्छिक संस्थाओं के प्रमुख का यह दायित्व है कि संस्था के मुख्य अभिलेख सुरक्षित करें। संगठन के सचिव को यह सुनिश्चित करना होता है कि संगठन से सम्बंधित पंजीकरण, नवीनीकरण, चुनाव इत्यादि कागजात एवं नस्ती का संधारण अपने पास रखें किन्तु अन्य विभागीय कर्मचारी सम्बन्धित कार्यालय या विभाग के अभिलेख भी सुरक्षित रखें। उदाहरणस्वरूप लेखा विभाग लेखा पुस्तकें बैंक से सम्बंधित कागज, आय–व्यय का हिसाब, इत्यादि अपने पास रखे। मुख्यतया निम्न अभिलेखों का रखरखाव आवश्यक हैः

1. संस्था के पंजीकरण का प्रमाण पत्र एवं अन्य कागजात।
2. आयकर अधिनियम की धारा 80– के अंतर्गत पंजीकरण प्रमाण–पत्र।
3. विदेशी अनुदान (विनियमन) अधिनियम का प्रगति प्रतिवेदन एवं पंजीयन
4. संगठन के लेखा विभाग की नस्ती एवं कागज।
5. वार्षिक प्रतिवेदन, उपभोग प्रमाण पत्र, प्रगति प्रतिवेदन।
6. कर्मचारियों से सम्बंधित नस्ती, उनकी नियुक्ति, इत्यादि।
7. पदोन्नति, वेतन, अवकाश, अग्रिम, इत्यादि परियोजनावार नस्ती।

इकाई – 4

गैर–सरकारी संगठनों का संचालन एवं प्रबंधन

गैर–सरकारी संगठनों में वित्तीय प्रबंधनः– वर्ममान समय में वित्तीय लेन–देन अत्यंत सहज एवं तीव्र है लेखांकन के साफ्टवेयर 'टैली' ने लेखाकर्म को आसान बनाया है तथा इलेक्ट्रानिक भुगतान ने वित्तीय लेन–देन हेतु सुगमता प्रदान की है।

गैर–सरकारी संगठनों का वित्तीय प्रबंधन मुख्यतया लेखांकन, कोष प्रबंधन, निवेश प्रबंधन एवं विभिन्न प्रकार की प्राप्तियों से सम्बंधित है। बड़ी संस्थाओं का वित्तीय प्रबंधन आयकर छूट, विदेशी अनुदान एवं स्वयं के स्त्रोत का प्रबंधन है। बड़े संस्थान सामान्यतः टैली साफ्टवेयर पर लेखांकन कार्य करते हैं जबकि छोटे संगठन परम्परागत ढंग से लेखांकन करते है।

भारत ही नहीं विश्व में कई बड़े स्वैच्छिक संगठन, जो व्यावसायिक घरानों से सम्बंधित हैं, कई कम्पनियों या समूह में अंशधारी हैं। उदाहरणार्थ– टाटा घराने के ट्रस्ट जैसे सर दोराबजी टाटा ट्रस्ट, रतन टाटा ट्रस्ट इत्यादि टाटा समूह में साठ प्रतिशत से ज्यादा के अंश धारक हैं। अतः इन संगठनों का निवेश बहुत बड़ी मात्रा में आय अर्जित करता है।

चूँकि अधिकांश गैर–सरकारी संगठन छोटे हैं अतः उनके लिए दीर्घ अवधि का वित्तीय प्रबंधन आवश्यक नहीं होता है अपितु वे मात्र अपनी प्राप्तियों एवं खर्चो का विवरण रखते हैं।

गैर–सरकारी संगठनों के लिए लेखांकनः– जनहित के कार्य में लगे संगठन स्वैच्छिक या गैर–लाभकारी या गैर–व्यापारिक संगठन होते हैं। इनका

मुख्य उद्देश्य सामाजिक सेवा, कल्याण या विकास होता है। स्वैच्छिक संगठन सरकार, विदेशी स्त्रोत, चंदा, दान या अनुदान से प्राप्त आय का उपयोग समाज सेवा, कल्याण या विकासात्मक गतिविधियों में करते हैं। गैर–सरकारी संगठन वर्ष भर की प्राप्त राशि और उसके व्यय का लेखा 'प्राप्ति और भुगतान खाता' में तथा वर्ष के दौरान आय और व्यय का लेखा 'आय–व्यय खाता' के रूप में तैयार करते हैं।

गैर–सरकारी संगठन का अपना पूँजी कोष होता है। आय–व्यय खाते से प्राप्त आधिक्य को पूँजी कोष में जोड़ दिया जाता है या कमी को घटा दिया जाता है। आर्थिक एवं वित्तीय स्थिति को स्पष्ट करने के लिए ये संगठन आर्थिक चिट्ठा बनाते हैं।

गैर–सरकारी संगठनों को विभिन्न स्त्रोतों से आय प्राप्त होती है जिसे वे अपने उद्देश्यों की पूर्ति हेतु व्यय करते हैं। ये संगठन अपनी आय–व्यय का अनुमोदन सक्षम प्राधिकारी यथा प्रबंध मण्डल, अधिशासी मण्डल से प्राप्त करते हैं। गैर सरकारी संगठनों में मुख्यतः स्वयं सेवी या स्वैच्छिक संगठन, धर्मार्थ संस्था, धार्मिक एवं सांस्कृतिक संगठन, गैर लाभकारी संगठन जैसे चिकित्सालय पुस्तकालय, अनाथालय, विद्यालय इत्यादि आते हैं इन संगठनों का वैधानिक पंजीयन सोसाइटीज रजिस्ट्रेशन एक्ट 1860, इण्डियन ट्रस्ट एक्ट या विधि द्वारा स्थापित अन्य किसी अधिनियम के तहत होता है।

गैर–सरकारी संगठनों की आय के मुख्य साधन अनुदान, चंदा, सरकारी या गैर–सरकारी सहायता, सदस्यता शुल्क इत्यादि होते हैं। सैद्धांतिक रूप से जिन भी संस्थाओं को आय अर्जित होती है, उन सभी संस्थाओं संगठनों को आय एवं व्यय का ब्योरा देना आवश्यक होता है, क्योंकि अनुदान, दान या सहायता देने वाला प्रत्येक संगठन यह चाहता है कि उनके द्वारा प्रदत्त राशि का उपयोग उन्ही उद्देश्यों की प्राप्ति हेतु किया जाय जिस मद के लिए सहायता दी गयी है। इन्ही कारणों से किसी गैर–सरकारी संगठन को आय–व्यय, प्राप्ति–भुगतान, इत्यादि का हिसाब–किताब रखने की आवश्यकता होती है। आय–व्यय के सही विवरण से संस्था की जवाबदेही, पारदर्शी एवं नियमों के अनुपालन की स्पष्ट झलक मिलती है। यदि संस्था द्वारा प्राप्त आय उसके व्यय से अधिक है तो इसे आय पर व्यय का अधिक्य कहते हैं तथा यदि संस्था का व्यय आय से अधिक है तो इसे व्यय का आय पर आधिक्य कहते हैं साधारण शब्दों में इसे घाटा कह सकते है।

गैर–सरकारी संगठनों के लेखांकन का उद्देश्यः– किसी संगठन को निम्न उद्देश्यों की प्राप्ति हेतु लेखांकन आवश्यक होती है।

1– व्यय का संतुलनः– स्वैच्छिक संस्थाओं के लेखांकन का प्रमुख उद्देश्य अपने व्यय को आय के अनुसार संतुलित रखना है। साधारण अर्थो में आय को दृष्टिगत रखते हुए व्यय किया जाए।

2– आर्थिक एवं वित्तीय स्थिति की जानकारीः– प्रत्येक संगठन वर्ष के अंत में अपनी वित्तीय स्थिति की सम्यक जानकारी प्राप्त कर अगले वर्ष की आय–व्यय पर ध्यान केन्द्रित करना चाहता है अतः यह आवश्यक है कि लेखांकन कार्य किया जाये। इस हेतु आय–व्यय, प्राप्ति–भुगतान एवं चिट्ठा तैयार किया जाता है।

3– सम्पूर्ण वित्तीय जानकारीः– गैर–सरकारी संगठनों के लेखांकन का उद्देश्य संस्था की निश्चित अवधि का वर्ष के अंत की आय, कर इत्यादि की जानकारी प्राप्त करना होता है। स्वैच्छिक संगठन अपना लेखांकन कार्य रोकड़ पद्धति के अनुसार करते हैं। यह प्रणाली सरल, कम खर्चीली एवं नियमानुकूल है। इसके माध्यम से प्राप्ति एवं भगुतान खाते का सरलता से ज्ञान होता है, बचत एवं घाटे का आँकलन सम्भव होता है। इसके द्वारा उधार, लेन–देन एवं आर्थिक स्थिति की जानकारी प्राप्त होती है।

रोकड़ पद्धति के अंतर्गत रखी जाने वाली निम्न पुस्तकें आवश्यकतानुसार विभिन्न संगठनों द्वारा रखी जाती हैं।

1– रोकड़ पुस्तक : रोकड़ पुस्तक में सभी प्राप्तियों एवं भुगतानों का तिथिवार लेखा किया जाता है। रोकड़ पुस्तक में संगठन को प्राप्त होने वाली राशि डेबिट पक्ष में तथा भुगतान की गयी राशि क्रेडिट पक्ष में लिखी जाती है। इस पुस्तक का सारांश समय–समय पर प्राप्ति एवं भुगतान खाते के रूप में तैयार किया जाता है।

2– स्मरण पुस्तिकाः– इस पुस्तिका में उन लेन–देन को लिख लिया जाता है जिन्हे रोकड़ पुस्तक में नहीं लिखा जा सकता। जैसे ही उस मद की राशि प्राप्त होती है या उसका भुगतान कर दिया जाता है उस लेखे को स्मरण पुस्तिका में काट दिया जाता है।

3– स्टाक रजिस्टरः– संगठन द्वारा क्रय की गयी सम्पत्ति तथा वस्तुओं जैसे फर्नीचर, दवा, औजार, कच्चा माल, पुस्तक, प्रतिभूति इत्यादि का उल्लेख स्टाक रजिस्टर में होता है। इनके बेचने, खोने या नष्ट होने का भी विवरण इसमें दिया रहता है।

4– अन्य पुस्तकें:– विभिन्न प्रकार के संगठनों के लिए अलग–अलग अन्य रजिस्टर तैयार किया जाता है जैसे धर्मार्थ संस्थाओं में दान दाता रजिस्टर, साहित्य एवं संस्कृतिक संगठनों में चंदा रजिस्टर, शैक्षणिक संगठन में शुल्क रजिस्टर इत्यादि।

5– व्यवसायिक इकाई के लेखे:– बहुत से गैर–सरकारी संगठन जैसे सेवा इत्यादि अपने उद्देश्यों को प्राप्त करने के लिए व्यावसायिक गतिविधियाँ संचालित करती है। इनके लिए अलग–अलग लेखे रखे जाते हैं। तथा संगठन के आय–व्यय लेखा तथा आर्थिक चिट्ठे में इनको सम्मिलित कर लिया जाता है। व्यावसायिक इकाई कभी–कभी प्रशिक्षण, उत्पादन या प्रदर्शन के लिए स्थापित की जाती है अतः इनका लेखा रखना आवश्यक होता है।

कोष लेखांकन:– विशुद्ध सेवा भावना के उद्देश्य से संलग्न गैर–सरकारी संस्थानों के द्वारा अपनाई गई लेखे की विधि को कोष लेखांकन कहते हैं। इस लेखांकन के अन्तर्गत नकद संव्यवहारों का लेखा नकद संकल्पना के आधार पर और वर्तमान वर्ष के वित्तीय परिणामों से सम्बन्धित लेखा उपार्जन संकल्पना के अनुरूप किया जाता है। पारित बजट के अनुरूप संव्यवहारों का निपटारा किया जाता है।

कोष लेखांकन प्रक्रिया में नकद संकल्पना के अनुसार प्राप्ति और भुगतान खाता बनाकर वर्ष के अन्त में नकद की स्थिति को जाना जाता है। उपार्जन संकल्पना के अनुसार आय–व्यय खाता बनाकर वर्तमान वर्ष के वित्तीय परिणाम (आधिक्य / कमी) को जाना जाता है और वित्तीय सुदृढ़ता को जानने के लिए आर्थिक चिट्ठा बनाया जाता है। स्वैच्छिक संस्थान कोष लेखांकन की एक इकाई के रूप में कार्य करता है।

गैर–सरकारी संगठनों में विशिष्ट कार्यो (उद्देश्यों) को पूरा करने के लिए विशिष्ट कोष होता है। प्रत्येक कोष के लिए पृथक्–पृथक् लेखे रखे जाते हैं और उससे सम्बन्धित आय को उसी में जोडा जाता है या वास्तविक व्यय को घटाया जाता है। ये संस्थान अपने लिए बनाये गये नियमों, उपनियमों और अधिनियमों के अनुसार विशेष कोषों का उपयोग करते हैं।

गैर–सरकारी संगठनों में विशिष्ट कोषों के अतिरिक्त सामान्य कोष होता है सामान्य कोष का उपयोग सामान्य संगठनात्मक कार्यों को पूरा करने के लिए किया जाता है। ये संस्थान सामान्य आवर्ती आय और व्यय बजट बनाते हैं, उसे अपनी समिति से पारित करवाते हैं और उसी के अनुरूप व्यय करते हैं और आय प्राप्त करते हैं।

कोष लेखांकन के अन्तर्गत गैर–सरकारी संस्थानों के विशिष्ट कोष का विशेष महत्व है। ये विशिष्ट कोष ही इन संस्थानों की गतिविधियों के परिचायक होते हैं। गैर–सरकारी संस्थान में सामान्यतया निम्नलिखित विशिष्ट कोष होते हैं।

1. अप्रतिबन्धित कोष/सामान्य कोषः– गैर–सरकारी संगठनों के लक्ष्य और उद्देश्य के अनुरूप सामान्य क्रियाओं का संचालन करने के उद्देश्य से निर्मित कोष को अप्रतिबन्धित/सामान्य कोष कहते हैं। इस कोष का निर्माण अनुदान, उपहार और आधिक्य से होता है। इसे परिचालन कोष या पूँजी कोष भी कहते हैं।

2. प्रतिबन्धित कोष/विशिष्ट कोषः– गैर–सरकारी संगठनों के विशिष्ट लक्ष्य और विशिष्ट उद्देश्य को पूरा करने के उद्देश्य से निर्मित कोष को प्रतिबन्धित/विशिष्ट कोष कहते हैं। विशिष्ट कोष का निर्माण किसी विशिष्ट कार्य को पूरा करने के लिए किया जाता है। विशिष्ट कोष से सम्बन्धित आय को विशिष्ट कोष में जोड़ा जाता है या व्यय को घटाया जाता है। उदाहरणार्थ, पुरस्कार देने के लिए पुरस्कार कोष, खेल आयोजन करने के लिए खेल कोष। गैर–लाभकारी संस्थान के लिए विशिष्ट कोष दायित्व है। इस कोष को दानकर्ता प्रतिबन्धित कोष या उद्देश्य विशेष के लिए कोष भी कहते हैं।

3. समर्पित कोषः– गैर–सरकारी संगठन को स्थायी साधन के रूप में प्राप्त धन/सम्पत्ति को समर्पित कोष कहते हैं। इस कोष का निर्माण धर्मार्थ व्यक्तियों के द्वारा धर्मार्थ कार्यों के लिए दान स्वरूप दिए गए धन/सम्पत्ति से होता है। दानकर्ता के अनुसार धन/सम्पत्ति से प्राप्त आय का उपयोग किया जाता है। फलतः इस कोष का मूल धन निरन्तर सुरक्षित रहता है। दानकर्ता के द्वारा इसके आय के उपयोग पर प्रतिबन्ध लगाने पर इस कोष से प्राप्त आय को इसी कोष में जोड़ा जाता है या वास्तविक व्यय को घटाया जाता है। गैर–लाभकारी संस्थानों के लिए समर्पित कोष दायित्व है।

4. स्थायी सम्पत्ति कोषः– गैर–सरकारी संगठन स्थायी सम्पत्ति क्रय करने के लिए स्थायी सम्पत्ति कोष बनाते हैं। इस कोष का निर्माण अनुदान और दान से होता है। इस कोष का प्रयोग स्थायी सम्पत्तियों को खरीदने के लिए किया जाता है। स्थायी सम्पत्ति के नाम के अनुरूप इस कोष का निर्माण होता है, जैसेः– भवन कोष, उपस्कर कोष आदि।

4.2 प्राप्ति तथा भुगतान खाताः– गैर–सरकारी संगठनों को यह ज्ञात करना आवश्यक होता है कि एक निश्चित अवधि के बाद उनकी वित्तीय स्थिति कैसी होगी।

एक निश्चित समय के पश्चात स्थिति ज्ञात करने के लिए रोकड़ बही की सहायता से यह खाता तैयार किया जाता है। यह रोकड़ खाते की तरह होता है। प्राप्तियाँ डेबिट (Dr) पक्ष में और भुगतान क्रेडिट (Cr) पक्ष में लिखे जाते हैं, परन्तु इसमें लेन–देनों का लेखा रोकड़ बही की तरह तिथिवार व विस्तार से नहीं लिखा जाता। प्राप्ति व भुगतान खाते में पूँजीगत एवं आयगत दोनों ही प्रकृति के प्राप्ति एवं भुगतान का उल्लेख होता है। इसे आगम तथा शोधन खाता भी कहते है।

प्राप्ति व भुगतान खाताः कुछ महत्वपूर्ण प्रश्न– यह एक वास्तविक खाता है, अतएव इसमें लेखा करने के वास्तविक खाते के नियम लागू होते हैं, अर्थात् जो आता है वह डेबिट और जो जाता है, वह क्रेडिट होता है।

1. इसके प्रारम्भ में पिछले वर्ष का रोकड़ तथा बैंक शेष लिखा जाता है।
2. इसमें सभी नकद लेन–देनों का लेखा किया जाता है, चाहे वे आयगत हों अथवा पूँजीगत : चालू वर्ष के हों, गत वर्ष के हो चाहे आगामी वर्ष से सम्बन्धित हों।
3. ऐसी आय की रकम जो प्राप्य हो गयी है किन्तु प्राप्त नहीं हुई है, या कोई व्यय देय हो गया है, किन्तु दिया नहीं गया है, अर्थात् अदत्त व्यय, उपार्जित आय और अप्रत्यक्ष हानि आदि इसमें नहीं लिखे जाते है।
4. वर्ष के अन्त में रोकड़ तथा बैंक का शेष निकाल कर इस खाते को बन्द कर दिया जाता है। कभी–कभी आगम व शोधन दोनों बराबर भी हो सकते हैं।
5. चूँकि इसमें सभी प्रकार के आय–व्यय (पूँजीगत तथा आयगत) का लेखा रहता है अतएव इसके साथ चिट्ठा नहीं बनाया जाता है।
6. चूँकि यह केवल रोकड़ बही का ही संक्षिप्त रूप है, अतः यह बही खाते का प्रमुख अंग नहीं माना जाता है।

उदाहरणः– सहयोग संस्थान चित्रकूट का निम्न सूचना के आधार पर प्राप्ति तथा भुगतान खाता तैयार कीजिए–

आगमः– चन्दे प्राप्त हुए 2,400 रू0, कमरे का किराया प्राप्त 140 रू, क्रीडा शुल्क 700 रू, जलपान गृह से प्राप्त राशि 1,500 रू, विनियोगों से प्राप्त ब्याज 720 रू0, प्रवेश शुल्क 600 रू0, दान 1,200 रू।

भुगतान:– मरम्मत 144 रू, लघु व्यय 240 रू, वेतन 1,200 रू, छपाई तथा लेखन सामग्री 360 रू, जलपान गृह का सामान 1,020 रू, चौकीदार की मजदूरी 816 रू, विद्युत व्यय 480 रू, किराया और कर 600 रू।

नोट:– वर्ष के अन्त में अदत्त वेतन 300 रू0 तथा अप्राप्त चन्दा 500 रू था। फर्नीचर पर 200 रू, ह्रास लगाना है। रोकड़ बाकी 1 जनवरी 2014, को 1,116 रू, रोकड़ बाकी 31 दिसम्बर, 2014 को, 3,516 रू था।

Prepare a Recipt and payment Account of Sahyog Sansthan Chitrakoot from the following information.

Receipts:- Subscriptions Received Rs. 2,400, Rent of Room Rs. 140, Games fees Rs. 700, Receipts from Canteen Rs. 1,500, Interest on Investment Rs. 720, Entrance Fees Rs. 600, Donation Rs. 1,200.

payments:- Repairs Rs. 144, Petty expenses Rs. 240, Salaries Rs. 1,200, Printing and Stationary Rs. 360, Canteen Stores Rs. 1,020, Wages of guard Rs. Rs 816, Electric Charges Rs. 480, Rent and taxes Rs. 600.

Note:- There were outstanding salary of Rs. 300 and accrued subscription of Rs. 500 at the end of the year. Furniture is to be depreciated by Rs. 200.

Cash Balance as onIst January, 2014 was Rs 1,116.

Cash Balance as on 31st December, 2014 was Rs. 3,516.

solution:- Sahyog Sansthan, Chitrakoot

Receipts & Payments Account (for the year ending 31st Dec, 2014)

Receipts	Amount Rs.	payments	Amount Rs.
To Balance b/d	1,116	By Repairs	114
To Subscriptions	2,400	By Petty Expenses	240
To Rent	140	By Salaries	1,200
To Games Fees	700	By Printing & Stationary	360
To Receipts from Canteen	1,500	By Canteen Stores	1,020
To Interest on Investment	720	By Wages of guard	816
To Entrance Fees	600	By Electric Charges	480
To Donation	1,200	By Rent and taxes	600
		By Balance c/d	3,516
	8,376		8,376

नोट:– अदत्त वेतन व अप्राप्त चन्दा तथा ह्रास को आय–व्यय खाता में नहीं दिखाया जाएगा, क्योंकि इस खाता में केवल वास्तविक भुगतान व प्राप्त राशि ही दिखाई जाती है।

आय–व्यय खाताः– गैर–सरकारी संगठनों के द्वारा लाभ–हानि खाता के स्थान पर बनाए जाने वाले खाता को आय–व्यय खाता कहते हैं। यह खाता लाभ–हानि खाता को बनाने के सिद्धान्त पर समायोजन सहित बनाया जाता है। इस खाता के डेबिट पक्ष में वर्तमान वर्ष के आयगत व्ययों तथा क्रेडिट पक्ष में आयगत आयों को लिखा जाता है। इस खाता का क्रेडिट पक्ष डेबिट पक्ष से अधिक रहने पर यह आधिक्य, शुद्ध आय या डेबिट पक्ष क्रेडिट पक्ष से अधिक रहने पर यह कमी शुद्ध हानि माना जाता है। आधिक्य को पूँजी कोष में जोड़ दिया जाता है या कमी को पूँजी कोष में से घटा दिया जाता है।

आय–व्यय खाता नाममात्र खाता हैः– इस खाता को बनाने का आधार 'Debit all expenses and losses and Credit all incomes and gains' है। यह खाता दोहरा लेखा प्रणाली के सिद्धान्तों के अनुसार उपार्जन आधार पर बनाया जाता है। इस खाता में पूंजीगत प्राप्तियों और पूंजीगत कार्यो का लेखा नहीं होता है। पिछले वर्ष या आगामी वर्ष के आय और व्ययों को भी आय–व्यय खाता में नहीं लिखा जाता है। इस खाता को बनाने के बाद आर्थिक चिट्ठा तैयार किया जाता है।

स्वैच्छिक संस्था आय–व्यय खाता को बनाकर संस्थान की वास्तविक आय या वास्तविक कमी की जानकारी प्राप्त करती है। वस्तुतः आय–व्यय खाता गैर–व्यापारिक संस्थानों का लाभ–हानि खाता है।

गैर–सरकारी संगठनों की स्थापना किसी निश्चित सामाजिक उद्देश्य को पूरा करने के लिए होती है। इन उद्देश्यों में समाज की सेवा करना मुख्य है। इनकी स्थापना का उद्देश्य लाभ कमाना नहीं है। ये संस्थाएं व्यापारिक क्रियाएं नहीं करती हैं। इसी कारण स्वैच्छिक संस्थाओं में लाभ–हानि खाता नहीं बनाया जाता है।

आवश्यकता और उद्देश्यः– आय–व्यय खाता का निर्माण निम्नलिखित आवश्यकताओं और उद्देश्यों की पूर्ति के लिए किया जाता हैः

1. विभिन्न समायोजनों का लेखा करके संस्था की वास्तविक आय व वास्तविक कमी को जानना।
2. आय और व्यय के बीच सन्तुलन बनाना।
3. वर्ष में देय चन्दे की कुल राशि जानना।
4. देय आयकर की राशि निकालना।

5. सदस्यों को यह दिखाना कि संस्था के उद्देश्यों के अनुसार व्यय किए जा रहे हैं और आय की प्राप्ति हो रही है।

आर्थिक चिट्ठाः– स्वैच्छिक संस्था द्वारा आय–व्यय खाता के बाद आर्थिक चिट्ठा बनाना आवश्यक होता है। आर्थिक चिट्ठे के लिए रोकड़ शेष आय एवं व्यय खाता से प्राप्त होती है। चालू वर्ष में क्रय अथवा विक्रय की गयी सम्पत्ति की रकम भी इन खातों में प्राप्त हो जाती है।

आर्थिक चिट्ठा का निर्माणः– स्वैच्छिक संस्था के आर्थिक चिट्ठा में पूँजी और दायित्व पक्ष में पूँजी कोष के अलावा, लेनदार, बैंक अधिविकर्ष, आजीवन सदस्यता शुल्क, आधार कोष निधि, विशिष्ट निधि, गैर–आवर्ती प्रकृति की निधि (जैसे–प्रवेश शुल्क, दान, अंशदान, चन्दा आदि), अग्रिम चन्दा की प्राप्ति, अग्रिम आय की प्राप्ति और अदत्त व्यय को दिखाया जाता है इसके सम्पत्ति और जायदाद पक्ष में स्थायी सम्पत्तियां (ह्रास रहित), विनियोग, विशिष्ट निधि विनियोग, उपभोगजन्य वस्तुओं का अन्तिम स्टॉक, नकद, बैंक में नकद, अदत्त आय, अदत्त चन्दा और पूर्वदत्त व्यय रहता है।

आर्थिक चिट्ठा का नमूनाः–

Balance sheet of....

Capital and Liabilities	Amount	Assets and properdties	Amount
Outstanding Exbenses of Current year	Rs.	Prepaid Expenses of Current year	Rs. ......
Subscription received in advance in Current year	......	Outstanding Subscription of Current year	......
Income received in advance in Current year	......	Acccrual/Outstanding Income: Opening (Last Balance, if any)	......
Band overdraft	......	Less: Received during the year	......
Creditors	......	Cash in hand	......
Life Membership Fees	......	Cash at Bank	......
Endowment Fund	......	Fixed Deposits at Bank	......
Donations Grants Legacy Ectrance Fees Subscription	....	Closing Stock of Consumable Goods Closing Stock of Sports Materials Closing Stock of Books Investments Add: Accrued Interest	....
Specific Fund for Specific purposes	......	Specific Fund Investment Fixed Assets	......
Add : Recevied during the year	......	Add : Purchase of Assets during the year	......
Add: Income earned of Specific Fund	......	Less: Book value of Assets Sold disposed off	......

Less: Expenses made out of this Fund	......	Less: Depreciation	....
Capital Fund (Opening bal.)		Deficiency (Opening Balance)	
Add : Surplus	......	Less: Surplus	......
Less: Deficit	......	or Add: Deficit	......

विदेशी अनुदान (नियंत्रण) अधिनियम 2010 के अन्तर्गत खाता खोलना

विदेशी अनुदान (नियंत्रण) अधिनियम 1976 की व्यवस्था में अनेक कठिनाईयाँ थी। 2010 के अधिनियम में इनको दूर करने का प्रयास किया गया है। 2010 के अधिनियम में प्रमाणपत्र या अनुमोदन की अवधि पाँच वर्ष कर दी गयी है पूर्व में इसकी कोई अवधि नहीं थी अर्थात एक बार अनुमोदन के बाद पुनः अनुमोदन की आवश्यकता नहीं थी।

1976 के अधिनियम में दूसरी कठिनाई केवल एक खाता खोलने की थी इसका अर्थ है कि पूर्व में एक भी पैसा किसी दूसरे बैंक खाते से लेन–देन नहीं किया जा सकता था। ऐसे गैर–सरकारी संगठन की कल्पना करें जिसका बैंक खाता मुख्यालय में था, लेकिन उसके क्षेत्रीय कार्यालय मुख्यालय से दूर अलग–अलग जगहों पर थे। इस प्रावधान के कारण जिला मुख्यालय से बड़ी मात्रा में धन निकालकर दूसरी जगहों पर ले जाना पड़ता था। अब 2010 के अधिनियम में धारा 17 के अन्तर्गत उपयोग हेतु कई खाते खोले जा सकते हैं बशर्ते विदेशी अनुदान केवल एक खाते के माध्यम से प्राप्त किया जायेगा।

4.3 क्षमता निर्माण और कर्मचारियों का प्रशिक्षण

कर्मचारियों की क्षमता वृद्धि संगठन के विकास के लिए आवश्यक है तथा इसके लिए कई गैर–सरकारी संगठन प्रयासशील रहते हैं कि किस तरह से उनके कर्मचारियों की क्षमता में वृद्धि हो। इसके लिए कुछ संगठन अपने कर्मचारियों को प्रशिक्षण के लिए प्रशिक्षण संस्थान में भेजते हैं जैसे सहभागी शिक्षण केन्द्र लखनऊ, समर्थन भोपाल। कुछ संगठन अपने यहाँ प्रशिक्षण कार्यकम आयोजित करते हैं तथा बाहर से प्रशिक्षण या संदर्भ व्यक्ति आमंत्रित करते हैं जो उस विधा के विशेषज्ञ होते हैं।

टाटा सामाजिक विज्ञान संस्थान मुम्बई, महात्मा गाँधी चित्रकूट ग्रामोद्य विश्वविद्यालय जैसे अन्य अकादमिक संस्थान स्वैच्छिक संगठन के कार्यकर्ताओं को शिक्षण, प्रशिक्षण प्रदान कर रहे हैं।

संगठनात्मक व्यवहार

संगठन सामाजिक प्रणाली के अंग है यदि कोई भी व्यक्ति इन में कार्य

करना चाहता है तो यह आवश्यक है कि वह इनको समझे। किसी भी संगठन में मानव व्यवहार अप्रत्याशित होता है जैसा हम–आप आज देख रहे हैं। यह व्यवहार अप्रत्याशित इसलिए होता है क्योंकि यह प्रत्येक लोगों की अंतर्निहित आवश्यकताओं एवं मानदण्डों से उपजता है।

संगठनात्मक व्यवहार संगठन में लोगों के व्यवहार का अध्ययन है। जब व्यक्ति समान उद्देश्यों की प्राप्ति हेतु एक औपचारिक संरचना में कार्य करते हैं तो संगठन का निर्माण होता है। लोग संगठन की आंतरिक सामाजिक प्रणाली निर्मित करते हैं। वे व्यक्ति एवं समूह के रूप में कार्य करते हैं तथा आधिकारिक, अनाधिकारिक, छोटे एवं बड़े औपचारिक एवं अनौपचारिक रूप में हो सकते हैं। वे बनते हैं, परिवर्तित होते हैं तथा समाप्त होते हैं। संगठन उद्देश्य की प्राप्ति तक स्थापित रहते हैं।

व्यवहार वैज्ञानिक मैक ग्रेगर का एक्स और वाई सिद्धांत जो सहयोग पर आधारित है, हर्जबर्ग का मेन्टीनेंस कारक का सिद्धान्त एवं मैस्लाव का आवश्यकता की संतुष्टि का सिद्धान्त प्रमुखतः संगठनात्मक व्यवहार के मॉडल के रूप में स्थापित है।

आज के सेवा कार्य में संगठन वह प्रत्येक सुविधाएं उपलब्ध करा रहे हैं जिनसे कर्मचारी की आवश्यकताएं संतुष्ट हो सकें, वे अनुशासन में रहें, अपना रवैया सहयोगात्मक रखें तथा परिवर्तनशील हों यानि किसी भी परिवर्तन को स्वीकार कर सकें। प्रत्येक संगठन अपने कर्मचारियों के कार्य करने की पूरी क्षमता का उपयोग करना चाहते हैं अतः वे कार्यस्थल एवं नीतियों को कर्मचारी के लिए मित्रवत् रखते हैं।

वार्षिक प्रतिवेदन

प्रत्येक गैर–सरकारी संगठन को वर्ष पर्यन्त किये गये कार्यों के संक्षिप्त विवरण के रूप में वार्षिक प्रतिवेदन (रिपोर्ट) तैयार करना आवश्यक है। वार्षिक रिपोर्ट में अनुदानित एवं गैर–अनुदानित दोनों तरह की विभिन्न परियोजनाओं एवं परियोजना के अन्तर्गत आयोजित की जाने वाली विभिन्न गतिविधियों की जानकारी परियोजना से लाभ एवं क्षेत्र इत्यादि का विवरण प्रस्तुत किया जाता है। दानदाता एजेंसी स्वैच्छिक संगठनों से वार्षिक रिपोर्ट अनिवार्यतः लेती है ताकि संगठन के कार्यो का विवरण प्राप्त हो सके।

वार्षिक अंकेक्षण

प्रत्येक गैर सरकारी संगठन को 31 मार्च को समाप्त होने वाले प्रत्येक वर्ष

की लेखा परीक्षा किसी चार्टर्ड एकाउण्टेण्ट के द्वारा कराना अनिवार्य है। चार्टर्ड एकाउण्टेण्ट स्वैच्छिक संगठनों की रोकड़ वही एवं अन्य लेखा पुस्तकों का अध्ययन कर वित्तीय विवरण तैयार कर प्रमाणन करता है। यह प्रमाणन फण्डिंग एजेंसी को प्रेषित किया जाता है।

कई बार जब गैर–सरकारी संगठन विभिन्न दाता संस्थाओं को वित्तीय सहायता या परियोजना स्वीकृति हेतु प्रस्ताव प्रस्तुत करते हैं तो उसके साथ अनिवार्य रूप से वार्षिक प्रतिवेदन एवं वार्षिक अंकेक्षण की प्रति संलग्न करना आवश्यक होता है।

अंकेक्षण की व्यवस्था सरकार द्वारा सभी पर लागू की जाती है। वैधानिक अंकेक्षण लेखा पुस्तकों एवं व्यवहारों का इस उद्देश्य से निरीक्षण है कि लेखा–पुस्तकों एवं खातों तथा चिट्ठे के द्वारा संगठन की आर्थिक स्थिति का उचित एवं सही प्रदर्शन हुआ है या नहीं। अंकेक्षण कार्य एक स्वतंत्र अंकेक्षक द्वारा किया जाता है। अंकेक्षक एक चार्टर्ड एकाउन्टेन्ट या विधि द्वारा निर्धारित योग्यताओं से सम्पन्न होना चाहिए। अंकेक्षण का मुख्य उद्देश्य यह सुनिश्चित करना होता है कि लेखा–पुस्तकें कहाँ तक संगठन की सत्य एवं सही वित्तीय स्थिति का प्रदर्शन करती हैं, कहाँ तक पूर्ण एवं सुसंगत हैं, और कहाँ तक संगठन के नियमों, लेखाकर्म के सिद्धान्तों एवं कानूनी प्रावधानों के अनुकूल हैं। यह सुनिश्चित करने के लिए खातों एवं पुस्तकों की सावधानी एवं विवेक से जाँच करना आवश्यक होता है जिससे खातों में निहित त्रुटियों और कपटों को पकड़ा जा सके और भविष्य में होने से रोका जा सके। यहाँ यह भी ध्यान देने योग्य बात है कि वैधानिक अंकेक्षण प्रबन्धकों द्वारा स्थापित कोई नियंत्रण की विधि नहीं है, बल्कि प्रबन्धकों के अनुचित कार्यों की रोकथाम एवं पकड़ के लिए सरकार द्वारा स्थापित एक वैधानिक नियंत्रण है। फिर भी इससे संस्था में नियंत्रण स्थापित करने एवं कुशलता बढ़ाने में सहायता मिलती है।

वैधानिक अंकेक्षण का सबसे प्रमुख लाभ यह है कि इसके द्वारा संस्था के कर्मचारियों या प्रबन्धकों द्वारा की जाने वाली त्रुटियों, अनियमितताओं, कपटों एवं अन्य अनुचित कार्यो का भण्डाफोड़ होता है। यह विधि परोक्ष रूप से नियंत्रण करती है और संस्था में चतुर्मुखी कुशलता लाती है। अंकेक्षण का निरोधात्मक प्रभाव भी होता है क्योकि प्रबन्धक एवं कर्मचारी सभी अंकेक्षण की प्रतिकूल टिप्पणी से डरते हैं। इस प्रकार नियंत्रण की यह एक अच्छी निदानात्मक विधि है।

अंकेक्षण केवल वित्तीय मामलों पर ही नियंत्रण रखता है, प्रबन्ध एवं संचालन की अन्य क्रियाएं इसके क्षेत्र में सम्मिलित नहीं होती हैं। फिर यह एक ऐसी नियंत्रण विधि है जो प्रबन्धकों के कार्यों का परीक्षण एवं सत्यापन करती है। कभी–कभी अंकेक्षण एवं प्रबन्धकों के दृष्टिकोण में अन्तर हो सकता है।

प्रबन्ध अंकेक्षण

जेम्स ओ' मैक किन्से ने सामयिक प्रबन्ध अंकेक्षण को प्रबन्ध की त्रुटियों का पता लगाने एवं उनको सुधारने के लिए सलाह दी। आन्तरिक एवं वैधानिक दोनों ही अंकेक्षण प्रबन्धकीय क्रियाओं एवं उनके निष्पादन पर कोई नियंत्रण प्रदान नहीं करते। प्रबन्ध अंकेक्षण या प्रबन्ध स्व–अंकेक्षण एक ऐसा अंकेक्षण है जो प्रबन्धकों द्वारा स्वयं कुछ निश्चित या अनिश्चित समयान्तर से आयोजित किया जाता है, और इसका मुख्य उद्देश्य प्रबन्ध नीतियों, व्यवहारों, नियमों एवं कार्य विधियों के दोषों का पता लगाना तथा उनमें सुधार के लिए उचित निर्णय लेना एवं कार्यवाही करना होता है। यह संस्था की वर्तमान स्थिति को सुनिश्चित करने का साधन है एवं यह भी जानने का साधन है कि संस्था ने पिछले वर्षों में कितनी प्रगति की है तथा पांच या दस वर्षों में संस्था कहाँ पहुँचेगी। परिवर्तनशील परिस्थितियाँ संस्था को परिवर्तनशील वातावरण में प्रगति करने के लिए बाध्य करती हैं और उन परिस्थितियों से सुसंगत बनाए रखने के लिए प्रेरित करती हैं, इसलिए प्रबन्धकों के लिए यह आवश्यक हो जाता है कि वह प्रबन्ध को गतिशील बनाए रखें। इस गतिशीलता के लिए संस्था के उद्देश्यों, नीतियों, नियमों, कार्य–विधियों, संगठन संरचना, विभागीकरण, अधिकार संबंधों, नियंत्रण विधियों, अभिप्रेरण एवं नेतृत्व की विधियों, आदि की समीक्षा एवं मूल्यांकन समय–समय पर किया जाए और उनमें सुधार के लिए आवश्यक परिवर्तन एवं समायोजन किए जाएं।

4.4 पारदर्शिता एवं उत्तरदायित्व

वर्ष 2014 की सी.बी.आई. की एक रिपोर्ट के अनुसार गैर–सरकारी संगठन भारत के सकल घरेलू उत्पाद की 2–3 प्रतिशत वृद्धि को प्रभावित कर रहे हैं। इसके पूर्व भारत के पूर्व प्रधानमंत्री डॉ. मनमोहन सिंह ने विज्ञान पत्रिका को दिये गये साक्षात्कार में गैर–सरकारी संगठनों को विकास अवरूद्ध करने वाले संगठन के रूप में सम्बोधित किया। सम्भवतः यह इन संगठनों की पारदर्शिता एवं जवाबदेही को लेकर है। स्वैच्छिक संगठन की स्थापना सभी को समान अवसर प्रदान करने के उद्देश्य से की जाती है। भारत में पंजीकृत बहुत से संगठन

अपने–अपने क्षेत्र में अच्छा काम कर रहे हैं। आमतौर पर संस्था समाज से वित्तीय सहायता प्राप्त करती हैं, और इसका इस्तेमाल गरीबी, निरक्षरता, स्वास्थ्य, बेसहारा बच्चों के कल्याण, महिलाओं को अधिकार प्रदान करने एवं दहेज जैसी अनेक सामाजिक बुराईयों से मुकाबला करने के लिए करती हैं। बदले में सरकार इस अच्छे काम के लिए उन्हें कर में छूट देती है।

गृह मंत्रालय के आंकड़ों के अनुसार 2005–06 और 2006–07 में भारत में गैर–सरकारी संगठनों को विदेशों से होने वाली फंडिंग में 56 प्रतिशत की बढ़ोतरी हुई। वित्तीय वर्ष 2008 में भारत को 2 अरब 15 करोड़ डॉलर की विदेशी मदद मिली। भारत में करीब 33 लाख गैर–सरकारी संगठन पंजीकृत है लेकिन वास्तविकता कुछ और ही है। इनमें से बहुत केवल कागजों में ही पंजीकृत हैं और विदेशों से सहायता प्राप्त करके उनका सदुपयोग नहीं कर रहे हैं क्योंकि विदेशी दानदाता के प्रति उनकी कोई जवाबदेही नहीं है। इनमें से बहुत से स्वैच्छिक संगठन अपना लेखा–जोखा भी नहीं देते। बहुत से गैर–सरकारी संगठन केवल फायदे के लिए काम कर रहे हैं और अपने काम करने की जगह और अपना नाम अचानक बदल लेते हैं ताकि जवाबदेही से बच सकें।

ऐसी स्थिति इसलिए है क्योंकि यहाँ पारदर्शिता का अभाव है। भारत में यह समस्या इसलिए और जटिल हो गई है क्योंकि यह क्षेत्र असंगठित क्षेत्र है। भारतीय गैर–सरकारी संगठनों को मिलने वाली विदेशी सहायता के इस्तेमाल के बारे में वर्ष 2006–07 में जारी सरकारी रिपोर्ट के अनुसार इन्हें प्राप्त 2 अरब 15 करोड़ डॉलर की विदेशी सहायता में से करीब 68 करोड़ डॉलर का इस्तेमाल संगठन पर किया गया जबकि 56 करोड़ 30 लाख डॉलर प्राकृतिक आपदा के शिकार लोगों के राहत और पुनर्वास पर, 43 करोड़ 50 लाख डॉलर ग्रामीण विकास पर, 26 करोड़ 90 लाख डॉलर स्कूलों और कॉलेजों के निर्माण और उनके रखरखाव पर 25 करोड़ 30 लाख डॉलर बच्चों के कल्याण पर खर्च किया गया।

भारत ने पिछले कुछ वर्षो में बहुत सी संस्थाओं के विदेशों से धन प्राप्त करने पर प्रतिबंध लगा दिया है। 2010 में सरकार ने 1976 के विदेशी योगदान नियमन कानून में संशोधन किया जिसके अन्तर्गत विदेशी सहायता प्राप्त करने वाली संस्थाओं पर नजर रखी जाती है। इसके अन्तर्गत संगठनों को हर साल सरकार को इस बारे में विस्तृत जानकारी देनी पड़ती है कि उन्हें कितनी विदेशी सहायता मिली और उसका कैसे इस्तेमाल किया गया। इस संशोधन के बाद अब यह व्यवस्था हो गई है कि जो भी स्वैच्छिक संस्था गृह मंत्रालय के पास अपना रिटर्न

दाखिल नहीं करेगी वह विदेशी धन प्राप्त करने का अधिकार तीन वर्ष के लिए खो देगी।

ग्रामीण विकास मंत्रालय के अन्तर्गत कार्यरत एक स्वायत्तशासी संगठन कांउसिल फॉर एडवांसमेंट ऑफ पीपुल्स एक्शन एंड रूरल टेक्नोलॉजी (कपार्ट) के अनुसार देश के करीब 2,900 गैर–सरकारी संगठनों को काली सूची में डाल दिया गया या इन्हें सहायता देने पर रोक लगा दी गई। इनमें से कपार्ट द्वारा काली सूची में डाले गये 362 संस्थाओं के पास विभिन्न परियोजनाओं के लिए उन्हें दिए गए 12 करोड़ 30 लाख रूपयों का कोई हिसाब नहीं था। इन गैर–सरकारी संगठनों ने करीब 48 लाख 70 हजार रूपये का दुरूपयोग किया। जिन गैर–सरकारी संगठनों को काली सूची में डाला गया उनमें सबसे अधिक 192 आंध्र प्रदेश से, 125 विहार से, 83 तमिलनाडु से, 75 कर्नाटक से, 72 उत्तर प्रदेश से, 42 राजस्थान से, और 35 केरल से, 23 दिल्ली से, 20 हरियाणा से 18 मणिपुर से, 15 मध्यप्रदेश से और 13 गुजरात से, 10 नगालैण्ड और 8 झारखंड से थे।

महिला और बाल विकास मंत्रालय ने कुछ गैर–सरकारी संगठनों की अनुचित गतिविधियों के कारण उन्हें काली सूची में डाल दिया है। एक बार काली सूची में आ जाने के बाद वह संस्था मंत्रालय से किसी तरह की वित्तीय सहायता नहीं ले सकता और मंत्रालय इस तरह की संस्था की कल्याणकारी गतिविधियों के बारे में कोई ब्योरा नहीं रखता (पंत 2011)। सरकार का यह प्रयास है कि गैर–सरकारी संगठनों को जवाबदेह और पारदर्शी बनाया जाये। बहुत से सरकारी संगठन परियोजना प्रस्ताव में स्वैच्छिक संगठनों से वर्गवार लाभार्थियों का उल्लेख माँगते हैं। सभी परियोजनाओं का वित्तपोषण पूर्व, मध्यावधि और बाद में मूल्यांकन किया जाता है जो सूची बद्ध संस्थागत मानीटरों द्वारा पूरा किया जाता है।

अधिक पारदर्शी व्यवस्था अपनाने के लिए कपार्ट जैसी संस्था ने प्रस्तावों के प्रस्तुतीकरण की एक आनलाईन व्यवस्था बनाई है। गैर सरकारी संगठनों को इसके जरिये अपने परियोजना प्रस्ताव ऑनलाइन भेजने के लिए प्रोत्साहित किया जाता है। अब एफ.सी.आर.ए. में पंजीकरण इत्यादि की आनलाइन व्यवस्था उपलब्ध है।

गैर–सरकारी संगठनों को पारदर्शी बनाने के उद्देश्य से उनके गठन, चुनाव, पंजीयन इत्यादि की व्यवस्था दी गयी है जिससे वे लोकतांत्रिक व्यवस्था के अनुरूप संचालित किये जा सकें।

केन्द्र शासन से अनुदान प्राप्त करने हेतु लागू होने वाली शर्तें एवं नियमः

केन्द्र शासन से अनुदान प्राप्त करने के लिए गैर सरकारी संगठनों को निम्न शर्तें एवं नियमों का पालन करना अनिवार्य होता है, जो निम्नानुसार हैः–

1. संगठन के आय–व्यय का वार्षिक ब्यौरा, नियमित रूप से चार्टर्ड एकाउन्टेंट द्वारा पारित कर प्रस्तुत करना।
2. अनुदान प्रदायकर्ता मंत्रालय/विभाग की निर्दिष्ट शर्तो को मान्य करना, इस हेतु निर्धारित प्रारूप में करार लिखित रूप से प्रस्तुत करना। अनुदान प्राप्त करने के उपरान्त किसी कारणवश कार्य न किये जाने पर प्राप्त अनुदान को सम्पूर्ण या इसके अंश को वापस करने की लिखित स्वीकृति देने को मान्य करना।
3. अनुदान की राशि से किये गये निर्धारित कार्यो का मूल्यांकन, सम्बन्धित मंत्रालय/विभाग, राज्य शासन या शासन द्वारा नियुक्ति प्रतिनिधि द्वारा किया जाना स्वीकार हो।
4. अनुदान के रूप में प्राप्त राशि का खाता पृथक से संचालित करना, व्यय पत्रक मांगे जाने पर प्रस्तुत करना।
5. प्रत्येक छः माह में अनुदान प्राप्त राशि के खाते का अडिट, चार्टर्ड एकाउन्टेंट द्वारा पारित होकर लेखा प्रस्तुत करना। व्यवस्थित संधारित करना।
6. समस्त वांछित दस्तावेजों, पंजियों को निर्धारित प्रारूप में व्यवस्थित संधारित करना।
7. अनुदान प्राप्त राशि का उपयोग निर्दिष्ट लाभार्थियों एवं निर्दिष्ट क्षेत्र विशेष के लोगों के लिए ही किया जाना, ऐसा न किये जाने पर अनुदान की संपूर्ण राशि को लौटाया जाना स्वीकार हो।
8. अनुमोदित परियोजना के तहत–कार्यक्रमों के क्रियान्वयन के लिए वांछित व्यय को तर्कसंगत एवं मितव्ययिता के साथ करना।
9. अनुदान प्रदायकर्ता मंत्रालय/विभाग यदि कार्य की प्रगति से संतुष्ट न हों, प्रदायकर्ता की शर्तो को न माना गया हो, अनावश्यक व्यय न किया गया हो, तो अनुदान प्रदायकर्ता मंत्रालय/विभाग पूर्व में व्यय की गई राशि की वसूली कर सकेगा।
10. अनुदान प्राप्त परियोजना के संचालन हेतु नियुक्त किये जाने वाले मानव संसाधन में आदेश दिये जाने पर आरक्षण की शर्तों को मान्य करना।

11. अनुदान प्राप्त राशि से सेमीनार, कार्यशाला, बैठक आदि के आयोजन में विदेशी व्यक्ति को बिना अनुमति के आमंत्रित न किया जाना।
12. भवन निर्माण हेतु प्राप्त राशि को अनुदान प्राप्ति के 2 वर्षो की अवधि में निर्माण कार्य पूर्व करना, दो वर्ष की अवधि में निर्माण कार्य पूर्व न किये जाने पर पृथक से अनुमति पश्चात ही कार्य पूर्ण करना।
13. निर्धारित समय पर प्रगति की जानकारी न देने पर अनुदान रोकना, कम करना या निरस्त करने की स्वीकृति देना।
14. छः माही प्रगति प्रतिवेदन के साथ आगामी 6 माह की कार्य योजना, अनुमानित लागत व्यय के साथ निर्धारित प्रारूप में प्रस्तुत करना ताकि अनुदान की राशि को किश्तों में प्रदाय करना सम्भव हो सके।
15. समय–समय पर मांगी गई कार्य प्रगति की जानकारी प्रस्तुत करना अनिवार्य होगा।
16. अनुदान की राशि के उपयोग में सामान्य लेखा नियम 1963 का पालन सुनिश्चित करना साथ ही इस नियम में समय–समय पर होने वाले संशोधनों को मान्य करना होगा।

4.5 संगठनात्मक रणनीति

गैर–सरकारी संगठन अपनी विशिष्ट रणनीति के कारण क्षेत्र विशेष में अपनी पहचान बनाते हैं। इसी रणनीति के कारण वे लक्ष्य प्राप्त करने में सफल होते हैं। 'सेवा' अपनी रणनीति के कारण महिलाओं के आर्थिक एवं सामाजिक विकास की अहम संस्था है। रणनीति का व्यवस्थित उपयोग राजा, सेना, उद्योग द्वारा पूर्व में होता रहा है। गैर सरकारी संगठन संगठनात्मक रणनीति के माध्यम से लक्ष्य आधारित कार्यक्रम को सम्पादित करते हैं। समर्थन सेन्टर फार डेवलपमेंट सपोर्ट द्वारा विकसिक 'संस्थागत रणनीति का निर्धारण' पुस्तिका के आधार पर संगठनों की संस्थागत रणनीति पर सम्यक जानकारी प्रस्तुत है। बहुत सी स्वयंसेवी संस्थाओं को यह स्पष्ट रहता है कि उनका विजन (सपना) क्या है और वे किस प्रकार का समाज देखना चाहती हैं। बहुत सारी संस्थाओं को यह भी स्पष्ट रहता है कि उनकी संस्था क्यों स्थापित की गयी है यानि उनके होने का औचित्य किसी लक्ष्य की प्राप्ति के लिए है। परन्तु बहुत कम संस्थाओं को यह स्पष्ट रहता है कि अपने लक्ष्य को कैसे प्राप्त किया जाये तथा अपने संसाधनों को कैसे बेहतर ढंग से उपयोग में लाया जाए ताकि लक्ष्य की प्राप्ति हो सके। लक्ष्य को कैसे प्राप्त किया जाये? इसी प्रश्न का उत्तर रणनीति के माध्यम से प्राप्त होता है।

यदि रणनीति सार्थक रही तभी लक्ष्य को साधा जा सकता है अन्यथा संस्था अपने मानवीय व आर्थिक साधनों का ठीक प्रकार से उपयोग नहीं कर पायेगी और मिशन तक पहुँचना मुश्किल हो जायेगा।

रणनीति वह अवधारणा है जो बड़े सटीक ढंग से संस्था के विजन–मिशन के अंतर्गत यह व्यवस्था करती है कि संस्था अपने सीमित संसाधनों का इस्तेमाल किस तरीके से करेगी ताकि बेहतर परिणाम प्राप्त किये जा सकें। एक प्रकार से रणनीति तो मिशन और उसकी सफलतापूर्वक प्राप्ति के बीच की एक कड़ी है जो मिशन को व्यवहारिक उद्देश्यों व योजनाओं से जोड़ती है। मिशन को प्राप्त करने में सफलता अथवा असफलता का होना मूलतः रणनीति पर निर्भर करता है।

हम यह देख चुके हैं कि कई संस्थाओं के विजन में समानता हो सकती है। यानि कई संस्थाओं का साझा स्वप्न हो सकता है। साथ ही मिशन के स्तर पर विभिन्न संस्थाओं के बीच अंतर हो जाता है यानि संस्थाओं की अलग–अलग पहचान उनके मिशन में भिन्नता होने के कारण बन जाती है। फिर भी ऐसा संभव हो सकता है कि ज्यादा संस्थाओं के बीच मिशन के स्तर पर भी समानता हो। पर संस्थागत रणनीति के स्तर पर आते–आते तो अलग–अलग संस्थाओं की सामान्यतः अलग–अलग रणनीति हो ही जाती है क्योंकि संस्थाए अलग–अलग ढंग से अपने आस–पास की समस्याओं का विश्लेषण करती हैं, अलग–अलग भौगोलिक क्षेत्र चुनकर कार्य करती हैं, अलग–अलग लक्ष्य समूह तय करती हैं, उनके साथ अपने सम्बंधों का चरित्र निर्धारित करती हैं, उनके बीच काम करने के अलग–अलग तरीके निश्चित करती हैं तथा यह भी स्पष्ट करती हैं कि अपने किन सीमित संसाधनों का किस प्रकार उपयोग करेंगी। कुल मिलाकर कहा जाय तो विकास से जुड़ी समस्याओं की संस्था द्वारा व्याख्या किया जाना, उनकी समस्याओं को दूर करने का तरीका निश्चित करना, लक्ष्य–समूह निर्धारित करना, भौगोलिक क्षेत्र चुनना तथा लक्ष्य समूह तथा अन्य हितभागियों के साथ सम्बंध का दायरा तय करना ही रणनीति निर्धारित करना कहा जा सकता है। उपरोक्त विषयों के उत्तर तलाशने के क्रम में संस्था यह विश्लेषित एवं परिभाषित करती है कि संस्था की पहचान क्या है? यह क्या करती है? रणनीति एक प्रकार से संस्था के उद्देश्यों नीतियों, कार्यक्रमों, निर्णयों एंव संसाधन वितरण के स्वरूप का एक पैटर्न है जो संस्था के मिशन एवं उसके आस–पास के वातावरण के बीच सेतु का कार्य करता है। रणनीति संस्था के सामने मूलभूत नीतियों के चयन का मामला है ताकि उन नीतियों का पालन करते हुए लक्ष्य को

प्राप्त किया जाए। यदि उन नीतियों का समान रूप से पालन नहीं किया जाता और कहने में अंतर बना रहता है तो ऐसी नीतियाँ असफल सिद्ध हो सकती हैं। अतः रणनीति की स्पष्ट व्याख्या अत्यावश्यक होती है। जरूरत पड़ने पर उन्हें पुनर्परिभाषित या पूरी तरह बदलना पड़ सकता है। स्वप्न और लक्ष्य की तुलना में रणनीतियाँ आसानी से परिर्वनशील होती हैं और समय के साथ चलने वाली संस्थाएं समय–समय पर अपनी रणनीति की पुनर्परीक्षा करती रहती हैं तथा उनमें परिवर्तन करती रहती हैं।

हर संस्था जब प्रारम्भ होती है तो उसकी प्रारम्भिक व तात्कालिक संस्थागत रणनीति भी होनी चाहिए। अक्सर यह होती भी है चाहे वह लिखित रूप में न हो। पर कुछ नीतियाँ, तौर–तरीके, काम करने का प्रकार, दूसरे प्रभावी कारकों से सम्बंध रखने का निर्णय, सब कुछ किसी न किसी रूप में तय हुआ रहता है। जरा सोचिए कि यदि यह संस्था के स्तर पर तय न हो तो हर कार्यकर्ता अलग–अलग तरह से संस्था की भूमिका देखेगा तथा अलग–अलग प्रकार के हस्तक्षेप करता नजर आएगा। ऐसी स्थिति में लक्ष्य प्राप्ति की दिशा ही भ्रमित हो जायेगी।

किसी संस्था की रणनीति इस बात पर निर्भर करती है कि उस संस्था की सोच में समाज परिर्वतन का सिद्धान्त क्या है, सामाजिक समस्या का उनका अपना विश्लेषण क्या है तथा संस्था के आस–पास का सामाजिक–राजनैतिक परिदृश्य क्या है। समस्या के विवेचन एवं सामाजिक परिर्वतन की अपनी सोच के आधार पर संस्था यह पहचान कर सकती है कि वह कौन सी गतिविधियाँ करे ताकि प्रभावी परिवर्तन हो सके तथा इन गतिविधियों को किस वर्ग के साथ किस स्थान पर केन्द्रित किया जाए। उदाहरणार्थ, एक संस्था यह सोच सकती है कि परिवर्तन के लिए प्रशिक्षण ही सबसे कारगर उपाय हो सकता है जबकि किसी दूसरी संस्था की सोच में यह हो सकता है कि जागरूकता अभियान ही परिवर्तन का वाहक हो सकता है। इस सोच से इन संस्थाओं की अपनी–अपनी रणनीति को दिशा मिलेगी। साथ में एक ही समस्या के परिप्रेक्ष्य में इस सोच के कारण दोनों संस्थाओं की रणनीति में अन्तर दिखलाई पडेगा।

संस्थाएं हमेशा एक बाह्य वातावरण में काम करती हैं जिन पर उनका सीधा नियंत्रण नहीं होता। इस वातावरण में बहुत सारी चुनौतियाँ हैं जिसका सामना संस्था को करना पडता है। इन बाह्य चुनौतियों का ध्यान में रखकर ही संस्था को अपनी रणनीति विकसित करनी चाहिए क्योंकि रणनीति ऐसी होना चाहिए कि वह इन बाह्य चुनौतियों का सामना कर सके तथा लक्ष्य को प्राप्त कर सके।

इसे ध्यान में रखे बिना सिर्फ अपनी सोच के आधार पर रणनीति विकसित करना संस्था के लिए अहितकर हो सकता है। साथ ही यह भी नोट करना महत्वपूर्ण है कि बाह्य वातावरण परिवर्तनशील है। यह भी संभव है कि संस्था की सोच तथा इसकी क्षमताएं भी समय के साथ–साथ बदल जायें। बदली हुए परिस्थितियों में रणनीति को बदलते रहना जरूरी है अन्यथा वह अप्रासंगिक एवं महत्वहीन होकर रह जायेगी।

संस्था की सोच, क्षमतायें–अक्षमतायें तथा बाह्य वातावरण की चुनौतियों व अवसरों को ध्यान में रखकर ही रणनीति संस्था के परिप्रेक्ष्य में इन विकल्पों के चयन के प्रति प्रेरित करती है।

रणनीति यह तय करना सुनिश्चित करती है कि संस्था के लक्ष्य की पूर्ति में अपने सीमित संसाधनों (समय, लोग, धन, इत्यादि) को किस प्रकार तथा कहाँ लगाया जाये जहां वे प्रभावी परिणाम दे सकें।

रणनीति यह भी तय कर देती है कि क्या नहीं करना चाहिए या किस प्रकार की गतिविधियों में संस्था को हाथ नहीं लगाना चाहिए। इसे ध्यान रखना पड़ेगा कि ऐसी गतिविधियाँ न करें–

- जिसमें संस्था के मिशन से कोई मेल न हो।
- जिसमें उपलब्ध संसाधनों की तुलना में ज्यादा संसाधन खर्च होने की संभावना दिखती हो।
- जो टिकाऊ व स्थायी सिद्ध न हो सके।
- जो संस्था की मूल सोच तथा मुख्य काम से हटकर हो।
- जिससे किसी प्रकार का परिणाम निकलने की संभावना न हो।

अब तक की चर्चा से यह स्पष्ट होता है कि संस्थाओं को अपने उद्देश्यों की पूर्ति में रणनीतिक ढंग से काम करना आवश्यक है। हर संस्था की अपनी–अपनी रणनीति होती भी है अंतर सिर्फ यही होता है कि कुछ की लिखित हो सकती है, कुछ की अलिखित। साथ ही यह भी हो सकता है कि रणनीति स्पष्ट न हो या प्रभावी न हो। आवश्यकता इस बात की है कि रणनीति के महत्व को समझते हुए संस्थाओं के पास प्रभावी रणनीति हो।

किसी–किसी संस्था का कार्य समूह कोई एक ही वर्ग होता है, किसी संस्था का कार्य–समूह बहुत तरह के वर्गों में फैला होता है कोई संस्था अपने कार्य–समूह को एक ही प्रकार की सेवा प्रदान करती है, कोई संस्था अपने कार्य समूह को बहुत प्रकार से मदद करती है। इस तरह कई प्रकार की स्थितियाँ

रणनीति के तौर पर दिखलाई पड़ सकती हैं। हम उदाहरण के तौर पर साधारण रणनीति से जटिल रणनीति की संस्थाओं को क्रमवार समझने का प्रयास करेंगें।

उदाहरण – बच्चों की शिक्षा के लिये काम करने वाली एक संस्था की रणनीति

समस्या संदर्भः– बच्चे समाज की धरोधर हैं तथा इसकी नींव निर्माण के तत्व वही हैं। यदि बच्चे अशिक्षित रहते हैं तो सामाजिक एवं व्यक्तिगत जीवन के सभी क्षेत्रों में इसका नकारात्मक प्रभाव पड़ता है। समाज के पिछड़े वर्ग तथा महिलाओं के पिछड़ेपन के पीछे सबसे महत्वपूर्ण कारक शिक्षा की कमी होना ही है। यदि शिक्षा पर ध्यान दिया जाता है तो जागरूक, समझदार तथा स्वस्थ समाज का निर्माण होता है।

कार्य–समूहः– समुदाय के गरीब व पिछड़े वर्गों के बच्चे जो सुदूर इलाकों में रहते हैं तथा जिनके बीच शिक्षा के साधन नहीं पहुँच पाये हैं।

भौगोलिक क्षेत्रः– मध्य प्रदेश के शहडोल एवं सीधी जिले के आदिवासी इलाके, खासकर वे जहाँ उनके गाँव अभ्यारण्यों तथा संरक्षित वनों के बीच आ गये हैं।

हस्तक्षेप की रणनीति

सेवा प्रदान करनाः– आदिवासी एवं पिछड़े वर्ग के लिये वैकल्पिक शिक्षा–केन्द्र खोलना तथा संचालित करना।

मानव और भौतिक संसाधन की आवश्यकताः– गैर–सरकारी संगठन मूलतः आवश्यकता आधारित जनहित के कार्यों के लिए स्थापित किये जाते हैं। समाज की आवश्यकता असीमित होती है। उदाहरणार्थ यदि किसी गाँव में कृषि हेतु सिंचाई के साधन की आवश्यकता है तो पानी की आवश्यकता की पूर्ति हेतु एक गैर सरकारी संगठन वाटरशेड विकास की परियोजना संचालित कर पूरे गाँव में तालाब, चेक डैम इत्यादि के माध्यम से सिंचाई हेतु पानी उपलब्ध कराता है। पानी के उपलब्ध होने से किसान खेती करने लगते हैं। अब उन्हे उन्नत कृषि करने की आवश्यकता समझ आती है कि वे भी अब सब्जी, गन्ना इत्यादि की खेती करेंगे। इसके लिए प्रशिक्षण एवं प्रदर्शन की आवश्यकता होगी। प्रशिक्षणोपरांत किसानों का समूह या कम्पनी बनाकर उनके उत्पाद के विपणन की व्यवस्था करनी होगी तथा कृषि एवं भण्डारण के लिए कोष की व्यवस्था करनी होगी। अतः हम देखते है कि स्वैच्छिक संगठन एक आवश्यकता की पूर्ति करता है तो दूसरी आवश्यकता आगे खड़ी हो जाती है जिसकी पूर्ति आवश्यक होती है। इन

आवश्यकताओं को पूरा करने में धन की आवश्यकता तो पड़ती ही है किन्तु प्रशिक्षित एवं अनुभवी मानव संसाधन की भी आवश्यकता होती है। मानव संसाधन दो तरह से दक्ष किये जा सकते हैं एक तो शिक्षण और प्रशिक्षण से दूसरा धीरे–धीरे सीखने और कार्य का अवसर प्रदान कर उनके अंदर आत्म विश्वास विकसित करके।

इकाई – 5

गैर–सरकारी संगठनों में कोष प्रबन्धन

गैर–सरकारी संगठनों में कोष का निर्माणः–

गैर–सरकारी संगठनों का कोष वे सभी सचल सम्पत्तियां एवं धनराशि होती हैं जिनका उपयोग संगठन के सुचारू रूप से चलाए जाने एवं कार्यक्रमों के क्रियान्यन के लिये किया जाता है।

किसी भी स्वैच्छिक संगठन के कोष को निर्मित करने में मुख्य दो स्रोत होते हैं–

अ. आन्तरिक स़्त्रोत

ब. बाह्य स्त्रोत

अ. आन्तरिक स्त्रोत

आन्तरिक स्त्रोत वे स्त्रोत होते हैं जो संगठन के भीतरी क्रियाकलापों एवं संगठन से जुडे व्यक्तियों द्वारा प्राप्त होते हैं। इसके अन्तर्गत प्राप्त होने वाली पूँजी निम्न माध्यमों से प्राप्त होती है। स्वैच्छिक संगठनों को पूँजी प्राप्ति के निम्न तीन प्रमुख स्त्रोत हैं–

1. **सरकारी अनुदानः–** गैर–सरकारी संगठनों को आर्थिक सहायता प्राप्त करने का मुख्य स्त्रोत केन्द्र एवं राज्य शासन द्वारा प्रदाय किया जाने वाला अनुदान होता है। शासन के विभिन्न मंत्रालय अपने सम्बंधित कार्य क्षेत्रों के विकास के लिए परियोजना के अनुरूप शासकीय सहायता प्रदान करते हैं।

सरकारी नीतियों में भी इसके लिये अनेकों प्रावधान किये गये हैं ताकि कार्यक्रमों को कुशलतापूर्वक एवं निर्धारित समयावधि में पूर्ण किया जा सके। विगत कुछ वर्षों से शासन स्तर पर भी पब्लिक–प्राइवेट पार्टनरशिप के तहत सरकारी कार्यों का कुछ हिस्सा गैर–सरकारी संगठन के माध्यम से पूर्ण किया जा रहा है। सरकारी अनुदान प्राप्त करने के लिए पंजीकृत गैर–सरकारी संगठनों को निर्दिष्ट प्रारूप में आवेदन करना होता है। प्रस्ताव की स्वीकृत राशि का उपयोग निर्धारित कार्य क्षेत्र में उद्देश्यों की प्राप्ति के लिये किया जाता है।

2. **वस्तु के रूप में प्राप्त दानः–** शासकीय स्तर पर गैर–सरकारी संगठनों को वस्तु के रूप में भी साधनों की सहायता प्राप्त होती है, यह सहायता आवश्यकता के अनुरूप जैसे प्राकृतिक आपदा से पीड़ित क्षेत्र में दवाईयों की उपलब्धता, शिक्षण संस्थाओं को पुस्तकों की आपूर्ति, भोजन सामग्री की उपलब्धता हो सकती है। स्वरोजगार हेतु क्षेत्र विशेष की आवश्यकता के अनुरूप हस्त चलित छोटे यंत्रों की आपूर्ति जैसे अनेकों साधन या वस्तु हैं जिन्हे शासकीय तंत्र द्वारा वास्तविक जरूरतमंद को प्रदाय करने के लिये गैर–सरकारी संगठनों को दिया जाता है। सम्बंधित संगठन क्षेत्र विशेष के वास्तविक जरूरतमंद परिवारों की पहचान कर उन्हें वांछित वस्तुयें प्रदाय करता है। कभी–कभी ऐसे स्वैच्छिक संगठनों को इस कार्य हेतु वांछित सहायता भी प्रदाय की जाती है।

3. **अशासकीय अनुदान राशिः–** शासकीय स्तर से प्राप्त होने वाली पूँजी के अतिरिक्त अनेकों ऐसे स्त्रोत है जो अपने स्तर पर गैर–सरकारी संगठनों को सहायता पहुँचाते हैं, ऐसे स्त्रोत में निम्नलिखित प्रमुख हैं:

    1. **सदस्यता शुल्कः–** किसी भी गैर–सरकारी संगठन का निर्माण कुछ व्यक्तियों के समूह से आरम्भ होता है जो अपने संगठन की मजबूती व आवश्यकता के अनुरूप विशाल रूप प्राप्त करता है। संगठन में सदस्यता प्राप्त करने हेतु प्रत्येक सदस्य से निर्धारित राशि, सदस्यता शुल्क के रूप में प्राप्त की जाती है। यह सदस्यता शुल्क भी स्वैच्छिक संगठनों की पूँजी का अंश होता है।

    2. **प्रायोजक शुल्कः–** गैर–सरकारी संगठनों के माध्यम से क्षेत्र व आवश्यकता के अनुरूप अनेकों जन–जागृति, खेल आयोजन, मनोरंजक कार्यक्रमों के कार्यो को भी प्रायोजित शुल्क की राशि प्राप्त होती है।

3. **उत्पादों के विक्रय से प्राप्त लाभः–** गैर–सरकारी संगठन अपनी आंतरिक पूँजी की प्राप्ति एवं इसकी वृद्धि हेतु अनेकानेक उत्पादन इकाईयां, छोटे– स्तर पर संचालित करते हैं जैसे–मोमबत्ती निर्माण, ग्रीटिंग कार्ड निर्माण, हस्तशिल्प, फल व सब्जी पौधों की रोपणी, केंचुआ खाद निर्माण इकाई, आयुर्वेदिक औषधि निर्माण आदि। गैर सरकारी संगठनों द्वारा विभिन्न प्रकार के उत्पादों का निर्माण कर इसका विक्रय किया जाता है। इससे प्राप्त लाभ भी गैर सरकारी संगठन की पूँजी का आंतरिक स्त्रोत से प्राप्त अंश होता है।

4. **जमा पूँजी पर प्राप्त लाभः–** समस्त गैर–सरकारी संगठनों का अपना संविधान होता है, इसके दिशा निर्देशों के तहत संगठनों को अपनी समस्त नगद पूँजी किसी राष्ट्रीयकृत बैंक में संयुक्त खाते में रखनी होती है। संगठन के खाते में जमा नगद पूँजी पर प्राप्त होने वाले ब्याज की राशि आन्तरिक स्त्रोत से प्राप्त पूँजी के अन्तर्गत आती है। संगठनों के बैंक खाते में जब यह राशि अधिक होती है, तब इस राशि पर प्राप्त होने वाला ब्याज अधिक महत्वपूर्ण स्त्रोत के रूप में परिलक्षित होता है।

5. **सामुदायिक सहयोगः–** प्रत्येक संगठन की अपेक्षा होती है कि वे अपने संगठन में सक्षम, सम्मानित एवं साधन सम्पन्न व्यक्तियों को समाहित करें, जिनके प्रभाव या आलोक का लाभ संगठन को प्राप्त हो। ऐसे सक्षम व सम्पन्न लोगों को संगठन के संरक्षक या आजीवन सदस्य के रूप में शामिल किया जाता है, एवं इसका सदस्यता एक मुश्त राशि राशि के रूप में प्राप्त होती है।

6. **व्यक्तिगत दानः–** गैर सरकारी संगठन विभिन्न परोकारी व्यक्तियों से व्यक्तिगत दान प्राप्त करते हैं। संगठनों द्वारा प्राप्त ऐसा व्यक्तिगत दान आंतरिक पूँजी स्त्रोत के अंतर्गत आता है।

उक्त आंतरिक स्त्रोतों से प्राप्त पूँजी के अतिरिक्त गैर सरकारी संगठनों द्वारा अपने कार्यो के क्रियान्वयन हेतु स्वयं सेवी कार्यकर्ताओं की भी मदद ली जाती है, ऐसे स्वैच्छिक श्रमदान से भी संगठन अपनी पूँजी की बचत करता है। अपने संसाधन, श्रम एवं समय की बचत भी गैर सरकारी संगठनों की आंतरिक पूँजी का अप्रत्यक्ष साधन होता है।

ब. बाह्य स्त्रोत

गैर सरकारी संगठनों को पूँजी या धन प्राप्त करने के बाह्य स्त्रोतों को प्रमुख दो भागों में बांटा गया है –

(i) देश के भीतरी स्त्रोत

(ii) विदेशी स्त्रोत

1. देश के भीतरी स्त्रोतः– ऐसे स्त्रोत जो हमारे देश के विभिन्न माध्यमों से धन या पूँजी प्रदाय करते हैं, इन्हें देश के भीतरी स्त्रोत कहा जाता है इन स्त्रोतों में प्रमुख निम्न हैं –

1. **पोषक/जनक संगठनः–** हमारे देश में ऐसे अनेकों बड़े–बड़े गैर सरकारी संगठन है जो मातृ या जनक संगठन के रूप में अपने सम्बन्धित संगठनों को आर्थिक सहायता प्रदान करते हैं। सामान्यतया कार्य की सुगमता, सुचारू संचालन, क्षेत्रीय एवं भौगोलिक कार्य क्षेत्र की परिस्थिति, शासन की नीतियों की बाध्यता के कारण जनक संगठन अपने अधीनस्थ छोटे–छोटे क्षेत्रीय स्वैच्छिक संगठन का निर्माण कर संचालित करते हैं।

2. **निगम या निकायः–** गैर–सरकारी संगठनों को आर्थिक सहायता प्रदान करने का कार्य निगम या निकायों द्वारा भी किया जाता है। ये निकाय अपने कार्यक्रमों को क्रियान्वित करने के अतिरिक्त कुछ ऐसे कार्य भी करते हैं जो ग्रामीण/शहरी समाज के स्वास्थ्य, शिक्षा एवं रोजगार से जुड़े होते हैं, निगम या निकाय सामान्यता ऐसे कार्यक्रमों का क्रियान्यन गैर–सरकारी संगठनों को आर्थिक सहायता प्रदान कर पूरा करते हैं। देश में बड़े उद्योग घराने निकाय के रूप में गठित कर अपने व्यवसाय का संचालन करते हैं ऐसे निकायों से भी गैर सरकारी संगठनों को आर्थिक सहायता प्राप्त होती है।

3. **औद्योगिक घरानेः–** देश में अनेकों औद्योगिक घराने अपने व्यवसाय को विशाल स्तर पर गठित कर संचालित करते हैं, ऐसे औद्योगिक घराने समाज के कमजोर वर्ग के सर्वांगीण विकास हेतु आवश्यकतानुसार आर्थिक सहायता पहुँचाते रहते हैं। उदाहरणार्थ– दोराबजी टाटा ट्रस्ट द्वारा बुन्देलखण्ड में विकास के लिए गैर–सरकारी संगठनों को वित्तीय सहायता उपलब्ध करायी गयी। हिण्डाल्को अपने सामाजिक उत्तरदायित्व के अन्तर्गत ग्राम सुधार समिति को वित्तीय सहायता उपलब्ध करा रहा है। स्वैच्छिक संगठन ग्राम सुधार समिति हिण्डाल्को द्वारा वित्तीय

सहायता से सामाजिक कल्याण एवं ग्रामीण विकास के कार्यक्रम संचालित करता है, इससे आदिवासी क्षेत्रों में समेकित विकास सम्भव हो रहा है।

4. **प्रायोजित कार्यक्रमों से धन अर्जनः–** गैर–सरकारी संगठनों द्वारा राहत, जन जागरण जैसे तुरन्त क्रियान्वित किये जाने वाले कार्यो हेतु पूँजी अर्जन करने के लिए अनेक प्रकार के प्रायोजित कार्यक्रम को आयोजित किया जाता है जैसे – चैरिटी शो, संगीत निशा आदि। इन मनोरंजक कार्यक्रमों के लिए दर्शकों से निर्धारित शुल्क टिकट के रूप में प्राप्त किया जाता है, कार्यक्रम आयोजन में होने वाले व्यय के अतिरिक्त प्राप्त पूँजी को जन कल्याण के निहितार्थ स्वैच्छिक संगठनों द्वारा उपयोग किया जाता है।

5. **विज्ञापन द्वारा पूँजी संग्रहणः–** विशेष परिस्थितियों में समाज के किसी वर्ग विशेष या क्षेत्र के किसी वर्ग विशेष के लोगों को सहायता की आवश्यकता होने पर विज्ञापनों के माध्यम से भी पूँजी संग्रहण का कार्य किया जाता है। इसके लिये क्रियान्वयन संगठन आम जनता से अपील कर निवेदन करता है कि उन्हे आर्थिक मदद की जाये। उदाहरण के लिये कारगिल पर हमले या सुनामी के उपरान्त इंडिया टुडे पत्रिका द्वारा विज्ञापन के माध्यम से सहायता की अपील की गई थी, दैनिक समाचार पत्रों के प्रकाशन समूह द्वारा भी इसी तरह के प्रयास किये गये थे।

6. **स्मारिका प्रकाशनः–** गैर–सरकारी संगठनों द्वारा समय–समय पर क्षेत्र, घटना या व्यक्ति विशेष पर स्मारिका का संपादन एवं प्रकाशन किया जाता है, स्मारिका के प्रकाशन हेतु सम्बंधित व्यक्तियों, दलों, आपूर्ती संस्थाओं से इसके वितरण के लिये प्राप्तकर्ता से निर्धारित दान राशि प्राप्त कर पूँजी संकलित की जाती है।

7. **न्यास या संघः–** गैर–सरकारी संगठनों के पूँजी की प्राप्ति का एक माध्यम या स्त्रोत देश में कार्यरत न्यास या संघ भी होते हैं। सामान्यतया धार्मिक, आध्यात्मिक एवं सामाजिक क्षेत्र में कार्य रहे न्यास स्वयं ही जरूरत के अनुरूप जन सामान्य को सुविधा पहुँचाते हैं किन्तु किन्ही विशेष परिस्थितियों एवं कार्य की प्रकृति के अनुसार न्यास या संघ स्वैच्छिक संगठनों को आर्थिक मदद कर वांछित कार्य के क्रियान्वयन की अपेक्षा करते है। कुपोषण एवं भोजन की कमी को देखते हुए ग्राम

सुधार समिति ने 'भोजन का अधिकार' परियोजना पर कार्य करते हुए आदिवासी क्षेत्रों में कार्य करने का बीड़ा उठाया। समिति के इस कार्य में सर रतन टाटा ट्रस्ट ने वित्तीय सहयोग प्रदान किया। सर रतन टाटा ट्रस्ट टाटा समूह का एक प्रमुख ट्रस्ट है जो विकास कार्यों के लिए गैर–सरकारी संगठनों को वित्तीय सहायता उपलब्ध कराता है।

8. **व्यक्तिगत दानः–** गैर–सरकारी संगठन सामूहिक कार्यो, कार्यक्रमों के क्रियान्वयन के लिये व्यक्तिगत दान भी प्राप्त करते हैं, इसके लिए सामान्यतया निर्धारित राशि के कूपन या पावती छपवाकर दान कर्ता को प्रदाय की जाती है। व्यक्तिगत रूप से प्राप्त दान राशि भले ही बहुत छोटी या कम हो किन्तु इससे समुदाय के लोगों की भागीदारी सुनिश्चित होती है एवं छोटी–छोटी दान राशि बढ़कर पूँजी का रूप प्राप्त करती है। हमारी भारतीय संस्कृति में जरूरतमंद व्यक्ति को कुछ दान–देकर सक्षम व्यक्ति अपनी आत्मसंतुष्टि को भी प्राप्त करता है।

1. पेटी या बक्से द्वारा धन संग्रहणः– हमारे देश में इस स्त्रोत का प्रचलन महाराष्ट्र में आये लातूर भूकंप के समय में प्रयोग में लाया गया। इसके लिये सार्वजनिक स्थानों जैसे रेलवे स्टेशन, बस अड्डे, मुख्य बाजार में गैर–सरकारी संगठनों द्वारा अपने संगठन के नाम एवं आवश्यकता को लिखकर छोटी–छोटी पेटियां/डिब्बे रखे गये, ताकि इच्छुक व्यक्ति अपनी सहयोग राशि इन पेटियों में डाल सकें। इस स्त्रोत का उपयोग शहरों एवं महानगरों में किया जाता है।

2. पर्यटक एवं अतिथियों से प्राप्त धनः– गैर–सरकारी संगठनों के कार्य स्थल, परियोजना क्षेत्र के भ्रमण एवं अवलोकन के दौरान आये हुए पर्यटक या अतिथियों द्वारा संगठन के कार्यो को प्रोत्साहन देने हेतु आर्थिक सहयोग भेंट के रूप में प्रदान की जाती है, यह आर्थिक सहयोग दूरस्थ, ग्रामीण व दुर्गम क्षेत्रों में उल्लेखनीय कार्य कर रहे स्वैच्छिक संस्थाओं को प्राप्त होती है।

गैर–सरकारी संगठनों को शासकीय/अशासकीय स्त्रोत से अनुदान सहायता प्राप्त करने के लिए आवश्यक पात्रता

किसी भी गैर–सरकारी संगठन को अपने कार्यक्रमों के संचालन के लिये पूँजी या धन की आवश्यकता होती है, ऐसे समस्त एन.जी.ओ. को सरकारी या अन्य स्त्रोतों से अनुदान प्राप्त करने के लिए कुछ आवश्यक शर्तों को पूरा करना

होता है, ताकि गैर सरकारी संगठन अपनी पात्रता को पूर्ण कर सहायता प्राप्त कर सकें। प्रमुख शर्तें एवं पात्रता निम्नानुसार है–

1. **कानूनी मान्यताः–** संगठन कानूनी रूप में वैध हों, अर्थात उनका जीवित पंजीयन होना चाहिए। स्वैच्छिक संगठन धारा–8 के तहत समिति संघ/न्यास या कंपनी के रूप में पंजीकृत हों या सोसाइटीज रजिस्ट्रेशन एक्ट या किसी अन्य एक्ट के अन्तर्गत पंजीकृत होने चाहिए।
2. **उद्देश्य एवं संविधानः–** संगठन का अपना निर्धारित संविधान होना आवश्यक है, इसके अन्तर्गत संगठन का लक्ष्य, उद्देश्य, कार्यक्रम, कार्य परिषद, चल–अचल संपत्ति के प्रबंधन के नियम आदि विस्तृत जानकारी सम्मिलित होती हैं।
3. **प्रबंधनः–** संगठन की कार्य परिषद होनी चाहिए, जिसमें सभी के अधिकारों एवं दायित्वों का सुस्पष्ट उल्लेख हो, जिससे संगठन के लक्ष्यों को कुशलतापूर्वक प्राप्त किया जा सके।
4. **अलाभकारी प्रकृतिः–** संगठन की कार्यप्रणाली ऐसी हो जिसमें संस्था को कोई अनावश्यक लाभ प्राप्त नहीं होता हो। यदि गैर सरकारी संगठन आय/लाभ प्राप्ति की गतिविधियाँ/ क्रियाकलाप किसी निश्चित समुदाय या लक्षित समूह के लिये चला रहा है तो प्राप्त लाभ समुदाय के सदस्यों को प्राप्त होना चाहिए। इस लाभ की राशि पर संगठन के सदस्यों को कोई अधिकार नहीं होना चाहिए।
5. **जुड़ाव व भागीदारीः–** संगठन में स्वेच्छा से कार्य करने वाले स्वयं सेवी सदस्यों, भागीदारियों का समावेश किया जाना चाहिए, ताकि समुदाय के दूसरे लोग भी इससे प्रेरित होकर अपना योगदान दे सकें।
6. **तटस्थताः–** संगठन द्वारा किये जाने वाले कार्यो में लक्षित समूह के प्रति कोई भी भेद भाव नहीं किया जाना चाहिए।
7. **अभिलेख संधारणः–** संगठन के पूर्व कार्यकाल के दौरान सम्पन्न कार्यक्रम के आय–व्यय के संधारण हेतु वांछित अभिलेखों का उचित ढंग से संधारण किया जाना चाहिए। किसी भी संगठन के लिये उसके अभिलेख एवं दस्तावेज भविष्य के कार्यों योजनाओं एवं पूँजी प्राप्ति के लिये महत्वपूर्ण होते हैं।

बिना किसी बाह्य सहायता के संचालित गैर–सरकारी संगठन

हाल के वर्षों में सरकार एवं गैर–सरकारी संगठनों के बीच आरोप–प्रत्यारोप लगते रहे हैं। सरकार की तरफ से मुख्य आरोप विदेशी अनुदान या सरकारी सहायता पर केन्द्रित रहा है। इन सबके बीच बहुत सारे ऐसे संगठन है जो बिना किसी बाह्य सहायता के कल्याण और विकास कार्यक्रम सफलता से संचालित कर रहे हैं। राष्ट्र एवं समाज हित में संलग्न बनवासी कल्याण आश्रम एक ऐसा संगठन है जिसको न तो किसी अंतर्राष्ट्रीय निकाय से कोई पैसा मिलता है और न ही भारत या राज्य सरकारों के किसी निकाय से। 1977 में भारत के तत्कालीन प्रधानमंत्री मोरारजी देसाई को वनवासी कल्याण आश्रम के कार्य की जानकारी मिली तो उन्होंने इसके प्रधान बालासाहेब देशपाण्डे को सरकारी अनुदान देने की पेशकश की। उन्होंने सरकारी अनुदान लेने से इंकार कर दिया। वनवासी कल्याण आश्रम के सभी सेवा प्रकल्प, चिकित्सालय, विद्यालय, वनोपज के कुटीर उद्योग, लोक कला के संस्कार केन्द्र बगैरह समाज के साधन सम्पन्न लोगों के धर्मार्थ पैसे से ही चलते हैं। मेडिकल के छात्रों को प्रेरित किया जाता है कि शिक्षा समाप्त कर वह कुछ वर्ष वनवासियों के बीच रहकर चिकित्सा सेवा करें। अनेक वानप्रस्थी अवकाश ग्रहण कर वनवासी कल्याण आश्रम के सेवा प्रकल्पों में जुटे हैं।

देश में कुल मिलाकर 675 जनजातियाँ हैं। इनमें से वनवासी कल्याण आश्रम के सेवा कार्य 479 जनजातियों में चलते हैं। देश में कुल मिलाकर 330 वनवासी जिले हैं। जिनमें से 304 मे इस संगठन के सेवा–कार्य हो रहे हैं। आश्रम की गतिविधियाँ 46284 गाँवों में चलती है। यह सेवा कार्य 11530 सेवा प्रकल्पों से संचालित होता है। इनका विस्तार लेह से लेकर कन्याकुमारी तक और गुजरात से लेकर अरूणांचल तक पूरे देश में है। समस्त कार्यक्रम आधुनिक सुख सुविधाओं से बहुत दूर कष्टकर जीवन व्यतीत करने वाली जनजातियों के इलाकों में हैं। सेवा भावना की अटूट लगन नहीं हो तो इनके बीच रहकर काम करना असंभव है। ऐसे में वनवासी आश्रम के 1265 पूर्णकालिक कार्यकर्ता और हजारों अंशकालिक कार्यकर्ता कार्य नहीं कर सकते। यह सेवा की लगन और वनबंधुओं के प्रगाढ़ अपनत्व से ही संभव है। वनवासी कल्याण आश्रम की स्थापना 1952 में हुई थी। आदिम जाति सेवक संघ के संस्थापक प्रसिद्ध गाँधीवादी विचारक ठक्कर बापा विदेशी ईसाई मिशनरियों के शड़यंत्रपूर्ण धर्मांतरण से चिंतित थे। संघ के तत्कालीन सरसंघचालक श्री गुरूजी और ठक्कर बापा के बीच बातचीत हुई। सहमति बनी कि वनवासियों के बीच सेवा कार्य के लिए हिन्दू

संगठन को आगे आना चाहिए। बालासाहब देशपाण्डे जैसे कर्मठ कार्यकर्ता ने यह जिम्मेदारी अपने ऊपर ली और जीवन पर्यंत वह इस काम को विस्तार देते रहे। अभी कुछ वर्ष पहले उस वनयोगी का निधन हो गया, लेकिन तब तक अनेक वनयोगी कार्य की प्रेरणा प्राप्त कर चुके थे। जशपुर नरेश विजय सिंह जूदेव का सक्रिय सहयोग उन्हें मिला था। संगठन का स्वर्ण जयंती समारोह दिल्ली में हुआ था। इसमें 3400 वनवासियों ने भाग लिया था।

पाँच दिन के इस कार्यक्रम में करीब 600 महिलाएं भी थीं। ये प्रतिनिधि 300 से अधिक जनजातियों के थे। विभिन्न जनजातियों के पंडाल लगे थे और चीजों के अलावा वनोपजों की भी प्रदर्शनी लगी थी। छोटे से छोटे राजनीतिक कार्यक्रम में मीडिया–कर्मियों की भीड़ होती है, किन्तु कल्याण आश्रम के स्वर्ण जयंती के अवसर पर वनवासियों के इस अखिल भारतीय कार्यक्रम में गिने चुने मीडियाकर्मी आए। अलबत्ता एक बड़े आर्थिक समाचार पत्र ने उद्घाटन के पहले एक समाचार प्रकाशित किया, जिसमें यह बताने की कोशिश की गयी कि कैसे संघ जनजातियों को हिन्दू समाज में राष्ट्रीय धरातल पर समेटने की कोशिश कर रहा है। संभवतया इसीलिए उद्घाटन सत्र में विभिन्न जातियों की अपनी–अपनी लोकभाषा में आराधना के रीति–रिवाजों का प्रदर्शन किया गया था।

स्वर्ण जयंती का यह कार्यक्रम पूर्वी दिल्ली के जिस विद्यालय के परिसर में आयोजित किया गया उसमें देश भर की जनजातियों के बच्चों को बारहवीं तक शिक्षा दी जाती है। गत वर्षों के परीक्षा परिणामों से इस विद्यामंदिर के स्तर को समझा जा सकता है। पिछले डेढ़ दशक के इतिहास में सेवाधाम के इस जनजातीय विद्यालय से 6 डाक्टर, 30 इंजीनियर, 10 सैन्य सेवा, 5 अध्यापक, 15 सरकारी सेवा, 15 सार्वजनिक क्षेत्र में, 10 अफसर कैडर में और 85 छात्र उच्च शिक्षा के लिए गए। महत्वपूर्ण बात यह है कि यह सभी दूर–दराज के क्षेत्रों से दिल्ली में पढ़ रहे हैं। इन सभी विद्यार्थियों को दिल्ली के किसी न किसी परिवार ने शिक्षा के लिए गोद ले रखा है। उनके इस खर्चे को समाज स्वयं उठाता है। आकार में छोटे–बड़े हो सकते हैं, लेकिन सेवाधाम विद्या मंदिर जैसे 11000 से अधिक प्रकल्पों को वनवासी क्षेत्रों में संचालित करना एक अभूतपूर्व काम है। (मिश्र, 2006)

5.3 गैर–सरकारी संगठनों को सरकारी अनुदान

भारतीय गैर–सरकारी संगठनों को मिलने वाली सरकारी एवं गैर सरकारी वित्तीय सहायता को अनुदान सहायता कहते हैं। अनुदान सहायता में परियोजना आधारित सहयोग करने के बाद फण्डिंग एजेंसी सहायित स्वैच्छिक संगठन को

सहायता राशि को वापस नहीं करना रहता है। विभिन्न सरकारी एजेंसी एवं मंत्रालय से मिलने वाली सहायता योजनाएं निम्नवत हैं–

1. **आदिवासी विकास मंत्रालयः–** मंत्रालय आदिवासी महिलाओं के विकास की योजना, आदिवासी क्षेत्रों में आवासीय विद्यालय, आदिवासी युवकों के लिए प्रशिक्षण इत्यादि के लिए अनुदान प्रदान करता है।
2. **स्वास्थ्य मंत्रालयः–** मंत्रालय स्वास्थ्य सम्बंधित परियोजनाएं यथा ग्रामीण क्षेत्रों में स्वास्थ्य सुविधा हेतु, परिवार कल्याण हेतु, नेत्र शिविर इत्यादि हेतु अनुदान सहायता प्रदान करता है।
3. **मानव संसाधन विकास मंत्रालयः–** मंत्रालय अनौपचारिक शिक्षा, प्रौढ़ शिक्षा, दूरस्थ क्षेत्रों में शिक्षा हेतु अनुदान प्रदान करता है।
4. **कृषि मंत्रालयः–** मंत्रालय स्वैच्छिक संगठनों को कृषि विज्ञान केन्द्र, कृषक प्रशिक्षण केन्द्र इत्यादि के लिए अनुदान प्रदान करता है। उदाहरणार्थ चित्रकूट के गनीवाँ स्थित कृषि विज्ञान केन्द्र का संचालन दीन दयाल शोध संस्थान द्वारा कृषि मंत्रालय की अनुदान सहायता से किया जा रहा है।
5. **पर्यावरण मंत्रालयः–** पर्यावरणीय समस्याओं के निदान, जागरूकता इत्यादि के लिए यह मंत्रालय स्वैच्छिक संगठनों को अनुदान देता है। यह अनुदान पौधारोपण एवं बंजर भूमि के विकास हेतु भी दिया जाता है।

दाताओं के प्रकारः– अनुदान एवं सहायता देने वाली संस्थाएँ विभिन्न प्रकार की होती हैं –

1. **द्विपक्षीय दाताः–** मंत्रालय एवं सरकारी विभाग गैर–सरकारी संगठनों को कल्याणकारी एवं विकासात्मक कार्य करने के लिए अनुदान प्रदान करते हैं। सरकारी ऐजेन्सी जैसे कपार्ट, केन्द्रीय समाज कल्याण बोर्ड, नाबार्ड इत्यादि सीधे स्वैच्छिक संगठनों को सहायता उपलब्ध कराती हैं। कार्पोरेट सामाजिक दायित्व के तहत बहुत सी कम्पनियाँ गैर सरकारी संगठनों को वित्तीय सहायता उपलब्ध करा रही हैं।
2. **बहुपक्षीय दाताः–** जब किसी परियोजना के क्रियान्वयन में दो से अधिक संस्थाएं सहायता प्रदान करती हैं तो इसे बहुपक्षीय दाता सहयोग कहा जाता है।

3. **एकाधिक दाताः–** जब किसी परियोजना के क्रियान्वयन हेतु एक से अधिक संस्थाएं समान उद्देश्य की प्राप्ति हेतु सहायता प्रदान करती हैं तो उन्हें एकाधिक दाता सहयोग का नाम दिया जाता है।

प्रायोजक और प्रायोजित परियोजनाएं

जमीनी स्तर पर आयोजित किये जाने वाले प्रत्येक कार्यक्रम के एक या एक से अधिक प्रायोजक हो सकते हैं। प्रायोजक वे माने जायेंगें जो कार्यक्रम के आयोजन में पूर्ण या आंशिक सहयोग प्रदान करते हैं। पूर्ण सहयोग से मतलब है कार्यक्रम के सम्पूर्ण आयोजन के सहयोग से जबकि आंशिक सहयोग से मतलब कार्यक्रम के आयोजन में आंशिक सहायता यानि कार्यक्रम के आयोजन में कई सहयोगी संगठन हैं उदाहरणार्थ पल्स पोलियो अभियान में रोटरी क्लब, स्वास्थ्य विभाग एवं यूनिसेफ ने आंशिक सहयोग देकर भारत में पल्स पोलियों कार्यक्रम को सफलतापूर्वक संचालित किया।

कई बार ऐसा होता है जब सरकारें अंतर्राष्ट्रीय वित्तीय संस्थाओं या देशों की विकास संस्थाओं से सहयोग लेकर कोई परियोजना क्रियान्वित करती है। ऐसी स्थिति में जो संस्था परियोजना क्रियान्वित कर रही है वह आयोजक संस्था कही जायेगी और जो संस्था वित्तीय एवं अन्य सहयोग प्रदान कर रही है उसे प्रायोजक संस्था कहा जायेगा और इस सहायित परियोजना को प्रायोजित परियोजना कहा जायेगा।

5.4 स्वैच्छिक संगठनों को विदेशी अनुदान

विदेशी अनुदान को नियंत्रित करने के उद्देश्य से विदेशी अंशदान (विनियमन) अधिनियम 2010, 29 अप्रैल 2011 को प्रवृत्त हुआ। इस अधिनियम के माध्यम से विदेशी अनुदान का विनियमन एवं नियंत्रण किया जाता है। अधिनियम को विदेशी अंशदान (विनियमन) अधिनियम 1976 के स्थान पर लाया गया है।

भारत सरकार के गृह मंत्रालय के एक प्रतिवेदन के अनुसार वर्ष 1968 में भारतीय गैर सरकारी संगठनों को विदेशी अनुदान के रूप में मात्र 24 करोड़ रूपये मिले थे। सन् 2003–04 के दौरान 14700 गैर सरकारी संगठनों को 4856 करोड़ रू. का विदेशी अनुदान मिला। संगठनों को वर्ष 1999–2000 के दौरान 3924.63 करोड़ उपलब्ध कराये गये। वर्ष 2001–02 की अवधि में गैर सरकारी संगठनों को 15618 करोड़ रू0 विदेशी अनुदान के रूप में प्राप्त हुए।

गृह मंत्रालय के प्रतिवेदन के अनुसार वर्ष 2013–14 में 16, 149 संगठनों का पंजीकरण किया गया। वर्ष 2013–14 में कुल 16, 896 संगठनों को रू. 10,875.

66 करोड़ प्राप्त हुआ। वर्ष 2011—12 में 22,702 संगठनों को रू. 11,550.78 करोड़ प्राप्त हुआ था।

वर्ष 2011—12 में वर्ल्ड विजन आफ इण्डिया को सबसे ज्यादा विदेशी अनुदान रू. 233.38 करोड़ प्राप्त हुआ। इसके बाद बिलीवर्स चर्च इण्डिया पथनमिट्टा (केरल) को रू 1900 करोड़, रूरल डेवलपमेंट ट्रस्ट अनंतपुर को रू 144.39 करोड़, इण्डियन सोसाइटी आफ चर्च, ऑफ जीसस क्राइस्ट आफ लैटर डे सैण्ट्स दिल्ली को रू 130.77 करोड़ और पब्लिक हेल्थ फाउण्डेशन ऑफ इण्डिया दिल्ली को रू 130.31 करोड़ विदेशी अनुदान प्राप्त हुआ। कुल 148 संगठनों को रू. 10 करोड़ से अधिक का विदेशी अनुदान प्राप्त हुआ। 178 संगठनों को रू. 1 से 5 करोड़ तथा 20297 संगठनों का 1 करोड़ से कम का विदेशी अनुदान प्राप्त हुआ। 9509 संगठनों ने 'कोई प्राप्ति नहीं' का प्रतिवेदन प्रस्तुत किया।

सर्वाधिक विदेशी अनुदान पाने वाले राज्यों में से क्रमशः दिल्ली को 2285. 77 करोड़, तमिलनाडु को 1704.76 करोड़, आंध्र प्रदेश को 1258.52 करोड़, महाराष्ट्र को 1107.39 करोड़ तथा कर्नाटक को 1101.09 करोड़ रुपया प्राप्त हुआ। आश्चर्यजनक रूप से भारत के किसी 'बीमारू' राज्य का नाम सर्वाधिक विदेशी अनुदान पाने वाले राज्यों में से नहीं है।

विदेशी दाताओं में से सबसे ज्यादा कम्पैसन इण्टरनेशनल, अमेरिका ने 99.20 करोड़, एच.सी.एल. होल्डिंग प्रा.लि., मारीशस ने 69.66 करोड़, पापुलेशन सर्विस इण्टरनेशनल, अमेरिका ने 61,34 करोड़ तथा बिल एण्ड मेलिण्डा गेट्स फाउण्डेशन, अमेरिका ने 48.91 करोड़ रुपये का विदेशी अनुदान दिया।

सर्वाधिक दान दाता देशों में अमेरिका ने 3838.23 करोड़ , इंग्लैण्ड ने 1219.02 करोड़, जर्मनी ने 1096.01 करोड़, इटली ने 528.88 करोड़ तथा नीदरलैण्ड ने 418.37 करोड़ रुपये का विदेशी अनुदान भारतीय संगठनों को दिया।

वर्ष 2011—12 में कुल 2001 संगठनों को विदेशी अनुदान प्राप्त करने की अनुमति प्रदान की गयी थी, 304 संगठनों को विदेशी अनुदान प्राप्त करने की पूर्व अनुमति दी गयी थी, 3982 व्यक्तियों को विदेशी आतिथ्य हेतु अनुमति दी गयी थी तथा 1875 संगठनों को उनके नाम, पता, बैंक तथा बैंक खाता परिवर्तित करने की अनुमति प्रदान की गयी थी।

सरणी – 1: विदेशी अनुदान प्राप्त कर प्रतिवेदन प्रस्तुत करने वाले संगठन तथा प्राप्त धनराशि

राज्य	कुल संगठन	प्राप्त धनराशि (करोड़ रु.)
दिल्ली	1482	2285.75
तमिलनाडु	3341	1704.76
आंध्र प्रदेश	2527	1258.52
महाराष्ट्र	2056	1107.39
कर्नाटक	1657	1101.09
केरल	1648	1027.52
पश्चिम बंगाल	2065	726.66
गुजरात	1075	384.32
उत्तर प्रदेश	1230	265.01
उडीसा	1322	239.00
बिहार	838	179.31
मध्य प्रदेश	473	154.74
राजस्थान	441	145.14
झारखण्ड	456	143.81
हिमाचल प्रदेश	112	125.18

सारणी – 2: आदिवासी क्षेत्रों में कार्य करने वाले संगठनों को विदेशी सहायता (वर्ष 2011–12)

राज्य	धन राशि (करोड़ रु.)
उडीसा	239.00
मध्य प्रदेश	154.74
झारखण्ड	143.81
मेघालय	52.78
नागालैण्ड	28.26
अरूणांचल प्रदेश	9.11
मिजोरम	5.86
अण्डमान एवं निकोबार द्वीप	4.98
दादरा एवं नगर हवेली	1.32

सरणी – 3: विदेशी अनुदान प्राप्त करने वाले देश के पाँच बडे जिले:–

जिला	धनराशि (करोड़ रु.)
चैटाई	899.00
मुम्बई	825.41
बैंगलूरू	812.48
कोलकाता	455.05
पथनमिट्टा	433.19

सारणी – 4: भारत में विदेशी अनुदान की प्राप्ति में प्रगति:–

वर्ष	धनराशि (करोड़ रु.)	पिछले वर्ष से बढ़त (प्रतिशत में)
2001–02	4871.90	7.42
2002–03	5046.50	3.58
2003–04	5105.50	1.17
2004–05	6256.68	22.55
2005–06	7877.57	25.91
2006 –07	11007.43	39.73
2007–08	9663.46	(–)14.76
2008–09	10802.67	11.79
2009–10	10337.59	(–)4.30
2010–11	10334.12	(–)0.03
2011–12	11546.29	11.73

सारणी – 5: धनराशि वार प्रतिवेदन प्रस्तुत करने वाले संगठनों का विवरण:–

वर्ष	1 करोड़ रु. से कम	1–5 करोड़ रु. के बीच	5–10 करोड़ रु.के बीच	10 करोड़ रु. के ऊपर
2001–02	14761	721	77	59
2002–03	15650	798	76	66
2003–04	16187	818	83	57
2004–05	17373	985	112	70
2005–06	17258	1070	143	99
2006–07	17343	1341	170	142
2007–08	17101	1399	167	129
2008–09	18161	1590	204	133
2009–10	19602	1594	179	133
2010–11	20827	1610	163	135
2011–12	20297	1702	178	148

सारणी – 6: सबसे ज्यादा विदेशी दान दाता देशः–

देश	वर्ष 2011–12 राशि (करोड़ रु.में)	देश	वर्ष 2010–11 राशि (करोड़ रु.में)	देश	वर्ष 2009–10 राशि (करोड़ रु.में)
अमेरिका	3838.23	अमेरिका	3260.22	अमेरिका	3105.73
इंग्लैण्ड	1219.03	इंग्लैण्ड	1065.35	इंग्लैण्ड	1046.30
जर्मनी	1096.01	जर्मनी	1007.39	जर्मनी	1038.68
इटली	528.88	इटली	490.01	इटली	583.47
नीदरलैण्ड	418.37	नीदरलैण्ड	468.81	नीदरलैण्ड	509.46
स्विट्जरलैण्ड	379.28	स्विट्जरलैण्ड	286.24	स्विट्जरलैण्ड	302.06
स्पेन	370.00	स्पेन	351.41	स्पेन	437.25
कनाडा	309.40	कनाडा	299.95	कनाडा	297.98
आस्ट्रेलिया	204.07	आस्ट्रेलिया	159.44	आस्ट्रेलिया	148.28
फ्रांस	187.21	फ्रांस	190.89	फ्रांस	189.12
संयुक्त अरब अमीरात	163.96	संयुक्त अरब अमीरात	109.32	संयुक्त अरब अमीरात	133.15
आस्ट्रिया	133.14	आस्ट्रिया	132.66	आस्ट्रिया	112.10
बेल्जियम	128.73	बेल्जियम	111.05	बेल्जियम	122.05
स्वीडेन	128.37	स्वीडेन	97.02	स्वीडेन	105.79
अन्य (तिब्बत)	99.01	मरीशस	72.89	मरीशस	101.02

सारणी – 7: सर्वाधिक दान देने वाली 15 संस्थाएं

क्र. सं.	दाता संस्था का नाम व देश	वर्ष 2011–12 राशि (करोड़ रु.में)	दाता संस्था का नाम व देश	वर्ष 2010–11 राशि (करोड़ रु.में)
1.	Compassion International, USA	183.83	Compassion International, USA	99.20
2.	The Church of Jesus Christ of Latter Day Saints, USA	130.77	HCL Holdings private Ltd., Mauritius	69.98
3.	Kinder Not Hilfe e. v (KNH), Germany	51.76	Action Aid, UK	62.66
4.	SOS Kinderdorf International, Austria	43.25	Population Service International, USA	61.34
5.	General Conference of Seventh Day Adventists, USA	41.65	Bill & Malinda Gates Foundation, USA	48.91
6.	Population Service International, USA	38.76	Kinder Not Hilfe e. v (KNH), Germany	48.37
7.	WORT & TAT Allgemeinel Missions Geselischaft, Germany	37.56	EED – Evangelischer Entwicklungsdienst e.v., Germany	40.00
8.	Action Aid, UK	37.33	SOS Kinderdorf International, Austria	36.14
9.	Bill & Malinda Gates Foundation, USA	34.44	WORT & TAT Allgemeinel Missions Geselischaft, Germany	31.78
10.	Ahmadiyya Muslim Association, UK	33.75	Save the Children, UK	29.21

11.	Christian Foundation for Children and Aging, USA	33.71	Leprosy Mission International, UK	28.78
12.	EED – Evangelischer Entwicklungsdienst e.v., Germany	32.95	General Conference of Seventh Day Adventists, USA	26.29
13.	Give 2 Asia, USA	32.02	International Development Enterprises (IDE). USA	26.28
14.	Direct Relief International, USA	31.22	Christian Foundation for Children and Aging, USA	23.90
15.	Road To Peace, USA	28.85	Oxfam, UK	22.90

सारणी – 8: सबसे अधिक विदेशी अनुदान प्राप्त करने वाले 15 राज्य/केन्द्र शासित क्षेत्र:–

क्र. सं.	राज्य	विदेशी अनुदान (करोड़ रु.में) वर्ष 2011–12	राज्य	विदेशी अनुदान (करोड़ रु.में) वर्ष 2010–11
1.	दिल्ली	2285.75	दिल्ली	2016.63
2.	तमिलनाडु	1704.76	तमिलनाडु	1557.40
3.	आंध्र प्रदेश	1258.52	आंध्र प्रदेश	1176.79
4.	महाराष्ट्र	1107.39	कर्नाटक	999.39
5.	कर्नाटक	1101.09	महाराष्ट्र	914.19
6.	केरल	1027.52	केरल	873.35
7.	पश्चिम बंगाल	726.66	पश्चिम बंगाल	651.71
8.	गुजरात	384.32	गुजरात	363.42
9.	उत्तर प्रदेश	265.01	उत्तर प्रदेश	257.41
10.	उडीसा	239.00	उड़ीसा	211.26
11.	बिहार	179.31	झारखण्ड	145.27
12.	मध्य प्रदेश	154.74	हिमांचल प्रदेश	144.11
13.	राजस्थान	145.14	मध्य प्रदेश	141.33
14.	झारखण्ड	143.81	बिहार	134.63
15.	हिमांचल प्रदेश	125.18	राजस्थान	128.75

सारणी – 9: विदेशी अनुदान पाने वाले जिले

जिला	वर्ष 2011–12 विदेशी अनुदान (करोड़ रु.में)	जिला	वर्ष 2010–11 विदेशी अनुदान (करोड़ रु.में)
चेन्नई	889.99	बैंगलुरू	774.09
मुम्बई	825.40	चेन्नई	772.67
बैंगलुरू	812.48	मुम्बई	643.73
कोलकाता	455.04	कोलकाता	687.27
पंथामिट्टा	433.19	पथमिट्टा	369.23
अनन्तपुर	369.76	हैदराबाद	325.80
हैदराबाद	351.34	अनन्तपुर	274.79

इरनाकुलम	275.44	इरनाकुलम	189.59
अहमदाबाद	232.45	अहमदाबाद	205.00
मदुरई	183.03	मदुरई	157.32
कृष्णा	162.91	कृष्णा	151.07
पुणे	151.42	पुणे	129.78
धर्मशाला	122.83	धर्मशाला	126.78
कॉट्टायम	107.25	कांचिपुरम	120.99
कांचिपुरम	103.80	कॉट्टयम	99.58

सारणी – 10: सर्वाधिक विदेशी अनुदान पाने वाले भारतीय संगठनः–

संगठन	वर्ष 2011–12 विदेशी अनुदान (करोड़ रु.में)	संगठन	वर्ष 2010–11 विदेशी अनुदान (करोड़ रु.में)
Word Vision of India, Tamil Nadu	233.38	Word Vision of India, Tamil Nadu	233.74
Believers Church India, Kerala	190.05	Believers Church India, Kerala	160.72
Rural Development Trust, Andhra Pradesh	144.39	Rural Development Trust, Andhra pradesh	135.38
Indian Society of Church of Jesus Christ of Latter Day Saints, Delhi	130.77	Caruna bal vikas, Tamil nadu	96.44
Public Health Foundation of India, Delhi	130.31	Women's Development Trust, A.P.	72.75
Aga Khan Foundation, Delhi	110.26	Oxfam Trust, Delhi	71.00
Caruna Bal Vikas, Tamil Nadu	109.50	Shiv Nadar Foundation, Delhi	69.98
Mata Amritanandmayi Math, Kerala	98.64	Bal Raksha Bharat, Delhi	67.57
Plan International (India Chapter), Delhi	91.33	Action Aid, karnataka	66.96
Bal Raksha Bharat, delhi	81.31	Missionaries of Charity West Dengal	62.29
Gospel For Asia, kerala	81.22	Mata Amritanandmayi Math, kerala	61.40
Compassion East India, West Bengal	71.09	Christian Children Fund Inc, Karnataka	61.36
SOS, Childrens Village of India, Delhi	67.93	Population Services International, Delhi	60.27
Missionaries of Charity West Bengal	62.77	Compassino East India, West Bengal	59.96
Action Aid, Karnataka	62.69	SOS. Children's Villages of India, Delhi	55.43

सारणी – 11: सर्वाधिक 15 उद्देश्यों के लिए विदेशी अनुदान की प्राप्ति एवं उपभोग:–

क्र. सं.	उद्देश्य	विदेशी अनुदान (करोड़ रु.में) वर्ष 2011–12	उद्देश्य	विदेशी अनुदान (करोड़ रु.में) वर्ष 2010–11
1.	ग्रामीण विकास	945.77	स्थापना खर्चे	1337.15
2.	बच्चों का कल्याण	929.22	ग्रामीण विकास	863.12
3.	विद्यालय / महाविद्यालय का निर्माण एवं मरम्मत	824.11	बच्चों का कल्याण	745.24
4.	शोध	539.14	विद्यालय / महाविद्यालय का निर्माण एवं मरम्मत	681.40
5.	कार्पस फण्ड की स्थापना	507.89	गरीब बच्चों के लिए वजीफा	458.13
6.	अन्य खर्चे	443.01	शोध	364.43
7.	गरीब बच्चों के लिए वजीफा	412.92	एड्स से प्रभावित व्यक्तियों का उपचार एवं जनजागरण	292.33
8.	अस्पताल क्लीनिक का निर्माण एवं संचालन	336.60	अनाथ बच्चों का कल्याण	259.70
9.	अनौपचारिक शिक्षा परियोजना एवं कोचिंग कक्षा	309.48	अस्पताल क्लीनिक का निर्माण एवं संचालन	226.55
10.	अनाथ बच्चों का कल्याण	304.48	जागरण शिविर / सेमिनार / कार्यशाला / बैठक	226.55
11.	कार्यालय प्रशासकीय एवं अन्य भवनों का निर्माण / विस्तार	288.59	अनौपचारिक शिक्षा परियोजना एवं कोचिंग कक्षा	224.63
12.	पूजा के स्थलों का निर्माण / मरम्मत	270.83	धर्म गुरूओं एवं अन्य धार्मिक कार्यकर्ताओं का मानदेय, इत्यादि	211.30
13.	गरीब बच्चों के छात्रावास का निर्माण एवं संचालन	263.19	धर्म विद्यालय / धर्मगुरूओं की शिक्षा	209.39
14.	जागरण शिविर / सेमिनार / कार्यशाला / बैठक	241.38	महिलाओं का कल्याण / उन्नयन	203.06
15.	एड्स से प्रभावित व्यक्तियों का उपचार एवं जनजागरण	231.21	गरीब बच्चों के छात्रावास का निर्माण एवं संचालन	199.74

सारणी – 12: पिछले वर्षों में विदेशी अनुदान की प्रगतिः–

वर्ष (31 मार्च तक)	पंजीकृत संगठनों की संख्या	प्रतिवेदित संगठनों की संख्या	विदेशी अनुदान की राशि (करोड़ रु.में)
2000–01	22,924	14,598	4535.23
2001–02	24,563	15,598	4870.52
2002–03	26,404	16,590	5046.51
2003–04	28,351	17,145	5105.46
2004–05	30,321	18,540	6256.68
2005–06	32,144	18,570	7877.57
2006–07	33,937	18,996	11007.43
2007–08	34,803	18,793	9,663.46
2008–09	36,414	20,088	10,802.67
2009–10	38,436	21,508	10,337.59
2010–11	40,575	22,735	10,334.12
2011–12	43,527	22,702	11,546.29
2012–13	46,149	–	10,875.06

सारणी – 13: वर्ष 2011–12 में उद्देश्यवार विदेशी अनुदान की प्राप्ति का विवरण

उद्देश्य	धनराशि (करोड़ रु.)
ग्रामीण विकास	945.77
बच्चों का कल्याण	929.22
विद्यालय / महाविद्यालय का निर्माण एवं मरम्मत	824.11
शोध	539.14
कार्पस फण्ड की स्थापना	507.89
अन्य खर्चे	443.01
गरीब एवं योग्य बच्चों को वजीफा / सहायता	412.92
अस्पताल / क्लीनिक का निर्माण एवं संचालन	336.60
अनौपचारिक शिक्षा परियोजना / कोचिंग कक्षा	309.83
अनाथ बच्चों का कल्याण	304.48
कार्यालय प्रशासनिक एवं अन्य भवन का निर्माण एवं मरम्मत	288.59
पूजा स्थल का निर्माण / मरम्मत	270.83
गरीब बच्चों के छात्रावास का निर्माण एवं संचालन	263.19
जागरूकता शिविर / सेमिनार / कार्यशाला / बैठक	241.38
एड्स के प्रतिजागरूकता / एड्स से प्रभावित व्यक्तियों की चिकित्सा, पुनर्वास	231.21

धर्मगुरूओं एवं अन्य का खर्च	227.40
धार्मिक विद्यालय/धर्मगुरूओं की शिक्षा	208.71
मुक्त स्वास्थ्य शिविर/परिवार कल्याण शिविर/टीकाकरण शिविर	204.18
महिलाओं का कल्याण/उत्थान	203.72
भूमि का क्रय	152.66
पर्यावरणीय कार्यक्रम	149.11
मानदेय, वेतन/भुगतान	134.23
स्थापना खर्च	130.84
कुष्ठ रोगियों का उपचार एवं पुनर्वास	128.75
धार्मिक कार्य	128.44
अनाथों के लिए घर का निर्माण एवं प्रबंधन	127.73
प्राकृतिक आपदा पीड़ितों को राहत	127.27
शारीरिक एवं मानसिक बाधितों का कल्याण	125.32
व्यावसायिक शिक्षा	121.22
गरीब, परित्यक्त लोगों के लिए उपयुक्त कपड़े एवं भोजन	110.89
शैक्षणिक सामग्री जैसे किताब, कापी इत्यादि की खरीद एवं वितरण	94.53
कृषि गतिविधि	91.23
आय–सृजन की परियोजना/योजना	81.86
मुक्त दवा और स्वास्थ्य सहायता का वितरण एवं परिवार नियोजन	79.35
मानसिक बाधितों के लिए शिक्षा/विद्यालय	76.53
सम्पत्ति निर्माण	62.50
वृद्ध आवास का निर्माण एवं प्रबंधन	58.90
वृद्धों/विधवाओं का कल्याण	54.55
सूक्ष्म वित्त परियोजना (सहकारिता एवं स्वयं सहायता समूह सहित)	40.03
पशुधन परियोजना	39.55
धार्मिक सामग्री का प्रकाशन एवं वितरण	38.43
अनुसूचित जनजाति का कल्याण	38.19
स्वच्छता	34.32
सांस्कृतिक शो	31.07
सामुदायिक भवन का निर्माण	29.96
अति पिछड़ी जातियों का कल्याण	24.26
सामाजिक आर्थिक सर्वेक्षण और अन्य कल्याण कार्यक्रम	23.55
ऐतिहासिक एवं सांस्कृतिक महत्व के स्थानों का रख रखाव	22.80
प्रौढ़ साक्षरता कार्यक्रम का संचालन	22.48
धर्मशाला/आश्रय स्थल का निर्माण एवं प्रबंधन	19.37

अनुसूचित जाति का कल्याण	18.87
कुँओं की सफाई	13.85
फिल्म / नाटक	11.43
दंगा पीडितों की सहायता	10.54
विकलांगों को साइकिल, कैलिपर्स इत्यादि की व्यवस्था	9.91
मुफ्त विधिक सहायता / विधि सहायता केन्द्र का संचालन	6.22
सामाजिक वानिकी कार्यक्रम / लघु उद्योग / हथकरघा केन्द्र की स्थापना एवं संचालन	5.43
पत्रिका / किताब / साहित्य का प्रकाशन	4.21
द्रव्य वसन, रोगियों का उपचार एवं पुनर्वास	3.83
प्राचीन / आदिवासी कला का संरक्षण	1.37
खेलकूद स्पर्धा का आयोजन	0.22
उपरोक्त रीति के अतिरिक्त अन्य गतिविधियाँ	2253.61
योग	12455.11

सारणी–14: वर्ष 2011–12 में 5 दान दाता देशों द्वारा उद्देश्यवार दान (रू. करोड़ में)

उद्देश्य	अमेरिका	इंग्लैण्ड	जर्मनी	इटली	नीदरलैण्ड
अन्य गतिविधियों के लिए	615.29	176.60	202.69	81.06	39.79
कृषि के लिए	21.42	4.01	10.28	1.62	13.79
पशुपालन परियोजना	5.50	25.93	1.06	0.20	0.03
सम्पत्ति निर्माण	13.36	2.37	3.04	12.46	0.74
एड्स पर जनजागरूकता एवं एड्स से प्रभावित लोगों का पुनर्वास	82.32	39.91	13.10	3.03	6.66
जागरूकता शिविर / कार्यशाला बैठक	70.25	24.26	25.40	4.63	24.42
राष्ट्रीय पर्व, त्योहार का मनाना	6.32	1.49	4.10	0.05	1.32
प्रौढ़ शिक्षा, साक्षरता कार्यक्रम	12.82	1.28	0.36	0.28	0.39
कार्यालय, प्रशासनिक भवन एवं अन्य भवन का निर्माण	57.77	27.56	44.01	32.63	5.99
धार्मिक स्थल का निर्माण, मरम्मत एवं रख रखाव	109.07	9.80	31.02	11.58	0.47
अस्पताल / चिकित्सालय का निर्माण एवं संचालन	130.02	48.41	25.32	11.35	6.50
विद्यालय / महाविद्यालय का निर्माण एवं रखरखाव	161.26	83.37	96.68	59.73	9.71
धर्मशाला / आश्रम स्थल का निर्माण एवं रखरखाव	4.04	3.30	2.47	0.98	0.74
बृद्धाश्रम का निर्माण एवं प्रबंधन	30.62	1.50	7.16	2.69	0.10

अनाथालय का निर्माण एवं प्रबंधन	31.00	15.26	18.38	13.43	3.14
गरीब बच्चों के लिए छात्रावास का निर्माण एवं संचालन	42.75	19.21	35.02	27.37	12.83
सामुदायिक भवन निर्माण	12.75	23.56	4.28	1.57	0.11
सांस्कृतिक कार्यक्रम	12.79	5.77	0.33	0.01	0.03
कुओं की खुदाई	1.81	0.55	2.01	0.36	0.08
मानसिक बाधित के लिए शिक्षा/विद्यालय	26.24	7.02	7.58	5.86	1.71
पर्यावरणीय कार्यक्रम	21.78	25.02	16.79	0.53	28.29
स्थापना खर्च	59.17	10.57	9.74	12.77	1.02
कार्पस कोष की स्थापना	258.80	52.73	15.61	11.74	1.22
गरीब/योग्य बच्चों को वजीफा और सहायता	136.21	34.03	27.27	46.67	11.70
दंगा पीड़ित को सहायता	0.49	2.31	3.16	0.10	0.11
मुफ्त स्वास्थ्य/परिवार कल्याण/टीकाकरण शिविर	113.84	11.37	10.24	1.27	6.42
आयोत्पादक गतिविधि	54.09	1.08	4.14	0.01	1.13
ऐतिहासिक/सांस्कृतिक महत्व के स्थानों की मरम्मत	1.16	2.03	0.22	2.72	0.80
धर्मगुरू एवं अन्य धार्मिक कार्यकर्ताओं की व्यवस्था	8176	6.00	31.93	0.68	2.23
सूक्ष्म वित्त परियोजना जिसमें बैंकिंग सहकारिता एवं स्वयं सहायता समूह शामिल हैं	4.87	2.12	0.58	28.33	2.30
अनौपचारिक शिक्षा परियोजना/कोचिंग संस्थाएं	134.35	53.82	14.59	1.49	7.17
अन्य खर्चे	96.20	31.97	20.86	4.44	7.02
वेतन/मानदेय का भुगतान	47.60	35.73	5.47	17.89	1.37
प्राचीन/आदिवासी कला का संरक्षण	0.36	0.12	1.17	0.99	–
मुफ्त विधिक साक्षरता/विधिक सहायता केन्द्र का संचालन	1.64	0.04	0.84	0.10	0.73
विकलांगों के लिए साइकिल एवं कैलिपर्स का प्रावधान	3.97	3.76	12.95	0.04	0.05
गरीब, जरूरत मंद एवं परित्यक्त के लिए मुफ्त कपड़ा एवं भोजन की व्यवस्था	24.79	7.00	1.35	5.56	3.22
धार्मिक साहित्य का प्रकाशन एवं वितरण	24.64	8.37	0.51	–	0.00
साहित्य/किताब इत्यादि का प्रकाशन	1.83	0.27	3.51	–	0.11
शैक्षणिक सामग्री, किताब इत्यादि की खरीद एवं वितरण	62.17	2.46	5.32	1.50	3.29
भूमि क्रय	116.24	1.79	11.66	10.48	0.32
प्राकृतिक आपदा के शिकार व्यक्तियों को राहत एवं उनका पुनर्वास	16.83	11.03	12.34	0.53	15.43

सारणी – 15: विदेशी अनुदान पाने वाले संगठन (वर्ष 2011–12):–

संगठन	धनराशि (करोड़ रु.में)
Word Vision of India, Tamil Nadu	233.38
Believers Church India, Kerala	190-05
Rural Development Trust, Andhra Pradesh	144.39
Indian Society of Church of Jesus Christ of Latter Day Saints, Delhi	130.77
Public Health Foundation of India, Delhi	130.31
Aga Khan Foundation, Delhi	110.26
Caruna Bal Vikas, Tamil nadu	109.50
Mata Amritanandmayi Math, Kerala	98.64
Plan International (India Chapter), Delhi	91.33
Bal Raksha Bharat, Delhr	81.31
Gospel For Asia, Kerala	81.22
Compassion East India, West Bengal	71.09
SOS, Children's village of India, Delhi	67.93
Missionaries of charity, West Dengal	62.77
Action Aid, Karnataka	62.69
Women's Development Trust, A.P.	61.46
Services Association of SDA Pvt. Ltd., Tamil Nadu	56.58
Child Fund International USA, Karnataka	54.83
Bochasanwasi Akshar Purushottan Swaminarayan Sanstha, Gujarat	54.42
Pratham Education Foundation, Maharashtra	54.24
A.M.G. India International, A.P.	48.13
Operation Mobilisation India, Andhra Pradesh	46.94
Tibetan Children's Village, Himachal Pradesh	43.58
Caritas India, Delhi	43.45
OXFAM INDIA, Delhi	42.07

सारणी – 16: वर्ष 2011–12 में राज्यवार प्रतिवेदन प्रस्तुत करने वाले संगठनों द्वारा प्राप्त विदेशी अनुदान का विवरण:–

राज्य	प्रतिवेदन देने वाले संगठनों की सं.	प्राप्त धन राशि (करोड़ रु.)
दिल्ली	1482	2285.75
तमिलनाडु	3341	1704.76
आंध्र प्रदेश	2527	1258.52
महाराष्ट्र	2056	1107.39
कर्नाटक	1657	1101.09

केरल	1648	1027.52
पश्चिम बंगाल	2065	726.66
गुजरात	1075	384.32
उत्तर प्रदेश	1230	265.01
उडीसा	1322	239.00
बिहार	838	179.31
मध्य प्रदेश	473	154.74
राजस्थान	441	145.14
झारखण्ड	456	143.81
हिमाचल प्रदेश	112	125.18
असम	259	120.37
उत्तराखण्ड	284	119.56
पंजाब	139	102.57
छत्तीसगढ़	233	62.69
मेघालय	134	52.78
मणिपुर	283	46.24
पाण्डुचेरी	84	35.76
जम्मू एवं कश्मीर	102	34.15
नागालैण्ड	86	28.26
हरियाणा	116	24.95
गोवा	84	19.04
चंडीगढ़	51	12.80
सिक्किम	15	9.57
अरूणांचल प्रदेश	27	9.11
त्रिपुरा	28	7.95
मिजोरम	31	5.86
अण्डमान और निकोबार द्वीप	12	4.89
दादर और नगर हवेली	10	1.32
दमन और दिव	1	01.10
योग	22702	11546.28

सारणी – 17: वर्ष 2011–12 में सर्वाधिक विदेशी अनुदान पाने वाले जिलेः–

जिला	कुल संगठन	राज्य	धनराशि (करोड़ रू. में)
चेन्नई	737	तमिलनाडु	889.99
मुम्बई	834	महाराष्ट्र	825.40
बैंगलुरू	884	कर्नाटक	812.48
कोलकाता	567	पश्चिम बंगाल	455.04
पंथामिट्टा	137	केरल	433.19
अनन्तपुर	104	आंध्र प्रदेश	369.76
हैदराबाद	434	आंध्र प्रदेश	351.34
इर्नाकुलम	330	केरल	275.44
अहमदाबाद	259	गुजरात	232.45
मदुरई	333	तमिलनाडु	183.03
कृष्णा	204	आंध्र प्रदेश	162.91
पुणे	310	महाराष्ट्र	151.42
धर्मशाला	49	हिमांचल प्रदेश	122.83
कोट्टायम	240	केरल	107.25
कांचिपुरम	214	तमिलनाडु	103.80
24 परगना	600	पश्चिम बंगाल	102.94
कोयम्बटूर	201	तमिलनाडु	91.86
मंसूरी	127	कर्नाटक	89.16
देहरादून	133	उत्तराखण्ड	89.10
रंगा रेड्डी	122	आंध्र प्रदेश	87.42
तिरूचिरापली	243	तमिलनाडु	81.59
तिरूवन्तमपुरम	173	केरल	81.08
उत्तरी एरॉक्ट	134	तमिलनाडु	79.47
कोजीकोड	121	केरल	76.80
पटना	210	बिहार	74.58

सारणी – 18: वर्ष 2011–12 में सर्वाधिक दान देने वाली विदेशी संस्थाएंः–

दान दाता संस्था का नाम	देश	धनराशि रू. करोड़ में
Compassion International	USA	183.83
The Church of Jesus Christ of Latter Day Saints	USA	130.77
Kinder Not Hilfe e. v (KNH)	Germany	51.76
SOS Kinderdorf International	Austria	43.25
General Conference of Seventh Day Adventists	USA	41.65

Population Service International	USA	38.76
WORT & TAT Allgemeinel Missions Geselischaft	Germany	37.56
Action Aid	UK	37.33
Bill & Malinda Gates Foundation	USA	34.44
Ahmadiyya Muslim Association	UK	33.75
Christian Foundation for Children and Aging	USA	33.71
EED – Evangelischer Entwicklungsdienst e.v.	Germany	32.95
Give 2 Asia	USA	32.02
Direct Relief International	USA	31.22
Road To Peace	USA	28.85
Christian Aid	UK	27.29
SAVE THE CHILDREN	UK	27.15
Bank Interest	India	26.27
Leprosy Mission International	UK	24.74
Om Foundation	USA	23.06
Save a Family Plan London	Canada	20.73
Euro Charity Trust	UK	20.51
International HIV/AIDS Alliance	UK	20.47
Bharat Sevashram Sangha of North America	USA	20.32
Marie Stopes International	UK	20.21

सारणी – 19: दानदाता देशों का विवरण (वर्ष 2011–12):–

देश	धनराशि रू. करोड़ में	देश	धनराशि रू. रू. करोड़ में
अमेरिका	3838.23	साऊथ अफ्रीका	14.92
इंग्लैण्ड	1219.03	स्वाजिलैण्ड	14.83
जर्मनी	1096.01	सउदी अरब	14.18
इटली	528.88	थाइलैण्ड	13.48
नीदरलैण्ड	418.37	केन्या	13.38
स्विट्जरलैण्ड	379.28	फिलिप्पिन्स	13.36
स्पेन	370.00	कतार	13.35
कनाडा	309.40	ओमान	11.75
आस्ट्रेलिया	204.07	इण्डोनेशिया	8.26
फ्रांस	187.21	नेपाल	6.57
संयुक्त अरब अमीरात	163.96	यमन	6.39
आस्ट्रिया	133.14	त्रिनिडाड एण्ड टोबंगो	6.34
बेल्जियम	128.73	तन्जानिया	6.27
स्वीडेन	128.37	मारीशस	5.98
अन्य (तिब्बत)	99.01	पोलैण्ड	5.78

क्युवेट	76.22	चीन	5.67
सिंगापुर	74.99	आइस्लैण्ड	5.02
हॉगकॉग	73.89	वेटिकन सिटी	4.74
ऑयरलैण्ड	69.95	बागंलादेश	4.68
जापान	60.20	रूस	4.05
नॉर्वे	59.19	बहरीन	3.98
डेनमार्क	50.72	बोट्सवाना	3.95
फिनलैण्ड	29.87	श्रीलंका	3.40
न्यूजीलैण्ड	29.61	ब्राजील	3.16
मलेशिया	23.49	अफगानिस्तान	2.97
लक्ष्मब्युर्ग	23.22	मालटा	2.93
चेक रिपब्लिक	18.44	पुर्तगाल	2.91
ताइवान	18.04	नाइजीरिया	2.86
साऊथ कोरिया	16.95	रियुनिऑन आइस्लैण्ड	2.84
अर्जेन्टिना	2.20	इजरायल	0.35
बाहामास	2.11	नामिबिया	0.34
स्लोवाकिया	2.09	मालदिव्स	0.34
बुलगारिया	2.04	चेप्रूस	0.33
पनामा	1.86	पेरू	0.32
हंगरी	1.80	वियतनाम	0.31
चीली	1.71	ईरान	0.28
लीस्टेंशीन	1.49	बिलारूस	0.26
मोनाको	1.34	कम्बोडिया	0.25
क्रोएशिया	1.26	मोरोस्को	0.24
जाम्बिया	1.07	लिथुनिया	0.24
लन्दन	1.04	रवाण्डा	0.23
मंगोलिया	0.96	लाओस	0.23
ग्रीस	0.96	जौर्डन	0.22
तुर्की	0.93	नार्थ कोरिया	0.17
स्लोविनिया	0.78	लाइबिरिया	0.16
भुटान	0.71	सुरीनाम	0.16
वेनेजुएला	0.70	चैकोस आइस्लैण्ड	0.13
इथीपिया	0.69	कजाकिस्तान	0.12
फीजी	0.60	ब्रुनोई	0.11
सेचीलेस	0.60	जमैका	0.11

मलागासे	0.50	कोन्गो	0.11
जिम्बाबवे	0.49	केमैन आइस्लैण्ड	0.10
रोमानिया	0.48	बेलीजी	0.07
घाना	0.48	इग्यापट	0.06
बुकिना फासो	0.44	ग्युयाना	0.06
नीदरलैण्ड अनटील्लस	0.43	बारबदोस	0.05
म्यांमार	0.42	हरजीगोवीना	0.05
पाकिस्तान	0.41	इस्तानिया	0.04
मैक्सिको	0.39	लाटविया	0.04
कोलम्बिया	0.38	मोजम्बीक	0.04
बोस्निया	0.37	मुरीतानिया	0.04
युक्रेन	0.36	उरुग्वे	0.04
युगान्डा	0.36	कोस्टा रीका	0.03
दोमिनिक	0.35	सीरिया	0.03
न्युजिनिया	0.03	कैमरून	0.005
ज्युइनिया	0.03	टोगो	0.005
केरगेजिस्तान	0.02	लिसोथो	0.004
ईराक	0.02	अलजिरिया	0.004
लीबिया	0.01	पालिस्तीन	0.003
मालवी	0.01	बोलिविया	0.003
सुडान	0.01	अंगोला	0.003
गमबिया	0.01	चाद	0.003
गुतेमाला	0.01	नाइजर	0.002
ट्यूनिशिया	0.01	न्युकलिदोनिया	0.002
जीबुती	0.01	टोंगा	0.001
उजबेकिस्तान	0.009	सेंटविन्सेन्ट एण्ड ग्रेनादिन्स	0.001
इक्वेडर	0.007	बेनीन	0.001
माली	0.006	कापे वरदीस्पादन	0.009
कोर्मोस	0.005	मकाऊ	0.006
पेंगुया	0.005	गाबोन	0.003
आवरी कोस्ट	0.005	सेन्टर आफ्रीका रिपब्लिक	0.003
तजाकिस्तान	0.005	तुंकस और कइकोस आइस्लैण्ड	0.003
योग			10075.90

सारणी – 20: वर्ष 2011–12 में 15 महत्वपूर्ण उद्देश्यों के लिए प्राप्त विदेशी अनुदान

उद्देश्य	विदेशी अनुदान (रू. करोड़ में)
नीचे दिये गये उद्देश्यों से अलग गतिविधि	2253.61
ग्रामीण विकास	945.77
बाल कल्याण	929.22
विद्यालय / महाविद्यालय का निर्माण एवं रखरखाव	824.11
शोध	539.14
कार्पस फण्ड की स्थापना	507.14
गरीब / योग्य बच्चों को वजीफा / सहायता राशि	412.92
अस्पताल / क्लीनिक का निर्माण एवं संचालन	336.60
अनौपचारिक शिक्षा परियोजना / कोचिंग कक्षा	309.83
अनाथ कल्याण	304.48
कार्यालय प्रशासनिक भवन एवं अन्य भवन का निर्माण एवं रखरखाव	288.59
पूजा स्थल का निर्माण / मरम्मत / रखरखाव	270.83
गरीब बच्चों के लिए छात्रावास का निर्माण एवं संचालन	263.19
जागरूकता शिविर / सेमिनार, कार्यशाला, बैठक	241.38
एड्स के प्रति जागरूकता, एड्स से प्रभावित व्यक्तियों का उपचार	231.21
धर्मगुरु एवं अन्य धार्मिक कार्यकर्ताओं की व्यवस्था	227.40
धर्म विद्यालय, धर्म गुरूओं की शिक्षा	208.71

विदेशी सहायता की आलोचना

विदेशी सहायता प्राप्त गैर–सरकारी संगठनों का गृह मंत्रालय ने उनके द्वारा किसी भी रु 20,000 के ऊपर के भुगतान को चेक या ड्राफ्ट के माध्यम से करने का आदेश दिया है। गृह मंत्रालय के एक प्रतिवेदन के अनुसार 10,000 से अधिक गैर–सरकारी संगठन जो विदेशी सहायता प्राप्त कर रहे हैं, वर्ष 2009 से आवश्यक वार्षिक प्रतिवेदन नहीं प्रेषित किये हैं।

भारत सरकार की इंटेलीजेंस ब्यूरो की 2013 की एक कथित रिपोर्ट के अनुसार, "कुछ विदेशी सहायता प्राप्त गैर सरकारी संगठन भारत के आर्थिक विकास को नकारात्मक रूप से प्रभावित कर रहे हैं। इनके विरोध के कारण

सकल घरेलू उत्पाद पर 2–3 प्रतिशत प्रतिवर्ष का नकारात्मक प्रभाव पड़ रहा है और परमाणु ऊर्जा, यूरेनियम खदानों, बड़ी औद्योगिक परियोजनाओं की प्रगति पर प्रभाव पड़ा है।

1976 में संसद ने विदेशी अनुदान (नियंत्रण) अधिनियम 1976 पारित किया जिसके माध्यम से राजनैतिक संगठनों, न्यायाधीश, लेखकों इत्यादि को वित्तीय सहायता लेने से प्रतिबंधित किया गया। इसी बिल पर 9 मार्च 1976 को राज्य सभा में बहस में सी.आई.ए. का उल्लेख 30 बार किया गया जबकि अमेरिकन कम्पनी लाकहीड मार्टिन का नाम 6 बार लिया गया। विदेशी अनुदान (नियंत्रण) अधिनियम 2010 पर संसद में बहस पर गैर सरकारी संगठनों का उल्लेख 40 बार किया गया। इससे स्पष्ट होता है कि गैर सरकारी संगठनों को विदेशी सहायता को लेकर कितनी आशंका है।

'विज्ञान' पत्रिका मे अपने साक्षात्कार में तत्कालीन प्रधानमंत्री डॉ. मनमोहन सिंह ने गैर सरकारी संगठनों की आलोचना करते हुए कहा कि वे विदेशों से पैसा लेते हैं और भारत में कृषि, बिजली घर एवं अन्य परियोजाओं का विरोध कर रूकवाते हैं। उन्होंने अमेरिका और स्केण्डिनेवियन देशों से धन प्राप्त करने वाले गैर सरकारी संगठनों पर आरोप मढ़ते हुए कहा कि "वे भारत द्वारा आगे आने वाली चुनौतियों से परिचित नहीं है इसीलिए वे बिजली घर जैसी परियोजना का विरोध कर रहे हैं।"

विदेशों से वित्तीय सहायता प्राप्त करने वाले भारतीय गैर सरकारी संगठनो की आलोचना करने में प्रमुख नाम प्रकाश करात का है। कम्यूनिस्ट पार्टी आफ इण्डिया (एम) के पूर्व अध्यक्ष ने वर्ष 1988 के 'दि मार्क्सिस्ट' जर्नल में अपने लेख "विदेशी सहायता और स्वैच्छिक संगठनों का दर्शन" में लिखा कि शासक वर्ग की एक संयुक्त नीति है कि स्वैच्छिक संगठनों की शक्ति को प्रयोग में लाते हुए भारतीय समाज में पैठ बनायें और विकास की प्रक्रिया को प्रभावित करें। यह कहने में तनिक भी गुरेज नहीं कि स्वैच्छिक संगठनों का नेटवर्क पाश्चात्य देशों के पैसे से वित्तपोषित है। फण्ड का बड़ी मात्रा में आना चिंता से पूर्ण है तथा इस पर देश में बहस होनी चाहिए। विदेशी अनुदान तक सीधे पहुँच की भारत सरकार द्वारा अनुमति प्रदान देना एक बार पुनः शासक वर्ग को बुलावा देना है। सभी प्रकार के स्वैच्छिक संगठन जो किसी भी प्रकार के जन आन्दोलन को सहयोग करते है उन्हे राजनैतिक संगठन माना जाय" (करात 1988)। उन्होंने विदेशी दान दाता संस्थाओं जैसे फ्रेडरिक एवर्ट फाउण्डेशन, नोविब, फोर्ड फाउण्डेशन, आक्सफैम तथा कनाडियन इन्टर्नेशनल डेवलपमेंट ऐजेंसी का नाम

लेते हुए लिखा कि ये संस्थाएं वर्ल्ड सोशल फोरम का वित्त पोषण कर रही हैं। उन्होंने सभी कार्यकर्ताओं का आवाह्न करते हुए लिखा कि ऐसी संस्थाओं का भण्डाफोड़ करें और विदेश सहायित स्वैच्छिक कार्य के परिणामों से अवगत कराते रहें।

गैर–सरकारी संगठनों की शक्ति का पता तब चला जब वर्ष 2011 में 31 मई को आइ.एच.एम. नाम तुर्की गैर–सरकारी संगठन के जहाजी बेड़े पर इजराइल ने कमाण्डो कारवाई की। घटना की जाँच के लिए संयुक्त राष्ट्र संघ द्वारा नियुक्त पामर पैनल ने बहुत हद तक इजराइली आरोपों को सही माना कि बेड़े के जहाजों पर सवार कार्यकर्ता हथियारबंद गिरोह थे और गाजापट्टी की नाकेबंदी करना चाहते थे। एक अहम सवाल यह खड़ा हुआ कि आखिर आइ.एच. एम. जैसे गैर–सरकारी संगठन के पास इतना धन कहां से आया जो 6 जहाजों में मानवीय सहायता लेकर गाजा जा रहा था। गैर सरकारी संगठनों की कार्यशैली और उनके बढ़ते हुए साम्पत्तिक आधार को देखते हुए पहला प्रश्न यह उठाया गया कि ये कहीं नव उदारवाद के स्थानीय अभिकर्ता तो नहीं हैं?

पब्लिक सेक्टर इण्टरनेशनल (पी.एस.आई.) के जेम्स पेट्रास द्वारा किए गये शोध में यह बात सामने आई कि नागर समाज, सिद्धान्त के जरिये, एन.जी.ओ. और नवउदारवाद समाज की बहुसंख्या का नेतृत्व करने की मंशा रखते हैं। इस स्थिति में एन.जी.ओ. की भूमिका नवउदारवाद अथवा नवसाम्राज्यवाद के अभिकर्ता की ठहरती है। उन्होंने इस तस्वीर को पश्चिम सरकारों से उन्हें मिलने वाली असीमित सहायता और विदेशी धन के जरिये साफ करने की कोशिश की है। उन्होंने यह भी निष्कर्ष निकाला है कि एन.जी.ओ. का अराजनीतिक तेवर नवउदारवादी एजेंडा को लागू कराने में बहुत हद तक सफल हो जाता है क्योंकि यह स्थानीय स्तर पर लोगों की आवश्यकताओं के जरिये उन तक आसानी से पहुँच जाता है।

गैर–सरकारी संगठनों की बढ़ती शक्ति को सभी स्वीकार करने लगे हैं। यह नवउदारवाद का परिणाम है कि एन.जी.ओ. क्षेत्र इस समय दुनिया की आठवीं सबसे बड़ी अर्थव्यवस्था बन चुका है जिसकी वैश्विक सम्पदा प्रतिवर्ष 1 अरब डालर से भी अधिक है। यह लगभग 1.9 करोड़ वेतन भोगी कर्मचारियों और अनगिनत स्वयं सेवी कार्यकर्ताओं का स्वामी है। गैर–सरकारी संगठन लगभग 15 करोड़ अमरीकी डालर प्रतिवर्ष विकास पर खर्च करते हैं। ध्यान देने योग्य बात यह है कि गैर सरकारी संगठनों का यह विकासात्मक खर्च विश्व बैंक के विकासात्मक खर्च के बराबर है (सिंह 2011)। ऐतिहासिक दृष्टिकोण से श्रम

संगठनों के आन्दोलन के कमजोर होने के साथ गैर सरकारी संगठनों का आंदोलन शुरू हुआ। 1970 के दशक में गैर सरकारी संगठनों एवं ट्रेड यूनियनों के बीच गहरा सम्पर्क स्थापित हुआ। इनमें से कुछ गैर सरकारी संगठन प्रत्यक्ष तौर पर यूनियनों द्वारा स्थापित किए गए थे। इन दोनों ने मुक्त व्यापार तथा बहुत सी विशाल कम्पनियों के विरूद्ध संयुक्त रूप से प्रचार भी किया। इस संयुक्त संघर्ष का परिणाम यह हुआ कि इनके संयुक्त रूप को व्यक्त करने के लिए 'सोशल मूवमेट यूनियनिज्म' या 'यूनियनवादी सामाजिक आन्दोलन' जैसा शब्द गढ़ा गया। इससे कई देश प्रभावित हुए जिनमें जार्जिया, यूक्रेन और लातिनी अमरीकी देश प्रमुख हैं। आयरलैण्ड और दक्षिण अफ्रीका जैसे देशों ने तो 'ट्राइपार्टिज्म' से दूर हटकर इसमें एन.जी.ओ. को सम्बद्ध कर उससे टेट्रा सोशल को आपरेशन का निर्माण कर लिया (सिंह 2011)।

बाजारू शक्तियों का सहयोग

गैर–सरकारी संगठनों के बारे में एक धारणा यह बन रही है कि ये नवउदारवादी अर्थव्यवस्था और बाजार तंत्रों द्वारा निर्देशित सरकारों के बीच ऐसी भूमिका के बीच आ गये हैं जिनका काम इन दोनों के बीच पुल निर्मित करना हो अथवा ये ऐसे बिचौलियों की भूमिका में हों जो जन उभारों को निष्क्रिय करने में महती भूमिका निभा सकते हों या फिर दोनों ही दायित्वों का निर्वहन कर रहे हों। पूर्व में गैर सरकारी संगठन रणनीतिक रूप से डेमोक्रेट्स के रूप में स्थापित किये गये तो दमनकारी शासकों के सम्मुख व्यापक जन आन्दोलन की गम्भीर चुनौती पेश होने पर शासक वर्गो और साम्राज्यवादी नीति निर्धारकों के लिए राजनीतिक विकल्प के रूप में उपलब्ध रहते थे (सिंह 2011)।

पिछड़े देशों में जन विद्रोहों ने समुद्रपार स्थित एजेंसियों की थैलियाँ खूब ढीली करवायीं तथा सत्तर के दशक में इण्डोनेशिया, थाइलैण्ड एवं पेरू में, अस्सी के दशक में निकारागुआ, चिली और फिलीपींस में तथा नब्बे के दशक में अल सल्वाडोर, ग्वाटेमाला तथा कोरिया में इन्हीं उद्देश्यों से लाखों डालर दिये गये। गैर–सरकारी संगठनों ने रचनात्मक परियोजनाओं की आड़ में वैचारिक आंदोलनों में सम्मिलित होने के विरूद्ध वकालत की (सिंह 2011)।

आलोचकों के अनुसार एन.जी.ओ. को दिया जाने वाला पश्चिमी फण्ड बीमे में निवेश जैसा था जो दलाल प्रतिक्रियावादी शासकों के लड़खड़ा जाने की दशा में सुरक्षा कवच का काम करता था। यह स्थिति क्रांतिक (क्रिटिकल) एन.जी.ओ. के बारे में थी जो फिलीपींस में मार्कोस के शासन में दिखायी दी, चिली में पिनोशे के शासन काल में दिखायी दी, कोरिया में पार्क तानाशाहों के दौरान दिखायी दी,

ऐसे अनेक उदाहरण हैं (पंत्रास एवं बेल्तमेयर 2006)। गैर सरकारी संगठनों के अनुसार वे ''निरकुश राज्य सत्तावाद'' और ''बर्बर बाजार पूँजीवाद'' के बीच एक तीसरे रास्ते का निरूपण करते हैं। वे खुद को 'वैश्विक अर्थव्यवस्था' में उभरी दरारों में कार्यरत 'सिविल' सोसाइटी' के हरावल बताते हैं। उनके सम्मेलनों में हमेशा 'वैकल्पिक विकास' का उद्देश्य प्रतिध्वनित होता है। 'सिविल सोसाइटी' कोई एकीभूत निष्कलंक सत्ता नहीं है–यह उन वर्गों को मिलाकर बना है जिनके बीच बँटवारा आज जितना गहरा है उतना इस शताब्दी में पहले कभी नहीं था। सभ्य समाज में मेहनतकशों के खिलाफ अधिकांश भीषण अन्याय वैभवशाली बैंकरों द्वारा किये जाते हैं जो घरेलू कर्जों पर बेहिसाब ब्याज निचोड़ते हैं। सभ्य समाज की चर्चा करते समय गैर–सरकारी संगठन वर्ग–शोषण तथा वर्ग–संघर्ष पर पर्दा डालते हैं जिसने मौजूदा सभ्य समाज का ध्रुवीकरण कर रखा है। गैर–सरकारी संगठन बड़े व्यवसायियों के 'राज्यसत्तावाद' विरोधी शब्द आडम्बर में उनका साथ देते हैं–एक यह काम 'सभ्य समाज' के नाम पर करता है दूसरा बाजार के नाम पर ताकि राजकीय संसाधनों का नये सिरे से बँटवारा किया जाय। निर्यात को सब्सिडी देने और वित्तीय जमानतों के निमित्त लोक विधियों को बढ़ाने के लिए पूँजीपतियों के 'राज्य सत्तावाद विरोध' का प्रयोग किया जाता है जबकि गैर–सरकारी संगठन 'उप–ठेके' द्वारा थोड़े से लाभार्थियों को घटिया सेवा उपलब्ध कराकर एक छोटा हिस्सा हथियाने का प्रयास करते हैं (पेत्रास एवं बेल्तमेयर 2006)।

गैर–सरकारी संगठनों के ऊपर बराबर यह आरोप लगता है कि उनके कार्यक्रम एवं गतिविधियाँ 'डोनर–ड्रिवेन' (दानदाता आधारित) हैं तथा ये गतिविधियाँ बाजार शक्तियों के उद्‌देश्यों की प्रतिपूर्ति में लगी रहती हैं। मिश्र एवं सिंह (2006) लिखते हैं ''एन.जी.ओ. गैर सरकारी संगठन नहीं हैं। वे विदेशी सरकारों से धन प्राप्त करते हैं तथा स्थानीय सरकारों के लिए निजी उप–ठेकेदारों के रूप में कार्य करते हैं और राज्य से घनिष्ठ रूप से जुड़े कारपोरेट घरानों से मिलने वाले धन से संचालित निजी संस्थाओं से आर्थिक मदद प्राप्त करते हैं। उनके कार्यक्रम स्थानीय जनता के प्रति उत्तरदायी नहीं होते बल्कि विदेशी दाताओं के प्रति उत्तरदायी होते हैं जो अपने स्वयं के मानदण्डों और स्वार्थों के अनुरूप गैर सरकारी संगठनों के करतबों की 'समीक्षा' और 'जाँच–परख' करते हैं। ज्यादातर मामलों में गैर–सरकारी संगठनों के प्रमुखों को उन मुद्‌दों को तलाशना होता है जो पश्चिमी धनदाताओं की दिलचस्पी के अनुरूप हों। गैर सरकारी संगठन एक नये तरह के सांस्कृतिक और आर्थिक उपनिवेशवाद का बढ़ावा दे रहे हैं–नये अंतर्राष्ट्रीयतावाद के छद्‌मवेश में जब इनके विदेशीदाता पधारते हैं तो उन्हें

'एक्सपोजर विजिट' पर ले जाया जाता है जहाँ वे ऐसे शो–केस परियोजनाओं का निरीक्षण करते हैं जिसमें गरीब अपनी सहायता स्वयं कर रहा होता है तथा वे बहुसंख्यक उद्यमियों की अनदेखी करते हुए, जो पहले ही साल में असफल हो जाते हैं, कामयाब लघु उद्यमियों से बातचीत करते हैं। जहाँ तक दानदाता के धन का प्रश्न है सभी परियोजना साम्राज्यवादी केन्द्रों और उनकी संस्थाओं द्वारा निर्देशिका एवं प्राथमिकता के आधार पर परिकल्पित की जाती हैं। परियोजना का आँकलन साम्राज्यवादी संस्थाओं द्वारा और उन्हीं के लिए किया जाता है। धनाबंटन की प्राथमिकताएं बदलीं अथवा गलत आंकलन हुआ तो समूहों, समुदायों, किसानों और सहकारिताओं को बौद्धिक अधर में छोड़ दिया जाता है। गैर–सरकारी संगठन दाताओं के उद्देश्यों, मूल्यों और सिद्धांत के साथ अनुरूपता सुनिश्चित करते हैं। भारत के बहुत से गैर सरकारी संगठनों ने वर्ष 2000 के आस–पास एच.आई.वी./एड्स जैसे मुद्दों पर मुखर होकर कार्य किया। उसके बाद अधिकार आधारित मुद्दों यथा सूचना का अधिकार वन अधिकार एवं भोजन का अधिकार पर। कई संगठनों ने अपने कल्याणकारी उद्देश्यों को ही नहीं छोड़ा बल्कि अपने नाम में भी समयानुकूल एवं उद्देश्यपरक परिवर्तन किया जैसे 'चाइल्ड रिलीफ एण्ड यू' (क्राई) ने अपना नाम तो क्राई ही रखा किन्तु अपने को 'चाइल्ड राइट्स एण्ड यू' कहलाना शुरू किया।

गैर सरकारी संगठनों के कार्य एवं सरकारी एवं कारपोरेट एजेण्डा को लागू करने की उद्देश्यपरकता का परिणाम यह रहा है कि सरकारों ने अपने संगठन बनाये जिन्हें सोसाइटीज रजिस्ट्रेशन एक्ट के तहत पंजीकृत कराकर सरकारी कार्य किये हैं जैसे कापार्ट तथा जिला ग्राम्य विकास अभिकरण (डी.आर. डी.ए.)।

भारत सरकार ने कार्पोरेट घरानों पर सामाजिक कल्याण एवं विकास कार्य करने की अनिवार्यता तय करते हुए कम्पनी अधिनियम 2013 में योग्य कम्पनियों को लाभ का 2 प्रतिशत कल्याण एवं विकास कार्यो पर खर्च करने को अनिवार्य कर दिया। सभी बड़ी कम्पनियों एवं उद्योगपतियों में से अधिकांश के अपने ट्रस्ट, फाउण्डेशन, संस्थान स्वैच्छिक संगठन के रूप में कार्य कर रहे हैं अतः अब इन ट्रस्ट, फाउण्डेशन इत्यादि को पर्याप्त धन भारत सरकार के सी.एस.आर. नियम 2014 के अंतर्गत कम्पनियों से प्राप्त होगा। ज्यादा जानकारी के लिए (सी.एस. आर. नियम 2014 संलग्न है)।

पश्चिमी देशों में मानव–प्रेम नेटवर्क ''मुनाफारहित'' क्षेत्रों को पूर्वी एशियाई देशों में स्थापित करने की कोशिश में लगा हुआ है। मुनाफारहित क्षेत्र में चर्च,

निजी स्कूल, अनुसंधान संस्थान, खैराती संस्थाएं और फाउण्डेशन शामिल हैं। अमेरिका में इसके अंतर्गत वे संगठन आते हैं जो इंटर्नल रेवन्यू कोर्ट के सेक्शन 501 (सी.) (3) के अधीन संचालित हैं। ये परोपकारी संगठन है जिनको प्राप्त होने वाला धन कर मुक्त होता है और इनको दान देने वाला भी दान के अनुरूप कर में रियायत प्राप्त करता है। ज्यादातर संगठन आपस में बड़े कार्पोरेशन के साथ अपनी फण्डिंग, अपनी निवेशित सम्पत्तियों, तकनीकी सहयोग, इण्डिपेण्डेण्ट सेक्टर और कौन्सिल आन फाउण्डेशन जैसे शीर्षस्थ संगठनों के मार्फत जुड़े होते हैं। इण्डिपेण्डेन्ट सेक्टर की स्थापना 1980 में हुई जिसमें एंटी एण्ड टी फाउण्डेशन, आगा खान फाउण्डेशन इत्यादि संगठन शामिल हैं। बड़े फाउण्डेशन और खैराती संस्थाएं स्टाक और बांड में अपनी परिसम्पत्तियों का निवेश भी करते हैं। मुनाफारहित या अलाभकारी गतिविधियाँ लाभकारी क्षेत्र के लिए पूँजी के संकेन्द्रण और वितरण में एक महत्वपूर्ण भूमिका अदा करती हैं। उदाहरण के तौर पर अलाभकारी अस्पताल के ट्रस्टियों के परिषदों में व्यापारी बैंकर, स्थायी परिसम्पत्तियों के विकासकर्ता, बीमा अधिकारी आदि ही हावी होते हैं। इनके द्वारा लिये जाने वाले कारोबार विस्तारीकरण के फैसले क्षेत्र विशेष की अर्थव्यवस्था में भारी बढ़त की गुंजाईश तो पैदा करते ही हैं, साथ ही अलग–अलग कारपोरेशन की भी चाँदी हो जाती है (रोल्योव्स 1998)।

प्रथम विश्व युद्ध से पहले के काल में, फाउण्डेशन जैसे संगठनों ने जन साधारण की माली हालत में सुधार करने का काम हाथ में लिया और इसी के साथ ऐसे बुद्धजीवियों का सहयोग भी लिया जो अक्सर समाजवादी सहानुभूति जताते रहते थे।

द्वितीय विश्वयुद्ध के बाद, नीति निर्धारण प्रक्रिया में फाउण्डेशन का हस्तक्षेप नाटकीय ढंग से बढ़ चला। उदाहरण के तौर पर राजनीतिक उपद्रव के भय से निजात पाने की रणनीति फोर्ड फाउण्डेशन से ली गयी। 1960 के दशक के दौरान तेजी से उठ रहे विरोधी आन्दोलनों से निपटने के एक उपाय के तौर पर फोर्ड फाउण्डेशन ने जनहित कानून के निर्माण की दिशा में एक अग्रणी भूमिका अदा की (रोल्योव्स 1998)

वेस्ग्राड (1997) ने अपनी पुस्तक में गैर सरकारी संगठनों के बारे में विस्तृत जानकारी देते हुए लिखा कि इनका विकास तेजी से बढ़ते उद्योग की तरह हुआ है अपने राजस्थान अध्ययन के अनुभव में उन्होने लिखा कि स्थानीय छोटे संगठनों को विकास का सही अर्थ नहीं पता है और वे विकास के सम्बंध में सैद्धांतिक ज्ञान आधारित रणनीति बनाने में दक्ष नहीं हैं।

लेकिन इसका मतलब यह नहीं है कि गैर–सरकारी संगठनों की भूमिका को कमतर करके आँका जा सकता है। इन संस्थाओं ने आदिवासी विकास, स्वास्थ्य, कृषि, जल संरक्षण एवं अन्य क्षेत्रों में उल्लेखनीय कार्य किया है और इनके कुछ कार्य मॉडल के रूप में विख्यात हैं जैसे अन्ना जी एवं अरुण त्यागी का वाटरशेड विकास मॉडल, इला भट्ट का महिला बैंकिंग का मॉडल, नानाजी का समग्र विकास का मॉडल, कैलाश सत्यार्थी का बाल विकास मॉडल इत्यादि।

5.5 गैर–सरकारी संगठनों में वित्तीय प्रबन्ध

किसी भी व्यावसायिक संस्था को सुचारू रूप से चलाने के लिए वित्तीय प्रबन्धन एक महत्वपूर्ण क्रिया है। इसका प्रभाव संगठन में सर्वत्र होता है और संस्थान के सभी अंग इसकी परिधि में आ जाते हैं। वित्त वह धुरी है जिसके चारों ओर संस्थान की समस्त क्रियाएं घूमती है। सभी प्रबन्धकीय निर्णय वित्त की उपलब्धता, लाभदायिकता, सुरक्षा, तरलता एवं उसकी लागत के अधीन होते हैं। किन्तु यह ध्यान देने योग्य बात है कि वित्त का इतना महत्व होते हुए भी अधिकतर संस्थानों में वित्त प्रबन्धन केवल एक सेवा कार्य माना जाता है। यद्यपि यह सत्य है कि जब वित्तीय साधनों की कमी होती है तब वित्त एक नियंत्रक घटक बन जाता है और सभी क्रियाएं वित्त की उपलब्धता के अनुसार ही सम्पन्न हो पाती हैं।

किसी संस्थान में वित्तीय प्रबन्ध का सम्बन्ध वित्तीय क्रियाओं के नियोजन, संगठन निर्देशन, नियंत्रण एवं समन्वय से होता है। इसका सम्बन्ध संस्थान के लिए पर्याप्त कोषों के जुटाने तक ही सीमित नहीं है बल्कि उन सब कार्यो से है जो वित्तीय प्रबन्ध के लिए आवश्यक हैं जैसे अल्पकालीन एवं दीर्घकालीन वित्तीय आवश्यकताओं का मूल्यांकन, पर्याप्त कोषों की प्राप्ति, पूँजी अनुपात का निर्धारण, वित्त की लागत पर नियंत्रण, बजट निर्माण, तरलता एवं शोधन क्षमता को बनाए रखना, साख प्रबन्धन, करारोपण वित्तीय उदेश्य एवं नीतियों का निर्धारण और वित्तीय संगठन एवं नियंत्रण के स्वरूप का निर्धारण। (जैन 1993)

खाता संचालन

गैर–सरकारी संगठन अपना खाता किन्हीं दो पदाधिकारी, जिनका वर्णन नियमावली में हो, के संयुक्त हस्ताक्षर से किसी भी बैंक में खोल सकते हैं। खाता संचालन किसी के नाम से न होकर अध्यक्ष, कोषाध्यक्ष, सचिव–कोषाध्यक्ष या किसी अन्य पद के नाम पर होता है। खाता खोलने के लिए बैंक संगठन का पंजीयन प्रमाण पत्र नियमावली एवं घोषणा के साथ आवेदन की प्रति प्राप्त करता

है जिनमें हस्ताक्षर के नमूने होते हैं। जब भी किसी राशि का आहरण किया जायेगा तो संयुक्त रूप से हस्ताक्षित चेक के माध्यम से ही भुगतान सम्भव हो सकता है।

बजट

बजट प्रबन्धकीय नियोजन एवं नियंत्रण का एक बहुत ही उपयोगी साधन माना जाता है। बजट के ही माध्यम से किसी संस्था के भावी क्रिया–कलापों का निर्धारण किया जाता है। व्यवसाय के विभिन्न क्षेत्रों में एक निश्चित अवधि में होने वाली क्रियाओं के लक्ष्य एवं उनको प्राप्त करने के साधन बजट द्वारा ही स्पष्ट किए जाते हैं। इस प्रकार बजट मूलतः भावी क्रिया–कलापों का नियोजन है किन्तु यह समन्वय और नियन्त्रण का आधार भी प्रस्तुत करता है।

बजट का सर्वप्रथम प्रयोग इंग्लैड में अठारहवीं सदी में सरकारी नियन्त्रण के साधन–रूप में प्रारम्भ हुआ है। कालान्तर में इसका प्रयोग लगभग उन सभी देशों में किया जाने लगा जहां पर प्रजातंत्रात्मक सरकारें थीं। सरकारी बजट निर्माण की सामान्य विधि यह होती है कि देश की कार्यपालिका (Executive) विधायिका (Legislature) को प्रतिवर्ष के एक वित्तीय विवरण जिसको बजट की संज्ञा दी जाती है प्रस्तुत करती है और जिसमें आगामी वर्ष के लिए अनुमानित आय और व्यय का व्यौरा होता है। इसी बजट के आधार पर सरकार की सफलता या असफलता का मूल्यांकान किया जाता है। बजट सरकारी नीतियों के नियन्त्रण का एक प्रभावशाली उपकरण होता है विशेषरूप से वित्तीय नीतियों के नियन्त्रण का एक प्रभावशाली उपकरण होता है।

औद्योगिक क्षेत्र में बजट का प्रयोग एफ. डब्ल्यू. टेलर के वैज्ञानिक प्रबन्ध के प्रयासों के अन्तर्गत हुआ। प्रारम्भ में इसका प्रयोग खर्चों की व्यवस्थित स्वीकृति के रूप में किया गया और इस प्रकार बजट का प्रयोग विज्ञापन, क्रय आदि के खर्चों के आंवटन एवं नियन्त्रण के लिए किया जाने लगा। बाद में इसका प्रयोग विक्रय एवं उत्पादन के क्षेत्रों में भी किया जाने लगा। क्योंकि वहां भी कियाओं और लागत पर नियन्त्रण की आवश्यकता प्रतीत हुई । 1920 तक इसका प्रयोग औद्योगिक संस्थाओं में प्रबन्धकीय नियोजन एवं नियन्त्रण के लिए सामान्य रूप लेने लगा।

बजट का आशय

बजट मूलतः नियोजन की ही प्रक्रिया है यद्यपि यह प्रबन्धकीय नियन्त्रण एवं समन्वय का भी महत्वपूर्ण उपकरण है। व्यवसाय के विभिन्न क्षेत्रों जैसे क्रय

विकय उत्पादन, आय–व्यय, विनियोग, लाभ आदि में बजट कर्मचारियों के उपायों के पथ–प्रदर्शन के लिए पूर्व–निर्धारित लक्ष्यों को प्रदान करता है। यह लक्ष्य ऐसे निर्धारित किए जाते हैं कि वे विभिन्न क्षेत्रों में साधन और लक्ष्यों, विभिन्न विभागों तथा क्रियाओं के समय में समन्वय स्थापित करने में सहयोग प्रदान करते हैं और बाद में यही बजट प्रबन्धकों के हाथ में सफलता को नापने का आधार और पैमाना बनकर नियन्त्रण का साधन भी बन जाता है।

इस प्रकार बजट एक उपकरण है जिसके द्वारा संगठन भावी क्रियाओं का नियोजन करते हैं अर्थात् क्रियाओं का भावी मार्ग निश्चित करते हैं और उदेश्य एवं उनको प्राप्त करने के साधन निर्धारित करते हैं। यह एक अनुमानित नियोजन है जो कि पूर्व अनुभवों, वर्तमान आंकड़ों और भविष्य की सम्भावनाओं के आधार पर किया जाता है। जी. आर. टेरी के अनुसार "बजट सुनिश्चित आधार पर, क्रमबद्व, एक निश्चित अवधि के लिए संस्था की कुछ या सभी क्रियाओं का समावेश किए हुए भविष्य की आवश्यकताओं का एक अनुमान है" सेसिल गिलेस्पी के शब्दों में "बजट क्रियाओं का संगठित एवं क्रमबद्व नियोजन है जिसमें व्यवसाय की सभी क्रियायें सम्मिलित होती है और जो नियोजन के वित्तीय परिणामों को संक्षिप्त रूप में प्रदर्शित करता है।

बजट के लक्षण

उपर्युक्त परिभाषाओं के परिप्रेक्ष्य में बजट के कुछ लक्षणों का विवेचन अधोलिखित हैः–

1. नियोजन का उपकरणः बजट मूलतः नियोजन का एक उपकरण है जिसके द्वारा संगठन भविष्य के मार्ग को निर्धारित करते हैं। बजट संस्था और उसके विभिन्न विभागों के लिए लक्ष्य एवं उनकी प्राप्ति के साधन सुनिश्चित करता है।

2. निश्चित अवधिः बजट हमेशा एक निश्चित समय के लिए होता है जैसे एक माह, तीन माह या एक वर्ष के लिए। अनिश्चित समय के लिए बनाया हुआ बजट भ्रामक एवं उदेश्यहीन होता है। बजट की अवधि क्रियाओं के स्वभाव के अनुसार कम या अधिक हो सकती हैं। आय–व्यय बजट एक वर्ष के लिए जबकि पूँजी व्यय बजट पाँच वर्ष के लिए उपयुक्त हो सकते हैं।

3. परिमाणात्मक या सांख्यिकीय अभिव्यक्ति : बजट हमेशा मात्रा संख्या या आँकड़ों में ही व्यक्त किया जाता है, क्योंकि गणित की भाषा ही सुनिश्चित और स्पष्ट होती है। बजट का स्वभाव व्याख्यात्मक नहीं होता है। बजट लक्ष्यों के निर्धारण के लिए मात्रा या आँकड़ों का आश्रय लेना आवश्यक होता है।

4. बजट निर्माण के आधार : बजट क्रियाओं का एक अनुमानित नियोजन होता है जो कि पूर्व अनुभवों, वर्तमान दशाओं और भावी सम्भावनाओं पर आधारित होता है। इसलिए सही भविष्यवाणी और भूतकालीन आँकड़ों का बजट निर्माण में विशेष महत्त्व होता है। चूंकि बजट के माध्यम से संस्था के उदेश्यों पर ध्यान केन्द्रित किया जाता है इसलिए यह महत्वपूर्ण है कि बजट में संस्था के लक्ष्यों, नीतियों, कार्यविधियों और साधनों का उचित समावेश हो जिससे कि बजट द्वारा तैयार किया हुआ नियोजन यथा–सम्भव व्यावहारिक एवं वास्तविक हो तथा नियन्त्रण का उचित आधार प्रस्तुत कर सके।

5. नियन्त्रण का मापदण्ड एवं समन्यव का आधार : बजट लक्ष्यों की स्थापना करके न केवल संस्था की भावी क्रियाओं का पथ–प्रदर्शन करता है बल्कि प्रबन्धकों के हाथ में निष्पादन के मूल्यांकन अन्तरों की माप एवं सुधारात्मक कार्यवाही के लिए मापदण्ड का साधन भी बन जाता है। इसी प्रकार बजट के निर्माण के समय विभिन्न विभागों, समयों, नीतियों एवं साधनों में आपसी समन्वय स्थापित करना भी बजट के लिए आवश्यक तत्व है।

बजट नियन्त्रणः बजट मूलतः नियोजन की प्रक्रिया है किन्तु कोई भी नियोजन बिना उचित नियंत्रण के थोथा अभ्यास है। अतः बजट द्वारा नियोजन का उद्देश्य ही नियन्त्रण करना होता है और सामान्यतः इसे बजटरी नियंत्रण कहा जाता है। वैसे भी किसी नियन्त्रण प्रक्रिया का प्रथम चरण नियोजन अर्थात् लक्ष्यों की स्थापना करना ही होता है। अतः बजट नियन्त्रण में यह सुनिश्चित करना होता है कि बजट के लक्ष्य उचित रूप से निर्धारित किए गए हैं, क्रियाएँ बजट के लक्ष्यों की प्राप्ति की ओर अग्रसर हैं यदि कोई कठिनाई या अन्तर है तो वे क्या हैं, क्यों हैं और उनको दूर करने के लिए क्या सुधारात्मक कार्यवाही की जा सकती है। इसीलिए बजट को नियन्त्रण का उपकरण भी कहा जाता है। बजट नियन्त्रण की कुछ प्रमुख परिभाषाएं निम्नलिखित हैं :

वाल्टर डब्ल्यू.बिग के अनुसार ''बजट नियन्त्रण शब्द का प्रयोग प्रबन्ध एवं लेखाकर्म सम्बन्धी नियन्त्रण की उस पद्धति के लिए किया जाता है जिसके द्वारा सभी क्रियाओं और उत्पादन की यथासम्भव पूर्व घोषणा कर दी जाती है और फिर वास्तविक परिणाम जब इनका पता चल जाता है, बजट अनुमानों से मिलाए जाते हैं। जी.आर.टेरी के शब्दों में ''बजट नियन्त्रण एक ऐसी प्रक्रिया है जिसके द्वारा वास्तविक क्रियाओं का पता लगाया जा सकता है और फिर बजट अनुमानों से उसकी तुलना की जाती है ताकि उपलब्धियों की पुष्टि की जा सके अथवा बजट अनुमानों में समायोजन करके अथवा अन्तर के कारणों का सुधार करके

अन्तर को दूर किया जा सके।'' बजट को साध्य मानना एक बड़ी भूल है। कभी–कभी ऐसी परिस्थितियां उत्पन्न हो जाती हैं जब बजट के अनुपालन में कठिनाई या उद्देश्य की विफलता की सम्भावना हो जाती है ऐसी स्थिति में विवेक का प्रयोग एवं बजट में आवश्यक समायोजन आवश्यक हो जाते हैं क्योंकि बजट सर्वोत्तम परिणाम पाने का साधन है अपने में कोई साध्य नहीं।

बजट की सफलता के लिए आवश्यक तत्व

एक सक्षम बजट नियंत्रण व्यवस्था के लिए निम्न बातें आवश्यक हैः

1. निश्चित उद्देश्य एवं स्पष्ट नीतियाँ संस्था के उद्देश्य एवं नियमों को स्पष्ट रूप से परिभाषित किया जाना चाहिए जिससे कि बजट कार्यक्रम उन्हें सही और व्यावहारिक रूप दे सकें। इसी प्रकार विभागीय लक्ष्य और नीतियां भी स्पष्ट होनी चाहिए जिससे विभागीय बजट भी व्यावहारिक रूप से तैयार किए जा सकें। यदि उद्देश्यों एवं नीतियों में ही अस्पष्टता होगी तो बजट के द्वारा बहुत सी भ्रान्तियां उत्पन्न होंगी।

2. सुव्यवस्थित संगठन संरचना एवं संघटित अधिकारों एवं उत्तरदायित्व का निर्धारण : बजट व्यवस्था तभी सफल हो सकती है जब संगठन की संरचना उचित रूप से सोच विचार कर की गई हो। क्रियाओं का वर्गीकरण, विभागीकरण, अधिकारों एवं दायित्वों का निर्धारण तथा अन्य संगठन संरचना बजट की आवश्यकता के अनुरूप और स्पष्ट होना चाहिए, क्योंकि मास्टर बजट उपलब्धि के लिए विभागीय बजटों में परिवर्तित कर दिया जाता है अतः यह आवश्यक है कि हर विभाग के अधिकार, कर्तव्य एवं दायित्व सुनिश्चित एवं आवश्यकता के अनुरूप हों।

3. उचित लक्ष्य : बजट लक्ष्य न तो बहुत अधिक और न ही बहुत कम होने चाहिए बल्कि व्यावहारिक होने चाहिए। व्यावहारिक लक्ष्यों से तात्पर्य यह है कि लक्ष्य उपलब्ध तथ्यों, आंकड़ों, भावी सम्भावनाओं तथा साधनों को दृष्टिगत रखते हुए एवं उनके सही विश्लेषण पर आधारित होने चाहिए। इसके लिए प्रबन्धकों में निष्पक्ष विचार, सत्य निष्ठा एवं व्यावहारिक दृष्टिकोण की आवश्यकता होती है। बजट में अनुचित रूप में निर्धारित लक्ष्यों की प्राप्ति कठिन होती है यह संस्था के कर्मचारियों को हतोत्साहित करती है व्यक्तिगत लगन पर कुठाराघात करती है एवं उत्तरदायित्वों का निर्धारण असम्भव बना देती हैं।

4. सही अनुमान एवं भविष्यवाणी क्योंकि बजट एक अनुमानित नियोजन होता है इसलिए आय, व्यय क्रय–विक्रय, श्रम आदि के आंकड़ों की सही सूचनाएं

बजट के सही निर्माण के लिए परमावश्यक होती हैं। यदि सूचनाएं ही अपर्याप्त या गलत हैं तो बजट के लक्ष्य कभी उचित और व्यावहारिक नहीं हो सकते। इसलिए संस्था में संगठित लागत लेखा प्रणाली, कुशल सांख्यिकी संगठन, सक्षम संदेशवाहन व्यवस्था, सही भविष्य वाणी की व्यवस्था तथा तमाम तथ्यों एवं आंकड़ों के उचित विश्लेषण की विधि की आवश्यकता होती हैं (जैन 1993)

वार्षिक कार्य योजना का निर्माण

स्वैच्छिक संगठन वर्ष–पर्यंत चलने वाले अपने कायक्रमों को पहले से निर्धारित कर लेते हैं और इसके लिए उत्तरदायित्व, क्षेत्र एवं बजट का भी निर्धारण कर देते हैं। कुछ संगठन वार्षिक कार्य योजना को त्रैमासिक आधार पर बनाते हैं तो कुछ संगठन मासिक आधार पर।

वार्षिक कार्य योजना में आयोजित किये जाने वाले प्रत्येक कार्यक्रम का विवरण कार्यक्रम संयोजक, क्षेत्र, लाभार्थी संख्या या विवरण, निर्धारित बजट, अनुमानित लाभ, इत्यादि का विवरण दिया रहता है।

संसाधनों का समुचित उपयोग

गैर–सरकारी संगठन आंतरिक एवं बाह्य संसाधनों के अनुकूलतम एवं समुचित उपयोग करने के कारण अंतर्राष्ट्रीय एवं सरकारी दान–दाता संस्थाओं के साथ संयुक्त रूप से कार्य करते हैं। समुचित उपयोग के लिए वे परियोजना प्रबंधन की उच्च तकनीकी, संसाधनों का एकीकरण एवं अन्य रास्ते अपनाते हैं।

हितग्राहियों की सहभागिता

गैर–सरकारी संगठनों द्वारा संचालित परियोजनाओं में सफलता का प्रमुख कारण है उनके द्वारा हितग्राही सहभागिता को वरीयता देना। कार्यक्रम नियोजन से पूर्व किये जाने वाले सहभागी ग्रामीण आंकलन (पी. आर. ए.) हों या किसी परियोजना के अंत में सहभागी मूल्यांकन हों, स्वैच्छिक संगठन प्रत्येक कार्य में हितग्राही सहभागिता पर बल देते हैं। कभी–कभी दानदाता एजेंसी परियोजना में हितग्राही सहभागिता अनिवार्य करती हैं। तो कुछ गैर–सरकारी संगठन सहभागिता को अपना दर्शन मानते हैं। चूँकि हितग्राही कार्यक्रम की कमी या गुणवत्ता से सर्वाधिक प्रभावी होता है और इसका उल्लेख वह परियोजना के अनुश्रवण या मूल्यांकन में करके गुणवत्ता सुधार की एक अहम कड़ी बन सकता है इसलिए स्वैच्छिक संगठन हितग्राही सहभागिता के सिद्धांत में विश्वास करते हैं।

ग्राम सुधार समिति ने ग्राम खैरा (सीधी) में निर्मित जल संवर्धन के निर्माण कार्य की देख–रेख के लिए उपयोगकर्ता समूह जिनकी जमीन चेकडैम एवं तालाब के पास है, की सहभागिता सुनिश्चित की। उपयोगकर्ता समूह की सहभागिता के कारण आज न केवल सभी चेक डैम सुरक्षित हैं बल्कि उपयोगकर्ता समूह के खाते में लगभग दो लाख रू. जमा हैं।

वित्त की व्यवस्था

गैर–सरकारी संगठनों की वित्त व्यवस्था कई संसाधनों पर निर्भर होती है। इनमें कुछ सतत होती है तो कुछ परियोजनागत सहयोग पर आधारित होती हैः

1. सतत वित्त व्यवस्थाः 'सेवा' जैसी कुछ संस्थाएं उत्पादन एवं वित्तीय व्यवस्था के नवोन्मेषी एवं सफल प्रयोग करके अपने लिए कार्यशील पूँजी एवं आय सृजन के संसाधन सतत विकसित करती रहती हैं। 'सेवा बैंक' के माध्यम से महिला सदस्यों की वित्तीय आवश्यकता की पूर्ति होती है तो उत्पादन एवं बिक्री से महिला सदस्यों की आय सृजन होती है।

2. परियोजनागत वित्तीय सहयोगः अधिकांश गैर–सरकारी संगठनों को राष्ट्रीय, अंतर्राष्ट्रीय या शासकीय दानदाता संस्थाओं, विभागों से विशेष परियोजना संचालित करने पर वित्तीय सहयोग प्राप्त होता है। कुछ परियोजनाओं में कम समय के लिए वित्तीय सहयोग प्राप्त होता है जबकि कुछ के लिए दीर्घविधि का सहयोग प्राप्त होता है।

3. आय सृजन गतिविधि से वित्त व्यवस्थाः बहुत से स्वैच्छिक संगठन सूक्ष्म–वित्त जैसी आयोत्पादक गतिविधियों में संलग्न हैं जो महिला सदस्यों को उनके समूह के माध्यम से में ऋण उपलब्ध कराते हैं एवं ब्याज के रूप में अच्छा लाभ कमाते हैं।

दानदाता संस्थाएं

गैर–सरकारी संगठनों को राष्ट्रीय एवं अंतर्राष्ट्रीय संस्थाओं से वित्तीय सहयोग प्राप्त होता है।

राष्ट्रीय संस्थाएं : ऐसी संस्थाएं जो देश में संचालित गैर–सरकारी संगठनों को मानक पूर्ण करने पर वित्तीय सहायता देती हैं जैसे सर दोराब जी टाटा ट्रस्ट, सर रतन टाटा ट्रस्ट, नेशनल फाउण्डेशन फार इण्डिया, क्राई, इत्यादि।

अंतर्राष्ट्रीय संस्थाएं : एसी संस्थाएं जो भारतीय संगठनों को एफ. सी. आर. ए. के अंतर्गत विदेशी अनुदान देती हैं। इसके लिए वैधानिक संगठन जो एफ.

सी. आर. ए. के अंतर्गत पंजीकृत हैं उनको सहायता प्रदान करती हैं जैसेः– एक्शन एड, फोर्ड फाउण्डेशन इण्डो जर्मन सोशल सर्विस सोसाइटी, यू एस एड, वाटर एड, दि हंगर प्रोजक्ट इत्यादि।

गैर–सरकारी संगठनों के लिए भारत सरकार की योजनाएं

संस्कृति मंत्रालयः

- हिमालय की सांस्कृतिक विरासत के संरक्षण और विकास हेतु सहायता
- बौद्ध/तिब्बती संस्कृति और कला के संरक्षण और विकास हेतु वित्तीय सहायता
- विनिर्दिष्ट प्रदर्शन कला परियोजनाओं हेतु व्यावसायिक समूहों एवं व्यक्तियों के लिए वित्तीय सहायता (वेतन अनुदान एवं निर्माण अनुदान)
- क्षेत्रीय और स्थानीय संग्रहालयों के लिए प्रोत्साहन एवं उनका सशक्तिकरण
- सांस्कृतिक संगठनों के लिए निर्माण अनुदान योजना
- साहित्यिक एवं प्रदर्शन कलाओं जैसे सांस्कृतिक क्रियाकलापों में संलग्न स्वयंसेवी संगठनों को शोध सहायता हेतु वित्तीय अनुदान की योजना

जनजातीय मामलों का मंत्रालयः

- आधारभूत ढांचे के समुन्नयन हेतु एनजीओ के लिए अवॉर्ड ऑफ स्पेशल इंसेंटिव (एएसआई)
- अनुसूचित जनजातियों के लिए कोचिंग
- आदिम जनजातीय समूहों (PTGs) का विकास
- अनुसूचित जनजातियों के कल्याण के लिए कार्यरत स्वयंसेवी संगठनों को अनुदान सहायता
- पिछड़े जिलों में अनुसूचित जनजातियों की बालिकाओं में शिक्षा के सशक्तिकरण के लिए योजना

महिला एवं बाल विकास मंत्रालयः

- जेंडर बजटिंग
- गैर–सरकारी संगठनों की सहायता के लिए सामान्य अनुदान सहायता योजना
- शोध, प्रकाशन और पर्यवेक्षण हेतु अनुदान सहायता

- देखभाल और संरक्षण की आवश्यकता वाले श्रमजीवी बच्चों के कल्याण की योजना
- कामकाजी महिलाओं के लिए दैनिक देखभाल केन्द्र युक्त हॉस्टल के निर्माण/विस्तार हेतु सहायता योजन
- महिलाओं के प्रशिक्षण और रोजगार हेतु सहायता (स्टेप/STEP)
- स्वाधार
- उज्जवला

सामाजिक न्याय एवं अधिकारिता मंत्रालयः

- शारीरिक रूप से अक्षम व्यक्तियों को आवश्यक उपकरण खरीदने। लगाने हेतु सहायता
- अन्य पिछड़ी जातियों (ओबीसी) के कल्याणार्थ स्वयंसेवी संगठनों को सहायता
- अनुसूचित जातियों और अन्य पिछड़ी जातियों के छात्रों की निःशुल्क कोचिंग के लिए केन्द्रीय क्षेत्रक योजना
- दीनदयाल विकलांग पुनर्वास योजना
- अनुसूचित जातियों के लिए काम करने वाले स्वयंसेवी संगठनों को अनुदान सहायता
- वृद्धों के लिए समेकित कार्यक्रम
- शराब एवं मादक पदार्थ के दुरूपयोग को रोकने हेतु योजना

स्वास्थ्य एवं परिवार कल्याण विभागः

- मातृ एनजीओ (MNGO)
- राष्ट्रीय कैंसर नियंत्रण कार्यक्रम
- राष्ट्रीय कुष्ठ रोग उन्मूलन कार्यक्रम
- राष्ट्रीय मानसिक स्वास्थ्य कार्यक्रम
- अन्धत्व नियंत्रण हेतु राष्ट्रीय कार्यक्रम
- राष्ट्रीय तंबाकू नियंत्रण कार्यक्रम
- एन.जी.ओ. पीएनडीटी योजना
- सेवा एनजीओ (SNGO) योजना

विद्यालयीन शिक्षा एवं साक्षरता विभागः

- शारीरिक रूप से अक्षम व्यक्तियों के लिए सेकेण्डरी स्तर पर अंतर्वेशी शिक्षा
- सर्वशिक्षा अभियान के अंतर्गत अभिनव एवं प्रायोगिक शिक्षा की योजना
- शारीरिक रूप से अक्षम छात्रों के लिए समेकित शिक्षा (IEDC)
- वयस्क शिक्षा एवं दक्षता विकास हेतु स्वयंसेवी एजेंसियों के लिए सहायता योजना
- वयस्क शिक्षा एवं दक्षता विकास योजना हेतु।
- एनजीओ/संस्थानों/ एस आरसी को सहायता।

उच्च शिक्षा विभागः

- मानव मूल्यों की शिक्षा प्रदान करने हेतु एजेंसियों को सहायता

लोक कार्यक्रम और ग्रामीण प्रौद्योगिकी विकास परिषद (कपार्ट)

- ग्रामीण प्रौद्योगिकी के समुन्नयन की योजना (ARTS)
- अक्षमता (Disability)
- ग्रामश्री मेला (ळैड) खरीदार विक्रेता समागम (BSM)
- ओबी (लाभार्थियों का संगठन)
- जन सहयोग
- कार्यशालाएं/संगोष्ठियां /सम्मेलन

राष्ट्रीय एड्स नियंत्रण संगठन (NACO)

- सामुदायिक देखभाल केन्द्र
- NACP III के तहत लक्षित मध्यस्थता (IT)

सामाजिक सहयोग

27 फरवरी 2017 को नाना जी देशमुख की सप्तम पुण्य तिथि पर आयोजित कार्यक्रम में दीनदयाल शोध संस्थान ने राष्ट्रीय ग्रामोदय मेला के आंमत्रण पत्र में सभी आगंतुकों से 1 मुट्ठी अनाज एवं 1 रू. सहयोग हेतु निवेदन किया। उनका यह आमंत्रण नाना जी के सामाजिक पहल एवं सहभागिकता के सिद्धांत पर आधारित था। नानाजी ने सामाजिक सहयोग के रास्ते पर चलते हुए चित्रकूट में ए.पी.जे. सुरेन्द्रपाल समूह के सहयोग से सुरेन्द्रपाल ग्रामोदय विद्यालय, टाटा समूह के सहयोग से आरोग्यधाम, गोयनका समूह के सहयोग से आश्रमशाला स्थापित किया।

स्वैच्छिक संगठन सामाजिक सहयोग पर आधारित कार्यक्रम समय–समय पर संचालित करते रहते हैं। समाज और विकास की मौजूदा अवधारणाओं को बदलने के अपने व्यापक सरोकारों को लेकर संघर्षरत जन संगठन अपने आर्थिक स्त्रोतों के लिए स्थानीय समाज और देश भर के अपने समर्थकों पर निर्भर रहते हैं। कहीं ऐसे स्त्रोत संगठन के सदस्यों से निश्चित चंदा लेकर और कहीं कार्यक्रम आयोजन में भी गैर–सरकारी संगठन नये–नये तरीके अपनाते हैं जैसे नर्मादा बचाओ आंदोलन के द्वारा आयोजित होने वाले बड़े कार्यक्रमों से पूर्व गाँव–गाँव के हर घर से यह अपील की जाती थी कि वे अपने परिवार के भोजन के साथ–साथ एक व्यक्ति का अतिरिक्त भोजन साथ में बना लें। बाद में आंदोलन के कार्यकर्ता भोजन के ये पैकेट इकट्ठा कर लेते थे और कार्यक्रम में बाहर से आये लोगों को उपलब्ध कराते थे। इस प्रक्रिया से न तो आंदोलनकारियों को किसी आर्थिक व्यवस्था के झंझटों मे फँसना पड़ता था और न ही आमंत्रित लोगों को किसी प्रकार की असुविधा होती थी।

कई जन संगठन सीधे मजदूर वर्ग के साथ काम करते हैं और वहाँ उन्हें आर्थिक सहयोग प्राप्त करना कठिन नहीं होता है।

छतीसगढ मुक्ति मोर्चा देश का सम्भवतः अंकेला उदाहरण है जहाँ मजदूरों के चंदे से एक बड़ा 'शहीद अस्पताल' खड़ा किया गया है और इसके लिए एक्सरे मशीन सरीखी जाँच एवं इलाज की अनेक सुविधायें मजदूरों के सहयोग से ही जुटाई गयी हैं। गैर–सरकारी संगठनों के जल संवर्धन, शिक्षा इत्यादि के कई रचनात्मक कार्य इसी तरह सामाजिक सहयोग के बल पर संचालित किये जाते हैं।

शासन एवं गैर–सरकारी संगठनों की विकास में भागेदारी

स्थानीय स्तर पर कार्य करने के कारण गैर–सरकारी संगठन समुदाय में अपनी पैठ बनाने में सफल रहते हैं। गैर–सरकारी संगठनों के इसी समुदाय आधारित विकासात्मक एवं कल्याणकारी पहल के कारण उनके द्वारा किये गये कार्य का परिणाम दिखता है। यही कारण है कि शासन अधिकांश विकास कार्यों में गैर–सरकारी संगठनों की भागेदारी सुनिश्चित करता है। मध्य प्रदेश में आदिवासी बालक/बालिकाओं के छात्रावास हों या महिलाओं के समूह बनाना हो या उद्यमिता प्रशिक्षण हो, प्रत्येक विकास के कार्य शासन गैर–सरकारी संगठनों के सहयोग से क्रियान्वयन करता है। गैर–सरकारी संगठनों को सहायता देने वाली कुछ योजनाएँ प्रदेश शासन की होती हैं तो कुछ योजनाएँ केन्द्र सरकार से प्रायोजित होती हैं।

गैर–सरकारी संगठनों को वित्तीय सहायता प्रदान करने के लिए केन्द्र सरकार ने कुछ विशेष संस्थाएँ बना रखी हैं जैसे कपार्ट, केन्द्रीय समाज कल्याण बोर्ड, इत्यादि। इसी तरह से राज्य शासन ने भी कुछ संस्थाएं बनायी हैं जिनसे गैर–सरकारी संगठनों को अनुदान और अन्य सहायता प्राप्त होती है जैसे मध्यप्रदेश समाज कल्याण बोर्ड।

गैर–सरकारी संगठनों के प्रकार

गैर–सरकारी संगठनों को विभिन्न प्रकार में विभक्त किया जा सकता हैः

1. **गतिविधि के आधार पर** : गैर–सरकारी संगठनों को उनकी गतिविधि के आधार पर वर्गीकृत किया जा सकता है जैसे–स्वास्थ्य, शिक्षा, प्रशिक्षण, आदिवासी विकास इत्यादि।
2. **कार्यक्षेत्र के आधार पर** : कुछ गैर–सरकारी संगठन राष्ट्रीय स्तर पर कार्य करते हैं और कई प्रांत में इनके कार्य संचालित होते हैं जैसे दीन दयाल शोध संस्थान एक राष्ट्रीय स्तर पर कार्य करने वाला स्वैच्छिक संगठन है, जिसका कार्य वीड़ (महाराष्ट्र), रांची (झारखण्ड), चित्रकूट एवं मझगवां (मध्यप्रदेश), गोण्डा, चित्रकूट एवं गनीवां (उत्तर प्रदेश) इत्यादि में संचालित है। कुछ गैर–सरकारी संगठन अपने कार्य को मात्र एक क्षेत्र तक सीमित रखते हैं।
3. **विशेषज्ञता के आधार पर** : किसी विशिष्ट उद्देश्य पर कार्य में लगे रहने के कारण एक गैर–सरकारी संगठन अपनी विशेषज्ञता प्राप्त कर लेता है और समाज में उसकी पहचान उसी विशेषज्ञता के आधार पर होती है जैसे सद्गुरू सेवा संघ ट्रस्ट का जानकीकुण्ड अस्पताल नेत्र चिकित्सालय के रूप में उत्तर भारत में विख्यात है।
4. **वैधानिक पंजीयन के आधार पर** : कुछ संगठन ऐसे होते हैं जो किसी भी अधिनियम के अन्तर्गत पंजीकृत न होकर एक स्वतंत्र एवं स्वायत्त संस्था के रूप में कार्य करते हैं। कुछ संगठन सोसाइटी के रूप में तो कुछ संगठन ट्रस्ट के रूप में कार्य करते हैं। कुछ संगठन विदेशी अनुदान लेकर कार्य करते हैं जबकि कुछ संगठन राष्ट्रीय एजेंसी की सहायता से कार्य करते हैं।

गैर–सरकारी संगठनों की चुनौतियाँ

वैश्वीकरण एवं निजीकरण के इस युग में एक तरफ जहाँ गैर–सरकारी संगठनों के लिए अपार अवसर हैं तो दूसरी ओर इनके लिए गम्भीर चुनौतियाँ भी

हैं। पिछले पाँच वर्षों में केन्द्रीय सरकार द्वारा गैर–सरकारी संगठनों के बारे में प्रतिकूल टिप्पणी की गयी हैं। अन्तर्राष्ट्रीय संगठनों विशेषकर ग्रीन पीस और फोर्ड फाण्डेशन को कड़े पहरे में रखा गया। भारतीय गैर–सरकारी संगठनों को विदेशी अनुदान का वार्षिक प्रतिवेदन न प्रस्तुत करने पर उनके पंजीकरण का नवीनीकरण नहीं किया गया।

यद्यपि सी.एस.आर. नियम 2014 के क्रियान्वयन से गैर–सरकारी संगठनों के लिए साझेदारी का नया अवसर प्राप्त हुआ है किन्तु बहुत सी कम्पनियों द्वारा ट्रस्ट, सोसाइटी या फाउण्डेशन बनाने से उनके सामने वित्तीय सहायता प्राप्त करने की चुनौती भी आ गयी है।

स्वैच्छिक क्षेत्र की राष्ट्रीय नीति 2007 में स्पष्ट रूप से कहा गया है कि स्वैच्छिक संगठन के प्रतिनिधि अधिक दक्ष नहीं है और उनको प्रशिक्षण इत्यादि की व्यवस्था होनी चाहिये। वास्तव में अधिकांश गैर–सरकारी संगठनों के प्रतिनिधि व्यावसायिक दक्षता एवं निपुणता में कमजोर होते हैं, दूसरी ओर उनके लिए पर्याप्त प्रशिक्षण कार्यक्रम नहीं आयोजित किये जाते हैं।

गैर–सरकारी संगठनों के समक्ष नैतिक चुनौतियाँ भी कुछ कम नहीं हैं। बढ़ती संख्या और विस्तृत होते कार्यक्षेत्र के बीच मूल्यहीनता एवं दिशाहीनता के आधार पर संस्थाओं की आलोचना बढ़ती जा रही है।

संलग्नक

संलग्नक – 1 : स्वैच्छिक क्षेत्रक सम्बंधी राष्ट्रीय नीति, 2007

प्रस्ताव

1.1. यह नीति स्वतंत्र, सृजक और प्रभावी स्वैच्छिक संगठन को इसके रूप में और कार्य में विधिता सहित बढ़ावा देने, समर्थ बनाने और सशक्त बनाने की प्रतिबद्धता है, जिससे कि यह भारत के लोगों की सामाजिक, सांस्कृतिक और आर्थिक प्रगति में योगदान कर सके।

1.2. स्वैच्छिक क्षेत्रक ने जागरुकता बढ़ाने, सामाजिक जुटाव, सेवा डिलीवरी, प्रशिक्षण अनुसंधान और समर्थन जैसे साधनों के माध्यम से गरीबी, वचन, भेद–भाव और बहिष्कार के अभिनव परिवर्तनषील हल की तलाश करके महत्वपूर्ण योगदान दिया है। स्वैच्छिक क्षेत्र लोगों और सरकार के बीच एक प्रभावी गैर–राजनीतिक लिंक के रूप में कार्य करता रहा है। यह नीति विभिन्न क्षेत्रों में स्वैच्छिक क्षेत्रक द्वारा निभाई जाने वाली भूमिका की पहचान करती है और सरकार, स्वैच्छिक क्षेत्रक, प्रान्तीय, स्थानीय, राष्ट्रीय और वैश्विक स्तरों पर सहयोग की बढ़ती हुई आवश्यकता की पुष्टि करती है।

2. नीति का क्षेत्रः–

2.1. इस नीति में स्वैच्छिक संगठनों (वीओज) में नैतिक, सांस्कृतिक, सामाजिक, आर्थिक, राजनीतिक, धार्मिक, लोकोपकारी अथवा वैज्ञानिक और प्रौद्योगिकी विचारों के आधार पर सार्वजनिक सेवा में लगे हुए संगठन अभिप्रत है। इनमें औपचारिक और अनौपचारिक समूह जैसे कि समुदाय आधारित संगठन (सीबीओज), गैर–सरकारी विकास संगठन (एनजीडीओज), धर्मार्थ संगठन, सहायता संगठन, ऐसे संगठन जो नेटवर्क हैं अथवा ऐसे समूहों के संघ और व्यावसायिक सदस्यता वाले एसोसिएशन शामिल हैं।

2.2. नीति के अन्तर्गत कवर लिए जाने के लिए स्वैच्छिक संगठनों की व्यापक रूप से निम्नलिखित विशेषताएं होनी चाहिए।

- वे निजी हैं, अर्थात् सरकार से अलग हैं।
- वे सृजित लाभ को अपने मालिकों अथवा निवेशकों को नहीं देते हैं।
- वे स्व–शासी है, अर्थात् वे सरकार के नियंत्रण में नहीं हैं।
- वीओज पंजीकृत संगठन अथवा अनौपचारिक समूह हैं, जिनके लक्ष्य परिभाषित हैं।

3. नीति के लक्ष्यः–

3.1 इस नीति के विशिष्ट लक्ष्य नीचे दिये गये हैं।

3.1.1 वीओज के लिए एक सशक्त वातावरण का सृजन करना जिससे उद्यम तथा प्रभावित हो, और उनकी स्वायत्तता की सुरक्षा हो सके।

3.1.2 वीओज को वैध रूप से भारत तथा विदेशों से आवश्यक वित्तीय संसाधन जुटाने के योग्य बनाना।

3.1.3 ऐसी प्रणालियों की पहचान करना जिससे सरकार और वीओज एक साथ आपसी विश्वास तथा सम्मान के सिद्धान्तों और सांझे उत्तरदायित्व के आधार पर काम कर सकें,

3.1.4 वीओज को शासन तथा प्रबंधन की पारदर्शी व जवाबदेह प्रणालियों को अपनाने के लिए प्रोत्साहित करना।

इन लक्ष्यों को किस प्रकार अनुबन्ध किया जाना है इसका वर्णन नीचे किया गया है।

4. स्वैच्छिक क्षेत्रक के लिए सशक्त वातावरण बनाना :–

4.1. स्वैच्छिक होने के कारण स्वैच्छिक संगठन विकास के वैकल्पिक प्रतिमानों का पता लगा सकते हैं, सार्वजनिक हितों के विरूद्ध होने वाली सामाजिक, आर्थिक और राजनीतिक मान्यताओं को चुनौती दे सकते हैं, और गरीबी, वंचन तथा अन्य सामाजिक समस्याओं का मुकाबला करने के नए तरीके खोज सकते हैं। अतः यह महत्वपूर्ण है कि वीओज से संबंधित सभी कानून, नीतियाँ, नियम और विनियम उनकी जवाबदेहिता सुनिश्चित करने के साथ–साथ स्पष्ट रूप से उनकी स्वयत्तता की सुरक्षा करें।

4.2. स्वैच्छिक संगठनों को केन्द्रीय अथवा राज्य नियमों के अन्तर्गत संस्थाओं, धर्मार्थ ट्रस्ट अथवा अलाभप्रद कम्पनियों के रूप में पंजीकृत किया

जाए। कुछ राज्यों ने सोसाइटीज पंजीकरण अधिनियम (1860) को संशोधन सहित, अपनाया है, जबकि अन्य राज्यों के स्वतंत्र कानून हैं। इसी तरह, धर्मार्थ ट्रस्ट से संबंधित नियम सभी राज्यों में अलग–अलग हैं। समय के साथ, इनमें से बहुत कानून तथा उनके समानुरूपी नियम जटिल व प्रतिबंधक हो गये हैं जिसके परिणामस्वरूप विलम्ब, उत्पीड़न व भ्रष्टाचार बढ़ा है। सरकार और स्वैच्छिक क्षेत्रक के बीच परस्पर क्रिया के लिए नोडल एजेंसी के रूप में योजना आयोग राज्य सरकारों, प्रचलित कानूनों और नियमों की समीक्षा करने और उन्हें सरल, उदार तथा यथा–संभव योक्तिक बनाने के लिए प्रोत्साहित करेगा। गैर–लाभप्रद कम्पनियों का पंजीकरण सुलभ बनाने के लिए, सरकार कम्पनी अधिनियम (1956) के अनुच्छेद 25 के अन्तर्गत प्रक्रियाओं को सरल बनाने के उपायों की जांच करेगी, इसमें लाइसेंस, पंजीकरण और सदस्य कर्मचारियों का पारिश्रमिक भी शामिल होगा।

4.3. सरकार एक सरल और उदार केन्द्रीय कानून बनाने की सम्भाव्यता की जांच भी करेगी, जो वीओज के पंजीकरण के संबंध में एक वैकल्पिक अखिल भारत अधिनियम के रूप में कार्य करेगा, विशेष रूप से उनके लिए जो देश के विभिन्न हिस्सों में और विदेशों में भी कार्य करने की इच्छा रखते हैं। इस तरह कानून प्रचलित केन्द्रीय और राज्य कानूनों सहित सह–विद्यमान होगा, जिसमें प्रकृति और इसके कार्यकलापों के क्षेत्र के आधार पर वीओज को एक अथवा अधिक कानूनों के अंतर्गत विकल्प की अनुमति होगी।

4.4. स्वैच्छिक क्षेत्रक, विशेष रूप से, इसके अभिशासन, जवाबदेही और पारदर्शिता पर सार्वजनिक चर्चा होती रही है। व्यापक रूप से यह माना जाता है कि स्वैच्छिक क्षेत्रक को उपयुक्त स्व–विनियम के माध्यम से इन मुद्दों का समाधान करना चाहिए सरकार इस तरह के विकास को प्रोत्साहित करेगी और तत्पश्चात् स्वैच्छिक क्षेत्रक के लिए एक स्वतंत्र, राष्ट्र–स्तरीय स्व–विनियामक एजेंसी को मान्यता देगी।

4.5. इसके साथ ही स्वैच्छिक क्षेत्रक में व्यापक सार्वजनिक संवीक्षा आरम्भ करके इसमें सार्वजनिक निष्ठा को कायम करने की आवश्यकता है। सरकार उन स्वैच्छिक संगठनों को जो सरकारी एजेंसियों से निधियन प्राप्त करते रहे हैं, के संबंध में सार्वजनिक निरीक्षण की प्रवृति को अंतर्निविष्ट करने के लिए केन्द्र और राज्य स्तर पर ऐसे दस्तावेज सार्वजनिक क्षेत्र में प्रस्तुत करने के लिए एजेंसियों को मानदण्ड शुरू

करने हेतु प्रोत्साहित करेगी (इंटरनेट के माध्यम से आसान पहुँच के साथ)।

4.6. सार्वजनिक चन्दा स्वैच्छिक क्षेत्रक संबंधी निधियों का एक महत्वपूर्ण साधन है जो कि पर्याप्त रूप से बढ़ना चाहिए। कर प्रोत्साहन इस प्रक्रिया में एक सकारात्मक भूमिका निभाते हैं। स्टॉक और शेयर आजकल देश में धन का एक महत्वपूर्ण रूप हैं। वीओज को शेयरों के अन्तरण और स्टॉक विकल्प को प्रोत्साहित करने के लिए सरकार इस तरह के चन्दे हेतु टैक्स छूट का प्रस्ताव रखेगी। सरकार आयकर अधिनियम के अन्तर्गत धर्मार्थ परियोजनाओं को दी जाने वाली आयकर छूटों की प्रणाली को सरल और सुलभ भी बनाएगी। इसके साथ ही, यह सुनिश्चित करने के लिए, कि प्रोत्साहनों का निजी वित्तीय लाभ लेने हेतु चैरिटीज द्वारा दुरूपयोग न हो, सरकार प्रशासन की कड़ाई और दण्ड प्रक्रियाओं का विचार करेगी।

4.7. स्वैच्छिक संगठनों का अंतर्राष्ट्रीय वित्तपोषण ऐसे संगठनों तथा देश में उनके कार्य का समर्थन करने में लघु दिखाई देता है, परंतु महत्वपूर्ण भूमिका निभाता है। विदेशी वित्त पोषण प्राप्त करने वाला कोई भी संगठन विदेशी सहयोग (विनियमन) अधिनियम के अन्तर्गत पंजीकृत होना चाहिए। यह कानून उच्च रूप से कड़े जाँच मानदण्डों का दावा करता है जो वीओज द्वारा विदेशी निधियाँ प्राप्त करने में अक्सर प्रतिबंध लगाता है। अनुमोदन होने पर ये निधियाँ एक ही बैंक खाते में रखी जानी चाहिए, इससे भिन्न–भिन्न स्थानों पर काम कर रहे वीओज को बहुत कठिनाईयां होती हैं। स्वैच्छिक संस्थाओं के सम्बन्ध में मंत्रालय द्वारा गठित किये जाने वाले संयुक्त परामर्शी दल के परामर्श से समय–समय पर स्वैच्छिक क्षेत्रों पर लागू इसके प्रावधानों को सरल बनाएगी (पैरा 5.4 में दिये गये सुझाव के अनुसार)।

4.8. केन्द्र सरकार ने सामाजिक और आर्थिक महत्व की परियोजनाओं के लिए स्वैच्छिक संगठनों को प्रत्यक्ष रूप से सहायता देने के लिए द्विपक्षीय एजेंसियों हेतु दिशा निर्देश तैयार किए हैं। यह दोनों, एफसीआरए और आर्थिक कार्य विभाग द्वारा विनियमन के माध्यम से इस प्रकार की निधियों तक पहुँच का नियंत्रण करता है। इस प्रणाली को संबंधित मंत्रालय द्वारा गठित संयुक्त परामर्शी दल के परामर्श से सरल बनाए जाने की आवश्यकता है। (पैरा 5.4 में दिये गये सुझाव के अनुसार)।

4.9. सरकार सभी संबद्ध केन्द्रीय और राज्य सरकारी संस्थाओं को सेवापूर्व और सेवा के अंदर स्वैच्छिक क्षेत्रक के साथ सकारात्मक संबंधों पर प्रशिक्षण मापकों को शुरू करने हेतु प्रोत्साहित करेगी। ऐसी संस्थाओं को स्वैच्छिक संगठनों के साथ सभी लेन–देनों हेतु समयबद्ध प्रक्रिया शुरू करनी चाहिए। इनमें पंजीकरण, आयकर निकासियां, वित्तीय सहायता तथा अन्य प्रक्रियाएं शामिल होंगी। संस्थाओं की शिकायतों को पंजीकृत करने और शिकायतों के निवारण हेतु औपचारिक पद्धतियां होनी चाहिए।

5. विकास में साझेदारी :–

5.1. स्वैच्छिक क्षेत्रक, विकास प्रक्रिया में विशेषकर सामुदायिक भागीदारी के माध्यम से महत्वूपर्ण भूमिका अदा करती है। स्वैच्छिक संगठन, प्रतिबद्ध कौशल, स्थानीय अवसरों और दबावों की एक समझ तथा शायद सर्वाधिक महत्वपूर्ण समुदायों विशेषकर जो अलाभान्वित हैं, के साथ एक अर्थपूर्ण संवाद संचालित करने की क्षमता से निकाले गये वैकल्पिक प्रतिदर्श प्रस्तुत करते हैं। इसलिए यह आवश्यक है कि सरकार और स्वैच्छिक क्षेत्रक एकरूपता प्राप्त करने हेतु एक साथ कार्य करें। जबकि संयुक्त प्रयासों के परिणाम पृथक प्रयासों से कहीं ज्यादा अधिक होते है, जहाँ व्यवहार्य हों, ऐसी साक्षेदारी में अन्य ईकाईयां जैसे पंचायती राज संस्थान, नगर निगम, शैक्षिक संस्थान और निजी क्षेत्रक संगठन भी शामिल हो सकते हैं।

5.2. सरकार और स्वैच्छिक संगठनों के मध्य साझेदारी का अर्थ साझे उद्देश्यों को चिन्हित करना और सहायक भूमिकाओं को परिभाषित करना है। यह साझी जिम्मेदारी और प्राधिकारी के साथ आपसी विश्वास तथा सम्मान के मूल उद्देश्यों पर आधारित होना चाहिए। इसको सरकार और स्वैच्छिक संगठन में एक प्रमुख व्यवहार परिवर्तन की आवश्यकता है। ये सिद्धान्त साझेदारी की शर्तो एवं नियमों में सुस्पष्ट होने चाहिए। वे औपचारिक एवं गैर–औपचारिक सहयोगों की पद्धति में उजागर भी होने चाहिए।

5.3. इस नीति में भागीदारी के तीन साधनों की पहचान की गई है अर्थात् (1) केन्द्र, राज्य और जिला स्तर पर अंतः क्रिया की औपचारिक प्रक्रिया के माध्यम से विचार विमर्श, (2)जहां दीर्घकालिक सतत् सामाजिक जुटाव महत्वपूर्ण है वहां जटिल हस्तक्षेपों को सुलझाने हेतु कार्यनीतिक

सहयोग, (3) तथा मानकों, स्कीमों के माध्यम से परियोजना का निधिकरण। सरकार यह सुनिश्चित करेगी कि भागीदारी के इन तीन साधनों पर मंत्रालयों और राज्यों द्वारा तैयार की जाने वार्षिक योजनाओं में समुचित ध्यान दिया जाय। जिन साधनों में से प्रत्येक के संदर्भ में की जाने वाली कार्रवाई के ब्यौरों पर चर्चा की गई है।

5.4. सरकार संबधित केन्द्रीय विभागों/मंत्रालयों तथा राज्य सरकारों द्वारा संयुक्त मंच/परामर्श समूह अथवा संयुक्त मशीनरी स्थापित करने को प्रोत्साहित करेगी। ऐसा करने के लिए सरकार जिला प्रशासनों, जिला योजना निकायों, जिला ग्रामीण विकास एजेंसी, जिला परिषदों एवं स्थानीय सरकारों को भी प्रोत्साहित करेगी। विचारों, दृष्टिकोणों एवं सूचना को बांटने के विशिष्ट अधिदेश तथा सुअवसरों की पहचान एवं संयुक्त रूप से कार्य करने के मैकेनिज्म सहित ये समूह स्थायी मंच होंगे। इन समूहों/मंचों में स्वैच्छिक क्षेत्रक के सभी वर्गों को शामिल करने हेतु सरकार उपयुक्त मैकेनिज्म बनाएगी।

5.4.1. प्रमुख मुद्दों के समाधान के लिए सरकार द्वारा समय–समय पर गठित सम्बन्धित समितियों, कार्यदलों और सलाहकारी पैनलों में स्वैच्छिक संगठन के विषेशज्ञों सहित स्वैच्छिक संगठन की विषेशज्ञता का भी उपयोग किया जायेगा।

5.5. देश कई जटिल समस्याओं का सामना करता है जिनको अपनाए जाने वाले, बहुक्षेत्रकीय समाधानों की आवश्यकता है जिसमें विशेष रूप से सामाजिक एकीकरण चुनौतीपूर्ण है। इनमें गरीबी उन्मूलन, कौशल वर्धन, उद्यमिता विकास, महिला सशक्तिकरण, जनसंख्या स्थिरीकरण, एचआईवी/एड्स को रोकना, जनसंसाधन, प्राथमिक शिक्षा और वन प्रबंधन कुछेक शामिल हैं। इन क्षेत्रों को राष्ट्रीय स्तर कार्यक्रमों जो कि अवधि में दीर्घकालिक हैं और वर्णित उद्देश्यों को प्राप्त करने में बहुकार्यनीति, विधियों तथा गतिविधियों को इस्तेमाल करते हैं, के जरिए सरकार और स्वैच्छिक संगठनों के मध्य कार्यनीतिक सहयोग की तात्कालिक आवश्कता है। सरकार स्वैच्छिक संगठन के साथ साझेदारी में कार्यान्वित होने वाले राष्ट्रीय सहयोगी कार्यक्रमों हेतु विशिष्ट उद्देश्यों को चिन्हित करेगी। प्रत्येक राष्ट्रीय सहयोगी कार्यक्रम एक हद तक बड़े पैमाने पर कार्य करने की योग्यता वाले प्रतिष्ठित, मझोले और बड़े स्वैच्छिक संगठनों के निश्चित समूह को शामिल करेगा। सरकार यह

सुनिश्चित करेगी कि ऐसे राष्ट्रीय सहयोगी कार्यक्रमों को योजना दस्तावेजों में उचित महत्व दिया जाए।

5.6 सरकार एवं स्वैच्छिक संगठनों में तीसरा औजार परियोजना निधियन है। बहुत बड़ी संख्या में सरकारी संस्थाएं स्वैच्छिक संगठनों को वित्तीय सहायता हेतु स्कीमें चलाती हैं। ये स्कीमें सामान्यतः सर्वेक्षण, शोध, कार्यशालाओं, गोष्ठियों, वृत्तियों, जागरूकता बढ़ाने, प्रशिक्षण, जन कल्याण सुविधाओं के सृजन, जन कल्याण सुविधाओं को चलाने और इसी तरह की गतिविधियों के साथ सम्बद्ध हैं। परियोजना अनुदान सरकार के लिए सीधे भाग लिए बिना इसकी गतिविधियों को प्रोत्साहित करने हेतु एक बहुत उपयोगी माध्यम है। वे लघु एवं मध्यम स्वैच्छिक संगठनों की सहायता के बहुमूल्य माध्यम भी हैं तो भी, सहायता अनुदान स्कीमों की प्रभाविता के संबंध में सरोकार वैध हैं। पुराने डिजाइन, मनमानी प्रक्रिया, अनुपयुक्त स्वैच्छिक संगठनों का चुनाव, कार्यान्वयन की खराब गुणवत्ता और निधि के दुरूपयोग कुछ ऐसे लक्षण हैं, जिनसे किसी स्कीम के उद्देश्य विफल हो सकते हैं। स्वैच्छिक संगठनों को वितरित की जाने वाली सरकारी निधियों की उचित जवाबदेही और मानीटरिंग सुनिश्चित करने के लिए संबंधित सरकारी एजेंसियों को प्रोत्साहित किया जाएगा।

5.6.1 कुछ केन्द्रीय एजेन्सियों को परियोजना निधियन की प्रक्रिया के विकेन्द्रीकरण से अच्छे परिणाम प्राप्त हुए हैं। विभिन्न स्कीमों को सीधे कार्यान्वित करने के अलावा, वे अपनी ओर से ऐसा करने के लिए क्षेत्रीय या राज्य स्तरीय मध्यवर्गी संगठनों को नियुक्त करते हैं। इससे स्वैच्छिक संगठनों का बेहतर चयन करने में और स्वैच्छिक संगठनों की बेहतर मानीटरिंग करने में परस्पर क्रिया होती है। मध्यवर्ती संगठन अम्बरेला स्वैच्छिक संगठनों, व्यावसायिक या शैक्षिक संस्थानों, राज्य सरकार की एजेन्सियों या बहु पणधारी स्थायी समितियों के अन्तर्गत शामिल हो सकते हैं। योजना आयोग ऐसे विकेन्द्रीकृत निधियन के अनुभवों की समीक्षा करेगा और केन्द्रीय एजेन्सियों को उपयुक्त सिफारिशें करेगा।

5.6.2 यह विचार है कि स्वैच्छिक संगठनों के प्रत्यायन से बेहतर निधियन निर्णय होंगे और निधियन प्रक्रिया अधिक पारदर्शी होगी। इसके अलावा, प्रत्यायन से बेहतर शासन, प्रबंधन और स्वैच्छिक संगठनों के निष्पादन

को प्रोत्साहन मिल सकता है। बहरहाल, अब तक कोई भी वैध और विश्वसनीय प्रत्यायन प्रक्रिया उपलब्ध नहीं है। सरकार वैकल्पिक प्रत्यायन पद्धति विकसित करने के लिए स्वैच्छिक क्षेत्र स्थित एजेन्सियों के साथ–साथ विभिन्न एजेन्सियों को प्रोत्साहित करेगी। इससे स्वैच्छिक संगठनों के सरकारी निधियन से सम्बन्धित उनके आवेदनों पर विचार करने से पहले स्वैच्छिक क्षेत्र में ऐसी पद्धति पर विचार किये जाने और स्वीकार्यता प्राप्त किये जाने के लिए समय मिल जायेगा।

6. स्वैच्छिक क्षेत्र को सुदृ ढ़ बनानाः–

6.1 भारतीय समाज में परोपकारिता की एक सुस्थापित परम्परा रही है। जबकि कर रियायतों की व्यवस्था धर्मार्थ संगठनों के लिए दान की सुविधा प्रदान करती है। सार्वजनिक सेवा हेतु निजी धन को उपलब्ध कराने की पर्याप्त संभाव्यता है। सरकार योग्य स्वैच्छिक संगठनों को वित्तीय सहायता प्रदान करने के लिए विद्यमान और नये स्वतंत्र परोपकारी संस्थानों को मद्द करेगी और प्रोत्साहित करेगी। वह सार्वजनिक और निजी अनुदान दाताओं के बीच बातचीत को भी बढ़ावा देगी जिससे कि वे अनुदान देने और निधियां एकत्र करने की श्रेष्ठ प्रणाली से फायदा उठा सकें।

6.2 सभी पणधारियों की जवाबदेही और कार्यकलाप में पादर्शिता सुशासन के मुख्य मुद्दे हैं। स्वैच्छिक क्षेत्र से आशा की जाती है कि वह अपने खुद के बेंचमार्क्स निर्धारित करें जो उन्नत शासन हेतु बराबर दबाव बनाए रखें। चूंकि स्वैच्छिक संगठनों के उद्देश्यों एवं कार्यकलापों में अन्तर होता है, इसलिए जवाबदेही एवं पारदर्शिता हेतु सभी के लिए समान मानदण्ड निर्धारित करना अव्यवहारिक है। इससे उपयुक्त सहायक संगठनों और स्वैच्छिक संगठन नेटवर्क तथा परिसंघों को इस मुद्दे पर चर्चा, विचार–विमर्श और सहमति के लिए प्रोत्साहन मिलेगा। इससे ऐसी एजेन्सियों को स्वेच्छा से मानदण्ड अपनाने हेतु स्वैच्छिक संगठनों को सलाह देने और सहायता देने के लिए भी प्रोत्साहन मिलेगा जिन्हे वे स्वीकार्य और उपयोगी महसूस करती हैं। सरकार श्रेष्ठ प्रणाली का प्रचार करके स्वैच्छिक संगठनों के बीच शासन में श्रेष्ठता को समुचित मान्यता प्रदान करेगी।

6.3 स्वैच्छिक क्षेत्र में कार्य करने वाले लोगों के लिए प्रशिक्षण एक निर्णायक आवश्यकता है। बहरहाल, इसकी प्रशिक्षण पाठ्यक्रमों की अनुपलब्धता

के कारण प्रायः उपेक्षा की जाती है। जो कि उच्च गुणवत्ता वाले और उचित मूल्य वाले होते हैं। सरकार उन संगठनों को सहायता और प्रोत्साहन देगी जो प्रार्थियों को स्वैच्छिक क्षेत्र में प्रवेश करने में और ऐसे लोगों को जो कि पहले से ही इस क्षेत्र मे कार्य कर रहे हैं, को प्रशिक्षण देते हों। यह इस प्रकार की सहायता के एक उपाय के रूप में इसके प्रशिक्षण संस्थानों के पास मौजूदा रूप में उपलब्ध भौतिक सुविधाओं को उपलब्ध कराएगा।

6.4 विकास समस्याओं के संस्थागत, तकनीकी और सामाजिक अभिगमों में नवीनता लाना स्वैच्छिक कार्य का एक आवश्यक घटक है। सरकार नवीन और अग्रणी कार्य को सहायता, प्रोत्साहन और मान्यता प्रदान करेगी।

6.5 विभिन्न क्षेत्रों में और विभिन्न स्तरों पर काम कर रहे स्वैच्छिक संगठनों के आंकड़े आधार (डाटाबेस) स्वैच्छिक क्षेत्र के अन्तर्गत और स्वैच्छिक क्षेत्र और सार्वजनिक और निजी क्षेत्र के बीच संचार के लिए उपयोगी हैं। सरकार उपयुक्त एजेन्सियों को डाटाबेस तैयार करने और ऐसे डाटाबेस को अद्यतन बनाने का कार्य सौंपेगी।

6.6 स्वैच्छिक संगठनों के लिए सरकारी नीतियों और कार्यक्रमों के संबंध में सूचना प्राप्त करना अक्सर कठिन होता है। विभिन्न सरकारी एजेन्सियों की वेबसाइट को महत्वपूर्ण दस्तावेजों और डाटाबेसेज, जिसमें परियोजना निधियन स्कीमों से भी संबंधित डाटाबेस हैं, से सम्पर्क स्थापित करने के लिए पुनः अभिकल्पित किया जाएगा।

6.7 सरकार परिवार कल्याण केन्द्रों, प्राथमिक स्वास्थ्य केन्द्रों, अस्पतालों और स्कूलों, व्यावसायिक प्रशिक्षण केन्द्रों जैसे सार्वजनिक सेवाओं में स्वयं सेवकों की भागीदारी को प्रोत्साहित करेगी।

स्वैच्छिक क्षेत्र राष्ट्रीय नीति, 2007 स्वैच्छिक संगठनों की स्वायत्तता एवं पहचान को बिना प्रभावित करते हुए सरकार एवं स्वैच्छिक क्षेत्र के बीच एक नया कार्यशील संबंध विकसित करने की प्रक्रिया का शुभारंभ है।

संलग्नक – 2: निगमित सामाजिक उत्तरदायित्व (Corporate Social Responsibilities) सी.एस.आर. नियम 2014

भारत के कॉरपोरेट मामलों के मंत्रालय ने निगमित सामाजिक दायित्व (सी.एस.आर.) नियम 2014 की अधिसूचना 27 फरवरी को जारी की। यह नियम 1 अप्रैल 2014 से प्रभावी हुए हैं। ये नियम कम्पनी अधिनियम 2013 की धारा 135 और 7वीं अनुसूची को प्रभावी बनायेंगे।

इस नियम के अनुसार वैसी कम्पनियां जिन्हें बड़ा लाभ होता है उन्हें अपने मुनाफे का 2 प्रतिशत निगमित सामाजिक उत्तरदायित्व पर खर्च करना होगा जो समाज की भलाई के लिए होगा। 500 करोड़ रूपये की न्यूनतम निवल वाली कम्पनी या 5 करोड़ रूपये के शुद्ध लाभ वाली कम्पनियों या 1000 करोड़ का कारोबार करने वाली कम्पनियों के लिए सी.एस.आर. गतिविधियों में 2 प्रतिशत खर्च करना अनिर्वाय होगा।

सी.एस.आर. की अवधारणा को संपोषित आर्थिक विकास के सिद्धांत से जोड़कर देखा जाता रहा है। जिसमें यह आवश्यक होता है कि संगठन में वित्तीय पहलुओं पर आधारित निर्णय ही नहीं लिये जाते है अपितु उनके कार्यकलापों के तात्कालिक और दीर्घावधि सामाजिक तथा पर्यावरणीय प्रभावों पर भी आधारित होते हैं।

निगमीय सामाजिक दायित्व (सी.एस.आर.) में स्वैच्छिक संगठनों के लिए अवसर

सी.एस.आर. के क्षेत्र में कम्पनियां पिछले वर्षों से स्वैच्छिक संगठनों के साथ मिलकर कार्य कर रही हैं। चित्रकूट में मफतलाल समूह द्वारा सद्‌गुरू सेवा संघ ट्रस्ट को सहयोग, दीनदयाल शोध संस्थान को आरोग्यधाम के लिए टाटा समूह द्वारा सहयोग कम्पनी–स्वैच्छिक संगठन भागीदारी के कुछ उदाहरण हैं। कम्पनी अधिनियम 2013 लागू होने के बाद योग्य कम्पनियों के लिए अपने लाभ का 2 प्रतिशत सी.एस.आर. पर खर्च करना आवश्यक है। इस अनिवार्यता के कारण बहुत सी कम्पनियां सामाजिक एंव विकासात्मक कार्य में स्वैच्छिक संगठनों को वित्तीय सहायता प्रदान कर रही है। एक अनुमान के अनुसार सी.एस.आर. मद में भारत में प्रत्येक वर्ष 18,000 करोड़ रूपये कम्पनियों को व्यय करने हैं। अतः इस क्षेत्र में नियम की सहभागिता के पर्याप्त अवसर हैं। बड़ी कम्पनियाँ अपने सी. एस.आर. कार्य को स्थानीय स्वैच्छिक संगठनों के माध्यम से संचालित कर रही हैं। सिंगरौली जिले में स्थित हिण्डाल्को इण्डस्ट्रीज की महान एल्युमिनियम अपने सी.एस.आर. कार्य का संचालन ग्राम सुधार समिति के माध्यम से कर रही है।

कारपोरेट सामाजिक दायित्व नियम 2014

केन्द्रीय सरकार कंपनी अधिनियम, 2013 (2013 का 18) की धारा 135 और धारा 469 की उप–धारा (1) और (2) के द्वारा प्रदत्त शक्तियों का प्रयोग करते हुए निम्नलिखित नियम बनाती है, अर्थात् –

1. संक्षिप्त नाम और प्रारम्भः–

1. इन नियमों का संक्षिप्त नाम कम्पनी (कारपोरेट सामाजिक दायित्व नीति) नियम, 2014 है।
2. ये नियम 01 अप्रैल, 2014 से प्रवृत्त होंगे।

2. परिभाशाएं :–

1. इन नियमों में, जब तक कि संदर्भ से अन्यथा अपेक्षित न हो,

(क) "अधिनियम" से कम्पनी अधिनियम, 2013 अभिप्रेत है,

(ख) "उपाबंध" से इन नियमों से उपाबद्ध उपाबंध अभिप्रेत है,

(ग) "कापोरेट सामाजिक दायित्व (सी.एस.आर.)" से निम्नलिखित अभिप्रेत और शामिल हैं किन्तु निम्नलिखित तक सीमित नहीं है –

(i) अधिनियम की अनुसूची 7 मे विनिर्दिष्ट कार्यकलापों से संबंधित परियोजना अथवा कार्यक्रम, अथवा

(ii) कम्पनी की घोषित कारपोरेट सामाजिक दायित्व नीति के अनुसार बोर्ड की सी.एस.आर. समिति की सिफारिश के अनुसरण में किसी कम्पनी के निदेशक बोर्ड द्वारा शुरू किए गए क्रियाकलापों से संबंधित परियोजना अथवा कार्यक्रम बशर्ते कि ऐसी नीति में अधिनियम की अनुसूची 7 में उल्लिखित विषय सम्मिलित हों।

(घ) "सी.एस.आर. समिति" के अधिनियम की धारा 135 में निर्दिष्ट बोर्ड की कारपोरेट सामाजिक दायित्व अभिप्रेत है,

(ङ) "सी.एस.आर. नीति" कम्पनी के कारबार के सामान्य प्रचलन के अनुसरण में किए गए कार्यकलापों को छोड़कर, अनुसूची 7 में यथाविनिर्दिष्ट कम्पनी द्वारा किए गए कार्यकलाप और उस पर किए गए व्यय से संबंधित है,

(च) "शुद्ध लाभ" के अधिनियम के लागू उपबंधों के अनुसरण में तैयार किए गए वित्तीय विवरण के अनुसार किसी कम्पनी के शुद्ध लाभ अभिप्रेत हैं किन्तु इनमें निम्नलिखित शामिल नहीं है अर्थात् –

(i) कम्पनी की विदेश स्थित किसी शाखा अथवा शाखाओं, चाहे वह अलग कम्पनी के रूप में अथवा अन्यथा कार्यरत है, से प्राप्त कोई लाभ, तथा

(ii) भारत में अन्य कम्पनियों जो अधिनियम की धारा 135 के अन्तर्गत शामिल हैं अथवा इसके अनुबंधों का अनुपालन करती हैं, से प्राप्त कोई लाभांशः

परन्तु किसी वित्तीय वर्ष, जिसके लिए कम्पनी अधिनियम, 1956 (1956 का 1) के उपबंधों के अनुसरण में सुसंगत वित्तीय विवरण तैयार किए गए थे, के संबंध में 'शुद्ध लाभ' की पुनः गणना अधिनियमों के उपबंधों के अनुसार अपेक्षित नहीं होगी।

परन्तु यह और कि इन नियमों के अधीन आने वाली विदेशी कम्पनी के मामले में शुद्ध लाभ से अधिनियम की धारा 198 के साथ पठित धारा 381 की उप–धारा (1) के खण्ड (क) के अनुसार तैयार लाभ–हानि खाते के अनुरूप ऐसी कम्पनी का शुद्ध लाभ अभिप्रेत है।

2. इन नियमों में प्रयक्त शब्दों और अभिव्यक्तियों, जिन्हें इन नियमों में परिभाषित नहीं किया गया है किन्तु अधिनियम में परिभाषा किया गया है, के वही अर्थ होंगे जो अधिनियम में दिए गए हैं।

3. कारपोरेट सामाजिक दायित्वः–

(i) प्रत्येक कम्पनी अपनी होल्डिंग अथवा अनुशंगी सहित तथा अधिनियम की धारा 2 के खण्ड (42) के अन्तर्गत परिभाषित कोई विदेशी कम्पनी जिसका शाखा कार्यालय अथवा परियोजना कार्यालय भारत में है और जो अधिनियम की धारा 135 और इन नियमों के उपबंधों का अनुपालन करेगी,

परन्तु अधिनियम के अन्तर्गत किसी विदेशी कम्पनी का शुद्धमूल्य, व्यापारावर्त अथवा शुद्ध लाभ की गणना अधिनियम की धारा 381 की उपधारा (1) के खण्ड (क) और धारा 198 के उपबंधों के अनुसरण में तैयार किए गए उस कम्पनी के तुलन पत्र और लाभ व हानि विवरण के अनुसार की जाएगी।

(ii) प्रत्येक कम्पनी जो क्रमवर्ती तीन वित्तीय वर्षों के लिए अधिनियम की धारा 135 की उप–धारा (1) के अन्तर्गत कम्पनी नहीं रहती है, उससे निम्नलिखित अपेक्षित नहीं होगा,

(क) सी.एस.आर. समिति का गठन करना,

(ख) उक्त धारा की उप धारा (2) के उप धारा (5) में अंतर्विष्ट उपबंधों का अनुपालन करना, जब तक कि वह कम्पनी धारा 135 की उप धारा (1) मे निहित मानकों को पूरा नहीं करती।

4. सी.एस.आर. कार्यकलापः—

1. कम्पनी को अपनी कथित कारपोरेट सामाजिक दायित्व नीति के अनुसार अपने व्यवसाय के सामान्य कार्य के अनुसरण में किए गए कार्यो को छोड़कर परियोजनाओं अथवा कार्यक्रमों अथवा कार्यकलापों (नए अथवा चल रहे) के रूप में अपने कारपोरेट सामाजिक दायित्व कार्यकलाप करने होंगे।

2. कम्पनी का बोर्ड कारपोरेट सामाजिक दायित्व समिति द्वारा अनुमोदित अपने सी.एस.आर कार्यकलाप किसी रजिस्ट्रीकृत न्यास अथवा रजिस्ट्रीकृत सोसायटी अथवा अधिनियम की धारा 8 के अधीन कम्पनी द्वारा स्थापित किसी कम्पनी अथवा उसकी होल्डिंग या अनुषंगी या सहयोगी कम्पनी के माध्यम से अथवा अन्य किसी तरीके से चला सकता हैः परन्तु कि—

   (क) यदि ऐसा न्यास, सोसाइटी अथवा कम्पनी की स्थापना उस कम्पनी तथा उसकी होल्डिंग या अनुषंगी या सहयोगी कम्पनी द्वारा नहीं की गई हो तो इसके पास समान कार्यक्रम अथवा परियोजनाएं चलाने का तीन वर्षो का प्रमाणित अभिलेख होना चाहिए।

   (ख) कम्पनी ने इन अस्तित्वों के माध्यम से चलाई जाने वाली परियोजनाओं अथवा कार्यक्रमों, ऐसी परियोजनाओं और कार्यक्रमों पर धन राशि के उपयोग की कार्य—प्रणाली और निगरानी तथा रिपोर्टिंग तंत्र विनिर्दिष्ट किया हो।

3. कोई कम्पनी परियोजनाओं या कार्यक्रमों या कारपोरेट सामाजिक दायित्व कार्यकलापों को इस प्रकार चलाने के लिए अन्य कम्पनियों के साथ भी सहयोग इस रीति में कर सकती है कि संबंधित कम्पनियों की कारपोरेट सामाजिक दायित्व समितियां इन नियमों के अनुसार ऐसी परियोजनाओं अथवा कार्यक्रमों पर अलग—अलग रिपोर्ट देने की स्थिति में हों।

4. अधिनियम की धारा 135 की उपधारा (5) के उपबंधों के अधीन, भारत

में चलाई गई कारपोरेट सामाजिक दायित्व परियोजनाऐं अथवा कार्यक्रम अथवा कार्यकलाप ही कारपोरेट सामाजिक दायित्व व्यय की कोटि में आयेगें।

5. अधिनियम की धारा 135 के अनुसार, उन कारपोरेट सामाजिक दायित्व परियोजनाओं अथवा कार्यक्रम अथवा कार्यकलापों को कारपोरेट सामाजिक दायित्व कार्यकलाप नहीं माना जाए जिनसे कम्पनी के कर्मचारी अथवा उनके कुटुम्बों को ही फायदा हो।
6. कम्पनियां कम से कम तीन वित्तीय वर्षों में कार्य स्थापित अभिलेख वाली संस्थाओं के माध्यम से अपने कर्मिकों के साथ–साथ अपनी कार्यान्वयन अभिकरणों के कर्मचारियों की कारपोरेट सामाजिक दायित्व क्षमताएं बना सकती है किन्तु ऐसा व्यय एक वित्तीय वर्ष में कम्पनी के कुल कारपोरेट सामाजिक दायित्व व्यय के 5 प्रतिशत से अधिक नहीं होना चाहिए।
7. अधिनियम की धारा 182 के अधीन किसी राजनीति दल को प्रत्यक्ष अथवा अप्रत्यक्ष रूप से किसी राशि के अंशदान पर सी.एस.आर. कार्यकलाप के रूप में विचार नहीं किया जाएगा।

5. सी.एस.आर. समितियां :–

1. नियम 3 की उल्लिखित कम्पनियां निम्नानुसार सी.एस.आर. समिति गठित करेंगी:
   - (i) धारा 135 की उपधारा (1) के अन्तर्गत शामिल कोई असूचीबद्ध सार्वजनिक कम्पनी अथवा प्राइवेट कम्पनी जिसके लिए अधिनियम की धारा 149 की उपधारा (4) के अनुसरण में स्वतंत्र निदेशक की नियुक्ति करना अपेक्षित नहीं है, की ऐसे निदेशक के बिना अपनी सी.एस.आर. समिति होगी;
   - (ii) उपनियम (1) में उल्लिखित कोई प्राइवेट कम्पनी, जिसके बोर्ड में केवल दो निदेशक हों ऐसे दो निदेशकों के साथ अपनी सी.एस. आर. समिति का गठन करेगी।
   - (iii) इन नियमों के अन्तर्गत शामिल किसी विदेशी कम्पनी के बारे में सी.एस.आर समिति में कम से कम दो व्यक्ति शामिल होंगे जिनमें से एक व्यक्ति अधिनियम की धारा 380 की उप धारा (1) के खण्ड (घ) के अन्तर्गत यथा विनिर्दिष्ट व्यक्ति होगा और दूसरा व्यक्ति

विदेशी कम्पनी द्वारा नामनिर्देशित होगा।

2. सी.एस.आर. समिति कम्पनी द्वारा शुरू की जाने वाली सी.एस.आर. परियोजनाओं अथवा कार्यक्रमों अथवा कार्यकलापों के कार्यान्वयन के लिए एक पारदर्शी निगरानी तंत्र संस्थित करेगी।

6. सी.एस.आर. नीति :–

1. कम्पनी की सी.एस.आर. नीति में अन्य बातों के साथ–साथ निम्नलिखित बातें शामिल होंगी, अर्थातः–

   (क) अधिनियम की अनुसूची 7 के क्षेत्र के भीतर आने वाले उन कारपोरेट सामाजिक दायित्व परियोजनाओं या कार्यक्रमों, जिन्हें कम्पनी शुरू करने की योजना बनाती है, की एक सूची तैयार करना, ऐसी परियोजनाओं अथवा कार्यक्रमों के कार्यान्वयन की रूपरेखा निर्धारित करना तथा उनकी कार्यान्वयन अनुसूचियां, तथा

   (ख) ऐसी परियोजनाओं अथवा कार्यक्रमों की निगरानी प्रक्रिया :

   परन्तु कारपोरेट सामाजिक दायित्व कार्यकलापों में कम्पनी के कारबार के सामान्य कार्य के अनुसरण में किए गए कार्यकलाप शामिल नहीं होंगे।

   परन्तु यह और कि निदेशक बोर्ड यह सुनिश्चित करेगा कि कम्पनी द्वारा अपनी कारपोरेट सामाजिक दायित्व नीति में शामिल कार्यकलाप अधिनियम की अनुसूची 7 में शामिल कार्यकलापों से सम्बन्धित हैं।

2. कम्पनी की सी.एस.आर. नीति विनिर्दिष्ट करेगी कि सी.एस.आर. परियोजनाओं अथवा कार्यक्रमों अथवा कार्यकलापों से उद्भूत आधिक्य राशि कम्पनी के कारबार लाभ का हिस्सा नहीं होगी।

7. सी.एस.आर. : व्यय कोष में बोर्ड द्वारा अपनी सी.एस.आर. समिति की सिफारिश पर अनुमोदित सी.एस.आर. कार्यकलापों संबंधी परियोजनाओं अथवा कार्यक्रमों पर अंशदान सहित समस्त व्यय सम्मिलित होगा किन्तु ऐसी मद पर किया जाने वाला व्यय शामिल नहीं होगा जो अधिनियम की अनुसूची–7 के कार्य क्षेत्र में आने वाले कार्यकलापों से संगत अथवा आधार पर न हो।

8. सी.एस.आर. रिपोर्टिंग :–

1. इन नियमों के अधीन होने वाली कम्पनी की अप्रैल 1 को अथवा उसके बाद शुरू होने वाले वित्तीय वर्ष की बोर्ड रिपोर्ट में संलनक में निर्दिष्ट ब्यौरों में शामिल करते हुए सी.एस.आर. संबंधी एक वार्षिक रिपोर्ट शामिल होगी।
2. किसी विदेशी कम्पनी के मामले में, धारा 381 की उपधारा 1 के उपखण्ड ख के अन्तर्गत फाइल किए गए तुलन पत्र में सी.एस.आर. संबंधी रिपोर्ट का एक संलग्नक अंतर्विष्ट होगा।

9. सी.एस.आर. कार्यकलापों का अपनी वेबसाइट पर प्रदर्शनः–

कम्पनी का निदेशक बोर्ड सी.एस.आर. समिति की सिफारिशों को ध्यान में रखने के पश्चात् कम्पनी के लिए सी.एस.आर. नीति अनुमोदित करेगा और ऐसी नीति की विषयवस्तु अपनी रिपोर्ट में प्रकट करेगा तथा उपाबंध में विनिर्दिष्ट ब्यौरों के अनुसार इसे कम्पनी वेबसाइट यदि कोई हो तो पर प्रदर्शित किया जाएगा।

उपाबंध

बोर्ड की रिपोर्ट में शामिल की जाने वाली सी.एस.आर. कार्यकलापों पर वार्षिक रिपोर्ट का प्रपत्र :–

1. कम्पनी की सी.एस.आर. नीति की संक्षिप्त रूप–रेखा, जिसमें शुरू करने के लिए प्रस्तावित कार्यक्रमों/परियोजनाओं का ब्यौरा और सी. एस.आर. नीति और परियोजनाओं या कार्यक्रमों के वैब–लिंक का संदर्भ शामिल हो।
2. सी.एस.आर. समिति की संरचना।
3. पिछले तीन वित्तीय वर्षो के लिए कम्पनी का औसत शुद्ध लाभ।
4. विहित सी.एस.आर. व्यय में (ऊपर मद 3 में ही राशि का दो प्रतिशत राशि)।
5. वित्तीय वर्ष के दौरान सी.एस.आर. व्यय के ब्यौरे,

   (क) वर्ष के लिए खर्च की जाने वाली कुल रकम,

   (ख) वित्तीय वर्ष के लिए खर्च की जाने वाली रकम,

   (ग) वह रीति जिसमें वित्तीय वर्ष के दौरान खर्च की गई रकम के व्यय का विस्तृत ब्यौरा निम्नलिखित दिया गया हैः

1	2	3	4	5	6	7	8
क्र. सं.	अभिज्ञान सी.एस.आर परियोजना/ कार्यकलाप	वह सेक्टर जिसमें परियोजना कवर की गई है।	परियोजनाएं कार्यक्रम (1) स्थानीय क्षेत्र या अन्य (2) (उस जिले/ राज्य का नाम जहाँ परियोजना अथवा कार्यक्रम चलाया गया)	परिव्यय रकम (बजट परियोजना/ कार्यक्रम)	परियोजना/ कार्यक्रम पर खर्च की गई रकम उपशीर्षः 1 परियोजनाओं अथवा कार्यक्रमों पर हुआ प्रत्यक्ष व्यय, 2 उपरिव्यय	रिपोर्टिंग अवधि तक संचयी व्यय	खर्च की गई रकमः प्रत्यक्ष अथवा कार्यान्वयनकारी अधिकरण के माध्यम से
1.							
2.							
3.							
	योग						

कार्यान्वयन अभिकरण के ब्यौरे दें –

6. यदि कम्पनी पिछले तीन वित्तीय वर्षों के औसत शुद्ध लाभ का 2 प्रतिशत या उसका कोई भाग खर्च करने में असफल रही है तो कम्पनी अपनी बोर्ड रिपोर्ट में रकम खर्च न करने के कारण।

7. सी.एस.आर. समिति का एक उत्तरदायित्व पदक–कथन कि सी.एस. आर. नीति का कार्यान्वयन एवं निगरानी कम्पनी के सी.एस.आर. उद्देश्यों एवं नीति के अनुपालन में है।

हस्ताक्षर	हस्ताक्षर	हस्ताक्षर
(मुख्य कार्यपालक अधिकारी अथवा प्रबन्ध निदेशक अथवा निदेशक)	(अध्यक्ष, सी.एस.आर. समिति)	अधिनियम की धारा 380 की उपधारा (1) के खण्ड (घ) के तहत विनिर्दिष्ट व्यक्ति (जहाँ लागू हो)

संलग्नक–3: आयकर अधिनियम की धारा 12 ए एवं 80 जी में पंजीयन आयकर – पंजीकरण प्रविधि (12 ए)

भारत में आयकर सर्वप्रथम 1860 मे लागू हुआ था। प्रारम्भ में धर्मार्थ उद्देश्यों से प्राप्त आय पूर्णतः कर मुक्त थी परन्तु अब आयकर में महत्वपूर्ण परिवर्तन हो गया है। आयकर में छूट हेतु संस्थाओं को बहुत से नियमों का पालन करना होता है। उन्हे आयकर अधिनियम की धारा 12 ए के तहत पंजीकृत होना आवश्यक है।

पंजीकरण के लिये आवेदन :–

– स्वयंसेवी संस्थाओं को पंजीकरण के लिये आयकर आयुक्त को फार्म 10ए (संलग्न) में आवदेन देना होगा।

– स्वयं सेवी संस्थायें जिस अधिनियम के अन्तर्गत स्थापित हैं उनका पंजीकरण प्रमाण पत्र साथ में नियमों एवं पार्षद अन्तर्नियमों को जो कि स्वयं सेवी संस्थाओं के निर्माण को प्रमाणित करें।
– पूर्व के 3 वर्षों के खातों की दो प्रति या जो स्वयंसेवी संस्थायें पूर्व 3 वर्षों से नहीं है जब से संस्था गठित हुई है, उतने वर्षों के खातों की दो प्रतियां।

आवेदन की समय सीमाः– स्वयंसेवी संस्थाओं के बनने के एक साल के भीतर आवेदन कर दिया जाना चाहिए। जो स्वयंसेवी संस्था समय पर आवेदन नहीं कर पाती हैं उन्हें आयकर में छूट आवेदन के वित्तीय वर्ष से प्राप्त होगी। यद्यपि आयकर आयुक्त को यह अधिकार प्राप्त है कि वह आवेदन में देरी को क्षमा कर दे।

प्रदाय एवं निरस्तः– पंजीयन हेतु आवेदन प्राप्त होने की स्थिति में आयकर कमिश्नर उन दस्तावेजों को अथवा जानकारी को मांग सकता है, कमिश्नर को यह अधिकार होता है कि वह आवेदन को निरस्त कर सकता है किन्तु किसी भी आवेदन को निरस्त करने के लिए पर्याप्त कारण होना चाहिए।

निरस्तीकरण को चुनौतीः– आवेदन निरस्त होने की स्थिति में आयकर अधिनियम की धारा 235 के अन्तर्गत अपील की जा सकती है।

आवेदन किसकोः– जहाँ स्वयंसेवी संस्थायें पंजीकृत हैं उस स्थान से आयकर आयुक्त को।

विषेशः– पंजीकरण का तात्पर्य छूट नहीं है। आयकर पंजीकरण, आयकर छूट से अलग है आयकर छूट प्राप्त करने के लिए आयकर अधिनियम की विधि शर्तो को पूर्ण करना आवश्यक है।

आयकर प्रविधिः– स्थायीय खाता संख्याः सभी स्वैच्छिक संस्थाएँ जो की आयकर प्रविधि के अन्तर्गत आती हैं, उनके लिए पैन संख्या अनिवार्य होता है। यह संख्या आयकर विभाग द्वारा प्राप्त की जाती है।

आवेदन प्रक्रियाः– आवेदन के लिए प्रारूप 49–ए होता है। प्रारूप की दो प्रतिलिपि तैयार कर प्रस्तुत करना होता है।

स्थानीय खाता की आवश्यकता क्यों :–

– आयकर विभाग में रिटर्न फाइल करने एवं अन्य आयकर संबंधित जरूरतें।

- कर जमा, ब्याज एवं जुर्माना जमा करने हेतु।
- निम्नलिखित परिस्थितियों में :
  - 50,000/–से अधिक स्थानीय सम्पत्ति की बिक्री एवं खरीदारी कार्य।
  - दुपहिया वाहन के अतिरिक्त वाहन खरीद एवं बिक्री हेतु।
  - 50,000 से अधिक राशि (पोस्ट ऑफिस एवं बैंक) में जमा करने हेतु।
  - एक लाख से अधिक कोई भी शेयर एवं स्टाक के खरीदी एवं बिक्री हेतु।
  - बैंक में खाता खोलने हेतु।

नोटः वे सभी स्वैच्छिक संस्थाएं जो कि धारा 139 ए के अन्तर्गत आती है और यदि पैन संख्या आयकर विभाग से नहीं लेती हैं वे सभी धारा 272 के तहत दण्डित की जा सकती हैं। वित्तीय अधिनियम 2002 के अन्तर्गत धारा 272 बी विशिष्ट रूप से प्रतिपादित किया गया है जिसमें संस्थाएं जो 13 ए के प्रतिपादन में विफल होती है तो संस्था को 500–10,000 रूपये तक का जुर्माना भरना होता है।

धारा 11 और 12 को लागू किए जाने संबंधी शर्तेः– 12क (1) धारा 11 और 12 के उपबंध किसी न्यास या संस्था की आय के संबंध में लागू नहीं होंगे जब तक कि निम्नलिखित शर्ते पूरी न की जाएं, अर्थातः–

(क) आय प्राप्त करने वाले व्यक्ति ने विहित फार्म और विहित रीति में प्रधान आयुक्त या आयुक्त को जुलाई, 1973 को या उसके पूर्व या न्यास के सृजन अथवा संस्था की स्थापना की तारीख से एक वर्ष की कालावधि समाप्त होने के पूर्व (इनमें से जो भी पश्चातवर्ती हो और ऐसा न्यास या संस्था धारा 12 कक के अधीन रजिस्ट्रीकृत हो) न्यास या संस्था के रजिस्ट्रीकरण के लिए आवेदन किया है–

परन्तु जहाँ न्यास या संस्था के रजिस्ट्रीकरण के लिए आवेदन पूर्वोक्त कालावधि की समाप्ति के पश्चात् किया जाता है वहाँ धारा 11 और धारा 12 क उपबंध ऐसे न्यास या संस्था की आय के संबंध में–

(i) यदि (प्रधान आयुक्त या) आयुक्त को ऐसे कारणों से जो लेखबद्ध किए जाएंगे यह समाधान हो जाता है कि आय प्राप्त करने वाला व्यक्ति पूर्वोक्त कालावधि की समाप्ति के पूर्व आवेदन करने से

पर्याप्त कारणों से निवारित रहा था तो न्यास के सृजन या संस्था की स्थापना की तारीख से;

(ii) प्रधान आयुक्त या आयुक्त को इस प्रकार समाधान नहीं होता है तो उस वित्तीय वर्ष के, जिसमें आवेदन किया जाता है, प्रथम दिन से लागू होंगे,

परन्तु यह और कि इस खण्ड के उपबंध 1 जून, 2007 को या उसके पश्चात् किए गए किसी आवेदन के संबंध में लागू नहीं होंगे,

(कक) आय प्राप्त करने वाले व्यक्ति ने न्यास या संस्था रजिस्ट्रीकरण के लिए 1 जनू, 2007 को या उसके पश्चात प्रधान आयुक्त या आयुक्त को विहित प्रारूप और रीति में आवेदन किया है और ऐसा न्यास या संस्था धारा 12क के अधीन रजिस्ट्रीकृत है;

(ख) धारा 11 और धारा 12 के उपबंधों को लागू किए बिना जहाँ उस न्यास या संस्था की इस अधिनियम के अधीन यथा संगणित सकल आय किसी पूर्व वर्ष में उस अधिकतम रकम से अधिक है, जो किसी पूर्ववर्ष में आय–कर से प्रभार्य है, वहां उस न्यास या संस्था के उस वर्ष के लेखे धारा 288 की उपधारा (2) के नीचे स्पष्टीकरण में यथा–परिभाषित लेखापाल द्वारा संपरीक्षित किए गए हैं और आय प्राप्त करने वाले व्यक्ति में सुसंगत निर्धारित वर्ष के लिए आय की विवरणी के साथ ऐसी संपरीक्षा की विहित फार्म में रिपोर्ट, जो ऐसे लेखापाल द्वारा सम्यक हस्ताक्षरित और सत्यापित है और जिसमें ऐसी विशिष्टियाँ उपवर्णित हैं, जो विहित की जाएं, प्रस्तुत की है।

(ग) *****

2. जहाँ कोई आवेदन 1 जून, 2007 को या उसके पश्चात किया गया है वहां धारा 11 और धारा 12 के उपबंध उस वित्तीय वर्ष के, जिसमें ऐसा आवेदन किया जाता है, ठीक बाद के निर्धारण वर्ष से ऐसे न्यास या संस्था की आय के संबंध में लागू होंगे:

परन्तु जहां रजिस्ट्रीकरण, धारा 12कक के अधीन न्यास या संस्था को मंजूर किया गया है, वहां धारा 11 और धारा 12 के उपबंध पूर्वोक्त निर्धारण वर्ष से पूर्ववर्ती किसी निर्धारण वर्ष की न्यास के अधीन धारित संपत्ति से व्युत्पन्न ऐसी आय के संबंध में, जिसके लिए निर्धारण कार्यवाहियां ऐसे रजिस्ट्रीकरण की तारीख को निर्धारण अधिकारी के समक्ष लंबित हैं और ऐसे न्यास या संस्था के उद्देश्य और क्रियाकलाप, ऐसे पूर्ववर्ती निर्धारण वर्ष के लिए समान बने रहते हैं,

परन्तु यह और कि धारा 147 के अधीन कोई कार्यवाही, निर्धारण अधिकारी द्वारा ऐसे न्यास या संस्था की दशा में, उक्त निर्धारण वर्ष के लिए उस न्यास या संस्था का केवल रजिस्ट्रीकरण न किए जाने के कारण पूर्वोक्त निर्धारण वर्ष से पूर्ववर्ती किसी निर्धारण वर्ष के लिए नहीं की जाएंगी ;

परन्तु यह भी कि पहले और दूसरे परन्तुक में अंतर्विष्ट उपबंध किसी ऐसे न्यास या संस्था की दशा में लागू नहीं होंगे, जिसके रजिस्ट्रीकरण से धारा 12क के अधीन इंकार कर दिया गया है या उसे मंजूर किए गए रजिस्ट्रीकरण को किसी समय रद्द कर दिया गया है।

आयकर अधिनियम की धारा 80 जी के अन्तर्गत पंजीयनः– स्वैच्छिक संस्था आयकर अधिनियम की धारा 80 जी में पंजीकृत करवाकर तथा दूसरी निश्चित औपचारिकता पूरी करने पर आयकर से छूट प्राप्त कर सकती है। अधिनियम के कुछ विभिन्न प्रावधानों के अन्तर्गत दानदाताओं को कर में छूट प्राप्त है। धारा 80 जी अन्तर्गत पंजीकरण हेतु आवेदन फार्म 10 जी में करना होता है।

धारा 80 जी के अन्तर्गत पंजीकरणः– स्वैच्छिक संगठन को फार्म 10 जी (सूची 29) में आयकर आयुक्त को पंजीकरण हेतु सीधे आवेदन करना होता है।

आवेदन पत्र तीन प्रतियों में आयकर आयुक्त को निम्नलिखित संलग्नक के साथ दिया जाना चाहिए।

1. आयकर पंजीकरण की प्रमाणित प्रति,
2. स्वयंसेवी संस्था की स्थापना से या पिछले तीन वर्ष जो भी कम हो, के साथ गतिविधियों का विवरण,
3. अंकेक्षित खातों की पिछले तीन वर्षो या स्थापना से अब तक जो भी कम हो की प्रतियां।

धारा 80 जी के अन्तर्गत अनुमोदन के लिये निर्धारित शर्तेः–

- स्वैच्छिक संगठन की कोई ऐसी आय नहीं होना चाहिए जो कर योग्य हो जैसे व्यापार की आय, यदि स्वैच्छिक संगठन की कोई व्यापारिक आय है तो उसके लिये अलग से लेखा जोखा रखे जाने का प्रावधान हो।
- स्वैच्छिक संगठन किसी विशेष सम्प्रदाय या जाति के लिये कार्यरत नहीं होना चाहिए।
- स्वैच्छिक संगठन की नियमित आय और खर्चो का लेखा होना चाहिए।

- स्वैच्छिक संगठन नियमानुसार सोसायटी पंजीकरण धारा 1860 जी के अन्य कोई समान्तर कानून या कम्पनी अधिनियम 2013 की धारा 8 अन्तर्गत पंजीकरण होना चाहिए।

धारा 80 जी के अन्तर्गत लाभः– जो व्यक्ति या संगठन धारा 80 जी के अन्तर्गत दान देता है उसकी अपनी कर योग्य आय में से 50 से 100 प्रतिशत तक कटौती प्राप्त होती है। यहाँ पर सवाल उत्पन्न होता है कि 80 जी के अन्तर्गत कर से बचत 50 प्रतिशत है परन्तु वास्तव में यह ऐसा नहीं है। दान के 50 प्रतिशत तक कर योग्य आय में कटौती की जाती है तथा उस पर कर गणना की जाती है।

35कग.

1. जहां कोई निर्धारिती, किसी पब्लिक सेक्टर कम्पनी या स्थानीय प्राधिकारी का अथवा राष्ट्रीय समिति द्वारा अनुमोदित किसी संगम या संस्था को किसी पात्र परियोजना या स्कीम को कार्यान्वित करने के लिए किसी राशि के संदाय के रूप में कोई व्यय करता है, वहां निर्धारिती को, पूर्व वर्ष के दौरान किए गए ऐसे व्यय की रकम की कटौती, इस धारा के उपबंधों के अधीन रहते हुए, अनुज्ञात की जाएगी।

परन्तु कोई कम्पनी, इस उपधारा के अधीन कटौती का दावा करने के लिए, यथापूर्वोक्त, किसी राशि के संदाय के रूप में अथवा पात्र परियोजना या स्कीम पर सीधे व्यय कर सकेगी।

2. उपधारा (1) के अधीन कटौती तभी अनुज्ञात की जाएगी जब निर्धारिती अपनी आय की विवरणी के साथ –

(क) जहां संदाय उपधारा (1) में निर्दिष्ट किसी पब्लिक सेक्टर कम्पनी या स्थानीय प्राधिकारी अथवा किसी संगम या संस्था को किया जाता है, वहाँ, यथास्थिति, ऐसी पब्लिक सेक्टर कम्पनी या स्थानीय प्राधिकारी अथवा संगम या संस्था से,

(ख) किसी अन्य दशा में, धारा 288 की उपधारा (2) के नीचे स्पष्टीकरण में परिभाषित किसी लेखापाल से, ऐसे फार्म में, ऐसी रीति से और ऐसी विशिष्टियों को दर्ज करते हुए (जिनके अन्तर्गत पूर्व वर्ष के दौरान पात्र परियोजना या स्कीम के संबंध में कार्य की प्रगति से संबंधित विशिष्टियां भी हैं), जो विहित की जाएं, प्रमाणपत्र दे देता है।

स्पष्टीकरण—ऐसी कटौती से, जिसके लिए निर्धारिती इस उपधारा में निर्दिष्ट पात्र परियोजना या स्कीम को चलाने के लिए किसी पब्लिक सेक्टर कम्पनी या किसी स्थानीय प्रधिकारी या किसी संगम या संस्था को संदत्त किसी राशि की बावत हकदार है, मात्र इस आधार पर इनकार नहीं किया जाएगा कि निर्धारिती द्वारा ऐसी राशि का संदाय करने के पश्चात्–

(क) ऐसे संगम या संस्था को दिया गया अनुमोदन वापस ले लिया गया है, या

(ख) ऐसी पब्लिक सेक्टर कम्पनी या स्थानीय प्राधिकारी या संगम द्वारा चलाए जाने वाले पात्र कार्यक्रम या स्कीम को अधिसूचित करने संबंधी अधिसूचना को वापस ले लिया गया है।

3. जहां इस धारा के अधीन किसी कटौती का उपधारा (1) में निर्दिष्ट किसी व्यय की बावत किसी निर्धारण वर्ष के लिए दावा किया जाता है और वह अनुज्ञात कर दी जाती है, वहां ऐसी कटौती इस अधिनियम के किसी अन्य उपबंध के अधीन ऐसे व्यय की बावत उसी या किसी अन्य निर्धारण वर्ष के लिए अनुज्ञात नहीं की जाएगी।

4. जहां कोई संगम या संस्था, उपधारा (1) के अधीन राष्ट्रीय समिति द्वारा अनुमोदित है और बाद में –

(i) उस समिति को यह समाधान हो जाता है कि परियोजना या स्कीम ऐसी सभी या किन्हीं शर्तो के अनुसार, जिनके अधीन अनुमोदन किया गया था, नहीं चलाई जा रही है; या

(ii) ऐसे संगम या संस्था ने, जिसका अनुमोदन किया गया है, प्रत्येक वित्तीय वर्ष की समाप्ति के पश्चात् राष्ट्रीय समिति को ऐसे प्रारूप में और ऐसे विशिष्टियां उपवर्णित करते हुए और ऐसे समय के भीतर, जो विहित किया जाए, रिपोर्ट प्रस्तुत नहीं की है,

वहाँ राष्ट्रीय समिति, संबंधित संगम या संस्था को, अनुमोदन वापस लेने संबंधी प्रस्ताव के विरूद्ध कारण बताने का युक्तियुक्त अवसर दिए जाने के पश्चात, किसी भी समय, ऐसे अनुमोदन को वापस ले सकेगी:

परंतु अनुमोदन वापस लेने संबंधी आदेश की प्रति राष्ट्रीय समिति द्वारा उस निर्धारण अधिकारी को, जिसकी संबंधित संगम या संस्था पर अधिकारिता है, अग्रेषित की जाएगी।

5. जहां कोई परियोजना या स्कीम, स्पष्टकीकरण के खण्ड (ख) के अधीन पात्र परियोजना या स्कीम के रूप में अधिसूचित की गई है और बाद में–

(i) राष्ट्रीय समिति को यह समाधान हो जाता है कि परियोजना या स्कीम ऐसी सभी या किन्ही शर्तो के अनुसार, जिनके अधीन ऐसी परियोजना या स्कीम अधिसूचित की गई थी, नहीं चलाई जा रही है, या

(ii) ऐसी पात्र परियोजना या स्कीम के संबंध में रिपोर्ट, प्रत्येक वित्तीय वर्ष की समाप्ति के पश्चात ऐसे प्रारूप में और ऐसी विशिष्टियाँ उपवर्णित करते हुए और ऐसे समय के भीतर, जो विहित किया जाए, प्रस्तुत नहीं की गई है,

परन्तु अनुमोदन वापस लेने संबंधी प्रस्ताव के विरूद्ध कारण बताने का युक्तियुक्त अवसर राष्ट्रीय समिति द्वारा, यथास्थिति, संबंधित संगम, संस्था, पब्लिक सेक्टर कम्पनी या स्थानीय प्राधिकरण को दिया जाएगा।

परन्तु यह और कि उस अधिसूचना की प्रति, जिसके द्वारा पात्र परियोजना या स्कीम की अधिसूचना वापस ली जाती है, उस निर्धारण अधिकारी को, जिसकी, यथास्थिति, संबंधित संगम, संस्था, पब्लिक सेक्टर कम्पनी या स्थानीय प्राधिकरण पर जो ऐसी पात्र परियोजना या स्कीम चला रहा है, अधिकारिता है, अग्रेषित की जाएगी।

6. इस अधिनियम के किसी अन्य उपबंध में किसी बात के होते हुए भी, जहां–

(i) किसी संगम या संस्था को दिया गया राष्ट्रीय समिति का अनुमोदन उपधारा (4) के अधीन वापस ले लिया जाता है या किसी पब्लिक सेक्टर कम्पनी या स्थानीय प्राधिकारी या संगम या संस्था की दशा में उपधारा (5) के अधीन पात्र परियोजना या स्कीम संबंधी अधिसूचना वापस ले ली जाती है, या

(ii) किसी कम्पनी ने पात्र परियोजना या स्कीम पर प्रत्यक्ष रूप से किए गए किसी व्यय की बावत उपधारा (1) के परंतुक के अधीन कटौती का दावा किया है और अधीन वापस ले लिया जाता है,

वहां, यथास्थिति, पब्लिक सेक्टर कम्पनी या स्थानीय प्राधिकारी या संगम या संस्था द्वारा प्राप्त ऐसे संदाय की कुल रकम, जिसकी बावत ऐसी कम्पनी या प्राधिकारी या संगम या संस्था ने उपधारा (2) के खण्ड (क) में निर्दिष्ट प्रमाणपत्र प्रस्तुत किया है या किसी कम्पनी ने उपधारा (1) के परंतुक के अधीन दावा की

गई कटौती, ऐसे पूर्व वर्ष के लिए जिसमें ऐसा अनुमोदन या अधिसूचना वापस ली जाती है, यथास्थिति, ऐसी कम्पनी या प्राधिकारी या संगम या संस्था की आय समझी जाएगी, और ऐसी आय पर उस वर्ष में प्रवृत्त अधिकतम मार्जिनल दर पर कर प्रभारित किया जाएगा।

वित्त अधिनियम, 2016 द्वारा 1.4.2017 से धारा 35 कग की उपधारा (6) के पष्चात निम्नलिखित उपधारा (7) अंतःस्थापित की जाएगी –

7. इस धारा क अधीन 1 अप्रैल, 2018 को या उसके पश्चात प्रारम्भ होने वाले किसी निर्धारण वर्ष के संबंध में कोई कटौती अनुज्ञात नहीं की जाएगी।

स्पष्टीकरण – इस धारा के प्रयोजनों के लिए, –

(क) 'राष्ट्रीय समिति' से केन्द्रीय सरकार द्वारा, इस अधिनियम के अधीन बनाए गए नियमों के अनुसार ऐसे व्यक्तियों से गठित समिति अभिप्रेत है, जिन्हें सार्वजनिक जीवन में ख्याति प्राप्त हुई है,

(ख) 'पात्र परियोजना या स्कीम' से जनता के सामाजिक और आर्थिक कल्याण की अभिवृद्धि या उत्थान के लिए ऐसी परियोजना या स्कीम अभिप्रेत है जो केन्द्रीय सरकार, राजपत्र में अधिसूचना द्वारा, राष्ट्रीय समिति की सिफारिशों पर इस निमित्त विनिर्दिष्ट करे।

80. वित्त (सं. 2) अधिनियम 1991 द्वारा 1.4.1992 से अंतःस्थापित।

81. 'सामाजिक और आर्थिक कल्याण उन्नयन राष्ट्रीय समिति के गठन और उसके सदस्यों की नियुक्ति के लिए संबंधित अधिसूचना देखिए।

82. नियम 11ठ के अधीन विहित प्राधिकारी, सचिव, सामाजिक और आर्थिक कल्याण उन्नयन राष्ट्रीय समिति, राजस्व विभाग, भारत सरकार हैं। संगम/संस्था के अनुमोदन या परियोजना/स्कीम की सिफारिश के लिए आवेदन को प्रारूप के लिए देखिए नियम 11ठ।

83. पब्लिक सेक्टर कम्पनी/स्थानीय प्राधिकरण आदि से पात्र परियोजना स्कीम के संबंध में संदाय के रूप में व्यय–प्रमाणपत्र के लिए, देखिए नियम 11ण (1) और प्रारूप सं. 58क।

84. चार्टर्ड एकाउंटेंड से पात्र परियोजना/स्कीम के संबंध मे कम्पनी द्वारा सीधे किए गए संदाय/व्यय के प्रमाण पत्र के लिए, देखिए नियम 11ण(2) और प्रारूप सं. 58ख।

85. कराधान विधि (संशोधन) अधिनियम, 2006 द्वारा 1.4.2006 से भूतलक्षी प्रभाव से अंतःस्थापित।

86. वित्त (सं. 2) अधिनियम, 2004 द्वारा 1.10.2004 से प्रतिस्थापित। प्रतिस्थापन से पूर्व, उपधारा (4) और (5), जो वित्त (सं. 2) अधिनियम, 1996 द्वारा 1.10.1996 से अंतःस्थापित की गयी थीं, इस प्रकार थी –

(4) जहां संगम या संस्था उपधारा (1) अधीन राष्ट्रीय समिति द्वारा अनुमोदित है और बाद में उस समिति को समाधान हो जाता है कि परियोजना या स्कीम उन शर्तो में से जिनके अधीन अनुमोदन किया गया था, सब या किन्ही के अनुसार नहीं चलाई जा रहीं हैं तो वह किसी भी समय, संबंधित संगम या संस्था को अनुमोदन वापस लेने संबंधी प्रस्ताव के विरूद्ध कारण बताने का युक्तियुक्त अवसर दिए जाने के पश्चात अनुमोदन वापस ले सकेगी।

(5) जहां कोई परियोजना या स्कीम स्पष्टीकरण के खण्ड (ख) के अधीन पात्र परियोजना या स्कीम के रूप में अधिसूचित की गई है और बाद में राष्ट्रीय समिति का समाधान हो जाता है कि परियोजना या स्कीम ऐसी सभी या किन्ही शर्तो के अनुसार जिनके अधीन वह परियोजना या स्कीम अधिसूचित की गई थी, नहीं चलाई जा रही है तो ऐसी अधिसूचना उसी रीति से वापस ली जा सकेगी जिसमें वह जारी की गई थी –

परन्तु ऐसी वापसी के विरूद्ध कारण बताने का युक्तियुक्त अवसर राष्ट्रीय समिति द्वारा संबंधित संगम, संस्था, पब्लिक सेक्टर कम्पनी या स्थानीय प्राधिकारी, जो भी हो, को दिया जाएगा।'

88. वित्त अधिनियम, 2002 द्वारा 1.4.2003 से अंतःस्थापित।

88क. अधिसूचित पात्र परियोजनाओं और स्कीमों के लिए संबंधित अधिसूचना देखिए।

स्त्रोत पर कर कटौती तथा कटौती खाता नम्बर

आयकर अधिनियम कानून के अन्तर्गत प्रत्येक व्यक्ति अन्य व्यक्ति को रूपये का भुगतान करता है उसे चाहिए कि भुगतान का निर्देशित भाग कर कटौती खाता नम्बर प्राप्त करने की प्रक्रिया सभी संस्थाएं जो कि कर कटौती हेतु जवाबदार है, उन्हें आवश्यक है कि परामर्श अधिकारी से प्राप्त करें। टैन प्राप्त करने हेतु प्रारूप 48 बी में आवेदन करें।

आयकर अधिनियम कानून के अन्तर्गत यह जरूरी हो जाता है कर योग्य भुगतान पर कर कटौती की जाये। अतः स्वैच्छिक संस्थाओं के लिये यह आवश्यक है कि टैन प्राप्त करें तथा निम्न दस्तावेजों को प्रस्तुत करते समय उसका उल्लेख करें–

- काटे गये कर को जमा करते समय प्रस्तुत किये जाने वाले चालानों पर।
- कर कटौती के संदर्भ मे जारी किये जाने वाले प्रमाण पत्रों पर
- संसाधनों पर काटे गये कर के संदर्भ में प्रस्तुत किये जाने वाले रिटर्न पर।
- अन्य संबंधित दस्तावेजों पर।

आयकर अधिनियम ने भुगतानों की सूची तैयार की है, जिसमें स्रोत पर कटौती आवश्यक है जो निम्न प्रकार है:–

भुगतान का प्रकार	राशि जिससे अधिक पर टी.डी.एस. लगना है (रूपये में)	कटौती की दर
वेतन	50,000	औसत दर से
कान्ट्रैक्ट / सब कान्ट्रेक्ट	20,000	विज्ञापन के संदर्भ में 1 प्रतिशत व अन्य 2 प्रतिशत
किराया	1,20,000	20 प्रतिशत
प्रोफेशनल का शुल्क या तकनीकन सेवाएं	20,000	5 प्रतिशत

नोट:– यह दरें समय–समय पर बदलती रहती है और इसकी घोषणा सरकार द्वारा की जाती है।

स्रोत पर काटे गये कर को जमा करना:– स्त्रोत पर काटे गये कर का एक निश्चित समय सीमा में केन्द्रीय सरकार के पास जमा करवाना आवश्यक होता है। इस तरह की राशि इनकम टैक्स विभाग द्वारा निर्धारित राष्ट्रीय बैंक में टैन चालान द्वारा जमा किये जा सकते है।

स्रोत पर काटे गये कर को जमा करने की समय सीमा

- वेतन के संदर्भ में – कटौती की दिनांक से एक सप्ताह के अन्दर।
- अन्य भुगतान के संदर्भ में – कर कटौती के माह के अन्त के बाद प्रथम सप्ताह के अन्दर।

प्रमाण पत्र जारी करना:– संस्था जो कि व्यक्ति विशेष की आय पर स्त्रोत पर कर कटौती की स्थिति में प्रमाण पत्र जारी करती है। प्रमाण पत्र का प्रारूप प्रपत्र 16 में दिया गया है।

संस्था द्वारा प्रस्तुत किये जाने वाले रिटर्न:– संस्थाओं द्वारा स्त्रोत पर कर कटौती का रिटर्न इन्कम टैक्स अथॉरिटी को निश्चित समय में प्रस्तुत करना आवश्यक है जिसका विवरण निम्न प्रकार है:–

रिटर्न का प्रकार	प्रपत्र सं.	जमा करने की अन्तिम तिथि
वेतन से कर कटौती हेतु वार्षिक रिटर्न	24	31 मई
कान्ट्रेक्टर/सब–कान्ट्रेक्टर को भुगतान की गयी राशि पर टी.डी.एस. का वार्षिक रिटर्न	26 सी	30 जून
किराये पर टी.डी.एस. का वार्षिक रिटर्न	26 आई	30 जून
प्रोफेशनल सेवाओं पर टी.डी.एस. का वार्षिक रिटर्न	26 के	30 जून

ब्याज, जुर्माना तथा दण्डः– स्त्रोत पर कर कटौती न करने की स्थिति में ब्याज, जुर्माना तथा गंभीर दण्ड हो सकता है–

- यदि संस्था टी.डी.एस. नहीं काटती है अथवा कटौती किये गये कर को जमा न करने की स्थिति में 15 प्रति वर्ष की दर से ब्याज देना होगा।
- इनकम टैक्स विभाग कर की राशि के बराबर जुर्माना लगा सकता है यदि टी.डी.एस. कटौती अथवा कर जमा न किया गया हो।
- यदि कर कटौती के बाद केन्द्रीय सरकार को जमा नहीं किया तो इस स्थिति में मुख्य अधिकारी को 3 साल से 7 वर्ष की सजा तथा जुर्माना हो सकता है।

संलग्नक – 4: विदेशी अभिदाय (विनियमन) अधिनियम 2010

सां.का.नि. 349(अ).:– केन्द्रीय सरकार, विदेशी अभिदाय (विनिमय) अधिनियम. 2010 (2010 का 42) की धारा 48 द्वारा प्रदत्त शक्तियों का प्रयोग करते हुए, निम्नलिखित नियम बनाती है, अर्थातः

1. संक्षिप्त नाम और प्रारम्भ –

1. इन नियमों का संक्षिप्त नाम विदेशी अभिदाय (विनियमन) नियम, 2011 है।
2. ये नियम, उस तारीख को प्रवृत्त होंगे जिसको विदेशी अभिदाय (विनियमन) अधिनियम, 2010 (2010 का 42) प्रवृत्त होगा।

2. परिभाषाएंः–

1. इन नियमों में, जब तक कि सन्दर्भ से अन्यथा अपेक्षित न हो –

   (क) 'अधिनियम' से विदेशी अभिदाय (विनियमन) अधिनियम, 2010 अभिप्रेत है,

(ख) 'चाटर्ड अकाउन्टेंट' का वही अर्थ है जो चार्टर्ड अकाउन्टेंट अधिनियम, 1949 की धारा 2 की उपधारा (1) के खण्ड (ख) में है,

(ग) 'प्रारूप' से इन नियमों से उपाबद्ध कोई प्रारूप अभिप्रेत है,

(घ) 'धारा' अधिनियम की धारा से अभिप्रेत है,

(ङ) 'वर्ष' से अप्रैल से आरम्भ होने वाला और अगले कैलेन्डर वर्ष की 31 मार्च को समाप्त होने वाला/वित्तीय वर्ष अभिप्रेत है।

2. शब्दों और अभिव्यक्तियों के जो इसमें प्रयुक्त हैं और परिभाषित नहीं है किन्तु अधिनियम में परिभाषित हैं, वही अर्थ होंगे जो अधिनियम में हैं।

3. कोई संगठन जो राजनैतिक दल नहीं है, को राजनैतिक प्रकृति का संगठन घोषित करने के लिए मार्गदर्शक सिद्धान्तः

केन्द्रीय सरकार, किसी संगठन को, निम्नलिखित आधारों में से किसी एक अथवा अधिक के आधार पर, राजनैतिक प्रकृति का संगठन घोषित कर सकेंगी–

(i) संगठन के संगम ज्ञापन अथवा उपविधियों में राजनीति उद्देश्य प्रकट है,

(ii) कोई ऐसी ट्रेड यूनियन जिसके उद्देश्यों में राजनीति लक्ष्यों का संवर्धन करने वाली गतिविधियां सम्मिलित हैं,

(iii) कोई ऐसा स्वैच्छिक कार्य समूह जिसके उद्देश्य राजनीतिक प्रकृति के हैं अथवा जो राजनीतिक गतिविधियों में भाग लेते हैं,

(iv) किसी राजनैतिक दल के छात्र संघ, कार्मकार संघ, युवा मंच और महिला स्कंध जैसे प्रमुख या सामूहिक संगठन,

(v) किसानों, कार्मकारों, विद्यार्थियों, युवाओं के जाति, समुदाय, धर्म, भाषा अथवा अन्यथा आधार पर ऐसे संगठन जो किसी राजनैतिक दल में सीधा संबंध नहीं रखते हैं, परन्तु अन्य एकत्रित तात्विक साक्ष्यों में जिनके संगम के ज्ञापन में यथा उल्लिखित उद्देश्यों अथवा गतिविधियों में ऐसे समूहों के राजनीतिक हितों का पोषण करने का उपाय करना शामिल होने के ठोस प्रमाण हैं,

(vi) कोई ऐसा संगठन, चाहे किसी भी नाम से ज्ञात हो, जो सार्वजनिक हित के समर्थन में बंद, या 'हड़ताल', 'रास्ता रोको', 'रेल रोको', अथवा 'जेल भरो', जैसे राजनैतिक कार्रवाई के सामान्य तरीकों में आदतन लगा रहता हो।

4. सट्टेबाजी की गतिविधियों :–

1. निम्नलिखित गतिविधियों को सट्टेबाजी की गतिविधियां माना जाएगा–
   (क) म्युचुअल फंड या शेयरों में निवेश सहित कोई ऐसी गतिविधि अथवा निवेश जो बाजार बलों से सम्बन्धित हो, जिसमें मूल निवेश से बढ़ोत्तरी अथवा कमी होने का जोखिम हो,
   (ख) किसी भी स्कीम में भागीदारी, जो उच्च प्रतिफल का वचन देती हो, जैसे चिट फण्ड अथवा भूमि अथवा ऐसी ही आस्तियों में जिनका संगठन अथवा विनिधान संघ के घोषित लक्ष्यों और उद्देश्यों से सीधा सम्बन्ध न हो।
2. ऋण–आधारित प्रतिभूति विनिधान को सट्टेबाजी विनिधान नहीं माना जाएगा।
3. प्रत्येक संघ द्वारा निवेशों का एक पृथक रजिस्टर रखा जाएगा।
4. उप–नियम (3) के अधीन अनुरक्षित ऐसा प्रत्येक रजिस्टर लेखा–परीक्षा के लिए प्रस्तुत किया जाएगा।

5. प्रशासनिक व्ययः–

निम्नलिखित को प्रशासनिक व्यय माना जाएगा –

(i) वेतन, मजदूरी, यात्रा व्यय अथवा संगठन की कार्यकारी समिति अथवा अधिशासी परिषद के सदस्यों द्वारा प्राप्त किया जाने वाला कोई पारिश्रमिक,

(ii) संगठन के क्रियाकलापों के प्रबन्धन के लिए रखे गए कार्मिकों के सभी व्यय और वेतन, ऐसे कार्मिकों की यात्रा लागत सहित उन्हें दी गई मजदूरी अथवा किसी प्रकार का पारिश्रमिक,

(iii) खपने वाली वस्तुओं जैसे बिजली और पानी प्रभार, टेलीफोन प्रभार, डाक प्रभार, संगठन अथवा संगम के कार्यकारणी के परिसर (परिसरों) की मरम्मत, लेखन सामग्री एवं मुद्रण प्रभार, कार्यकारी समिति अथवा अधिशासी परिषद के सदस्यों का परिवहन एवं यात्रा प्रभार और कार्यालय उपस्करों पर किए गए व्यय से सम्बन्धित सभी व्यय,

(iv) निधियों का लेखा जोखा रखने और उनके प्रशासन की लागत,

(v) यानों को चलाने और रख–रखाव पर लागत,

(vi) रिपोर्ट लिखने और दाखिल करने पर लागत,

(vii) विधिक एवं वृत्तिक प्रभार, और

(viii) परिसर का किराया, परिसरों की मरम्मत और अन्य उपयोगिताओं पर व्यय,

परन्तु यह कि मुख्य रूप से अनुसंधान एवं प्रशिक्षण में लगे किसी संगम में प्रशिक्षण के लिए लगाये गये कार्मिक का वेतन अथवा पारिश्रमिक पर या फील्ड डाटा के एकत्रीकरण अथवा विश्लेषण पर किए गए व्यय को प्रशासनिक व्यय नहीं माना जाएगा।

परन्तु यह भी कि कल्याण उन्मुखी संगठनों के कथित उद्देश्यों की प्राप्ति के लिए प्रत्यक्ष रूप से किये गये व्यय, जैसे कि अस्पताल के चिकित्सकों को दिया जाने वाला वेतन, विद्यालय के अध्यापकों को दिया जाने वाला वेतन आदि को प्रशासनिक व्ययों में सम्मिलित नहीं किया जायेगा।

6. नातेदारों से विदेशी अभिदाय प्राप्त करने की सूचनाः– यदि कोई व्यक्ति किसी वित्तीय वर्ष में अपने किसी नातेदार से एक लाख रूपये अथवा उससे अधिक का विदेशी अभिदान प्राप्त करता है तो वह ऐसा अभिदान प्राप्त करने के तीस दिनों के भीतर इसकी सूचना प्रारूप एफ.सी.–1 में केन्द्रीय सरकार को देगा।

7. विशिष्ट प्रवर्गो के व्यक्तियों द्वारा विदेशी आतिथ्य प्राप्त करनाः–

1. धारा 6 में विनिर्दिष्ट प्रवर्गो में से किसी भी प्रवर्ग से संबंधित कोई व्यक्ति यदि विदेशी आतिथ्य स्वीकार करना चाहता है तो वह ऐसा विदेशी आतिथ्य स्वीकार करने के लिए प्रारूप एफ.सी.–2 में केन्द्रीय सरकार की पूर्व अनुज्ञा प्राप्त करेगा।
2. विदेशी आतिथ्य स्वीकार करने के प्रत्येक आवेदन के साथ यथा स्थिति मेजबान व्यक्ति अथवा मेजबान देश का आमंत्रण पत्र और यदि यात्रा, सरकार के किसी मंत्रालय अथवा विभाग द्वारा प्रायोजित की गई हो तो संबंधित मंत्रालय अथवा विभाग की प्रशासनिक अनापत्ति संलग्न की जानी चाहिए।
3. विदेशी आतिथ्य स्वीकार करने की अनुमति प्राप्त करने का आवेदन, यात्रा की सम्भावित तारीख से सामान्यतः दो सप्ताह पहले समुचित प्राधिकारी के पास पहुँच जाना चाहिए।
4. विदेशी यात्रा के दौरान अचानक बीमार हो जाने के कारण आकस्मिक चिकित्सा सहायता के मामले में विदेशी आतिथ्य को स्वीकार करने की सूचना, इसके स्त्रोत, भारतीय रूपये में अनुमोदित मूल्य और इसके उद्देश्य तथा उसके उपयोग के प्रयोजन सहित पूर्ण विवरण देते हुए,

केन्द्रीय सरकार को ऐसा आतिथ्य प्राप्त करने के साठ दिनों के भीतर दी जानी अपेक्षित है। परन्तु यह कि यदि आकस्मिक चिकित्सा सहायता के मामले में ऐसे आतिथ्य का मूल्य एक लाख रूपये तक अथवा उसके बराबर है तो ऐसी सूचना देना अपेक्षित नहीं है।

8. अधिनियम का उल्लंघन करके प्राप्त की गई वस्तुओं, मुद्रा अथवा प्रतिभूति के संबंध में कार्रवाईः–

1. केन्द्रीय सरकार, किसी वस्तु, मुद्रा अथवा प्रतिभूतियों के संबंध में अधिनियम के उल्लंघन के लिए एक प्रतिषेधात्मक आदेश जारी कर सकेगी।
2. उप–नियम (1) के अधीन जारी किया गया प्रतिषेधात्मक आदेश संबंधित व्यक्ति को निम्नलिखित रूप में तामील की जाएगी –

   (क) उस व्यक्ति को अथवा उसके सम्यक्तः प्राधिकृत अभिकर्ता को परिदत् करके अथवा विनिदान करके, अथवा

   (ख) पावती सहित 'रजिस्ट्रीकृत डाक' अथवा 'स्पीड पोस्ट द्वारा', उसके ज्ञात अन्तिम निवास स्थान पर या उस स्थान को जहां वह अपना कारबार करता है या यह जानकारी है/थी कि वह अपना कारबार करता था या उस स्थान को जहां वह अभिलाभ के लिए व्यक्तिगत रूप से कार्य करता है या जहां यह ज्ञात है कि उसने अन्तिम बार अभिलाभ के लिए कार्य किया था और व्यक्ति के कोई संगठन अथवा संगम की दशा में ऐसे संगठन या संगम के अन्तिम ज्ञात पते पर, अथवा

   (ग) यदि उपर्युक्त में से किसी भी रीति में इसकी तामील नहीं हो पाती है तो उस परिसर अथवा जहां वह रहता है अथवा जहां वह पिछली बार रह रहा था, व्यवसाय कर रहा था अथवा उस स्थान जहां वह अभिलाभ के लिए व्यक्तिगत रूप से कार्य कर रहा हो अथवा जहां उसने अभिलाभ के लिए पिछली बार कार्य किया हो, के मुख्य दरवाजे पर या किसी सहज दश्श्य स्थान पर चस्पा कर दिया जाएगा और यदि वह कोई संगठन अथवा संगम है तो उसे, उस संगठन अथवा संगम के कार्यालय अथवा पिछली बार जहां उसका कार्यालय था, के मुख्य दरवाजे पर या किसी सहज दृश्य स्थान पर चस्पा कर दिया जाएगा और कम से कम दो व्यक्तियों की गवाही में उसकी रिपोर्ट लिखी जाएगी।

9. विदेशी अभिदाय प्राप्त करने के लिए 'रजिस्ट्रेशन' अथवा 'पूर्व अनुज्ञा' प्राप्त करने के लिए आवेदन : –

1. (क) किसी व्यक्ति द्वारा, धारा 11 की उपधारा (1) के अधीन विदेशी अभिदाय स्वीकार करने के लिए रजिस्ट्रीकरण के लिए आवेदन, प्ररूप एफ.सी.–3 में इलैक्ट्रानिक ऑन–लाइन किया जाना चाहिए और तदुपरान्त ऑन–लाइन आवेदन की मुद्रित प्रति संगम के मुख्य कार्यकारी द्वारा हस्ताक्षरित सभी अपेक्षित दस्तावेजों सहित भेजी जाएगी।

   (ख) खण्ड (क) में विनिर्दिष्ट ऑन–लाईन आवेदन की मुद्रित प्रति, ऑन–लाईन आवेदन प्रस्तुत करने के तीस दिन के भीतर केन्द्रीय सरकार के पास पहुँच जानी चाहिए, ऐसा न हो सकने पर व्यक्ति के अनुरोध को समाप्त मान लिया जाएगा।

   (ग) यदि किसी व्यक्ति का अनुरोध उप–नियम (1) के खण्ड (ख) के अधीन समाप्त हो गया हे तो वह पूर्व आवेदन के समाप्त होने की तारीख से छः माह के उपरान्त केन्द्रीय सरकार को नया ऑन–लाईन आवेदन कर सकेगा।

   (ग) रजिस्ट्रेशन की वांछा रखने वाले व्यक्ति के लिए विदेशी अभिदाय प्राप्त करने के लिए एक अनन्य बैंक खाता खोलना अपेक्षित होगा।

   (ङ) व्यक्ति, विदेशी अभिदाय प्राप्त होने के उपरान्त इसका उपयोग करने के लिए एक से अधिक बैंकों में एक से अधिक खाते खोल सकेगें, ऐसे सभी मामलों में, खाता खोलने के पन्द्रह दिन के भीतर, सूचना सादे कागज पर सचिव, गृह मंत्रालय नई दिल्ली को दी जाएगी।

2. (क) किसी व्यक्ति द्वारा, धारा 11 की उपधारा (1) के अधीन विदेशी अभिदाय स्वीकार करने के लिए केन्द्रीय सरकार की पूर्व अनुज्ञा प्राप्त करने के लिए आवेदन, प्ररूप एफ.सी.–4 में इलैक्ट्रानिक ऑन–लाइन किया जाना चाहिए और तदुपरान्त ऑन–लाइन आवेदन की मुद्रित प्रति संगम के मुख्य कार्यकारी द्वारा हस्ताक्षरित सभी अपेक्षित दस्तावेजों सहित भेजी जाएगी।

   (ख) ऑन–लाईन आवेदन की मुद्रित प्रति, ऑन–लाईन आवेदन प्रस्तुत करने के तीस दिन के भीतर केन्द्रीय सरकार के पास पहुँच जाएगी, ऐसा न हो सकने पर व्यक्ति के अनुरोध को समाप्त मान लिया जाएगा।

   (ग) यदि किसी व्यक्ति का अनुरोध उप–नियम (2) के खण्ड (ख) के अधीन समाप्त हो जाता है तो वह पूर्व आवेदन के समाप्त होने की

तारीख से छः माह के उपरान्त ही केन्द्रीय सरकार को ऑन–लाईन आवेदन कर सकेगा।

(घ) इस नियम के अधीन पूर्व अनुज्ञा की वांछा रखने वाले व्यक्ति के लिए विदेशी अभिदान प्राप्त करने के लिए एक अनन्य बैंक खाता खोलना अपेक्षित होगा।

(ङ) इस नियम के अधीन पूर्व अनुज्ञा की वांछा रखने वाला व्यक्ति, विदेशी अभिदाय प्राप्त होने के उपरान्त इसका उपयोग करने के लिए एक से अधिक बैंकों में एक से अधिक खाते खोल सकेगा, ऐसे सभी मामलों में खाता खोलने के पन्द्रह दिन के भीतर सूचना सादे कागज पर सचिव, गृह मंत्रालय, नई दिल्ली को दी जाएगी।

3. कोई भी व्यक्ति रजिस्ट्रीकरण अथवा पूर्व अनुज्ञा के लिए कोई आवेदन प्रस्तुत करने के उपरान्त उसी परियोजना अथवा रजिस्ट्रीकरण के लिए छः माह की अवधि के भीतर दूसरा आवेदन नहीं करेगा।

4. (क) पूर्व अनुज्ञा के लिए आवेदन, 1000रु. (एक हजार रू. मात्र) की फीस के साथ किया जाएगा।

(ख) रजिस्ट्रीकरण के लिए आवेदन, 2000 रु. (दो हजार रू. मात्र) की फीस के साथ किया जाएगा

(ग) केन्द्रीय सरकार समय–समय पर फीस का पुनरीक्षण कर सकेगी।

(घ) यथा लागू फीस, वेतन एवं लेखा अधिकारी, गृह मंत्रालय, नई दिल्ली के पक्ष में दये डिमान्ड डाफ्ट अथवा बैंकर्स चैक के माध्यम से प्रदत्त की जाएगी।

5. उप–नियम (1) से (4) में अंतर्विष्ट किसी बात के होते हुए भी, विदेशी मुद्रा अभिदाय (विनियम) अधिनियम, 1976 (1976 का 49) के अधीन रजिस्ट्रीकरण अथवा पूर्व अनुज्ञा के लिए किये गये परन्तु इन नियमों के प्रवृत्त होने की तारीख से पूर्व निपटान न किए गए किसी भी आवेदन को इस शर्त के अधीन रहते हुए कि आवेदक ने यथास्थिति ऐसे रजिस्ट्रीकरण या पूर्व अनुज्ञा के लिए विहित फीस का संदाय कर दिया है, यथास्थिति रजिस्ट्रीकरण अथवा पूर्व अनुज्ञा के लिए आवेदन माना जाएगा।

10. प्रमाण–पत्र की वैधताः– किसी भी व्यक्ति को इस अधिनियम के अधीन प्रदान किया गया रजिस्ट्रीकरण प्रमाण–पत्र, जारी करने की तारीख से पांच वर्षो की अवधि के लिए वैध होगा।

11. लेखों का अनुरक्षणः– प्रत्येक व्यक्ति जिसे धारा 12 के अधीन रजिस्ट्रीकरण अथवा पूर्व अनुज्ञा प्रदान की गई है, विदेशी अभिदाय की प्राप्ति एवं उसके उपयोग के संबंध में आनन्य रूप से पृथक लेखे एवं अभिलेख रखेगा।

12. रजिस्ट्रेशन प्रमाण–पत्र का नवीनीकरणः–

1. किसी व्यक्ति, समुचित आवेदन के आधार पर जारी गए प्रत्येक रजिस्ट्रीकरण प्रमाण–पत्र उसके जारी किए जाने की तारीख के पांच वर्षों की समाप्ति पर नवीनीकरण का दायी होगा।
2. प्रत्येक व्यक्ति, रजिस्ट्रीकरण प्रमाण–पत्र की समाप्ति की तारीख के छः माह पूर्व उसके नवीनीकरण के लिए प्ररूप–एफ.सी.–5 में केन्द्रीय सरकार को आवेदन करेगा।
3. चालू बहु–वर्षीय परियोजना को कार्यान्वित करने वाला व्यक्ति नवीनीकरण के लिए रजिस्ट्रीकरण प्रमाण–पत्र की समाप्ति की तारीख से बारह मास पूर्व आवेदन करेगा।
4. रजिस्ट्रीकरण प्रमाण–पत्र के नवीनीकरण के लिए आवेदन, 500रु. (रू. पांच सौ मात्र) की फीस के साथ किया जाएगा।
5. रजिस्ट्रीकरण प्रमाण–पत्र के नवीनीकरण के लिए फीस, वेतन एवं लेखा अधिकारी, गृह मंत्रालय, नई दिल्ली के पक्ष में देय, मांगदेय ड्राफ्ट या बैंकर्स चैक द्वारा प्रदत्त की जाएगी।
6. रजिस्ट्रीकरण के नवीनीकरण के लिए कोई आवेदन प्राप्त न होने की दशा में या ऐसे आवेदन के साथ अपेक्षित फीस न होने पर ऐसे व्यक्ति के रजिस्ट्रीकरण प्रमाण–पत्र की वैधता रजिस्ट्रीकरण प्रमाण–पत्र प्रदान करने की तारीख से पांच वर्षो की अवधि के पूरा होने पर समाप्त हुई मान ली जाएगी।

   दृष्टान्त – 1 जनवरी, 2012 को प्रदान किया गया रजिस्ट्रीकरण प्रमाण–पत्र 31 दिसम्बर, 2016 तक वैध होगा। केन्द्रीय सरकार के पास रजिस्ट्रीकरण प्रमाण–पत्र के नवीनीकरण के लिए अपेक्षित फीस सहित अनुरोध 30 जून, 2016 तक पहुचेगा। यदि कोई अनुरोध प्राप्त नहीं होता है या अनुरोध के साथ अपेक्षित फीस नहीं हो तो 1 जनवरी, 2012 को जारी रजिस्ट्रीकरण प्रमाण–पत्र की वैधता का, 31 दिसम्बर, 2016 को समाप्त होने वाले दिन के साथ अवसान हुआ मान लिया जाएगा।

7. यदि इन नियमों के उपबंधों के अनुसरण में किसी व्यक्ति के रजिस्ट्रीकरण प्रमाण–पत्र की वैधता का अवसान हो गया है तो उस व्यक्ति द्वारा, रजिस्ट्रीकरण प्रमाण–पत्र प्राप्त करने के लिए, नियम 9 के उपबंधों के अनुसार केन्द्रीय सरकार को पुनः अनुरोध किया जा सकेगा।
8. किसी व्यक्ति द्वारा नियम समय के भीतर रजिस्ट्रीकरण प्रमाण–पत्र को नवीकरण के लिए प्रस्तुत न करने के कारणों को लिखित में पर्याप्त आधारों के साथ स्पष्ट किए जाने की दशा में उसके आवेदन को अपेक्षित फीस के साथ मूल रजिस्ट्रीकरण प्रमाण–पत्र के अवसान की तारीख से 4 मास की अवधि तक स्वीकार किया जा सकता है।

13. किसी वित्तीय वर्श में एक करोड़ रूपये से अधिक के विदेशी अभिदाय की प्राप्ति के मामले में:– यदि कोई व्यक्ति, जिसे रजिस्ट्रीकरण प्रमाण–पत्र अथवा पूर्व अनुज्ञा प्रदान की गई है, किसी वित्तीय वर्ष में एक करोड़ रूपये से अधिक अथवा उसके बराबर का विदेशी अभिदाय प्राप्त करता है, तो वह उस वर्ष तथा उसके एक वर्ष बाद के लिए विदेशी अभिदाय की प्राप्ति और उसके उपयोग के आंकड़ों के सारांश को आम जनता की जानकारी के लिए प्रदर्शित करेगी अथवा अपनी बेवसाइट पर रखेगी।

14. रजिस्ट्रीकरण प्रमाण–पत्र के निलम्बन के मामले मे उपयोग की जा सकने वाली राशि की सीमा:– रजिस्ट्रीकरण प्रमाण–पत्र के निलम्बन के मामले में, खर्च न की गई राशि का उपयोग निम्नानुसार किया जा सकता है –

(क) यदि अधिनियम की धारा 13 की उप–धारा (1) के अधीन रजिस्ट्रीकरण प्रमाण–पत्र निलम्बित कर दिया जाता है तो खर्च न की जा सकी राशि का पच्चीस प्रतिशत भाग, केन्द्रीय सरकार के पूर्व अनुमोदन से, उन घोषित लक्ष्यों और उद्देश्यों के लिए खर्च किया जा सकता है, जिनके लिए विदेशी अभिदाय प्राप्त किया गया था।

(ख) खर्च न किए जा सके विदेशी अभिदाय का शेष पिचहत्तर प्रतिशत भाग केवल रजिस्ट्रीकरण प्रमाण–पत्र के निलम्बन के प्रतिसंहरण पर ही उपयोग किया जाएगा।

15. किसी व्यक्ति का प्रमाण–पत्र रद्द हो जाने की दशा में विदेशी अभिदाय की अभिरक्षा:–

1. किसी ऐसे व्यक्ति जिसका रजिस्ट्रीकरण प्रमाण–पत्र निरस्त कर दिया गया है, द्वारा विदेशी अभिदाय के लिए अनन्य रूप से खोले गये बैंक

खाते में पड़ी विदेशी अभिदाय की उपयोग न की गई रकम, केन्द्रीय सरकार द्वारा इस मामले में और निर्देश जारी किए जाने तक, संबंधित बैंक के प्राधिकारियों के पास निहित रहेगी।

2. यदि कोई व्यक्ति जिसका रजिस्ट्रीकरण प्रमाण–पत्र रद्द कर दिया गया है, विदेशी अभिदाय को किसी अन्य व्यक्ति को अंतरित करता है/अंतरित कर दिया है, उप–नियम (1) के उपबंध अंतरिति को लागू होंगे।

16. विदेशी अभिदाय प्राप्ति की बैंकों द्वारा सूचना :

1. प्रत्येक बैंक, किसी ऐसे व्यक्ति, जिसके लिए अधिनियम के अधीन रजिस्ट्रीकरण प्रमाण–पत्र अथवा पूर्व अनुज्ञा प्राप्त करना अपेक्षित है, परन्तु जिसे विप्रेषणादेश की तारीख तक ऐसा प्रमाण–पत्र अथवा पूर्व अनुज्ञा प्रदान न की गई हो, द्वारा विदेशी अभिदाय की प्राप्ति के संबंध में किए जाने वाले किसी भी सव्यवहार की रिपोर्ट, उस सव्यवहार के तीस दिनों के भीतर केन्द्रीय सरकार को देगा।

2. उप–नियम (1) में निर्दिष्ट रिपोर्ट में निम्नलिखित ब्यौरे अंतर्विष्ट होंगे –

   1. दाता का नाम एवं पता।
   2. प्राप्तकर्ता का नाम एवं पता।
   3. खाता संख्या।
   4. बैंक और उसकी शाखा का नामा।
   5. विदेशी अभिदाय की रकम (विदेशी मुद्रा के साथ–साथ भारतीय रू. दोनों में)।
   6. प्राप्ति की तारीख।
   7. विदेशी अभिदाय की प्राप्ति की रीति (रोकड़/चैक/इलैक्ट्रानिक हस्तांतरण आदि)।

3. बैंक, किसी ऐसे व्यक्ति, जो अधिनियम के अधीन रजिस्ट्रीकृत हो अथवा नहीं, द्वारा तीस दिन की अवधि के भीतर किए गए एकल सव्यवहार अथवा सव्यवहारों के माध्यम से एक करोड़ रूपये से अधिक अथवा उसके बराबर की राशि के विदेशी अभिदाय की प्राप्ति की रिपोर्ट, ऐसे अंतिम सव्यवहार की तारीख से तीस दिन के भीतर केन्द्रीय सरकार को भेजेगा और ऐसी रिपोर्ट में निम्नलिखित ब्यौरा सम्मिलित होगा –

   1. दाता का नाम एवं पता।

2. प्राप्तकर्ता का नाम एवं पता।
3. खाता संख्या।
4. बैंक और उसकी शाखा का नामा।
5. विदेशी अभिदाय की रकम (विदेशी मुद्रा के साथ–साथ भारतीय रू. दोनों में)।
6. प्राप्ति की तारीख।
7. विदेशी अभिदाय की प्राप्ति की रीति (नगद/चैक/इलैक्ट्रानिक अंतरण इत्यादि)।

17. प्राप्तकर्ता द्वारा विदेशी अभिदाय की सूचना :–

1. ऐसा प्रत्येक व्यक्ति जो इस अधिनियम के अधीन विदेशी अभिदाय प्राप्त करता है, वित्तीय वर्ष की समाप्ति के नौ माह के भीतर, सचिव, भारत सरकार, गृह मंत्रालय, नई दिल्ली को, प्रारूप एफ. सी.–6 में एक रिपोर्ट प्रस्तुत करेगा जिसके साथ आय और व्यय विवरण, प्राप्ति और भुगतान लेखा और 1 अप्रैल को आरम्भ होने वाले प्रत्येक वित्तीय वर्ष का तुलन पत्र संलग्न किया जाएगा।
2. प्ररूप एफ.सी.–6 में दी जाने वाली वार्षिक विवरणी में – विशिष्ट बैंक खाते में प्राप्त किए गए विदेशी अभिदाय का उल्लेख होगा और इसमें उपयोग के लिए अन्य बैंक खातों मे अंतरित की गई निधियों के सम्बन्ध में ब्यौरे भी सम्मिलित होंगे।
3. यदि विदेशी अभिदाय केवल वस्तुओं से ही संबंधित हो तो इसकी सूचना प्रारूप एफ.सी.–7 में प्रस्तुत की जाएगी।
4. यदि विदेशी अभिदाय, विदेशी प्रतिभूतियों से संबंधित हो तो इसकी सूचना प्रारूप एफ.सी.–8 में प्रस्तुत की जाएगी।
5. उप–नियम (2) से (4) के अधीन प्रस्तुत की जाने वाली प्रत्येक रिपोर्ट चार्टर्ड अकाउन्टेंट द्वारा सम्यक रूप से प्रमाणित होंगी।
6. प्रारूप एफ.सी.–6 में प्रस्तुत की जाने वाली प्रत्येक विवरणी के साथ उस बैंक, जहाँ विशिष्ट विदेशी अभिदाय खाता खोला गया है, से प्राप्त की गई खाते के विवरण की एक प्रति जो ऐसे बैंक के किसी अधिकारी द्वारा सम्यक रूप से प्रमाणित हो, संलग्न की जाएगी।

7. व्यक्ति द्वारा उपरोक्त पूर्ववर्ती उप–नियम में निर्दिष्ट लेखा–विवरणों को छः वर्षो की अवधि के लिए सुरक्षित रखा जाएगा।

8. यदि वित्तीय वर्ष के दौरान कोई विदेशी अभिदाय प्राप्त नहीं हुआ है तो भी एक शून्य रिपोर्ट प्रस्तुत की जाएगी।

18. किसी अभ्यार्थी द्वारा निर्वाचन के लिए प्राप्त विदेशी अभिदायः– धारा 21 में निर्दिष्ट निर्वाचन के लिए अभ्यार्थी, उसके निर्वाचन के लिए अभ्यार्थी के रूप में सम्यक रूप से नामांकित होने की तारीख से पैतालीस दिनों के भीतर प्ररूप एफ.सी.–9 में दी जाएगी।

19. सहायक सत्र न्यायाधीश या इससे ऊपर की रैंक के न्यायिक अधिकारी द्वारा किए जाने वाले न्यायनिणर्यन या अधिहरण के आदेष की सीमाः– धारा 29 की उपधारा (1) के खण्ड (ख) में निर्दिष्ट अधिकारी धारा 25 के अधीन अभिग्रहण की गई किसी वस्तु या मुद्रा के संबंध मे अधिहरण का न्यायनिर्णयन कर सकेगा यदि अभिग्रहण की गई वस्तु का मूल्य या ऐसी मुद्रा की रकम 10,000,00 रू. (रू. दस लाख केवल) से अधिक न हो।

20. पुनरीक्षणः– अधिनियम की धारा 32 के अधीन सक्षम प्राधिकारी द्वारा पारित आदेश के पुनरीक्षण हेतु सचिव, गृह मंत्रालय, भारत सरकार, नई दिल्ली को एक सादे कागज पर आवेदन किया जाएगा। इसके साथ 'वेतन एवं लेखा अधिकारी, गृह मंत्रालय' के पक्ष में फीस के रूप में नई दिल्ली में देय 1000 रु. (रू. एक हजार केवल) का डिमांड ड्राफ्ट या बैंकर्स चैक संलग्न किया जाएगा।

21 अपराध का शमनः– धारा 41 के अधीन किसी अपराध का शमन करने के लिए सचिव, गृह मंत्रालय, भारत सरकार, नई दिल्ली को एक सादे कागज पर आवेदन किया जा सकेगा तथा इसके साथ वेतन एवं लेखा अधिकारी, गृह मंत्रालय के पक्ष में फीस के रूप में नई दिल्ली में देय 1000 रूपये का डिमांड ड्राफ्ट या बैंकर्स चैक संलग्न किया जाएगा।

22. अन्वेशण अभिकरण द्वारा केन्द्रीय सरकार को विवरणियां देनाः– केन्द्रीय अन्वेषण ब्यूरो या कोई अन्य सरकारी अभिकरण जो अधिनियम के अधीन किसी प्रकार का अन्वेषण करता है, केन्द्रीय सरकार को अपनी रिपोर्ट तिमाही आधार पर प्रस्तुत करेगा जिसमें उसे सौंपे गए प्रत्येक मामले की स्थिति प्रदर्शित की जाएगी, जिसके अन्तर्गत मामला संख्या, रजिस्ट्रीकरण की तारीख, आरोप पत्र फाइल करने की तारीख, न्यायालय जिसके समक्ष इसे फाइल किया गया है, विचारण की प्रगति, निर्णय की तारीख तथा प्रत्येक मामले के निष्कर्ष भी शामिल हैं।

23. प्राधिकारी जिसे आवेदन या सूचना प्रेषित की जानी है :– नियम 3 या नियम 4 में यथाउल्लिखित किसी व्यक्ति की राजनीति या सट्टेबाजी संबंधित क्रियाकलापों के बारे में कोई जानकारी या सूचना, सचिव, भारत सरकार, गृह मंत्रालय, नई दिल्ली को प्रस्तुत की जाएगी। ऐसी जानकारी या सूचना रजिस्ट्रीकृत डाक द्वारा भेजी जाएगी।

24. किसी अन्य रजिस्ट्रीकृत या अरजिस्ट्रीकृत व्यक्तियों को विदेशी अभिदाय के अंतरण की प्रक्रियाः–

1. विदेशी अभिदाय का अंतरण करने के लिए आशयित कोई व्यक्ति प्रारूप एफ.सी.–10 में केन्द्रीय सरकार को आवेदन कर सकेगा।
2. यदि अधिनियम के किसी उपबंध के अधीन पाने वाले व्यक्ति को अभियोजित नहीं किया गया है तो केन्द्रीय सरकार ऐसे व्यक्ति की बाबत अन्तरण की अनुज्ञा प्रदान कर सकेगी, जिसे अधिनियम की धारा 11 के अधीन रजिस्ट्रीकरण प्रमाण–पत्र/पूर्व अनुमति प्रदान कर दी गई है।
3. विदेशी अभिदाय के किसी अन्तंरण को प्ररूप एफ.सी.–6 और प्ररूप एफ.सी.–10 की विवरणियों में अंतरणकर्ता और प्राप्तकर्ता द्वारा प्रदर्शित किया जाएगा।
4. यदि विदेशी अभिदाय किसी ऐसे व्यक्ति को अंतरण करने का प्रस्ताव है, प्रस्तावित है जिसे रजिस्ट्रीकरण प्रमाण–पत्र या केन्द्रीय सरकार से पूर्व अनुज्ञा प्राप्त नहीं हुई है, तो संबंधित व्यक्ति को केन्द्रीय सरकार से विदेशी अभिदाय के किसी भाग का अंतरण, जो प्राप्त किए गए विदेशी अभिदाय के कुल मूल्य के दस प्रतिशत से अधिक न हो, करने की अनुमति प्रदान करने के लिए आवेदन कर सकेगा। आवेदन पत्र, उस स्थान पर अधिकारिता रखने वाले जिला मजिस्ट्रेट द्वारा प्रतिहस्ताक्षरित किया जाएगा जहां अंतरित निधियों का प्रयोग किया जाना है। संबंधित जिला मजिस्ट्रेट, ऐसे व्यक्ति से ऐसा अनुरोध प्राप्त होने की तारीख के साठ दिनों के भीतर मामले में समुचित विनिश्चय करेगा। दानकर्ता, तब तक कोई विदेशी अभिदाय अंतरित नहीं करेगा जब तक केन्द्रीय सरकार अंतरण का अनुमोदन नहीं कर देती।

(फा.सं. 11/21022/10(1)/2010–एफ.सी.–111)

(जी.वी.वी. शर्मा), संयुक्त सचिव

प्रारूप एफ.सी. – 1

(नियम 6 देखें)

सचिव, भारत सरकार,

गृह मंत्रालय,

एफ.सी.आर.ए. खण्ड/विदेशी प्रभाग,

'जैसलमेर हाउस',

26, मानसिंह रोड,

नई दिल्ली – 110011

विषय : संबंधियों से दान के रूप में विदेशी अभिदाय प्राप्त करने की केन्द्रीय सरकार को सूचना देना।

1. प्राप्तकर्ता का पूरा नाम (साफ अक्षरों में) :
2. जन्म की तारीख :
3. पिता/पति का नाम :
4. स्थायी पता :
5. भारत में प्राप्तकर्ता का पैन नम्बर (स्थाई खाता संख्या)
6. प्राप्त किए गए विदेशी अभिदाय की रकम, यदि किसी वित्तीय वर्ष में 1 लाख से अधिक या उसके समतुल्य है :
7. कुल रकम तथा बैंक ड्राफ्ट का नम्बर या टेलीग्राफिक आहरण या बैंक के ब्योरे सहित अन्य संसूचना :
8. विदेशी संबंधियों का आयकर रजिस्ट्रीकरण संख्यांक तथा जिस देश में रहते हैं उस देश का नाम :
9. संबंधी का नाम तथा उसे संबंध, राष्ट्रीयता तथा पासपोर्ट के ब्योरे :

घोषणा

मैं यह घोषणा करता हूं कि मेरे द्वारा दिया गया उपरोक्त विवरण सत्य और सही है।

स्थान :

तिथि :

आवेदक के हस्ताक्षर

(नाम, साफ अक्षरों में)

प्रारूप एफ.सी. – 2

(नियम 7 (1) देखें)

सचिव, भारत सरकार,

गृह मंत्रालय,

एफ.सी.आर.ए. खण्ड/विदेशी प्रभाग,

'जैसलमेर हाउस',

26, मानसिंह रोड,

नई दिल्ली – 110011

विषय : विदेशी आतिथ्य स्वीकार करने हेतु केन्द्रीय सरकार से पूर्वानुमति प्राप्त करने के लिए आवेदन :

(**टिप्पणी :** आकस्मिक चिकित्सा सहायता की दशा में विदेशी आतिथ्य स्वीकार करने के लिए ऐसे विदेशी आतिथ्य को स्वीकार करने की तारीख से साठ दिन के भीतर प्रारूप एफ.सी.–2 में दिये गये पते पर सचिव, गृह मंत्रालय को सादे कागज पर सूचना।)

1. पूरा नाम (साफ अक्षरों में) :
2. जन्म की तारीख :
3. पिता/पति का नाम :
4. वर्तमान पता :
5. स्थायी पता :
6. पासपोर्ट का विवरण (यदि पहले से कब्जे में है) :
7. प्रस्थिति :
   - विधानमंडल का सदस्य :
   - किसी राजनीतिक दल का पदधारी :
   - उच्चतम न्यायालय/उच्च न्यायालय का न्यायाधीश :
   - सरकारी सेवक :
   - किसी कंपनी/निगम का कर्मचारी :
   - अन्य व्यक्ति या व्यक्तियों का वर्ग जो धारा 6 में विनिर्दिष्ट नहीं है :

8. ठहरने की अवधि के दौरान जिन देशों/स्थानों की यात्रा करना चाहते हैं उनका नाम :
9. उन देशों तथा स्थानों के नाम जहां पर विदेशी आतिथ्य स्वीकार किया जाएगा :
10. स्तंभ 9 में उल्लिखित देश/देशों/स्थान/स्थानों में विनिर्दिष्ट तारीखों सहित ठहरने की अवधि तथा यात्रा का प्रायोजन :
11. अतिथेय (अतिथेयों) की विशिष्टियां :
    1. यदि कोई व्यक्ति है तो उसका नाम, वर्तमान पता, स्थायी पता, राष्ट्रीयता, व्यवसाय सहित पूर्ण व्यक्तिगत विशिष्टियां :
    2. यदि कोई संगठन/संस्थान/संगम/न्यास/फाउन्डेशन/व्यापार संघ आदि है तो उसकी पूर्ण विशिष्टियां जिसमें निम्नलिखित भी हैं –
        - पूरा नाम तथा पूरा पता :
        - मुख्य कार्यालय/प्रधान कार्यालय का पता :
        - लक्ष्य तथा उद्देश्य :
        - महत्वपूर्ण पद्धारकों की विशिष्टियां :
12. यदि आतिथ्य का वास्तविक स्त्रोत उस देश से अलग है' जहां वास्तविक रूप मे यात्रा प्रस्तावित है तो स्तंभ 11 (क) तथा (ख) के अनुसार पूर्ण विशिष्टियां :
13. विनिर्दिष्ट तारीखों और विनिर्दिष्ट ब्यौरों के साथ स्वीकार किए जाने वाले प्रस्तावित विदेशी आतिथ्य की प्रकृति तथा अवधि :
14. आतिथ्य प्रस्तुत करने वाले अतिथेय तथा/या विदेशी स्त्रोत के साथ संबंध/संपर्क की प्रकृति :
15. आतिथ्य पर उपगत अनुमानित व्यय :
16. कोई अन्य महत्वपूर्ण सूचना जो आवेदक प्रस्तुत करना चाहता हो :

घोषणा

मैं यह घोषणा करता हूं कि मेरे द्वारा दिया गया उपरोक्त विवरण सत्य और सही है।

स्थान :

तारीख :

आवेदक के हस्ताक्षर

*लागू न हो तो काट दें।

(नाम, साफ अक्षरों में)

प्रारूप एफ.सी.–3
(नियम 9(1) (क) देखें)

सं0.......................... तारीख....................

सचिव, भारत सरकार,

गृह मंत्रालय,

एफ.सी.आर.ए. खण्ड/विदेशी प्रभाग,

'जैसलमेर हाउस',

26, मानसिंह रोड,

नई दिल्ली – 110011

विषय : विदेशी अभिदाय (विनियम) अधिनियम, 2010 की धारा 11(1) के अधीन निश्चित सांस्कृतिक, आर्थिक, शैक्षणिक, धार्मिक या सामाजिक कार्यक्रम वाले किसी संगठन द्वारा विदेशी अभिदाय स्वीकार करने हेतु 'रजिस्ट्रीकरण' के लिए आवेदन :

महोदय,

मैं.............................इसके पश्चात नामित संगठन की ओर से अधिनियम की धारा 6 की उपधारा (1) के खण्ड (क) के अधीन निम्नलिखित ब्यौरों के अनुरूप विदेशी अभिदाय स्वीकार करने के लिए संगठन को रजिस्ट्रीकृत कराने हेतु आवेदन करता हूं :

1. 1. संगठन का नाम तथा उसका पूरा डाक पता :
    - नाम :
    - पता :
    - नगर/शहर :

    जिला :

    राज्य :

    पिनकोड :

- संगठन का टेलीफोन नं. (एस.टी.डी. कोड सहित) :
- मुख्य कार्यकारी टेलीफोन नं. (एस.टी.डी. कोड सहित)/मोबाइल नं. :
- ई–मेल पता :

2. यदि संगठन कोई रजिस्ट्रीकृत न्याय या सोसाईटी है तो कृपया उपदर्शित करें :
    - रजिस्ट्रीकरण संख्या :
    - रजिस्ट्रीकरण का स्थान :
    - रजिस्ट्रीकरण की तारीख :

    (रजिस्ट्रीकरण प्रमाणपत्र की सत्यापित प्रति संलग्न करें)

    - पैन नं. (स्थाई खाता संख्यांक) :
3. संगठन की प्रकृति :

    (क) धार्मिक (ख) सांस्कृतिक (ग) आर्थिक (घ) शैक्षणिक (ङ) सामाजिक

    टिप्पणः यदि धार्मिक संगठन है तो क्या (क) हिन्दू (ख) सिक्ख (ग) मुस्लिम (घ) ईसाई (ङ) बौद्ध (च) अन्य संगठन है
4. कृपया उपदर्शित करें :
    - संगठन का मुख्य लक्ष्य तथा उद्देश्य (संगम ज्ञापन तथा/या संगम अनुच्छेद की प्रति संलग्न करें, यदि लागू हो)
    - मुख्य लक्ष्य (यों) तथा निश्चित कार्यक्रम (मों) जिनके लिए विदेशी अभिदाय स्वीकार/उपयोग किया जाना है :
5. निम्नलिखित सारणी में मुख्य कार्यकारी से आरम्भ करते हुए संगठन की कार्यकारी समिति/शासी परिषद आदि के सदस्यों के नामों तथा पतों का ब्यौरा :

क्र. सं.	नाम	पिता/पति का नाम	राष्ट्रीयता	कार्यस्थल का पता सहित व्यवसाय (आवेदन फाइल करने के समय पर फोन/मोबाइल नं. यदि उपलब्ध है)	संगठन में धारित पद	कार्यकारी परिषद/शासी निकाय के अन्य सदस्यों के साथ संबंध	पत्राचार का पता

2. रूपये (शब्दों में)... मात्र फीस ....(बैंक और उसकी शाखा का नाम) के मांगदेय ड्राफ्ट/बैंकर्स चैक सं.. तारीख...................................... (दिन/मास/वर्ष प्रारूप में) संलग्न है।

3. क्या संगम की कार्यकारी समिति/शासकीय परिषद आदि का कोई सदस्य, जिसके अन्तर्गत मुख्य कृत्यकारी भी है, अपने कार्यालय संबंधी कार्यो के निर्वहन में या निजी व्यवहार में:

1. किसी न्यायालय द्वारा दोष सिद्ध ठहराया गया/गई है :
2. उसके विरूद्ध किसी अपराध के संबंध में कोई अभियोजन लंबित है :
3. संगठन की निधियाँ या पूर्व में किसी अन्य संगठन की निधियों का अपयोजन या दुरूपयोग का दोषी पाया गया/गई है :
4. विदेशी अभिदाय स्वीकार करने से प्रतिबंधित किया गया/गई है:
5. किसी ऐसे अन्य संगठन का/की सदस्य या मुख्य कृत्यकारी है जिसके विरूद्ध विदेशी अभिदाय (विनियम) अधिनियम, 2010

(2010 का 42) की धारा 13 या धारा 14 के अधीन कोई आदेश पारित किया गया है :

4. क्या आवेदक संगम :–

1. किसी ऐसे विदेश में आधारित संगठन अन्य संगम की कोई शाखा/इकाई/संगम है जिसे अधिनियम के अधीन पहले से रजिस्ट्रीकृत या पूर्वानुमति दी गई है, तो मूल संगठन का नाम तथा पता प्रस्तुत करें :
2. अधिनियम की धारा 10 को आकर्षित करता है, यदि ऐसा है, तो केन्द्रीय सरकार द्वारा पारित आदेशों के ब्यौरे दें :
3. अधिनियम की धारा 11(3) :
4. अधिनियम की धारा 9(क) के निबंधनों में केन्द्रीय सरकार द्वारा पूर्वानुमति प्राप्त करने संबंधी निर्देश प्राप्त किए हैं। यदि ऐसा है, तो सुसंगत आदेश की संख्या और तारीख :

5. क्या :

1. (क) क्या संगठन को अधिनियम या पूर्व में विदेशी अभिदाय (विनियम) अधिनियम, 1976 (1976 का 49) के अधीन विदेशी अभिदाय प्राप्त करने की पूर्वानुमति दी गई थी। यदि ऐसा है, तो ऐसी पूर्वानुमति प्रदान करने संबंधी गृह मंत्रालय की तारीख सहित पत्र संख्या :

   (ख) क्या प्राप्त किये गये उपरोक्त विदेशी अभिदाय की प्राप्ति और उपयोजन के लेखे विहित प्ररूप में केन्द्रीय सरकार को भेजे गये थे। यदि ऐसा है, तो लेखे प्रस्तुत करने की तारीख :

2. क्या :

   (क) क्या संगम ने पूर्व में अधिनियम के अधीन पूर्वानुमति लिए बिना विदेशी अभिदाय प्राप्त किया है। यदि ऐसा है, तो बैंक खाता संख्या सहित उस बैंक शाखा के पूरे पते के साथ सम्पूर्ण विशिष्टियां जहां पर अभिदाय जमा किया/गया जाएगा प्रस्तुत करें :

   (ख) केन्द्रीय सरकार द्वारा उक्त उल्लंघन को माफ कर दिया गया है :

   (ग) अधिनियम के अधीन विदेशी अभिदाय स्वीकार करने से संगम को प्रतिशिद्ध किया गया है :

6. क्या संगम प्रेस और पुस्तक रजिस्ट्रीकरण अधिनियम, 1867 (1867का 25) के अधीन 'समाचार पत्र' के रूप में रजिस्ट्रीकृत होने के लिए अपेक्षित होने के लिए अपेक्षित किसी प्रकाशन के संपादक, स्वामी, मुद्रक या प्रकाशक के रूप में कार्य कर रहा है। यदि ऐसा है, तो उसके ब्यौरे दें :

7. क्या :

1. संगम ने कभी विदेशी अभिदाय (विनियम) अधिनियम, 2010 (2010 का 42) के अधीन रजिस्ट्रीकरण के लिए आवेदन किया था, यदि ऐसा है तो,
   - रजिस्ट्रीकरण के लिए आवेदन प्रस्तुत करने की तारीख और संख्या :
   - मंत्रालय से प्राप्त अंतिम पत्राचार, यदि कोई है, की तारीख और संख्या :
   - क्या रजिस्ट्रीकरण से इंकार कर दिया गया था :
   - क्या रजिस्ट्रीकरण के लिए आवेदन अभी तक लंबित है :
2. संगम ने कभी विदेशी अभिदाय (विनियम) अधिनियम, 2010 (2010 का 42) के अधीन पूर्वानुमति के लिए आवेदन किया था, यदि ऐसा है तो, :
   - पूर्वानुमति के लिए आवेदन प्रस्तुत करने की तारीख और संख्या :
   - मंत्रालय से प्राप्त अंतिम पत्राचार, यदि कोई है, की तारीख और संख्या :
   - क्या पूर्वानुमति से इंकार कर दिया गया था :
   - क्या पूर्वानुमति के लिए आवेदन अभी तक लंबित है :
3. क्या संगम ने किसी अन्य ऐसे संगम या उसकी इकाई या शाखा से संबंध समाप्त कर लिए हैं जिन्हें –
   - अधिनियम के अधीन रजिस्ट्रीकरण/पूर्वानुमति देने से इंकार किया गया हों :
   - विदेशी अभिदाय स्वीकार करने से प्रतिषिद्ध कर दिया है :

8. निम्नलिखित के बारे में ब्यौरे दें :–

1. संगम की पिछले तीन वर्षो के दौरान के कार्यकलाप :
2. संगम के पिछले तीन वर्षो के लेखों की संपरीक्षा का विवरण :
3. प्रचालन का (क) क्षेत्र :

9. क्या संगम को अधिनियम की धारा 5 के अधीन राजनीतिक प्रकृति के एक संगठन के रूप में विनिर्दिष्ट किया गया है जो एक राजनीतिक दल नहीं है। यदि ऐसा है, तो अधिसूचना के ब्यौरे प्रस्तुत करें :

10. बैंक के ब्यौरे :–

1. उस बैंक की शाखा का नाम और पता जिसके मार्फत से विदेशी अभिदाय प्राप्त किया जाएगा।
2. बैंक की उक्त शाखा में खाता संख्यांक।

11. क्या संगठन/संगम को केन्द्रीय सरकार और/या राज्य सरकार के किसी अन्य मंत्रालय/विभाग या कानूनी प्राधिकारी द्वारा किसी प्रकार की सहायता और/या अनुदान प्राप्त करने से प्रतिबंधित किया गया है/काली सूची में डाला गया है, यदि ऐसा है, तो उसके ब्यौरे दें :

12. क्या किसी सक्षम प्राधिकारी का सिफारिशी प्रमाणपत्र संलग्न है, (और ऐसा है, तो उसके ब्यौरे दें) :

13. कोई अन्य जानकारी जो संगम प्रस्तुत करना चाहता हो :

भवदीय,

मुख्य कृत्यकारी के हस्ताक्षर

(साफ अक्षरों में मुख्य कृत्यकारी का नाम)

(संगम की मुद्रा)

घोषणा और वचनबंध

मैं यह घोषणा करता हूं कि मेरे द्वारा दी गई उपरोक्त विशिष्टयां सत्य और सही है और यह वचन देता हूं किः

1. यदि संगम के नाम, उसके पते, उसके रजिस्ट्रीकरण, उसकी प्रकृति, उसके लक्ष्य और उद्‌देश्यों में किसी प्रकार का परिवर्तन होता हैं तो मैं, प्रभावी परिवर्तनों के दस्तावेजों, साक्ष्यों सहित केन्द्रीय सरकार (गृह मंत्रालय) को तीस दिनों के भीतर सूचित करूंगा।

2. यदि किसी समय विदेश अभिदाय (विनियम) अधिनियम, 2010 (2010 का 42) के अधीन रजिस्ट्रीकरण के लिए तारीख............................ के आवेदन सं.............................. में यथा उल्लिखित ऐसे सदस्यों के 50 प्रतिशत या उससे अधिक सदस्यों को बदला जाता है तो कार्यकारी समिति/शासी परिषद के सदस्यों को बदलने के लिए पूर्वानुमति प्राप्त करूंगा और मैं यह और वचन देता हूं कि जब तक पदाधिकारियों को बदलने की अनुमति नहीं मिलेगी तब तक पूर्वानुमति के बिना विदेशी अभिदाय स्वीकार नहीं करूंगा।
3. केन्द्रीय सरकार की पूर्वानुमति के बिना बैंक और/या बैंक शाखा नहीं बदलूंगा (बैंक या बैंक शाखा बदलने का कारण सुसंगत एवं न्यायसंगत होना चाहिए) और,

   टिप्पणी: बैंक (या विद्यमान बैंक की वह शाखा जहा अनन्यरूप में विदेशी खाता संख्या अनुरक्षित की जाती है) या बैंक खाता संख्या को परिवर्तित करने के लिए प्रपत्र गृह मंत्रालय की बेवसाईट पर उपलब्ध है।
4. जब तक कि विदेशी अभिदाय (विनियम) अधिनियम, 2010 (2010 का 42) के अधीन उपरोक्त के लिए उपयोजित रजिस्ट्रीकरण प्रमाणपत्र या केन्द्रीय सरकार की पूर्वानुमति प्राप्त नहीं होती हैं तब तक विदेशी अभिदाय स्वीकार नहीं करूंगा।

स्थान :

तारीख :

इस आवेदन के साथ

संलग्नकों की सूची :

1.

2.

3.

मुख्य कृत्यकारी के हस्ताक्षर

(साफ अक्षरों में मुख्य कृत्यकारी का नाम)

(संगठन/संगम को मुद्रा)

टिप्पणी :–

1 रजिस्ट्रीकरण आवेदन की पावती केन्द्रीय सरकार द्वारा दिये जाने वाले रजिस्ट्रीकरण की अभिबद्धता नही है।

2 अधूरा आवेदन अर्थात आवश्यक दस्तावेज/दस्तावेजों/ब्यौरों/स्पष्टीकरणों के बिना किया गया आवेदन संक्षेपत : नामंजूर किए जाने योग्य होगा।

3 यदि किसी स्तंभ के सामने दी गई जगह अपर्याप्त है तो अलग पेपर संलग्न करें।

4 साफ अक्षरों में लिखें

5 आवेदन, संगम के मुख्य कृत्यकारी द्वारा हस्ताक्षरित किया जाना चाहिए।

प्रमाण–पत्र

विदेशी अभिदाय (विनियमन) अधिनियम, 2010 (2010 का 42) के अधीन विदेशी अभिदान प्राप्त करने के लिए रजिस्ट्रीकरण करने संबंधी सिफारिश

यह प्रमाणित किया जाता है कि .... (संगम का नाम) जिसका रजिस्ट्रीकृत कार्यालय .... (पता) में है, अपने चुने हुए क्षेत्र.. (आर्थिक, शैक्षणिक, सांस्कृतिक, धार्मिक या सामाजिक) में कल्याणकारी क्रियाकलापों में लगा हुआ है। उसके लक्ष्य और उद्देश्य इस प्रकार हैं–

1. संगम तथा कार्यकारी समिति/शासी परिषद (मुख्य कृत्यकारी सहित) के सदस्य (यों) के पूर्ववृत्तों को सत्यापित कर लिया है तथा कोई भी प्रतिकूल बात जानकारी में नहीं है।
2. यह इस क्षेत्र में प्रशंसनीय कल्याणकारी क्रियाकलाप कर रहे हैं और पिछले तीन वर्ष के दौरान इसके द्वारा चुने हुए क्रियाकलापों के क्षेत्र.. (आर्थिक, शैक्षणिक, सांस्कृतिक, धार्मिक या सामाजिक) में कुल रू. .... (प्रशासनिक व्यय को छोड़कर) का व्यय किया है।
3. ऊपर उल्लिखित संगम को विदेशी अभिदाय (विनियम) अधिनियम, 2010 (2010 का 42) के अधीन रजिस्ट्रीकरण प्रदान करने की सिफारिश की जाती है।

(सिफारिशी प्राधिकारी)

(सिफारिशी प्राधिकारी की मुद्रा)

जो लागू न हो उसे काट दें।

1. जिला कलेक्टर/जिला मजिस्ट्रेट
2. राज्य सरकार का मंत्रालय/विभाग
3. केन्द्रीय सरकार का मंत्रालय/विभाग

प्रारूप एफ.सी.–4

(नियम 9(2) (क) देखें)

सं. .... तारीख ....

सचिव, भारत सरकार,

गृह मंत्रालय,

एफ.सी.आर.ए. खण्ड/विदेशी प्रभाग,

'जैसलमेर हाउस',

26, मानसिंह रोड,

नई दिल्ली – 110011

विषयः किसी निश्चित संस्कृति, आर्थिक, शैक्षणिक, धार्मिक या सामाजिक कार्यक्रम वाले किसी संगम द्वारा विदेशी अभिदाय (विनियम) अधिनियम, 2010 (2010 का 42) की धारा 11 की उप धारा (2) के अधीन विदेशी अभिदाय स्वीकार करने हेतु 'पूर्वानुमति' के लिए आवेदन :

महोदय,

मैं .... कम्पनी अधिनियम 2013 की धारा 28 के अधीन रजिस्ट्रीकृत व्यक्ति, हिन्दू अविभक्त कुटुम्ब/संगम/रजिस्ट्रीकृत कम्पनी के रूप में के निम्नलिखित ब्यौरे प्रस्तुत करता हूं और विदेशी अभिदाय स्वीकर करने के लिए अधिनियम की धारा 11 की उप–धारा (2) के परन्तुक के अधीन केन्द्रीय सरकार की पूर्वानुमति के लिए आवेदन करता हूं :

1. (i) संगम का नाम तथा उसका पूरा डाक पता :
   - नाम :
   - पता :
   - नगर/शहर :

   जिला :

राज्य :

पिनकोड :

- संगम का टेलीफोन नं. (एस.टी.डी. कोड सहित) :
- मुख्य कार्यकारी टेलीफोन नं. (एस.टी.डी. कोड सहित)/मोबाइल नं.:
- ई—मेल पता :

(ii) यदि संगम कोई रजिस्ट्रीकृत न्याय या सोसाईटी है तो कष्पया उपदर्शित करें :

- रजिस्ट्रीकरण संख्या :
- रजिस्ट्रीकरण का स्थान :
- रजिस्ट्रीकरण की तारीख :

  (रजिस्ट्रीकरण प्रमाणपत्र की सत्यापित प्रति संलग्न करें)
- पैन नं. (स्थाई खाता संख्यांक) :

(iii) संगम की प्रकृति :

(क) धार्मिक (ख) सांस्कृतिक (ग) आर्थिक (घ) शैक्षणिक (ङ) सामाजिक

टिप्पण: यदि धार्मिक संगठन है तो क्या (क) हिन्दू (ख) सिक्ख (ग) मुस्लिम (घ) ईसाई (ङ) बौद्ध (च) अन्य संगठन है

(iv) कृपया उपदर्शित करें :

- संगम का मुख्य लक्ष्य तथा उद्देश्य (संगम ज्ञापन तथा/या संगम अनुच्छेद की प्रति संलग्न करें, जो लागू हो)
- मुख्य लक्ष्य तथा निश्चित कार्यक्रम (कार्यक्रमों) का विवरण, जिनके लिए विदेशी अभिदाय स्वीकार किया जा रहा/प्रयोग में लाया जा रहा है :

(v) निम्नलिखित सारणी में मुख्य कृत्यकारी से आरम्भ करते हुए संगम की कार्यकारी समिति/शासी परिषद आदि के सदस्यों के नामों तथा पतों का ब्यौरा :

क्र. सं.	नाम	पिता/पति का नाम	राष्ट्रीयता	कार्यस्थल का पता सहित व्यवसाय (आवेदन फाइल करने के समय पर फोन/मोबाइल नं. यदि उपलब्ध है)	संगठन में धारित पद	कार्यकारी परिषद/शासी निकाय के अन्य सदस्यों के साथ संबंध	पत्राचार का पता

(vi) यदि हर संगम किसी ऐसे संगठन जो विदेशी में स्थित है या अधिनियम के अधीन पहले से रजिस्ट्रीकृत या पूर्वानुमति प्राप्त किसी अन्य संगम की शाखा/इकाई/सहयोगी है, तो मूल संगठन का नाम और पताः

2. फीस का ब्यौरे :

विदेशी अभिदाय स्वीकार करने के लिए पूर्वानुमति प्राप्त करने हेतु रूपये .... (रूपये शब्दों में) .... मात्र की फीस वेतन और लेखा कार्यालय, गृह मंत्रालय के पक्ष में आहरित मांगदेय ड्राफ्ट/बैंकर्स चैक सं. .... तारीख .... बैंक .... संलग्न है।

3. क्या संगम की कार्यकारी समिति/शासी परिषद आदि का कोई सदस्य जिसके अंतर्गत मुख्य कृत्यकारी भी है, अपने कार्यालय संबंधी कार्यो के निर्वहन में या निजी व्यवहार में :

1. न्यायालय द्वारा कभी दोषसिद्ध ठहराया गया/गई है :
2. इसके विरूद्ध किसी अपराध के संबंध में कोई अभियोजन लंबित है :

3. एसोसिएशन की निधियों या विगत में किसी संगठन की निधियों का उपयोजन या दुरूपयोग का दोषी पाया गया/गई है :
4. विदेशी अभिदाय स्वीकार करने से प्रतिबंधित किया गया/गई है :

4. क्या :

1. संगम ने पहले कभी विदेशी अभिदाय (विनियम) अधिनियम, 2010 (2010 का 42) के अधीन रजिस्ट्रीकरण के लिए आवेदन किया है, यदि ऐसा है तो,

   (क) रजिस्ट्रीकरण के लिए आवेदन प्रस्तुत करने की तारीख और संख्या, (ख) मंत्रालय से प्राप्त अंतिम पत्राचार यदि कोई हो, की तारीख और संख्या (ग) क्या रजिस्ट्रीकरण करने से इन्कार कर दिया गया था, (घ) क्या रजिस्ट्रीकरण करने का आवेदन अभी तक लम्बित है।
2. क्या संगम ने पहले कभी विदेशी अभिदाय (विनियम) अधिनियम, 2010 (2010 का 42) के अधीन पूर्वानुमति के लिए आवेदन किया है, यदि ऐसा है तो,

   (क) पूर्वानुमति प्राप्त करने का आवेदन प्रस्तुत करने की तारीख और संख्या, (ख) मंत्रालय से प्राप्त अंतिम पत्राचार, यदि कोई हो, की तारीख और संख्या (ग) क्या पूर्वानुमति देने से इन्कार कर दिया गया था, (घ) क्या पूर्वानुमति का आवेदन अभी तक लम्बित है,

   - क्या संगम के किसी ऐसी अन्य संगम या उसकी इकाई या शाखा से निकट सम्बन्ध है, जिसे, (क) अधिनियम के अधीन रजिस्ट्रीकरण/पूर्वानुमति देने से इन्कार कर दिया गया हो, (ख) विदेशी अभिदाय प्राप्त करने से प्रतिषिद्ध किया जा चुका हो।

5. क्या आवेदन संगम :

(क) विदेश में आधारित संगठन या अधिनियम के अधीन पहले से रजिस्ट्रीकृत या पूर्वानुमति प्राप्त कर चुके किसी संगम की शाखा/इकाई/सहायक है। यदि हाँ, तो मूल संगम का नाम तथा पता प्रस्तुत किया जाना चाहिए।

(ख) अधिनियम की धारा 10 को आकर्षित करता है, यदि ऐसा है, तो केन्द्रीय सरकार द्वारा पारित आदेशों के ब्यौरे दें।

(ग) अधिनियम की धारा 11 की उप धारा (3) के खण्ड (क) को आकर्षित करता है।

(घ) अधिनियम की धारा 9(क) के खण्ड (क) के निबंधनों में केन्द्रीय सरकार द्वारा पूर्वानुमति प्राप्त करने संबंधी निर्देश मिल चुके है। यदि ऐसा है, तो सुसंगत आदेश की संख्या और तारीख।

(ङ) विदेशी अभिदाय (विनियम) अधिनियम, 1976 (1976 का 49) के उपबंधों के अनुसार पहले भी कार्रवाई की जा चुकी है।

6. क्या :

1. (क) क्या संगम को अधिनियम के अधीन विदेशी अभिदाय प्राप्त करने के लिए पूर्वानुमति दी गई थी। यदि ऐसा है, तो, ऐसी पूर्वानुमति से संबंधित गृह मंत्रालय का पत्र संख्या और उसकी तारीख।

   (ख) क्या ऊपर प्राप्त किए गए विदेशी अभिदाय की प्राप्ति और उपयोजन के लेखे विहित प्ररूप एफ.सी.–3 में केन्द्रीय सरकार को भेजे गए थे। लेखों को प्रस्तुत करने की तारीख उपदर्शित करें।

2. क्या :
   - क्या संगम ने पूर्व में अधिनियम के अधीन पूर्वानुमति लिए बिना विदेशी अभिदाय प्राप्त किया है। यदि ऐसा है, तो प्राप्त किए गए विदेशी अभिदाय सहित, बैंक की शाखा का पूरा पता और बैंक खाता संख्या जिसमें अभिदाय जमा किया गया।
   - उक्त उल्लंघन को केन्द्रीय सरकार द्वारा माफ कर दिया गया है।

7. मैं प्रतिज्ञा करता हूं कि आवेदन संगम, किसी ऐसे प्रकाशन का जो प्रेस और पुस्तक रजिस्ट्रीकरण अधिनियम, 1867 (1867 का 25) के अधीन 'समाचारपत्र' के रूप में रजिस्ट्रीकृत है, का स्वामी, मुद्रक, प्रकाशक, सम्पादक नहीं है।

8. मैं प्रतिज्ञा करता हूं कि आवेदक संगम, सूचना प्रौद्योगिकी अधिनियम, 2000 (2000 का 21) की धारा 2 की उपधारा (1) के खंड (द) में यथा परिभाषित इलैक्ट्रानिक माध्यम या किसी अन्य इलैक्ट्रानिकी रूप में

अथवा जन संचार के किसी अन्य रीति द्वारा श्रृव्य/दृश्य समाचारों अथवा सम–सामयिक कार्यक्रमों को तैयार करने अथवा प्रसारित करने में संलिप्त नहीं है।

9. मैं प्रतिज्ञान करता हूँ कि संगठन/संगम को केन्द्रीय तथा/या राज्य सरकार के किसी मंत्रालय/विभाग या कानूनी प्राधिकारी द्वारा विदेशी अभिदाय प्राप्त करने से प्रतिबंधित नहीं किया गया है/काली सूची में नहीं रखा गया है।

10. मैं, संगम के पिछले तीन वर्षो के विस्तृत क्रियाकलापों को दर्शाने वाले दस्तावेज संलग्न कर रहा हूं।

11. मैं, चार्टर्ड एकाउटेण्ट द्वारा सम्यक रूप से सत्यापित पिछले तीन वर्षो के संगम के लेखों के संपरीक्षित विवरण की प्रतियां संलग्न कर रहा हूं।

12. दानकर्ता की वचन बद्धता पावती संबंधी आंकड़े :

1. प्राप्त किए जाने वाले विदेशी अभिदाय की प्रकृति (नगद/वस्तु) तथा मूल्य :
2. प्रयोजन जिसके लिए विदेशी अभिदाय प्राप्त करने और आयोजित करने का प्रस्ताव है उसके अन्तर्गत आने वाले भौगोलिक क्षेत्र को दर्शाते हुए :
3. दानकर्ता की ओर से अद्यतन वचनबद्धता पत्र की प्रति प्रस्तुत की गई है।
4. प्रस्ताव/परियोजना की प्रति जिसे विदेशी स्त्रोत द्वारा वित्तपोषण के लिए अनुमोदित किया गया है इसके अन्तर्गत प्रक्षेपित परिव्यय, बजट विवरण भी है, संलग्न करें :

13. बैंक के ब्यौरे :

1. उस बैंक की शाखा का नाम और पता जिसके मार्फत विदेशी अभिदाय प्राप्त करना प्रस्तावित है।
2. बैंक की उक्त शाखा में खाता संख्या।

14. उन विदेशी स्त्रोत/स्त्रोतों का विवरण जहां से विदेशी अभिदाय प्राप्त करने का प्रस्ताव है।

1. यदि कोई व्यक्ति है तो उसकी व्यक्तिगत विशिष्टियां जिसके अन्तर्गत नाम, वर्तमान पता, स्थायी पता, राष्ट्रीयता तथा व्यवसाय भी है :

2. यदि कोई संगठन/संस्थान/संगम/न्यास/व्यापार संघ आदि है तो उसकी पूरी विशिष्टियां जिसमें निम्नलिखित सम्मिलित हों :
    - पूरा नाम तथा पता :
    - मुख्य कार्यालय/प्रधान कार्यालय का पता :
    - मुख्य कृत्यकारी तथा महत्वपूर्ण पदाधिकारियों की विशिष्टियां:
3. क्या विदेशी स्त्रोत किसी विदेशी देश की सरकार या उसका अभिकरण है, यदि ऐसा है, तो ब्यौरे दीजिए।

भवदीय

मुख्य कृत्यकारी के हस्ताक्षर

(साफ अक्षरों में मुख्य कृत्यकारी का नाम)

(संगम की मुद्रा)

घोषणा तथा वचनबंध

मैं घोषणा करता हूँ कि मेरे द्वारा दिया गया उपरोक्त विवरण सत्य और सही है या वचनबंधन देता हूँ कि :

1. यदि संगम के नाम, उसके पते, उसके रजिस्ट्रीकरण, उसकी प्रकृति, उसके लक्ष्य और उद्देश्यों में किसी प्रकार का परिवर्तन होता है तो मैं, प्रभावी परिवर्तनों के दस्तावेजों, साक्ष्यों सहित केन्द्रीय सरकार (गृह मंत्रालय) को तीस दिनों के भीतर सूचित करूंगा।
2. यदि किसी समय विदेशी अभिदाय (विनियम) अधिनियम, 2010 (2010 का 42) के अधीन रजिस्ट्रीकरण के लिए तारीख.......................... के आवेदन सं. .... में यथा उल्लिखित ऐसे सदस्यों के 50 प्रतिशत या उससे अधिक सदस्यों को बदला जाता है तो कार्यकारी समिति/शासी परिषद के सदस्यों को बदलने के लिए पूर्वानुमति प्राप्त करूंगा और मैं यह और वचन देता हूँ कि जब तक पदाधिकारियों को बदलने की अनुमति नहीं मिलेगी तब तक पूर्वानुमति के बिना विदेशी अभिदाय स्वीकार नही करूंगा
3. केन्द्रीय सरकार की पूर्व अनुमति के बिना बैंक और/या बैंक शाखा नहीं बदलूंगा (बैंक या बैंक शाखा बदलने का कारण सुसंगत एवं न्यायसंगत होना चाहिए) और,

टिप्पणी: बैंक (या विद्यमान बैंक की वह शाखा जहां अनन्य रूप से विदेशी खाता संख्या अनुरक्षित की जाती है) या बैंक खाता संख्या को परिवर्तित करने के लिए प्रपत्र गृह मंत्रालय की वेबसाईट पर उपलब्ध है।

4. जब तक कि विदेशी अभिदाय (विनियम) अधिनियम, 2010 (2010 का 42) के अधीन इसमें ऊपर आवेदित रजिस्ट्रीकरण प्रमाणपत्र या केन्द्रीय सरकार की पूर्वानुमति प्राप्त किए बिना विदेशी अभिदाय स्वीकार नहीं करूंगा।

स्थान :

तारीख :

इस आवेदन के साथ

संलग्नकों की सूची :

1.

2.

3.

मुख्य कृत्यकारी के हस्ताक्षर

(साफ अक्षरों में मुख्य कृत्यकारी का नाम)

(संगम की मुद्रा)

प्ररूप भरने के लिए अनुदेश

- कृपया जो लागू न हो उसे काट दें। यही अनुदेश इस रूप में और कहीं भी दिये गये अन्य विकल्पों के संबंध में भी लागू होगा।
- वस्तु सं 3–4 भागों के अन्तर्गत यदि किसी का उत्तर 'हां' है तो उस मामले का पूर्ण ब्यौरा यदि अपेक्षित हो तो पृथक पृष्ठ पर दें जिसके अंतर्गत मामले की वर्तमान स्थिति भी हो।
- यदि किसी ऐसे व्यक्ति या संगम से विदेशी अभिदाय, मुद्रा या वस्तु के रूप में प्राप्त होना है जिसने प्रथम, द्वितीय या उत्तरवर्ती प्राप्तकर्ता के रूप में उसे प्राप्त किया है, तो ऐसे व्यक्ति या संगम का विवरण ऊपर स्तंभ 11 में दिया जाना चाहिए।

1. पूर्व अनुज्ञा के लिए आवेदन प्राप्त करना, केन्द्रीय सरकार द्वारा किसी अनुमोदन के लिए प्रतिबद्धता नहीं है।
2. किसी अपूर्ण अर्थात आवश्यक दस्तावेज/दस्तावेजों, ब्यौरों, स्पष्टीकरणों के बिना प्राप्त आवेदन पत्रों को अस्वीकार होने के दायी होंगे।
3. किसी स्तंभ के समक्ष दिया गया स्थान अपर्याप्त होने की दशा में पृथक शीट संलग्न करें।
4. कृपया आवेदन पत्र स्पष्ट अक्षरों में भरें।

प्रमाण–पत्र

विदेशी अभिदाय (विनियमन) अधिनियम, 2010 (2010 का 42) के अधीन विदेशी अभिदाय प्राप्त करने की पूर्व अनुज्ञा प्रदान करने की सिफारिश

प्रमाणित किया जाता है कि ———————————— (संगम का नाम) जिसका रजिस्ट्रीकृत कार्यालय ——————— (पता) है अपने निश्चित क्षेत्र ———————— (आर्थिक, शैक्षणिक, सांस्कषतिक, धार्मिक या सामाजिक) में कल्याणकारी क्रियाकलाप करने में रत रही है। इसके लक्ष्य और प्रयोजन निम्नलिखित हैं–

1. संगम और इसकी कार्यकारी समिति/शासी परिषद (जिसके अधीन मुख्य कृत्यकारी भी हैं) के सदस्य (सदस्यों) के पूर्ववृत्तों का सत्यापन कर लिया गया है और उनके विरूद्ध कुछ भी अवेक्षा में नहीं आया है।
2. इसने इस क्षेत्र में सहराहनीय कल्याणकारी क्रियाकलाप किए हैं और इसने क्रियाकलापों के ———————— क्षेत्र (आर्थिक, शैक्षणिक, सांस्कृतिक, धार्मिक और सामाजिक) में विगत तीन वर्षो के दौरान ——————— रूपये (प्रशासनिक व्यय के अतिरिक्त) का पर्याप्त व्यय किया है।
3. उपर्युक्त संगम का विदेशी अभिदाय (विनियमन) अधिनियम, 2010 (2010 का 42) के अधीन विदेशी अभिदाय प्राप्त करने के लिए पूर्व अनुज्ञा लेने की सिफारिश की जाती है।

   (सिफारिशकर्ता प्राधिकारी) (सिफारिशकर्ता प्राधिकारी की मुद्रा)

   जो लागू न हो उसे काट दें।

   1. जिला कलेक्टर/जिला मजिस्ट्रेट
   2. राज्य सरकार का मंत्रालय/विभाग
   3. केन्द्रीय सरकार का मंत्रालय/विभाग

प्रारूप एफ.सी.–5

(नियम 12 (2) देखें)

सचिव,

भारत सरकार गृह मंत्रालय,

एफ.सी.आर.ए. खण्ड/विदेशी प्रभाग, 'जैसलमेर हाउस',

26, मानसिंह रोड,

नई दिल्ली – 110011

विषयः विदेशी अभिदाय (विनियमन) अधिनियम, 2010 (2010 का 42) की धारा 13 के अधीन 'रजिस्ट्रीकरण प्रमाणपत्र' के नवीकरण के लिए आवेदन (नवीकरण के लिए आवेदन पत्र रजिस्ट्रीकरण प्रमाणपत्र कराने के अवसान की तारीख से छः मास पहले प्रस्तुत करना होगा)

महोदय,

मैं ——————————, इसमें इसके पश्चात् नाम के संगम के निमित्त 'रजिस्ट्रीकरण प्रमाणपत्र' का नवीकरण के लिए आवेदन कर रहा हूँ जिसके ब्यौरे निम्नलिखित हैंः–

1. संगम का नाम और इसका पूरा डाक का पता :
   - नाम :
   - पता :

     शहर/नगर :

     जिलाः राज्यः पिन कोडः
   - संगम की टेलीफोन सं. (एस टी डी कोड सहित) :
   - मुख्य कृत्यकारी का टेलीफोन सं. (एस टी डी कोड सहित)/ मोबाईल नं.
   - ई–मेल पता
   - संगम की कृत्यकारी समिति/शासी परिषद के सदस्य आदि, मुख्य कृत्यकारी से प्रारंभ करके, के नाम और पते के ब्यौरे निम्नलिखित सारणी में दिया गए है –

क्र. सं.	नाम	पिता/ पति का नाम	राष्ट्रीयता	उपजीविका सहित कार्य का स्थान का पता (आवेदन भरे जाने के समय फोन/मोबाइल नं. यदि उपलब्ध है)	संगठन में धारित पद	कार्यकारी परिषद/शासी निकाय के अन्य सदस्यों के साथ संबंध	पत्राचार का पता

2. संगम की प्रकृति :
3. रजिस्ट्रीकरण संख्या :
   - रजिस्ट्रीकरण का स्थान :
   - रजिस्ट्रीकरण की तारीख :
   - अवसान की तारीख :
   - पैन नम्बर, यदि कोई हों, (रजिस्ट्रीकरण प्रमाणपत्र की प्रमाणित प्रति संलग्न करें)
4. इसके रजिस्ट्रीकरण की तारीख से प्राप्त किया गया विदेशी अभिदाय, वर्षवार ब्यौरा दें :
5. निधियों का उपयोग करने का ब्यौरा :
6. क्या विदेशी अभिदाय (विनियमन) अधिनियम, 2010 (2010 का 42) के निर्धारित विभिन्न उपबंधों का पालन किया गया है :
7. प्रमाणपत्र का नवीकरण कराने का कारण :
8. फीस का ब्यौरा रजिस्ट्रीकरण के नवीकरण के लिए ———————— रूपये शब्दों में ————————————————————————, की राशि 'वेतन और लेखा अधिकारी, गृह मंत्रालय के पक्ष में देय मांगदेय ड्राफ्ट/बैंकर्स चैक के रूप में डी डी/ बैंकर्स चेक सं. ———————— तारीख ———————— बैंक का नाम ———————— भेजी जाती है।
9. क्या संगठन/संगम को केन्द्रीय और/या राज्य सरकार के किसी अन्य मंत्रालय/विभाग या कानूनी प्राधिकारी द्वारा किसी सहाय और/या सहायता प्राप्त करने से रोका गया/काली सूची में डाला गया। यदि हां, तो उसका ब्यौरा दे।

10. कोई अन्य जानकारी जो संगम देना चाहता है।

मैं घोषित करता हूँ कि उपर्युक्त दी गई जानकारी सत्य और सही है।

मुख्य कृत्यकारी के हस्ताक्षर

(मुख्य कृत्यकारी का नाम स्पष्ट अक्षरों में)

(संगम की मुद्रा)

प्रारूप एफ.सी.–6

(नियम 17 (1) देखें)

सचिव,

भारत सरकार, गृह मंत्रालय,

एफ.सी.आर.ए. खण्ड/विदेशी प्रभाग, 'जैसलमेर हाउस',

26, मानसिंह रोड,

नई दिल्ली – 110011

विषय : 31 मार्च ———————— को समाप्त होने वाले वर्ष के लिए विदेशी अभिदाय का लेखा

1. संगम का ब्यौरा
   1. नाम और पता (स्पष्ट अक्षरों में)
   2. रजिस्ट्रीकरण संख्या और तारीख (विदेशी अभिदाय (विनियमन) अधिनियम 2010) (वर्ष 2010 का 42) के अधीन
   3. पूर्व अनुज्ञा संख्या और तारीख, यदि उपरोक्त लागू न हो तो
   4. संगम की प्रकृति
      - सांस्कृतिक
      - आर्थिक,
      - शैक्षणिक
      - धार्मिक
      - सामाजिक
   5. धार्मिक संगम की दशा में उसका सम्प्रदाय
      - हिन्दू
      - सिक्ख

- मुस्लिम
- ईसाई
- बौद्ध
- अन्य

2. 1. वित्त वर्ष के दौरान प्राप्त विदेशी अभिदाय की कुल रकम,
   2. वित्त वर्ष के दौरान विदेशी अभिदाय पर अर्जित ब्याज –
      - अभिहित बैंक खाते में,
      - वर्ष के दौरान या पिछले वर्ष किये गये निवेश पर (सावधि जमा रसीद)
   3. प्रयोजन जिसके लिए विदेशी अभिदाय प्राप्त किया गया और उसका उपयोग किया गया

<table>
<tr><td rowspan="2">क्र. सं.</td><td rowspan="2">प्रयोजन</td><td rowspan="2" colspan="2">पिछला बकाया</td><td colspan="4">वर्ष के दौरान प्राप्ति</td><td colspan="3">उपयोग</td><td colspan="2">बकाया</td><td></td></tr>
<tr><td colspan="2">प्रथम प्राप्तकर्ता के रूप में</td><td>द्वितीय / उत्तरवर्ती प्राप्तकर्ता के रूप में</td><td>कुल</td><td colspan="3"></td><td colspan="2"></td><td>विशिष्ट क्रियाकलापों के पते सहित स्थान</td></tr>
<tr><td></td><td></td><td>नगद में</td><td>वस्तु रूप में (मूल्य)</td><td>नगद में</td><td>वस्तु रूप में</td><td>नगद में</td><td>वस्तु रूप में</td><td>5+6 +7 +8</td><td>नगद में</td><td>वस्तु रूप में (मूल्य)</td><td>नगद में (मूल्य)</td><td>वस्तु</td><td></td></tr>
<tr><td>1</td><td>2</td><td>3</td><td>4</td><td>5</td><td>6</td><td>7</td><td>8</td><td>9</td><td>10</td><td>11</td><td>12</td><td>13</td><td>14</td></tr>
</table>

1. राष्ट्रीय महत्व का समारोह स्वतंत्रता / गणतंत्र दिवस / उत्सव आदि।
2. रंगशाला / फिल्म
3. ऐतिहासिक और सांस्कृतिक महत्व के स्थानों का अनुरक्षण
4. प्राचीन / जन जातीय कला रूपों का परिरक्षण
5. अनुसंधान
6. सांस्कृतिक प्रदर्शन
7. हस्तशिल्प केन्द्र / कुटीर और खादी उद्योग / सामाजिक वानिकी परियोजनाएं स्थापित करना और चलाना
8. पशुपालन परियोजनाएं
9. आय सृजित करने वाली परियोजनाएं / योजनाएं।
10. सूक्ष्म वित्त परियोजनाएं, जिसके अन्तर्गत बैंकिंग, सहकारिता और स्वयं सहायता समूह भी हैं।

11. कृषि क्रियाकलाप
12. ग्रामीण विकास।
13. स्कूल/कालेज का संनिर्माण और उनका अनुरक्षण।
14. गरीब बच्चों के लिए छात्रावासों का संनिर्माण और उन्हें चलाना।
15. गरीब/पात्र बच्चों को नगद और वस्तुरूप में वृति/छात्रवृत्ति/सहायता देना।
16. शिक्षण सामग्री–किताबें, कापियों आदि की खरीद और उनकी आपूर्ति।
17. प्रौढ़ शिक्षा कार्यक्रम चलाना।
18. मानसिक रूप से अशक्त के लिए शिक्षा/विद्यालय।
19. अनौपचारिक शिक्षा परियोजनाएं/कोचिंग कक्षाएं।
20. धार्मिक स्थलों का संनिर्माण/मरम्मत और अनुरक्षण।
21. धार्मिक विद्यालयों/पुरोहितों/उपदेशकों की शिक्षा।
22. धार्मिक साहित्य का प्रकाशन और वितरण।
23. धार्मिक समारोह।
24. पुरोहितों/उपदेशकों/अन्य धार्मिक कृत्यकारियों का भरण पोषण।
25. अस्पताल/औषद्यालय/क्लीनिक संनिर्माण/चलाना।
26. समुदाय भवनों आदि का संनिर्माण, इत्यादि।
27. वृद्ध गृहों का संनिर्माण और प्रबंधन।
28. वयोवृद्ध/विधवाओं का कल्याण।
29. अनाथगृहों का निर्माण और प्रबंधन।
30. अनाथों का कल्याण।
31. धर्मशाला/आश्रयगृहों का संनिर्माण और प्रबंधन।
32. निशुल्क चिकित्सा/स्वास्थ्य/परिवार कल्याण/टीकाकरण शिविर आयोजित करना।
33. निशुल्क दवा और चिकित्सा सहायता का प्रदाय जिसके अंतर्गत श्रवण उपकरण, दृष्य सहाय उपकरण, परिवार कल्याण सहाय उपकरण आदि भी हैं।
34. विकलांगों को तिपहिया साइकिल, बैसाखी आदि जैसे उपकरणों को उपलब्ध करना।

35. कुष्ठ रोग से ग्रसित व्यक्तियों का उपचार/पुनर्वास।
36. मादक द्रव्य के आदी व्यक्तियों का उपचार/पुनर्वास।
37. महिला सशक्तीकरण/कल्याण।
38. बाल कल्याण।
39. गरीब, जरूरतमंदों और निराश्रितों लिए मुफ्त वस्त्र और खाद्य उपलब्ध कराना।
40. प्राकृतिक आपदा पीड़ितों को राहत और पुनर्वास करना।
41. दंगा/अन्य उपद्रव पीड़ितों की सहायता करना।
42. बोर–वेल्स की खुदाई करना।
43. स्वच्छता व्यवस्था जिसके अन्तर्गत सामुदायिक प्रसाधन भी है।
44. व्यावसायिक प्रशिक्षण–सिलाई, मोटर मरम्मत, कम्प्यूटर आदि।
45. जागरूकता शिविर/सम्मेलन/कार्यशालाएं/बैठकें/सम्मेलन करना।
46. निशुल्क कानूनी सहायता देना/कानूनी सहायता केन्द्र चलाना।
47. खेलकूद मुकाबले आयोजित करना।
48. एकवायर्ड इम्यून डिफीसिएसी सिन्ड्रोम (एड्स) के बारे में जागरूकता फैलाना, एड्स प्रभावित व्यक्तियों का उपचार और पुनर्वास करना।
49. शारीरिक और मानसिक रूप से अशक्त व्यक्तियों का कल्याण करना।
50. अनुसूचित जातियों का कल्याण।
51. अनुसूचित जन जातियों का कल्याण।
52. अन्य पिछड़ा वर्गों का कल्याण।
53. पर्यावरण संबंधी कार्यक्रम।
54. सामाजिक–आर्थिक और अन्य कल्याण कार्यक्रमों का सर्वेक्षण।
55. स्थापना व्यय–
    1. आस्तियां बनाना
       (क) समग्र निधि की स्थापना और
       (ख) भूमि की खरीद
    2. कार्यालय, प्रशासनिक और अन्य भवनों, का निर्माण/विस्तार/अनुरक्षण, वेतन/मानदेय
    3. न्यूजलेटर/साहित्य/पुस्तकों आदि का प्रकाशन
    4. अन्य व्यय

56. ऊपर वर्णित से भिन्न अन्य क्रियाकलाप (ब्यौरा दें)

चेतावनी: मिथ्या जानकारी देने या सारवान तथ्यों को छुपाने से विदेशी अभिदाय (विनियमन) अधिनियम, 2010 (2010 का 42) के संगत उपबन्धों के आधार पर समुचित कार्रवाई हो सकती है।

4 बैंक की अभिहित शाखा का नाम और पता तथा खाता संख्या (रजिस्ट्रीकरण/पूर्व अनुज्ञा के लिए किये गए आवेदन में यथा विनिर्दिष्ट या केन्द्रीय सरकार द्वारा अनुज्ञात)

खाता सं. ——————————————

बैंक ——————————————

शाखा ——————————————

पता ——————————————

4 दानकर्तावार विदेशी अभिदाय की रसीद :

क्र. सं.	संस्थागत/ व्यक्तिगत/ अन्य दानदाता	नाम और पते	प्रयोजन	प्राप्ति का मास और तारीख	रकम
1	2	3	4	5	6

1. संस्थागत दानदाताओं से ——————————

2. व्यक्तिगत दानदाताओं से, एक लाख रूपये से अधिक, ——————————

3. व्यक्तिगत दानदाताओं से, एक लाख रूपये से कम, ——————————

कुल : (1+2+3)

घोषणा

मैं घोषणा करता हूँ कि मेरे द्वारा दी गई ऊपर उल्लिखित सभी विशिष्टियां सत्य और सही हैं। मैं यह भी प्रतिज्ञान करता हूं कि मेरे सर्वोत्तम ज्ञान में विदेशी अभिदाय का उपयोग उन्हीं प्रयोजनों के लिए किया गया जिसके लिए संगम ने केन्द्रीय सरकार से रजिस्ट्रीकरण या पूर्व अनुज्ञा दी गई है। मैंने किसी तथ्य को न तो छिपाया है और न ही निषेध किया है।

स्थानः

तारीख :

मुख्य कृत्यकारी के हस्ताक्षर

(मुख्य कृत्यकारी का नाम स्पष्ट अक्षरों में) (संगम की मुद्रा)

चार्टर्ड एकाउंटेंट द्वारा दिया गया प्रमाण–पत्र

मैंने/हमने, ———————————————— (संगम का नाम और उसका पूरा पता जिसमें राज्य, जिला और पिन, कोड, यदि रजिस्ट्रीकृत सोसायटी है तो उसका रजिस्ट्रीकरण संख्या और रजिस्ट्रीकरण का राज्य) के 31 मार्च —————————— को समाप्त होने वाले वर्ष के लिए खातों की लेखा परीक्षा की है और सभी संगत वहियों और वाउचरों की जांच की है तथा परीक्षित लेखाओं के अनुसार यह प्रमाणित करता हूं कि

1. वर्ष के प्रारम्भ में अग्रनीय विदेशी अभिदाय —————————— रूपये था,
2. वर्ष —————————— के दौरान संगम द्वारा —————————— रूपये/मूल्य का विदेशी अभिदाय प्राप्त किया था।
3. वर्ष —————————— की समाप्ति पर संगम के पास —————————— रूपये का अनप्रयुक्त शेष विदेशी अभिदाय था।
4. प्रमाणित किया जाता है कि संगम ने विदेशी अभिदाय के खातों और उससे संबंधित अभिलेखों का विदेशी अभिदाय (विनियमन) नियम 2011 के नियम 16 के साथ पठित विदेशी अभिदाय (विनियमन) अधिनियम, 2010 (वर्ष 2010 का 42) की धारा 19 में निर्दिष्ट रीति में अनुरक्षण किया है।

5. इस प्रमाणपत्र में और संलग्न तुलनपत्र में प्रदान कराई गई जानकारी और प्रतियों और भुगतान का विवरण सही है क्योंकि उसकी मैने/हमने जांच कर ली है।

स्थान :

तारीख :

(चार्टड एकाउंटेंट के हस्ताक्षर)

(मुद्रा, पता और रजिस्ट्रीकरण संख्या)

प्रारूप एफ.सी.–7

(नियम 17 (3) देखें)

सचिव,

भारत सरकार गृह मंत्रालय,

एफ.सी.आर.ए. खण्ड/विदेशी प्रभाग,

'जैसलमेर हाउस', 26, मानसिंह रोड,

नई दिल्ली – 110011

विषय : विदेशी अभिदाय (वस्तुओं) खाते संबंधी जानकारी

वस्तुओं का ब्यौरा ————————

प्राप्ति							उपयोग/ निपटान		मात्रा						
दिनांक	उस व्यक्ति का नाम और पता जिससे प्राप्त की	प्राप्ति का ढंग	प्राप्त मात्रा	प्राप्ति का प्रयोजन	प्राप्त वस्तु का अनुमानित मूल्य	केन्द्रीय सरकार को सूचना भेजने की तारीख	तारीख	उस व्यक्ति का नाम और पता जिसे जारी की गई अथवा अन्य ढंग से अन्तरित की गई	किस प्रयोजन के लिए जारी अथवा अन्य था अन्तरित की गई	संगठन द्वारा उपयोग की गई	बेची गई	अन्य था अन्तरित	यदि बेची गई तो बिक्री की राशि	विदेशी अभिदाय (मुद्रा) खाते में प्रविष्टि का संदर्भ	स्टाक में शेष

घोषणा

मैं घोषित करता हूं कि उपर्युक्त जानकारी सत्य और सही है।

स्थान :

तारीख :

मुख्य कृत्यकारी के हस्ताक्षर

(मुख्य कृत्यकारी का नाम स्पष्ट अक्षरों में)

(संगम की मुद्रा)

चार्टर्ड एकाउंटेंट द्वारा दिया गया प्रमाण–पत्र

मैंने/हमने, ———————————— (संगम का नाम और उसका पूरा पता जिसमें राज्य, जिला और पिन, कोड, यदि रजिस्ट्रीकृत सोसायटी है तो उसका रजिस्ट्रीकरण संख्या और रजिस्ट्रीकरण का राज्य) के 31 मार्च ———————— को समाप्त होने वाले वर्ष के लिए खातों की लेखा परीक्षा की है और सभी संगत वहियों और वाउचरों की जांच की है तथा परीक्षित लेखाओं के अनुसार यह प्रमाणित करता हूं कि

1. वर्ष के प्रारम्भ में अग्रनीय विदेशी अभिदाय ——————— रूपये था,
2. वर्ष ———————— के दौरान संगम द्वारा ——————— रूपये/मूल्य का विदेशी अभिदाय प्राप्त किया था।
3. (क) वर्ष ———————————— की समाप्ति पर संगम के पास ——————— रूपये का अनप्रयुक्त शेष विदेशी अभिदाय था।

   (ख) वस्तु रूप में प्राप्त समस्त विदेशी अभिदाय का वित्त वर्ष की समाप्ति तक उपयोग कर लिया गया है और कुछ भी शेष नहीं बचा है (लागू नहीं हो उसे काट दें)
4. प्रमाणित किया जाता है कि संगम ने विदेशी अभिदाय के खातों और उससे संबंधित अभिलेखों का विदेशी अभिदाय (विनियमन) नियम 2011 के नियम 16 के साथ पठित विदेशी अभिदाय (विनियमन) अधिनियम, 2010 (वर्ष 2010 का 42) की धारा 19 में निर्दिष्ट रीति में अनुरक्षण किया है।

5. इस प्रमाणपत्र में और संलग्न तुलनपत्र में प्रदान कराई गई जानकारी और प्रतियों और भुगतान का विवरण सही है क्योंकि उसकी मैंने/हमने जांच कर ली है।

स्थान :

तारीख :

(चार्टड एकाउंटेंट के हस्ताक्षर)

(मोहर, पता और रजिस्ट्रीकरण संख्या)

प्ररूप एफ.सी.–8

(नियम 17 (4) देखें)

सचिव,
भारत सरकार गृह मंत्रालय,
एफ.सी.आर.ए. खण्ड/विदेशी प्रभाग,
'जैसलमेर हाउस', 26, मानसिंह रोड,
नई दिल्ली – 110011

विषय: विदेशी अभिदाय (प्रतिभूतियों) खाते संबंधी सूचना :

(विवरण विद्यमान रूपविधान (पुराने) में प्रदान किया जाए – विदेशी अभिदाय (विनियमन) नियम, 1976 का नियम 8 (ग) देखें)

1. प्रतिभूतियों का नाम
2. प्रत्येक प्रतिभूति का अभिहित मूल्य

तारीख	व्यक्ति का नाम और पता जिससे प्राप्त किया	प्रत्येक प्रतिभूति की विभेदकारी संख्या	प्रतिभूतियों का योग	प्रतिभूतियों का कुल अभिहित मूल्य	विदेशी प्रतिभूतियों को प्राप्त करने या रखने के लिए भारतीय रिज़र्व बैंक की अनुमति का ब्यौरा	केन्द्रीय सरकार को भेजी गई सूचना का ब्यौरा	तारीख	प्राप्त लाभांश या ब्याज	जिस तारीख तक ब्याज या लाभांश प्राप्त किया गया
1	2	3	4	5	6	7	8	9	10

प्राप्त लाभांश/ब्याज का ब्यौरा

विदेशी अभिदाय मुद्रा खाते में जमा की प्रविष्टि का संदर्भ	तारीख	व्यक्ति का नाम और पता जिसे बेंची/अन्तरित की गई	बेंची गई/आन्तरित कुल प्रतिभूतियों की संख्या	अन्तरित प्रत्येक प्रतिभूति की विभिदकारी संख्या	कुल रकम जिसके लिए बेंची/अन्तरित की गई	प्रतिभूतियों को बेचने/अन्तरित करने के लिए भारतीय रिजर्व बैंक की अनुमति का ब्यौरा	केन्द्रीय सरकार को भेजी गई सूचना का ब्यौरा	विदेशी अभिदाय मुद्रा खाते में प्रविष्टि का संदर्भ
11	12	13	14	15	16	17	18	19

घोषणा

मैं घोषित करता हूं कि उपर्युक्त जानकारी सत्य और सही है।

स्थान :

तारीख :

मुख्य कृत्यकारी के हस्ताक्षर

(मुख्य कृत्यकारी का नाम स्पष्ट अक्षरों में)

(संगम की मुद्रा)

चार्टर्ड एकाउंटेंट द्वारा दिया गया प्रमाण–पत्र

मैंने/हमने, ———————————————— (संगम का नाम और उसका पूरा पता जिसमें राज्य, जिला और पिन, कोड, यदि रजिस्ट्रीकृत सोसायटी है तो उसका रजिस्ट्रीकरण संख्या और रजिस्ट्रीकरण का राज्य) के 31 मार्च —————————— को समाप्त होने वाले वर्ष के लिए खातों की लेखा परीक्षा की है और सभी संगत वहियों और वाउचरों की जांच की है तथा परीक्षित लेखा के अनुसार यह प्रमाणित करता हूं कि

1. वर्ष के प्रारम्भ में अग्रनीय विदेशी अभिदाय ——————— रूपये था,

2. वर्ष ——————————— के दौरान संगम द्वारा ————————— रूपये/मूल्य का विदेशी अभिदाय प्राप्त किया था।
3. वर्ष ———————— की समाप्ति पर संगम के पास —————————— रूपये का अनप्रयुक्त शेष विदेशी अभिदाय था।
4. प्रमाणित किया जाता है कि संगम ने विदेशी अभिदाय के खातों और उससे संबंधित अभिलेखों का विदेशी अभिदाय (विनियमन) नियम 2011 के नियम 16 के साथ पठित विदेशी अभिदाय (विनियमन) अधिनियम, 2010 (वर्ष 2010 का 42) की धारा 19 में निर्दिष्ट रीति में अनुरक्षण किया है।
5. इस प्रमाणपत्र में और संलग्न तुलनपत्र में प्रदान कराई गई जानकारी और प्रतियों और भुगतान का विवरण सही है क्योकि उसकी मैने/हमने जांच कर ली है।

स्थान :

तारीख :

(चार्टड एकाउंटेंट के हस्ताक्षर)

(मोहर, पता और रजिस्ट्रीकरण संख्या)

प्रारूप एफ.सी.–9
(नियम 18 देखें)

सचिव,
भारत सरकार, गृह मंत्रालय,
एफ.सी.आर.ए. खण्ड/विदेशी प्रभाग,
'जैसलमेर हाउस', 26, मानसिंह रोड,
नई दिल्ली – 110011

विषय : किसी अभ्यार्थी द्वारा निर्वाचन के लिए प्राप्त विदेशी अभिदाय की प्राप्ति की केन्द्रीय सरकार को सूचना देना (विदेशी अभिदाय (विनियमन) अधिनियम, 2010 (2010 का 42) की धारा 21)

(निर्वाचन के लिए प्रत्येक अभ्यार्थी, निर्वाचन के लिए अभ्यर्थी के रूप में सम्यक रूप से नामित होने की तारीख से 45 दिनों के अन्दर प्ररूप एफ.सी.–9 में, उसके नाम निर्देशक की तारीख से ठीक पूर्ववर्ती 180 दिन के भीतर किसी

भी समय, उसके द्वारा प्राप्त विदेशी अभिदाय का विवरण केन्द्रीय सरकार को सूचित करेगा।)

1. पूरा नाम (स्पष्ट अक्षरों में)
2. जन्म तारीख
3. पिता का नाम
4. वर्तमान पता
5. स्थायी पता
6. विधान मण्डल के निर्वाचन के लिए अभ्यर्थी के रूप में सम्यक रूप से नामित होने की तारीख और विधानमण्डल की विशिष्टियां (अधिनियम की धारा 21 देखें)
7. निर्वाचन के लिए अभ्यार्थी के रूप में सम्यक रूप से नामित होने की तारीख से ठीक पूर्ववर्ती 180 दिन के भीतर प्राप्त विदेशी अभिदाय की पूर्ण विशिष्टियां
8. विदेशी अभिदाय की प्रकृति (नगद और/या वस्तु रूप में) और उसका पूर्ण ब्यौरा जिसके अन्तर्गत मूल्य भी है।
9. प्राप्ति की प्रणाली, ढंग
10. प्रयोजन जिसके लिए अभिदाय प्राप्त किया गया
11. विदेशी स्त्रोत, जिससे अभिदाय प्राप्त किया, की विशिष्टियां
    (क) यदि व्यक्ति है तो उसका नाम, वर्तमान पता, स्थायी पता, राष्ट्रीयता, व्यवसाय सहित निजी विशिष्टियां
    (ख) यदि संगठन/संस्था/संगम/न्यास/फाउण्डेशन/व्यापार संघ आदि है तो उसका पूर्ण ब्यौरा जिसमें निम्नलिखित सम्मलित है :
    - पूरा नाम और पूर्ण पता :
    - मुख्य कार्यकाल/प्रधान कार्यकाल का पता :
    - लक्ष्य और प्रयोजन :
    - महत्वपूर्ण पदाधिकारियों की विशिष्टियां :
12. विदेशी स्त्रोतों से संबंध/व्यवहार की प्रकृति :
13. अभिदाय के वास्तविक उपयोग का ब्यौरा :
    (क) विशिष्ट प्रयोजन जिनके लिए उपयोग किया गया :
    (ख) उस रीति का पूर्ण विवरण जिसमें उपयोग किया गया :
14. कोई अन्य महत्वपूर्ण जानकारी जो आवेदक प्रस्तुत करना चाहता है :

घोषणा

मैं घोषित करता हूं कि मेरे द्वारा प्रस्तुत उपर्युक्त विशिष्टि सत्य और सही हैं।

स्थान :

तारीख :

अभ्यार्थी के हस्ताक्षर
(नाम स्पष्ट अक्षरों में)

प्रमाण–पत्र

प्रमाणित किया जाता है कि श्री/श्रीमती/कु. —————————— पुत्र/पुत्री श्री —————————— निवासी —————————— —————————— के निर्वाचन के लिए अभ्यार्थी ने उपर्युक्त घोषणा पर आज माह —————— और —————— वर्ष के दिन तारीख —————— को मेरे सामने हस्ताक्षर किए।

हस्ताक्षर
(नाम स्पष्ट अक्षरों में)
पदनाम

(समूह के राजपत्रित अधिकारी या प्रथम श्रेणी मजिस्ट्रेट द्वारा हस्तांक्षरित किया जाए)

अधिनियम की धारा 21 में यथा पारिभाषित 'विधान मण्डल' को यथा विनिर्दिष्ट करें। राज्य/केन्द्रीय सरकार के।

प्रारूप एफ.सी.–10

(नियम 24 (1) देखें)

सचिव,

भारत सरकार, गृह मंत्रालय,

एफ.सी.आर.ए. खण्ड / विदेशी प्रभाग,

'जैसलमेर हाउस', 26, मानसिंह रोड,

नई दिल्ली – 110011

विषयः विदेशी अभिदाय किसी अन्य रजिस्ट्रीकृत / अ–रजिस्ट्रीकृत अन्य व्यक्तियों को अन्तरित करने के लिए अनुमति प्राप्त करने का आवेदन

महोदय,

मैं —————————, एतद् पश्चात उल्लिखित संगम की ओर से, विदेशी अभिदाय निम्नलिखित ब्यौरे के अनुसार रजिस्ट्रीकृत / अ–रजिस्ट्रीकृत अन्य व्यक्तियों को अन्तरित करने के लिए विदेशी अभिदाय (विनियमन) अधिनियम, 2010 (2010 का 42) की धारा – के अधीन केन्द्रीय सरकार से अनुज्ञा प्राप्त करने के लिए आवेदन करता हूं–

1. आवेदक / अन्तरक संगम का ब्यौरा
   1. नाम :
   2. पता, नगर / शहर, जिला, राज्य, पिन कोड :
   3. संगम का टेलीफोन सं. (एस. टी. डी. कोड सहित) :
   4. मुख्य कृत्यकारी का टेलीफोन सं. (एस. टी. डी. कोड सहित), मोबाईल सं. : ————————
   5. ई–मेल पता :
   6. रजिस्ट्रीकरण प्रमाणपत्र / पूर्व अनुज्ञा आदेश का ब्यौरा :
      - रजिस्ट्रीकरण संख्या (वि.अ.वि.अ. के अधीन) :
      - यदि वि.अ.वि.अ. के अधीन रजिस्ट्रीकृत नहीं है तो पूर्व अनुज्ञा, आदेश संख्या और तारीख सहित, (रजिस्ट्रीकरण प्रमाणपत्र / पूर्व अनुज्ञाप्रमाणपत्र की प्रमाणित प्रति संलग्न करें) :

2. **प्राप्तकर्ता / अन्तरिती संगम का ब्यौरा** :
   1. नाम :
   2. पता, नगर / शहर, जिला, राज्य, पिन कोड :

3. संगम का टेलीफोन सं. (एस. टी. डी. कोड सहित) :
4. मुख्य कृत्यकारी का टेलीफोन सं. (एस. टी. डी. कोड सहित), मोबाईल सं. : ————————
5. ई–मेल पता :

क्या विदेशी अभिदाय विनियमन अधिनियम, 1976 (1976 का 49) के अधीन रजिस्ट्रीकृत है, हां/नहीं

- यदि हां तो उसका ब्यौरा (रजिस्ट्रीकरण संख्या, रजिस्ट्रीकरण की तारीख) (रजिस्ट्रीकरण प्रमाणपत्र की सत्यापित प्रति संलग्न करें) :
- यदि नहीं तो ब्यौरा दें कि क्या यह भारतीय न्यास अधिनियम, 1882 (1882 का 2) या सोसायटी रजिस्ट्रीकरण अधिनियम, 2013 या कम्पनी अधिनियम, 1956 (1956 का1) के अधीन रजिस्ट्रीकृत है :

1. रजिस्ट्रीकरण संख्या :
2. रजिस्ट्रीकरण का स्थान :
3. रजिस्ट्रीकरण की तारीख :
   (रजिस्ट्रीकरण प्रमाण पत्र की प्रमाणित प्रति संलग्न करें)
4. पैन नं. यदि कोई हो :

3. अन्तरित किए जाने वाले विदेशी अभिदाय की रकम
4. प्रस्तावित विदेशी अभिदाय अन्तरण का ढंग (नगद/चेक/इलेक्ट्रानिक आदि)
5. बैंक का ब्यौरा और खाता संख्या जिसमें विदेशी अभिदाय अन्तरित किये जाने का प्रस्ताव है
   1. खाता संख्या :
   2. बैंक का नाम :
   3. पता :
6. कोई अन्य जानकारी जो संगम देना चाहता है :

मैं घोषित करता हूं कि उपर्युक्त जानकारी सत्य और सही है।

मुख्य कृत्यकारी के हस्ताक्षर

(मुख्य कृत्यकारी का नाम स्पष्ट अक्षर में)

(संगम की मुद्रा)

सन्दर्भ सूची

- देवपुर प्रतापमल (2011): ''ग्रामीण विकास और स्वयं सेवी संगठन'', योजना, नवम्बर।
- मैथ्यू जोमोन एवं वर्गीज जोबी (2011) : ''भारत में गैर सरकारी संगठनों पर विहंगम दृष्टि'', योजना, नवम्बर।
- जैतू हर्श (2011): ''भारत में गैर सरकारी संगठनों का भविष्य'', योजना, नवम्बर।
- जैन, जे.के. (1993) : ''व्यावसायिक प्रशासन एवं प्रबंध'', कल्याणी पब्लिशर्स, नई दिल्ली।
- समर्थन–सेन्टर फॉर डेवलपमेंट सपोर्ट की स्वैच्छिक संगठनों की पुस्तिका।
- टण्डन, राजेष (1993) : ''स्वयं सेवी संगठनों का प्रबंधन'', प्रिया, नई दिल्ली।
- शुक्ल एस.एम. एवं गुप्त एस.पी. (2011) : "Advanced Accounting" साहित्य भवन पब्लिकेशन, आगरा।
- M.P. Societies Registration Act 1973 and Rules 1999.
- Foreign Contribution & Regulation Act, 2010.
- ''कार्यक्रम का मूल्यांकन'', यू.पी.वी.एच.ए.
- मोतिहर, एम. एवं अग्रवाल, अमित (2008), : ''क्रियात्मक प्रबंध'', प्रयाग पुस्तक भवन, इलाहाबाद।
- करात प्रकाश (1988) : ''विदेशी अनुदान तथा स्वैच्छिक संगठनों का दर्शन'', दि मार्क्सिस्ट।
- ''संस्थागत रणनीति का निर्धारण'', समर्थन, भोपाल
- पेत्रास, जेम्स एवं वेल्तमेयर हेनरी (2003) : ''ग्लोबलाइजेषन अनमास्क्ड'', राहुल फाउण्डेशन, लखनऊ
- मिश्र, विश्वनाथ एवं सिंह, अरविन्द (2006) : ''एन.जी.ओ.–एक खतरनाक साम्राज्यवादी कुचक्र'', राहुल फाउण्डेशन, लखनऊ।
- मिश्र, दीनानाथ (2006) : ''संघ के सेवा कार्यों की अनुदेखी'', दैनिक जागरण
- रोल्योक्स, जोन (1995) : ''गैर–सरकारी, स्वयं–सेवी संगठनों और दाता एजेंसियों का असली चरित्र'', मंथली रिव्यू, वर्ष–47, अंक–5.

- करात, प्रकाष (1988): "Foreign funding and the philosophy of voluntary organizations", National Book Centre, New Delhi.
- ''गैर–सरकारी संगठनों का विकास एवं प्रबन्धन'', महात्मा गाँधी चित्रकूट ग्रामोदय विश्वविद्यालय, चित्रकूट की सतत एवं दूरस्थ शिक्षा पुस्तिका।
- वार्षिक प्रतिवेदन वर्ष 2010, 2012, 2014 एवं 2016, गृह मंत्रालय, भारत सरकार
- ''स्वैच्छिक संगठन : लोक तंत्र की तीसरी आँख'', दैनिक जागरण, 13 नवम्बर, 1954
- सहभागी ग्रामीण आँकलन (पी.आर.ए.), सहभागी शिक्षण केन्द्र, लखनऊ
- "Linking project design", International Fund for Agriculture Development, United Nations.
  'Participatory Rural Appraisal', Food & Agricultural Organisation, United Nations.